上海市工程建设规范

城市轨道交通机电设备安装工程质量验收标准

Acceptance standard for installation quality of mechanical and electrical equipment in urban rail transit

DG/TJ 08—2005—2021
J 10913—2021

主编单位：上海隧道工程股份有限公司
　　　　　上海申通地铁集团有限公司
　　　　　上海市安装工程集团有限公司
批准部门：上海市住房和城乡建设管理委员会
施行日期：2021 年 8 月 1 日

同济大学出版社

2022　上海

图书在版编目(CIP)数据

城市轨道交通机电设备安装工程质量验收标准/上海隧道工程股份有限公司,上海申通地铁集团有限公司,上海市安装工程集团有限公司主编. —上海:同济大学出版社,2022.10
ISBN 978-7-5765-0154-4

Ⅰ.①城… Ⅱ.①上… ②上… ③上… Ⅲ.①城市铁路—轨道交通—机电设备—设备安装—工程验收—质量标准—上海 Ⅳ.①U239.5-65

中国版本图书馆CIP数据核字(2022)第031732号

城市轨道交通机电设备安装工程质量验收标准

上海隧道工程股份有限公司
上海申通地铁集团有限公司　　主编
上海市安装工程集团有限公司

责任编辑　朱　勇
责任校对　徐春莲
封面设计　陈益平

出版发行　同济大学出版社　www.tongjipress.com.cn
　　　　　(地址:上海市四平路1239号　邮编:200092　电话:021-65985622)

经　　销	全国各地新华书店
印　　刷	浦江求真印务有限公司
开　　本	889mm×1194mm　1/32
印　　张	16.75
字　　数	450 000
版　　次	2022年10月第1版
印　　次	2022年10月第1次印刷
书　　号	ISBN 978-7-5765-0154-4
定　　价	168.00元

本书若有印装质量问题,请向本社发行部调换　　版权所有　侵权必究

上海市住房和城乡建设管理委员会文件

沪建标定〔2021〕87号

上海市住房和城乡建设管理委员会
关于批准《城市轨道交通机电设备安装工程质量验收标准》为上海市工程建设规范的通知

各有关单位:

由上海隧道工程股份有限公司、上海申通地铁集团有限公司、上海市安装工程集团有限公司主编的《城市轨道交通机电设备安装工程质量验收标准》,经我委审核,现批准为上海市工程建设规范,统一编号为DG/TJ 08—2005—2021,自2021年8月1日起实施。原《城市轨道交通机电设备安装工程验收规范》DG/TJ 08—2005—2006同时废止。

本规范由上海市住房和城乡建设管理委员会负责管理,上海隧道工程股份有限公司负责解释。

上海市住房和城乡建设管理委员会
二〇二一年二月十日

前 言

本标准根据《上海市住房和城乡建设管理委员会关于印发〈2017年上海市工程建设规范编制计划〉的通知》(沪建标定〔2016〕1076号)的要求,由上海隧道工程股份有限公司、上海申通地铁集团有限公司、上海市安装工程集团有限公司会同有关单位,在上海市工程建设规范《城市轨道交通机电设备安装工程质量验收规范》DG/TJ 08—2005—2006的基础上,广泛开展调查研究,认真总结实践经验,并参照国内外相关标准和规范,经反复征求意见修订而成。

本标准共18章和10个附录,主要内容有:总则;术语与符号;基本规定;轨道;应急疏散平台;通信;信号;接触网/轨;供配电及照明系统;通风与空气调节;给排水及消防水系统;站台门;电梯;自动扶梯(人行道);自动售检票系统;火灾自动报警系统;综合监控系统;车辆基地主要工艺设备等。

本标准修订的主要技术内容有:"轨道"章节中增加了各类型道床、有缝线路、线路附属等内容;"通信"章节中根据国家标准《城市轨道交通通信工程质量验收规范》GB 50382—2016的规定对原内容进行了较大调整;"接触网/轨"章节中新增了接触轨相关内容;"通风与空气调节"章节中增加了防排烟系统安装、多联机空调系统安装、空调水系统试压与冲洗等内容;"给排水及消防水系统"章节中增加了给水管道及配件安装、排水管道及配件安装、给排水设备安装、细水雾灭火系统安装、气体灭火系统安装等内容;"电梯"章节中删去了液压电梯验收的相关内容;"自动售检票系统"章节中增加了清分系统、接口调试、电源、接地与防雷等内容;新增了"应急疏散平台""综合监控系统""车辆基地主要工艺设备"三章内容。

各有关单位及相关人员在执行本标准过程中,如有意见和建议,请反馈至上海市交通委员会(地址：上海市世博村路300号1号楼；邮编：200125；E-mail：shjtbiaozhun@126.com),上海隧道工程股份有限公司(地址：上海市宛平南路1099号；邮编：200032；E-mail：winnie_tw@163.com),或上海市建筑建材业市场管理总站(地址：上海市小木桥路683号；邮编：200032；E-mail：shgcbz@163.com),以供修订时参考。

主 编 单 位：	上海隧道工程股份有限公司
	上海申通地铁集团有限公司
	上海市安装工程集团有限公司
参 编 单 位：	上海隧道工程有限公司
	上海市交通建设工程安全质量监督站
	中铁七局集团有限公司
主要起草人：	林家祥　王大庆　江　强　王明翔　王俊生
	冯　娟　张琼燕　张立东　陈英姿　朱跃忠
	周　斌　梅晓海　蔡佳妮　姜臻祺　周　晨
	王　汇　尹　伟　郑燕燕　周　明　林　龙
	蔡志明　杨宏燕　洪海珠　金　捷　沈　坚
	乔培华　翟一欣　段桂平　董国宪　韩　军
	童　蔚　陈　佳　许维敏　郑　懿　史文钊
	朱大缓　于小四　蒋激扬　应开林　詹广振
	许光明　梁　雄　施　强
主要审查人：	丁建中　韩玉雄　夏　林　黄文和　徐　放
	李晓月　苏　越

上海市建筑建材业市场管理总站

目 次

1 总　则 ·· 1
2 术语与符号 ·· 2
　2.1 术　语 ·· 2
　2.2 符　号 ·· 5
3 基本规定 ·· 8
　3.1 一般规定 ·· 8
　3.2 安装通用规定 ····································· 8
　3.3 验收规定 ·· 11
4 轨　道 ·· 14
　4.1 一般规定 ·· 14
　4.2 测量和基标设置 ································ 15
　4.3 钢轨及扣件 ······································ 17
　4.4 碎石道床 ·· 19
　4.5 现浇整体道床 ··································· 21
　4.6 预制板整体道床 ································ 25
　4.7 道岔及伸缩调节器 ····························· 29
　4.8 有缝线路 ·· 33
　4.9 无缝线路 ·· 36
　4.10 线路附属 ······································· 39
5 应急疏散平台 ······································· 41
　5.1 一般规定 ·· 41
　5.2 平台材料要求 ··································· 42
　5.3 平台安装 ·· 43
　5.4 平台扶手安装 ··································· 45

5.5　平台步梯安装 ································ 46
6　通　信 ··· 47
　　6.1　一般规定 ··································· 47
　　6.2　管线安装及光缆、电缆敷设 ···················· 48
　　6.3　电源与接地系统 ····························· 48
　　6.4　传输系统 ··································· 48
　　6.5　公务电话系统 ······························· 49
　　6.6　专用电话系统 ······························· 50
　　6.7　专用无线通信系统 ··························· 51
　　6.8　广播系统 ··································· 52
　　6.9　技术防范系统 ······························· 53
　　6.10　时间系统 ·································· 56
　　6.11　信息资源接入系统 ·························· 57
　　6.12　集中告警系统 ······························ 58
　　6.13　乘客信息系统 ······························ 59
　　6.14　民用通信引入系统 ·························· 60
　　6.15　公安通信系统 ······························ 61
7　信　号 ··· 62
　　7.1　一般规定 ··································· 62
　　7.2　地面固定信号机 ····························· 63
　　7.3　转辙装置 ··································· 66
　　7.4　轨道电路 ··································· 67
　　7.5　光缆、电缆线路 ····························· 71
　　7.6　室内设备 ··································· 78
　　7.7　车载设备 ··································· 84
　　7.8　轨旁设备 ··································· 85
　　7.9　防雷及接地装置 ····························· 91
　　7.10　直流电气牵引区段信号设备的防护 ············ 93
　　7.11　按钮装置 ·································· 94

7.12	发车指示器	95
7.13	室外信号设备硬面化	95
7.14	室内外单项试验	96
7.15	综合试验	99

8 接触网/轨 ... 103
  8.1 一般规定 ... 103
  8.2 柔性接触网 ... 103
  8.3 刚性接触网 ... 137
  8.4 接触轨 ... 151

9 供配电及照明系统 ... 160
  9.1 一般规定 ... 160
  9.2 干式变压器安装 ... 160
  9.3 配电盘(柜)及二次回路接线安装 ... 162
  9.4 蓄电池装置安装 ... 166
  9.5 母线安装 ... 167
  9.6 线路电缆及配线安装 ... 170
  9.7 照明安装 ... 181
  9.8 防雷及接地装置安装 ... 185
  9.9 杂散电流防护 ... 189
  9.10 变电所综合自动化系统 ... 191

10 通风与空气调节 ... 194
  10.1 一般规定 ... 194
  10.2 风管及部件制作 ... 194
  10.3 风管系统安装 ... 203
  10.4 通风与空调设备安装 ... 211
  10.5 空调制冷系统安装 ... 213
  10.6 空调水系统安装 ... 215
  10.7 防排烟系统安装 ... 222
  10.8 多联机空调系统安装 ... 224

10.9	空调水系统试压与冲洗	230
10.10	防腐与绝热	232
10.11	系统调试	235
11	给排水及消防水系统	238
11.1	一般规定	238
11.2	给水管道及配件安装	239
11.3	排水管道及配件安装	246
11.4	给排水设备安装	251
11.5	消防水系统供水设施安装	253
11.6	消火栓系统安装与试验	255
11.7	细水雾灭火系统安装	256
11.8	气体灭火系统安装	261
11.9	消防水管网安装	266
11.10	喷头安装	269
11.11	报警阀组安装	270
11.12	其他组件安装	271
11.13	系统试压与冲洗	273
11.14	管道防腐与绝热	274
11.15	系统调试	277
12	站台门	280
12.1	一般规定	280
12.2	门体结构	280
12.3	电源系统及接地	285
12.4	监控系统	287
12.5	系统调试	288
13	电梯	291
13.1	一般规定	291
13.2	驱动主机	292
13.3	导轨	293

 13.4 层门系统 ································· 295
 13.5 轿　厢 ··································· 296
 13.6 对重(平衡重) ···························· 298
 13.7 安全部件 ································· 299
 13.8 悬挂装置、随行电缆、补偿装置 ············ 300
 13.9 电气装置 ································· 300
 13.10 试运转 ································· 302
14 自动扶梯(人行道) ···························· 306
 14.1 一般规定 ································· 306
 14.2 自动扶梯(人行道)安装 ··················· 307
 14.3 试运转 ··································· 309
15 自动售检票系统 ······························· 313
 15.1 一般规定 ································· 313
 15.2 管槽安装及线缆敷设 ····················· 314
 15.3 车站终端设备 ···························· 315
 15.4 车站计算机系统 ·························· 323
 15.5 多线中央计算机系统 ····················· 325
 15.6 清分系统 ································· 329
 15.7 接口调试 ································· 332
 15.8 电源、接地与防雷 ······················· 333
16 火灾自动报警系统 ····························· 334
 16.1 一般规定 ································· 334
 16.2 系统布线 ································· 334
 16.3 控制器类设备安装 ······················· 337
 16.4 探测器类设备安装 ······················· 338
 16.5 系统其他组件安装 ······················· 342
 16.6 系统接地 ································· 344
 16.7 系统调试 ································· 345
 16.8 系统整体性能调试 ······················· 351

17	综合监控系统	356
17.1	一般规定	356
17.2	光缆、电缆线路敷设	357
17.3	主体系统(含电力监控集成子系统)	359
17.4	机电设备监控集成子系统	361
17.5	门禁监控集成子系统	363
17.6	电源与接地	363
17.7	系统调试及功能验收	364
18	车辆基地主要工艺设备	367
18.1	一般规定	367
18.2	数控不落轮车床	368
18.3	地下式架车机	373
18.4	列车自动清洗机	376
18.5	自动化立体仓库	379
18.6	室内移车台	384
18.7	移动式架车机	387
18.8	起重类设备	390
18.9	压力容器、压力管道设备	393
18.10	通用设备	396
附录 A	工程施工质量验收的划分	398
附录 B	施工质量验收记录	416
附录 C	材料设备系统检验检测项目	421
附录 D	工程质量控制资料	422
附录 E	工程安全和功能检验项目	423
附录 F	工程观感性质量检查项目	428
附录 G	风管耐压强度及漏风量测试方法	436
附录 H	风管系统漏风量测试方法	443
附录 J	室内配电装置的最小电气安全净距	444
附录 K	综合监控系统功能验收表	445

本标准用词说明 ·· 454
引用标准名录 ·· 455
条文说明 ·· 459

Contents

1 General provisions ··· 1
2 Terms and symbols ··· 2
   2.1 Terms ·· 2
   2.2 Symbols ·· 5
3 Basic requirements ··· 8
   3.1 General requirements ··· 8
   3.2 Equipment installation requirements ······················ 8
   3.3 Equipment acceptance requirements ····················· 11
4 Track ·· 14
   4.1 General requirements ·· 14
   4.2 Measurement and benchmark ······························ 15
   4.3 Rail and fasteners ··· 17
   4.4 Ballast track bed ··· 19
   4.5 Cast-in-place ballastless track bed ························ 21
   4.6 Precast slab track ·· 25
   4.7 Track laying and rail stretching regulator ··············· 29
   4.8 Seam line ··· 33
   4.9 Seamless line ·· 36
   4.10 Ancillary equipments ·· 39
5 Scattered platform ··· 41
   5.1 General requirements ·· 41
   5.2 Material requirements ······································· 42
   5.3 Installation requirements ···································· 43
   5.4 Arm rest installation ·· 45

    5.5   Platform ladder installation ·· 46

6   Communication ·· 47

    6.1   General requirements ··· 47

    6.2   Communication channel installation and optical cable, electrical cable laying ··· 48

    6.3   Power supply and grounding system ·················· 48

    6.4   Transmission system ·· 48

    6.5   Official telephone system ···································· 49

    6.6   Specialized telephone system ····························· 50

    6.7   Specialized radio system ····································· 51

    6.8   Public address system ·· 52

    6.9   Technical protection system ································ 53

    6.10   Clock system ·· 56

    6.11   Information resources access system ··············· 57

    6.12   Centralized alarm system ································· 58

    6.13   Passenger information system ························ 59

    6.14   Public communication system ·························· 60

    6.15   Police communication system ·························· 61

7   Signals ·· 62

    7.1   General requirements ·· 62

    7.2   Ground fixed signal ·· 63

    7.3   Switch machine ·· 66

    7.4   Track circuit ·· 67

    7.5   Optical cable, electrical cable ···························· 71

    7.6   Indoor equipment ·· 78

    7.7   On board equipment ·· 84

    7.8   Track-side equipment ··· 85

    7.9   Lightning protection and grounding equipment ······ 91

	7.10	Signal equipment protection in DC electrical traction zone ········ 93
	7.11	Button device ········ 94
	7.12	Train departure indicator ········ 95
	7.13	Outdoor signal equipment hard-facing ········ 95
	7.14	Outdoor/indoor unit test ········ 96
	7.15	System test ········ 99
8	Overhead lines/contact rail ········ 103	
	8.1	General requirements ········ 103
	8.2	Flexible overhead lines ········ 103
	8.3	Rigid overhead lines ········ 137
	8.4	Contact rail ········ 151
9	Power supply and lighting system ········ 160	
	9.1	General requirements ········ 160
	9.2	Dry-type transformer installation ········ 160
	9.3	Power distribution cabinet and secondary circuit installation ········ 162
	9.4	Battery equipment installation ········ 166
	9.5	Power bus installation ········ 167
	9.6	Cable and wiring installation ········ 170
	9.7	Lighting installation ········ 181
	9.8	Lightning protection and grounding device installation ········ 185
	9.9	Stray current protection ········ 189
	9.10	Substation integrated automation system ········ 191
10	Ventilation and air conditioning ········ 194	
	10.1	General requirements ········ 194
	10.2	Duct and accessory production ········ 194
	10.3	Duct system installation ········ 203

10.4	Equipment installation	211
10.5	Refrigeration system installation	213
10.6	Water system installation	215
10.7	Smoking system installation	222
10.8	VRV system installation	224
10.9	Water system pressure testing and flush washing	230
10.10	Anticorrosion and thermal insulation	232
10.11	System commissioning	235

11 Water supply/drainage and fire water system 238
   11.1 General requirements 238
   11.2 Water supply pipe and accessory installation ... 239
   11.3 Water drainage pipe and accessory installation 246
   11.4 Equipment installation 251
   11.5 Fire water supply facilities installation 253
   11.6 Fire hydrant system installation 255
   11.7 Water mist fire extinguishing system installation 256
   11.8 Gas extinguishing system installation 261
   11.9 Fire water pipeline works installation 266
   11.10 Installation of sprinklers 269
   11.11 Installation of alarm valve set 270
   11.12 Installation of other system components 271
   11.13 System pressure testing and flush washing ... 273
   11.14 Anticorrosion and thermal insulation 274
   11.15 System commissioning 277

12 Platform screen door 280
   12.1 General requirements 280

	12.2 Door frame structure	280
	12.3 Power supply system and grounding	285
	12.4 Monitoring system	287
	12.5 System commissioning	288
13	Lift	291
	13.1 General requirements	291
	13.2 Lift machine	292
	13.3 Guide rails	293
	13.4 Hall door	295
	13.5 Car	296
	13.6 Counterweight(Balancing weight)	298
	13.7 Safety components	299
	13.8 Suspension device/traveling cable/compensation device	300
	13.9 Electrical device	300
	13.10 Trial running	302
14	Escalator(moving walk)	306
	14.1 General requirements	306
	14.2 Escalator(moving walk) installation	307
	14.3 Trial running	309
15	Automatic fare collection system	313
	15.1 General requirements	313
	15.2 Pipe channel installation and cable laying	314
	15.3 Station terminal device	315
	15.4 Station computer system	323
	15.5 Mutil-line central computer system	325
	15.6 Clearing system	329
	15.7 Interface commissioning	332
	15.8 Power, grounding and lightning protection	333

16	Fire alarm system	334
	16.1 General requirements	334
	16.2 System wiring	334
	16.3 Control equipment installation	337
	16.4 Detection equipment installation	338
	16.5 Other components installation	342
	16.6 System grounding	344
	16.7 System commissioning	345
	16.8 System overall performance testing	351
17	Integrated supervisory and control system(ISCS)	356
	17.1 General requirements	356
	17.2 Optical cable, electrical cable laying	357
	17.3 Major system(supervisory control and data acquisition)	359
	17.4 Electric &-mechanic control system	361
	17.5 Access control system	363
	17.6 Power and grounding	363
	17.7 System commissioning and functionality acceptance	364
18	Major equipment in depot	367
	18.1 General requirements	367
	18.2 Underfloor wheel lathe	368
	18.3 Underfloor lifting jack	373
	18.4 Automatic metro washing machine	376
	18.5 Automatic storage &-retrieval system	379
	18.6 Travelling platform	384
	18.7 Metro car lifting jack	387
	18.8 Crane	390
	18.9 Pressure vessels and pipelines	393

18.10	General equipment	396
Appendix A	Division of engineering units and sub-units	398
Appendix B	Installation quality acceptance record	416
Appendix C	Material and equipment inspection and test items	421
Appendix D	Quality control documents	422
Appendix E	Safty and function inspection items	423
Appendix F	Appearance inspection items	428
Appendix G	Duct strength and leakage test method	436
Appendix H	Duct leakage test method	443
Appendix J	Minimum electrical clearance of indoor electrical equipment	444
Appendix K	ISCS functionality acceptance	445
Explanation of wording in this standard		454
List of quoted standards		455
Explanation of provisions		459

1 总 则

1.0.1 为加强城市轨道交通机电设备安装工程的质量管理,统一施工质量验收标准和检验方法,确保工程质量,制定本标准。

1.0.2 本标准适用于本市新建、扩建和改建的钢轮钢轨城市轨道交通机电设备安装工程施工质量的验收。

1.0.3 城市轨道交通机电设备安装工程质量验收除应符合本标准外,尚应符合国家、行业和本市现行有关标准的规定。

2 术语与符号

2.1 术 语

2.1.1 铺轨基标 track laying benchmark

在轨道基础精测网基础上加密的轨道控制点,为轨道板铺设所建立的基准点,布设于基底上,位于预制板横缝中央、轨道中心线两侧一定范围以内。

2.1.2 轨道精测网 track precise control network

沿线路布设的平面、高程控制网,平面起闭于基础平面控制网或线路控制网、高程起闭于线路水准基点。一般在结构基础工程施工完成后进行施测,是轨道铺设和运营维护的基准。

2.1.3 轨道结构 track structure

路基面或结构面以上的线路部分,由钢轨、扣件、轨枕、道床等组成。

2.1.4 无缝线路 seamless line

钢轨连续焊接或胶结超过两个伸缩区长度的轨道。

2.1.5 预制轨道板整体道床 precast slab track

采用标准化设计、工厂化预制、机械化铺设的一种单元板式无砟轨道结构形式。预制轨道板通过板下自密实混凝土填充层,铺设在钢筋混凝土底座板上,由限位凹槽对轨道板进行限位。

2.1.6 限界 gauge

限定车辆运行及轨道区周围构筑物超越的轮廓线,分车辆限界、设备限界和建筑限界。

2.1.7 应急疏散平台　scattered platform

地铁运营列车在隧道内出现紧急情况时,疏散乘客的专用通道。

2.1.8 疏散平台支架　platform support

用于承托应急疏散平台板的构件。

2.1.9 疏散平台踏板　platform footboard

应急疏散平台的主要设备。需要疏散乘客与乘务人员时,可以在其上面行走的平面设备。

2.1.10 疏散平台步梯　platform ladder

安装于区间隧道应急疏散平台的始终端,由应急疏散平台走向道床面的步梯。

2.1.11 疏散平台扶手　arm rest

为保证疏散人员在应急疏散平台上行走平稳,沿应急疏散平台及平台步梯内侧安装的设施。

2.1.12 软交换　soft switching

一种功能实体,是网络演进及下一代分组网络的核心,独立于传送网络,主要完成呼叫控制、资源分配、协议处理、路由、认证、计费等主要功能,同时可以向用户提供电路交换机所能提供的所有业务,并向第三方提供可编程能力。

2.1.13 技术防范系统　technical protection system

技术防范系统是以运用或实施安全技术防范产品、工程为手段,结合各种相关科学技术,预防、制止违法犯罪和重大治安事故,维护社会公共安全的系统,是公共安全防范系统中的重要组成部分。

2.1.14 接触悬挂　overhead contact line

接触网中的悬挂部分,主要由承力索、接触网、吊弦、补偿装置、悬挂零件及中心锚结等组成。

2.1.15 承力索　catenary

在接触悬挂中,通过吊弦承受接触线垂直荷载的线索。

2.1.16 接触线　contact wire

与受电弓直接接触,供给机车电能的导线。

2.1.17 接触轨　contact rail

与列车受电靴直接接触,直接向列车输送电能的导电轨。

2.1.18 受电靴　collector shoes

车辆从接触轨上取得电能的装置。

2.1.19 电分段　sectioning

在纵向或横向将接触网从电气上互相分开的区域。

2.1.20 线岔始触区　overhead crossing region

受电弓在道岔区同时接触两条接触线的区域。

2.1.21 冷滑　cold-running

在接触网运行前,为检查接触悬挂的各类性能,在无电条件下受电弓沿接触网的滑行。

2.1.22 站台门　platform screen door(PSD)

设置在车站站台边缘,将乘客候车区与列车运行区相互隔离,并与列车门相对应、可多级控制开启与关闭滑动门的连续屏障,有全高、半高、密闭和非密闭之分。

2.1.23 自动售检票系统　automatic fare collection system

基于计算机技术、网络技术和自动控制等技术以实现购票、检票、计费、收费、统计全过程自动化的系统。

2.1.24 综合监控系统　integrated supervisory and control system (ISCS)

对城市轨道交通线路中机电设备进行监控的分层分布式计算机集成系统。

2.1.25 数控不落轮车床　underfloor wheel lathe

列车及单个转向架在轮对不需要拆卸的情况下,对受损或擦伤的车轮进行踏面、轮缘镟修的数控设备。

2.1.26 地下式架车机　underfloor lifting jack

完成列车架大修、检修需要,安装在固定基坑中的,可分别架抬列车车体和转向架的设备。

2.1.27 列车自动清洗机 automatic metro washing machine

通过水、清洗剂及清洗刷，自动对列车的两侧顶部端部及车门和车窗玻璃自动实施清洁的设备。

2.1.28 自动化立体仓 automatic storage & retrieval system

由主体建筑、高层货架、巷道堆垛机或穿梭机、出入库输送机系统、计算机管理和控制系统等组成，用高层货架存储货物，由巷道堆垛机或穿梭机和出入库输送机系统进行存取作业，具有自动识别、控制、监控和计算机集中管理等功能的仓库。

2.1.29 室内移车台 travelling platform

完成列车大修、检修单辆地铁车辆平行移动转线换轨作业的设备。

2.1.30 移动式架车机 metro car lifting jack

完成列车架大修、检修需要，安装在轨道两侧可移动的，分别架抬列车车体和转向架的设备。

2.1.31 起重类设备 crane

在一定范围内，垂直提升和水平搬运重物的多动作起重机械。

2.1.32 压力容器 pressure vessels

盛装气体、可承载一定压力的密闭容器。

2.2 符　号

AA——Alignment Antenna 定位天线

AFC——Automatic Fare Collection System 自动售检票系统

AI——Analog Input 模拟量输入

ALM——Alarm 通信集中告警系统

AO——Analog Output 模拟量输出

ATC——Automatic Train Control 列车自动控制系统

ATP——Automatic Train Protection 列车自动防护系统
ATS——Automatic Train Supervision 列车自动监控系统
ATO——Automatic Train Operation 列车自动驾驶系统
CISCS——Central Integrated Supervisory Control System 中央级综合监控系统
CLK——Clock 时间系统
CCTV——Closed Circuit Television 闭路电视监控系统
DCU——Drive Control Unit 牵引控制单元
DI——Digital Input 数字量输入
DISCS——Depot Integrated Supervisory Control System 车辆段综合监控系统
DO——Digital Output 数字量输出
EMCS——Electric & Mechanic Control System 机电设备监控系统
EPS——Emergency Power Supply 应急电源
FAS——Fire Alarm System 火灾报警系统
FEP——Front-End Processor 前端处理器
FTP——File Transfer Protocol 文件传输协议
IBP——Integrated Backup Panel 综合后备盘
IIU——Intelligent Interface Unit 集成接口单元
ISCS——Integrated Supervisory and Control System 综合监控系统
MCC——Multi-Line Central Computer System 多线中央计算机系统
MTIB——Moving Train Initialization Beacon 移动列车初始化信标
MBN——Main Backbone Network 骨干通信网
MSS——Maintenance Support System 维修支持系统
PIS——Passenger Information System 乘客信息系统

PLC——Programmable Logic Controller 可编程逻辑控制器
PSD——Platform Screen Door 站台门
PTZ——Pan/Tilt/Zoom 全方位移动及镜头变倍、变焦控制
RCD——Residual Current Device 剩余电流动作保护器
SCADA——Supervisory Control and Data Acquisition System 电力监控系统
SISCS——Station Integrated Supervisory Control System 车站级综合监控系统
STIB——Stationary Train Initialization Beacon 静止列车初始化信标
STP——Simulation Test Platform 仿真测试平台
TMS——Training Management System 培训管理系统
UPS——Uninterruptible Power Supply 不间断电源
VPI——Vital Processor Interlocking 微机联锁

3 基本规定

3.1 一般规定

3.1.1 城市轨道交通机电设备、材料质量符合性检查应符合下列规定：

    1 所有设备、材料产品性能参数均应符合相关产品标准、设计文件及施工规范的要求，应有国家认可的质量检测机构出具的检验合格报告和生产企业的产品出厂合格证。

    2 主要设备、材料进场检验结论应有记录，进场验收应查验合格证和随机技术文件；实行生产许可证和安全认证制度的产品，应有许可证编号和安全认证标志。

    3 进口设备、器具和材料进场验收，除应符合本标准规定外，还应提供商检证明、海关报关证明和国家认可的质量合格证明文件，安装、使用、维修和试验要求等技术文件应提供中文版。

    4 应根据本标准附录 C 及其他相关标准的要求，制定并实施材料、设备、系统检验检测项目方案。

3.1.2 城市轨道交通机电设备安装工程施工前应完成设计施工图会审和交底、编制工程施工组织设计文件，并应通过施工单位技术负责人及总监理工程师的审核批准。

3.1.3 所有安装、测试、验收记录等资料应真实、有效。

3.2 安装通用规定

3.2.1 城市轨道交通机电设备安装工程施工质量控制应符合下

列规定：

1 工程采用的主要设备和材料到达现场后，应组织有关各方对到达现场的设备和材料进行开箱验收，并做好开箱验收记录。

2 工程施工前应对设备基础、预埋件、预留孔位置等进行交接检查验收；施工过程中应对各子系统之间接口部位的施工质量进行交接检查验收；所有交接检查应形成完整的记录。

3 施工采用的计量和测试器具、仪器、仪表以及设备上的测量仪表，其检测与校准均应符合计量法规的规定。

4 施工过程中每道工序完成后应进行自检，经监理工程师检查认可后，方可进行下道工序施工。

5 在设备安装结束并完成单机性能指标检测后，应进行各子系统的功能调试；各子系统功能调试合格后，应进行系统集成联动功能调试；系统调试前，施工单位应编制完整的调试大纲，调试大纲应报送监理单位和建设单位审核批准后方可实施。

主控项目

3.2.2 设备安装位置、方位、角度、高度及尺寸应符合设计文件的规定。

3.2.3 箱（盘、柜、台）、设备、安装部件、线缆相关的标牌、标记、标识应规范并完整，编号清晰、工整、不易脱色，图纸资料和实物应一致。

3.2.4 箱（盘、柜、台）外部应完整、无明显碰撞凹陷，漆面无脱落及划痕；门锁应开闭灵活；铭牌、附件应齐全；设备器件应无缺损；接线应无松动、无脱落脱焊。

3.2.5 柜、屏、台、盘的金属框架及基础型钢应接地可靠；装有电器的可开启门和框架的接地端子间应使用黄绿PE软线连接，且有标识；柜、屏、台、盘相互间或与基础型钢间应使用镀锌螺栓连接，且防松零件齐全。

3.2.6 接地系统的设置应满足人身安全、设备安全及系统正常运行的要求。接地系统应同时具有保护接地、信号电路接地和交流电源功能接地三种接地系统,三种接地系统宜共用接地网。

3.2.7 箱(盘、柜、台)线路的线间和线对机壳(机壳接地)绝缘电阻应大于或等于 0.5 MΩ。

3.2.8 电源、控制线路应按设计要求连接到位,安装应牢固可靠,设备应处于正常工作状态。

3.2.9 设备安装应满足轨道限界设计要求,所有设备在行车断面的垂直和水平方向都不得侵入列车通行限界。

3.2.10 主控项目的检验数量和检验方法应符合下列规定:
  1 检验数量:全数检查。
  2 检验方法:本标准第 3.2.2 条可查阅设备说明书或出厂试验记录;本标准第 3.2.5 条可用螺栓连接用适配的工具做拧动试验;本标准第 3.2.7 条可用绝缘电阻测试仪;其余条款可观察检查,并可实测或抽查施工记录。

一般项目

3.2.11 盘、箱、柜内配线应整齐,无绞接现象;不同电压等级、交流、直流线路及控制线路应分别绑扎,且有标识;导线连接应紧密,不伤芯线、不断股。

3.2.12 箱(盘、柜、台)安装应牢固;垂直允许误差为 1.5‰,相互间接缝不应大于 2 mm,成列盘面偏差不应大于 5 mm;内部应整洁无杂物,孔洞封堵应密闭。

3.2.13 端子排安装应牢固;端子应有序号;电气、智能化端子应隔离布置。

3.2.14 一般项目的检验数量和检验方法应符合下列规定:
  1 检验数量:全数检查。
  2 检验方法:观察检查,并应实测或抽查施工记录;垂直度可用线锤吊线尺测量,盘面平整度可用拉线尺测量;各种距离的尺寸可用塞尺、游标卡尺、钢直尺测量。

3.3 验收规定

3.3.1 城市轨道交通机电设备安装工程施工质量验收内容应符合下列规定:

1 工程施工质量应符合本标准、相关设计文件及专业验收规范的规定。

2 工程施工质量的验收应在施工单位自行检查评定合格的基础上进行。

3 隐蔽工程应由建设单位、监理单位进行验收,并形成隐蔽验收检查记录。

4 检验批的质量应按主控项目和一般项目验收。

5 系统设备安全和功能应按规定进行检查。

6 工程观感质量应由验收人员通过现场检查共同确认。

7 参加工程施工质量验收的各方人员应具备规定的资质。

3.3.2 城市轨道交通机电设备安装工程按照单位(子单位)工程、分部(子分部)工程、分项工程和检验批进行划分。单位(子单位)工程应按一个具备独立使用功能的系统进行划分,由一个或若干个分部(子分部)工程组成;分部(子分部)工程应按一个完整部位(站台、区间)或者系统的主要结构及施工阶段进行划分,由一个或若干个分项工程组成;分项工程应按主要施工工序、工艺过程或设备进行划分,由一个或若干个检验批组成。城市轨道交通机电设备安装工程的单位工程、分部工程、分项工程的划分应按本标准附录 A 执行。

城市轨道交通机电设备安装工程施工质量验收应按检验批、分项工程、分部工程、单位工程逐级实施。

3.3.3 检验批质量验收合格应符合下列规定：
  1 主控项目的质量经抽样检验应全数合格。
  2 一般项目的质量经抽样检验,合格率应在90%以上。
  3 应具有完整的施工测量、测试和安装记录。
3.3.4 分项工程质量验收合格应符合下列规定：
  1 分项工程所含检验批的质量验收均应合格。
  2 分项工程所含检验批的质量验收记录应完整。
3.3.5 分部工程质量验收合格应符合下列规定：
  1 分部工程所含分项工程的质量验收均应合格。
  2 施工质量控制资料应完整。
  3 设备、系统有关安全使用功能的检验和检测结果应符合有关规定。
3.3.6 单位工程质量验收合格应符合下列规定：
  1 单位工程所含分部工程的质量验收均应合格。
  2 施工质量控制资料应完整。
  3 单位工程所含分部工程有关设备安全和系统功能检测的资料应完整。
  4 单位工程系统主要功能项目检查和测试结果应符合本标准和设计文件的规定。
  5 观感质量验收应符合要求。
3.3.7 工程竣工验收应在具备下列条件时进行：
  1 检验批、分项工程、分部工程、单位工程质量应验收合格。
  2 消防联动功能应完成第三方检测,并应通过相关行业主管部门验收。
3.3.8 工程竣工验收应由建设单位组织验收组进行验收。验收组应由建设、设计、施工、监理等单位的有关负责人组成,也可邀请有关方面的专家参加。验收组组长应由建设单位派员担任。
3.3.9 工程竣工验收合格后,建设单位应按规定将工程竣工验收报告和有关文件报政府行政主管部门备案。

3.3.10 施工质量验收记录表的格式应符合本标准附录 B 的规定；工程施工质量控制资料的核查内容应按照本标准附录 D 的规定执行；系统设备安全和功能检验项目应按照本标准附录 E 的规定执行；工程施工质量验收观感性检查项目应按照本标准附录 F 的规定执行。

4 轨 道

4.1 一般规定

4.1.1 用于轨道工程的钢轨、扣件、轨枕、道床、道岔、减振部件、附属设备等均应符合设计要求,具有产品质量合格证明文件,并经检验合格后方可使用。

4.1.2 轨道工程施工时应建立健全的质量管理体系,以"机械化、工厂化、专业化和信息化"为支撑,宜采用新技术、新工艺、新设备和新材料,确保工程施工质量和安全。

4.1.3 轨道施工前应对不同施工区段的土建结构移交、专业接口进行确认和复核,重点对沉降、变形进行系统观测和分析评估,符合设计要求后方可施工。

4.1.4 在轨道施工前应对铺轨场地布局、轨排孔及下料口预留条件等进行充分调研和方案设计,以保证铺轨工程的正常实施。

4.1.5 正线及配线轨道施工应以轨道精测网为基准。精测网应附合于轨道交通工程的卫星定位控制点、精密导线点、二等水准点或联系测量的平面和高程点,测设前须对平面和高程点进行复测和精度检核,应满足相关的技术规定。

4.1.6 车场线路采用导线测量方式时,轨道施工前应对线路中线、高程进行测量,并调整闭合差,根据需要增设控制基标和加密基标。

4.1.7 整体道床混凝土灌注终凝后应及时养护。混凝土未达到设计强度的70%时,道床上不应行驶车辆和承重。

4.1.8 轨道工程完成后,应对单位工程实体质量和主要功能进行核查，不合格时应进行整改和返修。

4.1.9 轨道后续专业安装施工期间，应对轨道成品件采取必要的保护措施，防止脏污、损坏。

4.1.10 既有运营线路相邻或接入地段的轨道施工，应结合运营线路的具体要求，编制既有运营线路的测量、施工组织、防护隔离及应急预案，以避免或减少对既有线路正常运营的影响。

4.2 测量和基标设置

4.2.1 轨道工程施工测量应按现行国家标准《城市轨道交通工程测量规范》GB/T 50308 的规定执行，根据调线调坡设计成果，进行轨道精测网及导线网控制点的布设、复核和修复工作。

4.2.2 测量中使用的各种仪器和工具应做好经常性保养和维护工作，并定期校验和检定。

4.2.3 轨道工程应按需求设置永久基标，永久基标间隔宜为 25 m，设置在线路中心线位置。应根据现场条件增设加密基标，加密基标布设点位平面、高程误差不应大于 1 mm。

4.2.4 永久基标及水准点应埋设牢固，桩帽中线和高程调整符合要求后应及时固定，并标志清楚，长期保存。施工期间应保证基标及水准点的完好，发生变化时，应在轨道铺设完成后恢复。

4.2.5 采用轨道精测网测量时，轨道精测网控制点应沿线路成对布设，纵向间距宜为 30 m～60 m，埋设于线路两侧永久构筑物不被遮挡的位置。相邻点对的安装高度宜基本一致，至轨顶面距离应满足施工期间和运营后测设需求。

4.2.6 轨道精测网控制点测量标志须具有强制对中、能在其上安置棱镜、可将标志上的高程准确地传递到棱镜中心等功能，且结构简单、安装方便，能长久保存、不变形。丢失和破损较严重的轨道精测网控制点，应按原测标准在原标志附近重新补设。

主控项目

4.2.7 轨道精测网的网形、仪器、精度、施测方法、平差计算等应符合相关规定和控制网测量设计书的要求。

检验数量：全数检查。

检验方法：查验资料、记录。

4.2.8 轨道精测网测设完成后，应按规定提交测量成果资料。测量成果应满足工程施工、运营维护等各阶段的使用要求。

检验数量：全数检查。

检验方法：检查技术文件。

4.2.9 基标测设应在限界检测和线路中线及水平贯通测量完成后进行，偏差调整闭合后，按规定设置控制基标和加密基标。

检验数量：全数检查。

检验方法：查验测量记录。

4.2.10 基标设置应符合下列规定：

1 控制基标：直线段每 120 m、曲线段每 60 m、曲线起止点、缓圆点、圆缓点、道岔岔心及道岔起止点等应各设 1 个。

2 加密基标：直线段每 6 m、曲线段每 5 m 应各设 1 个。

检验数量：全数检查。

检验方法：查验测量记录。

一般项目

4.2.11 轨道基准点位的标识应设置齐全、色泽鲜明、清晰完整。

检验数量：全数检查。

检验方法：观察检查。

4.2.12 基标设置允许偏差应符合下列规定：

1 控制基标：方向为 $6''$，高程为 ± 2 mm，直线段距离为 1/5 000，曲线段距离为 1/10 000。

2 加密基标:方向为±1 mm,高程为±2 mm,直线段距离为±5 mm,曲线段距离为±3 mm。

检验数量:控制基标每200 m检查2个;加密基标每100 m检查5个。

检验方法:仪器测量。

4.2.13 基标标桩应埋设牢固,桩帽点位和高程经调整符合要求后,应及时固定并标志清楚。

检验数量:全数检查。

检验方法:观察检查。

4.3 钢轨及扣件

主控项目

4.3.1 钢轨材质、类型、规格、质量应符合设计要求和产品标准的规定,并应提供产品合格证、质量证明文件。

检验数量:全数检查。

检验方法:查验产品合格证、质量证明文件,观察检查。

4.3.2 钢轨焊接应按照现行行业标准《钢轨焊接》TB/T 1632的规定进行型式检验,并提供相关检测报告。

检验数量:全数检查。

检验方法:查验报告。

4.3.3 钢轨钻孔位置应在轨腹中和轴上,且必须倒棱。两螺栓孔间的净距不应小于较大孔径的2倍。

检验数量:全数检查。

检验方法:观察、尺量检查。

4.3.4 钢轨在任何部位均严禁出现折断、裂纹、变形、钢轨锈蚀、擦伤等影响行车安全的缺陷。为防止钢轨的电击伤损,过轨管线、建筑钢筋或其他金属物应保证至钢轨边缘有50 mm以上的安全净距,并应可靠、有效的固定。

检验数量：全数检查。

检验方法：观察检查，查验报告，尺量。

4.3.5 应提供钢轨母材探伤资料，伤损标准应按现行铁路行业相关管理文件执行。

检验数量：全数检查。

检验方法：查看资料、探伤文件。

4.3.6 扣件类型、数量、几何尺寸、结构性能、疲劳强度、减振参数等应符合设计要求。

检验数量：全数检查。

检验方法：查验产品合格证和质量证明文件，观察检查。

4.3.7 扣件的扣压力应符合设计要求。

检验数量：每千米抽验20个。

检验方法：现场观察弹条扣压点状态，钢轨与扣件之间无明显离缝现象，T型螺栓扭矩按设计图纸要求采用扭矩扳手进行检查。

4.3.8 扣件零部件应按设计要求进行防腐蚀处理，其中T型螺栓、螺母、平垫圈、锚固螺栓、垫块和扣板应采用有封闭层的多元共渗技术进行处理，弹条和铁垫板应进行静电喷涂处理，喷涂颜色为黑色，处理层应有足够的强度，在正常运输和安装时不应出现脱落现象。

检验数量：全数检查。

检验方法：查验产品合格证和质量证明文件，观察检查。

一般项目

4.3.9 扣件应零件齐全，位置正确，安装符合设计要求。扣板、轨距垫、轨距挡板应靠贴轨底边。碎石道床混凝土轨枕弹条扣件的弹条中部前段下颚应靠贴轨距挡板离缝不大于1 mm。施工完成后，扣件应整齐美观，表面完好、无污物，无肉眼可见的伤损及缺陷。

检验数量：每千米抽验100套。

检验方法：观察检查、尺量。

4.3.10 扣件组装应符合设计图纸的要求，轨排组装、扣件安装中轨距和调高量不良率不应超过5%。扣件安装时应预留运营后调整余量，不应采用极限状况进行安装。

检验数量：每千米抽验100套。

检验方法：观察检查。

4.4 碎石道床

主控项目

4.4.1 铺砟前应取得线下施工单位线路测量资料、中桩、基桩和水准点，并进行铺砟前路基面或结构面检查，复测线路中桩、基桩及路基面高程，形成交接记录。

检验数量：全数检查。

检验方法：查验记录。

4.4.2 轨排组装前应对轨枕型号、外观进行验收，质量应符合设计要求及产品标准规定。

检验数量：全数检查。

检验方法：查验产品合格证和质量证明文件，观察检查。

4.4.3 各种类型扣件锚固螺栓抗拔力应满足相应设计要求。有1个不合格时，应增加抽检3个；有3个及以上不合格时，则应全线整改。

检验数量：每千米抽检3个。

检验方法：进行抗拔试验。

4.4.4 道床底砟品种、外观质量应符合现行行业标准《铁路碎石道床底碴》TB/T 2897 的规定。

检验数量：每单位工程不少于2处。

检验方法：查看生产检验报告及产品合格证，观察检查。

4.4.5 底砟铺设应采用压强不小于 160 kPa 的机械碾压,压实密度不应低于 1.6 g/cm^3。

检验数量:每单位工程不少于 1 次。

检验方法:用灌水法检测压实密度,查看检验记录。

4.4.6 道砟等级应符合设计要求,道砟质量应符合现行行业标准《铁路碎石道砟》TB/T 2897 的规定。

检验数量:全数检查。

检验方法:查看设计文件,查看生产检验报告及产品合格证。

4.4.7 道砟材料必须清洁,无土块、杂物。各种道砟必须有"碎石道砟产品合格证",碎石道砟粒径级配必须符合表 4.4.7 的规定。道砟进场时应对其粒径级配、颗粒形状及清洁度进行检验。

表 4.4.7 道砟粒径级配

方孔筛孔边长(mm)	16	25	35.5	45	56	63
过筛质量百分率(%)	0～5	5～15	25～40	55～75	92～97	97～100

检验数量:全数检查。

检验方法:查看检验报告和产品合格证。

4.4.8 碎石道床厚度应符合相关规定和设计要求。

检验数量:每千米抽验 20 处。

检验方法:尺量检查。

4.4.9 铺轨前道砟摊铺应按中线铺设,并采用压强不小于 160 kPa 的机械碾压,压实密度不应低于 1.6 g/cm^3,砟面平整度用 3 m 靠尺检查不应大于 30 mm。正线无缝线路开通前,有砟道床密实度不应低于 1.7 g/cm^3。

检验数量:每千米抽查 2 处检查平整度和压实度,压实度每次测 3 个点位。

检验方法:查验记录,观察检查,用灌水法测密实度,用 3 m 靠尺测量平整度。

一般项目

4.4.10 底砟厚度允许偏差为±50 mm,半宽允许偏差为(0,+50)mm。

检验数量:每500 m抽检1处。

检验方法:尺量检查。

4.4.11 道床应饱满、均匀和整齐,不出现轨枕空吊、道床翻浆的现象。

检验数量:全数检查。

检验方法:观察检查。

4.4.12 路基与桥梁、路基与敞开段、整体道床与碎石道床,以及新筑路基与既有路基连接地段的预铺道砟应加强碾压,碾压地段长度不应小于30 m。

检验数量:全数检查。

检验方法:查验记录。

4.4.13 碎石道床股道间线间距小于4 m地段应采用道砟直接填平。敞开段碎石道床砟肩至挡砟墙应用道砟填平。

检验数量:全数检查。

检验方法:观察、尺量检查。

4.5 现浇整体道床

4.5.1 轨道铺设前,道床基底面应按设计要求处理,确保整洁、无积水。

4.5.2 高架线路及地下线路旁通道等特殊地段道床施工前,应根据徐变或沉降观测结果,确定具备轨道施工条件后方可进行轨道施工,必要时可采用临时过渡方案。

4.5.3 地面线现浇整体道床地段施工前,应确认路基工程符合验收标准,特别要加强填土密实度和排水设施的检查。

4.5.4 轨道施工前应根据轨行区的排水要求,对道岔区、旁通道等易积水地段进行排查,确认配套设施功能齐全完好,施工过程中严格控制施工标高及工程质量,保证施工完成后道床范围内排水通畅,道床表面无积水。

4.5.5 轨行区道床范围内的中心水沟及横向水沟应设置水沟盖板,保证道床中心疏散功能。

4.5.6 混凝土终凝后应及时养护,其强度达到 5 MPa 时方可拆除支撑架。混凝土强度未达到设计强度 70% 时,道床上不应行驶车辆和承重。

4.5.7 短轨枕整体道床施工时,应加强轨枕底部及四周的混凝土捣固,并及时松开扣件释放应力,避免出现短枕离缝现象。

4.5.8 车辆基地库内检查坑施工时,应严格控制检查坑轨道中心(轴)线、高程以及坑柱、壁的各项尺寸、间距,确保检查坑、轨道的几何尺寸符合设计及验收要求。

4.5.9 具有特殊工艺要求的静调库等按零轨标准设计的线路,应满足设计及相关技术要求。

主控项目

4.5.10 轨枕进场时,应对型号、外观进行验收,质量应符合设计要求及产品标准规定。

检验数量:全数检查。

检验方法:查验产品合格证和质量证明文件,观察检查。

4.5.11 每千米轨枕铺设数量、规格及型号应符合设计规定。

检验数量:全数检查。

检验方法:对照设计文件、点数。

4.5.12 整体道床轨枕锚固螺栓抗拔力要求与本标准第 4.4.3 条规定一致。

检验数量:每千米抽检 3 个。

检验方法:进行抗拔力试验。

4.5.13 道床混凝土的原材料、强度等级及配合比应符合设计要求和现行行业标准《铁路混凝土施工质量验收标准》TB/T 10424的要求。

检验数量:全数检查。

检验方法:查验试验报告。

4.5.14 道床中的钢筋规格、数量、布置和连接应符合设计要求。钢筋间距允许偏差为(−5~+10)mm。钢筋连接应满足防杂散电流专业要求。

检验数量:每施工段抽检10处。

检验方法:观察、尺量检查。

4.5.15 道床的断面尺寸及排水沟坡度、道床内预埋管件的类别、规格、数量和位置应符合设计要求。道床顶面宽度允许偏差为±10 mm。

检验数量:全数检查。

检验方法:观察、尺量检查,查验预埋件记录。

一般项目

4.5.16 钢轨架设前必须调直。应加强扣件的进场管理,扣件零部件不应存在飞边、毛刺现象。

检验数量:全数检查。

检验方法:观察检查。

4.5.17 钢轨和道岔均应采用支撑架架设。钢轨支撑架应有足够的强度、刚度及抵抗横向位移的能力。直线段支撑架应垂直线路方向;曲线段支撑架应垂直线路中线的切线方向。道岔支撑架应按设计要求设置。

检验数量:全数检查。

检验方法:观察、尺量检查。

4.5.18 轨(岔)枕安装时,直线段两股钢轨的轨(岔)枕中心线应与线路中线垂直;曲线段应与线路中线的切线方向垂直。道岔辙叉部分的岔枕应垂直辙叉角的平分线,转辙器及连接部分应与道岔直股方向垂直。

检验数量:全数检查。

检验方法:观察、尺量检查。

4.5.19 轨枕安装时应符合下列规定:

1 安装距离允许偏差为±10 mm。

2 承轨槽边缘距无砟道床变形缝或无缝线路缓冲区钢轨接缝的中心不应小于70 mm。

检验数量:轨枕安装距离每50 m范围检查10处,承轨槽边缘位置全数检查。

检验方法:尺量检查。

4.5.20 整体道床施工前,其基础结构应经验收合格。道床混凝土的变形缝和水沟模板支立应牢固,其允许偏差为:位置±5 mm,垂直度2 mm。

检验数量:每10 m范围检查1处。

检验方法:钢尺、垂砣检查。

4.5.21 道床混凝土初凝前应及时进行抹面,并将钢轨、轨枕、扣件、支撑架等表面灰浆清理干净。抹面允许偏差为:平整度3 mm,高程(−5~0)mm。

检验数量:每5 m范围检查1处。

检验方法:2 m直尺、钢尺检查。

4.5.22 同一配合比的道床混凝土,应留取规定数量的混凝土试件进行抗压试验。

检验数量:每灌注100 m道床(不足100 m也按100 m计)取2组试件。

检验方法:查验试验报告(一组试件在标准条件下养护,另一组试件与道床相同条件养护)。

4.6 预制板整体道床

4.6.1 预埋套管、起吊套管、杂散电流及接触轨底座安装孔口等应用堵头或胶带封好，防止异物进入。

4.6.2 预制板应采用专用设备、仪器、机具等进行铺设和精确调整，其位置精度应满足设计要求。

4.6.3 预制板整体道床施工实施前，应编制专项施工方案，并应在组织试验段施工确认后开展大规模施工。

4.6.4 采用预应力结构的预制轨道板时，对打孔及过轨管线的设置应进行专项确认。

主控项目

4.6.5 预制板应工厂化生产，其型号、外观、质量要求、检验规则、标识、存放、运输、装卸等应符合相关制造和验收条件的规定。出厂时，工厂应提供轨道板制造质量证明文件。

检验数量：全数检查。

检验方法：查验产品合格证和质量证明文件，观察检查。

4.6.6 预制板、自密实混凝土、基底、底座、土工布隔离层、隔振部件、缓冲部件等应符合相关标准及设计要求，相关检验资料应齐全，并具有可追溯性。

检验数量：全数检查。

检验方法：检查生产检验报告和产品合格证。

4.6.7 预制板四周边角应无破损和掉块，板体无可见裂纹，质量应符合设计要求。

检验数量：全数检查。

检验方法：查验产品合格证和质量证明文件，观察检查。

4.6.8 基底、底座等现浇部分混凝土应密实、表面平整、颜色均匀，不应有裂缝、露筋、蜂窝、麻面、孔洞、疏松和缺棱角等缺陷。

自密实混凝土外露面不应有蜂窝、麻面、裂纹等观感缺陷。

检验数量：全数检查。

检验方法：观察检查。

4.6.9 预制轨道板整体道床应在揭板试验确认工艺可行后，方可进行整体道床的施工铺设。

检验数量：全数检查。

检验方法：查验揭板试验报告。

4.6.10 全线预制道岔板正式铺设施工前应进行首组道岔铺设施工，道岔首组铺设质量评估合格后，方可进行全线道岔的铺设施工。

检验数量：全数检查。

检验方法：查验试铺报告。

4.6.11 浮置板道床的隔振器外观应表面平滑、色度均匀，附着力良好。防腐标准不应低于热浸镀锌，镀锌层平均厚度不应小于 70 μm，不应有漏镀、起皮、脱落等现象。

检验数量：全数检查。

检验方法：观察检查，查看资料。

一般项目

4.6.12 预制板道床的基底伸缩缝或底座间缝隙应按设计要求设置，宜与预制板板缝对齐。

检验数量：全数检查。

检验方法：观察检查。

4.6.13 预制轨道板灌注孔及观察孔混凝土表面应与轨道板表面平齐，不应有肉眼可见裂缝。

检验数量：抽检 20%。

检验方法：观察检查。

4.6.14 轨道板位置允许偏差应符合表 4.6.14 的规定。

表 4.6.14 轨道板位置允许偏差

序号	检查项目	允许偏差（mm）	备注
1	高程	±2	
2	中线	±2	
3	相邻轨道板接缝处承轨台顶面相对高差	±1	不允许连续3块以上轨道板出现同向偏差
4	相邻轨道板接缝处承轨台顶面横向相对位置	±1	
5	相邻轨道板接缝处承轨台顶面纵向相对位置	±1	

检验数量：每千米检查5%。

检验方法：观察、测量检查。

4.6.15 板下充填层灌注完成后，道岔板位置允许偏差应符合表4.6.15的规定。

表 4.6.15 道岔板位置允许偏差

项目	纵向	横向	高程	相邻道岔板承轨面相对横向偏差及高差
允许偏差(mm)	±1	±1	±1	±1

检验数量：全数检查。

检验方法：专用仪器测量。

4.6.16 限位凹槽外形尺寸允许偏差应符合表4.6.16的规定。

表 4.6.16 限位凹槽外形尺寸允许偏差

序号	检查项目	允许偏差(mm)
1	中线位置	±3
2	纵向宽度	±5
3	横向宽度	±5
4	深度	±10

检验数量：抽验20%。

检验方法:查验隐蔽工程验收记录。

4.6.17 预制轨道板道床混凝土基底外形尺寸允许偏差应符合表 4.6.17 的规定。

表 4.6.17 混凝土基底外形尺寸允许偏差

序号	检查项目	允许偏差(mm)
1	顶面高程	±10
2	宽度	±10
3	中线位置	±3
4	平整度	10 mm/3 m

检验数量:每千米检查 3 处。

检验方法:检查检验报告和产品合格证,查验隐蔽工程验收记录。

4.6.18 预制轨道板道床自密实混凝土尺寸误差应符合表 4.6.18 的规定。

表 4.6.18 自密实混凝土尺寸误差

序号	检查项目	允许误差	检验方法
1	厚度	不小于 80 mm	尺量
2	与轨道板边缘对齐	±2 mm	

检验数量:每 100 m 检查 1 处。

检验方法:尺量。

4.6.19 浮置板道床基底标高、平整度应符合设计规定。标高误差要求为($-5\sim0$)mm;平整度要求为$±2$ mm/m^2。

检验数量:全数检查。

检验方法:水准仪、水平尺检查。

4.6.20 隔振器外套筒应按设计位置进行定位测量,隔振器外套筒位置公差要求为±3 mm。隔离层厚度不应小于 1 mm,不应出现破损,铺设部位应高出道床 20 cm 并固定。隔振器外套筒底部应采用硅胶等胶凝材料与隔离层固定密封。隔振器盖板与轨底部应保持在 50 mm 以上,盖板螺栓应紧固。

检验数量:全数检查。

检验方法:观察、尺量检查。

4.6.21 安装隔振器内套筒前,应在弹簧浮置板道床之间、与其他类型道床之间及道床两侧与土建结构之间采用柔性密封材料密封,应将隔振器套筒内隔离层及垃圾清理干净。

检验数量:全数检查。

检验方法:观察检查。

4.6.22 梯形(纵向)轨枕底座外形尺寸允许偏差为±10 mm,凹陷深度不应大于 3 mm/m,表面平整度允许偏差为 3 mm/m。

检验数量:每施工段抽检 10 处。

检验方法:观察、尺量检查。

4.6.23 底座表面与梯形(纵向)轨枕间的隔离空隙不应小于 10 mm。

检验数量:全数检查。

检验方法:观察、尺量检查。

4.6.24 每块梯形(纵向)轨枕隔振部件和缓冲部件的数量应符合设计规定,隔离材料安装应符合设计要求。

检验数量:全数检查。

检验方法:观察检查,查验隐蔽工程验收记录。

4.7 道岔及伸缩调节器

4.7.1 在道岔铺设之前,应组织道岔厂内试铺验收或铺轨基地组装验收后方可进行道岔的整组铺设。道岔零、部件及整体组装后的质量验收应按现行行业标准《标准轨距铁路道岔技术条件》TB/T 412 的规定执行,并应做好验收资料记录工作。

4.7.2 新铺道岔临时使用时,应采用转辙设备扳动道岔。不使用的道岔开向,应采用钩锁器锁闭。

4.7.3 道岔范围内应按设计要求设置钢轨绝缘接头,配合信号工程安装转辙设备,确认各牵引点处轨枕间距、锁闭孔位置等符合供电设计要求。

主控项目

4.7.4 道岔及岔枕的类型、规格和质量应符合设计要求和产品标准规定。

检验数量:全数检查。

检验方法:查验产品合格证和质量证明文件,观察检查,尺量清点。

4.7.5 尖轨和基本轨的线型应符合设计要求;辙叉各部分尺寸应符合设计要求。

检验数量:全数检查。

检验方法:观察、尺量检查。

4.7.6 钢轨伸缩调节器种类、型号及技术条件应符合设计要求及产品技术条件规定。

检验数量:全数检查。

检验方法:查验产品合格证和质量证明文件,观察检查。

4.7.7 钢轨伸缩调节器的铺设位置应符合设计规定。

检验数量:全数检查。

检验方法:对照设计图纸、量测。

4.7.8 道岔护轨螺栓、连杆、顶铁和间隔铁必须齐全、无变形、锈蚀或作用不良。基本轨、尖轨、辙叉等钢轨件外观应无伤损缺陷。

检验数量:全数检查。

检验方法:观察检查。

4.7.9 查照间隔不应小于1 391 mm;护背距离不应大于1 348 mm。测量位置应符合设计图纸规定。

检验数量:全数检查。

检验方法:尺量检查。

4.7.10 基本轨应落槽,滑床板应平正,轨撑与轨头下颚和垫板挡间应密贴,钢轨接头、尖轨尖端、跟部、辙叉心等部位不应有空吊板,其他部位不应有连续空吊板,空吊板率不应大于5%。

检验数量:全数检查。

检验方法:观察、锤击检查。

4.7.11 尖轨应符合下列规定:

1 尖轨尖端至第一牵引点前,尖轨与基本轨密贴缝隙应小于0.2 mm,其余部分尖轨与基本轨密贴缝隙应小于1 mm。

2 尖轨应无损伤,在尖轨顶面宽50 mm及以上断面处,其轨面不应低于基本轨顶面1 mm。外锁闭道岔不应大于0.5 mm。

3 尖轨应无翘头、拱腰、硬弯,尖轨爬行不应超过20 mm。

检验数量:全数检查。

检验方法:观察、尺量检查。

4.7.12 道岔道床混凝土浇筑前或预制道岔板灌注自密实混凝土前,道岔精调应符合表4.7.12规定。

表4.7.12 道岔道床混凝土浇筑前道岔精调允许偏差

序号	检查项目	允许偏差(mm)
1	水平	±2
2	轨向(弦量)	2 mm/10 m
3	高低(弦量)	2 mm/10 m
4	中线	±5
5	高程	±5

4.7.13 钢轨伸缩调节器的垫板、轨撑及螺栓应安装齐全,螺母扭矩应符合设计要求。钢轨伸缩调节器两端、尖轨尖端、尖轨轨头刨切起点处的轨距允许偏差均为±1 mm。

检验数量:全数检查。

检验方法:观察检查,量测、塞尺及测力扳手检测。

4.7.14 钢轨伸缩调节器铺设调整后,基本轨伸缩应无障碍,尖轨锁定不爬行。

检验数量:全数检查。
检验方法:观察检查。

一般项目

4.7.15 有缝道岔铺设允许偏差应符合表 4.7.15 的规定。

表 4.7.15 有缝道岔铺设允许偏差

序号	检查项目		允许偏差(mm)	
			正线	车场线
1	方向	直线(10 m 弦量)(mm)	4	6
		导曲线支距(mm)	±2	
2	高低(10 m 弦量)		4	6
3	水平(10 m 弦量)		4	6
4	轨距	尖轨尖端(mm)	±1	
		其他部位(mm)	−2~+3	
5	顶铁与尖轨轨腰的间隙		≤1	
6	滑床板同尖轨间隙(mm)		缝隙小于1.0 mm,且大于或等于1.0 mm缝隙不应连续出现	≤2(每侧允许1处大于2 mm)
7	轨缘槽宽度(mm)		平直段−0.5~+1.0;其余±2.0	−1~+3
8	接头	错牙、错台(mm)	≤1	≤2
		头尾接头相错量(mm)	≤15	≤20
		轨缝实测平均值与设计值差(mm)	±2	
9	岔枕间距、偏斜(mm)		±10	±20
10	尖轨非工作边最小轮缘槽(mm)		−2	
11	尖轨尖端相错量(mm)		≤10	

检验数量:全数检查。

检验方法:专用仪器测量。

4.7.16 钢轨伸缩调节器几何尺寸容许偏差应符合表 4.7.16 的规定。

表 4.7.16 钢轨伸缩调节器几何尺寸容许偏差

检查项目	验收标准	
	尖轨尖端至尖轨根端方向 1 100 mm 范围内	其余部分
轨距	−2～+3	−2～+3
水平	4	
轨向	2	4

检验数量:全数检查。

检验方法:道尺测量,弦线测量。

4.7.17 钢轨伸缩调节器整道应符合铁路轨道施工标准的规定。

检验数量:全数检查。

检验方法:观察、专用仪器测量。

4.8 有缝线路

4.8.1 平过道和车挡滑移范围内不应设置钢轨接头。

主控项目

4.8.2 钢轨绝缘接头的类型、规格、质量应符合设计要求。

检验数量:全数检查。

检验方法:查验产品合格证、观察检查。

4.8.3 钢轨绝缘接头的安装应符合设计要求。

检验数量:全数检查。

检验方法:核对设计文件,观察检查、测力扳手检测。

4.8.4 绝缘接头轨缝不应小于 6 mm。

检验数量:全数检查。

检验方法：现场测量。

4.8.5 有缝线路钢轨普通（绝缘）接缝宜设于两轨枕中间，距扣件垫板边缘不应小于 100 mm。

检验数量：全数检查。

检验方法：尺量检查。

一般项目

4.8.6 有缝线路钢轨接头轨顶及工作边应平顺，错台、错牙允许偏差：正线不应大于 1 mm，车场线不应大于 2 mm。

检验数量：每千米测 10 个点。

检验方法：尺量检查。

4.8.7 有缝线路轨道，根据有缝线路的铺设长度，每检查段内实际轨缝的平均值以计算轨缝值为标准，允许偏差应为 ±2 mm，轨缝不应出现最大构造轨缝。轨温小于当地历史最高轨温时，不应有连续 3 个及以上的瞎缝。

检验数量：每施工段检查 10 个测点。

检验方法：尺量检查。

4.8.8 有缝线路轨道整理作业后，轨道静态几何尺寸允许偏差应符合表 4.8.8-1 的规定。

表 4.8.8-1 有缝线路轨道静态几何尺寸允许偏差

序号	检查项目	正线	车场线
1	轨距	(−2～+4)mm，变化率不应大于 1‰	(−2～+6)mm，变化率不应大于 1‰
2	水平	4 mm	5 mm
3	轨向	直线不应大于 4 mm/10 m 弦量，曲线见表 4.8.8-2	直线不应大于 5 mm/10 m 弦量，曲线见表 4.8.8-2
4	高低	直线不应大于 4 mm/10 m 弦量，曲线见表 4.8.8-2	直线不应大于 4 mm/10 m 弦量，曲线见表 4.8.8-2
5	中线	10 mm	10 mm
6	高程	±10 mm	±10 mm

表4.8.8-2 轨道曲线正矢(20 m弦量)调整允许偏差

检查项目	缓和曲线正矢与计算正矢差(mm)		圆曲线正矢连续差(mm)		圆曲线正矢最大最小值差(mm)	
曲线半径(m)	正线	车场线	正线	车场线	正线	车场线
$R \leqslant 250$	6	8	12	16	18	24
$250 < R \leqslant 350$	5	7	10	14	15	21
$350 < R \leqslant 450$	4	6		12	12	18
$450 < R \leqslant 650$	3	5	6	10	9	15
$R > 650$	3	4	6	8		12

检验数量:每千米抽检1处,每处抽检10个测点,曲线正矢全数检查。

检验方法:专用仪器测量。

4.8.9 轨排接头相错量允许偏差应符合表4.8.9的规定。

表4.8.9 轨排接头相错量允许偏差

检查项目			允许偏差(mm)	
			正线	车场线
标准轨	相对式接头	直线	$\leqslant 40$	$\leqslant 60$
		曲线	$\leqslant 40$加缩短轨缩短量之半	$\leqslant 60$加缩短轨缩短量之半
非标准长钢轨	相对式接头	直线	$\leqslant 40$	$\leqslant 60$
		曲线	$\leqslant 120$	$\leqslant 140$
	相错式接头	直线、曲线	$\geqslant 3\ 000$	
		绝缘接头	$\leqslant 2\ 500$	

检验数量:站场内每股道抽检2个轨排,其他地段每千米抽检4个轨排。

检验方法:尺量检查。

4.9 无缝线路

主控项目

4.9.1 钢轨焊接接头的型式检验和周期性生产检验应符合现行行业标准《钢轨焊接》TB/T 1632 的规定。

检验数量：按现行行业标准《钢轨焊接》TB/T 1632 规定的数量检查。

检验方法：按现行行业标准《钢轨焊接》TB/T 1632 规定的方法进行检查。

4.9.2 钢轨焊头应进行探伤检查。焊头不应有未焊透、过烧、裂纹、气孔夹渣等有害缺陷。

检验数量：全数检查。

检验方法：观察检查、超声波探伤仪检查。

4.9.3 钢轨焊缝两侧各 100 mm 范围内不应有明显压痕、碰痕、划伤等缺陷，焊头不应有电击伤。

检验数量：全数检查。

检验方法：观察检查。

4.9.4 轨底上表面焊缝两侧各 150 mm 范围内及距两侧轨底角边缘各 35 mm 范围内应打磨平整，不应打亏。

检验数量：全数检查。

检验方法：尺量检查。

4.9.5 钢轨焊接接头应纵向打磨平顺，不应有低接头，钢轨焊头平直度应符合表 4.9.5 的规定。

表 4.9.5 钢轨焊头平直度允许偏差

序号	检查项目	允许偏差(mm)
1	轨顶面	0～+0.3
2	轨头内侧工作面	±0.3
3	轨底(焊筋)	0～+0.5

注：1 轨顶面中，符号"+"表示高出钢轨母材规定基准面。
    2 轨头内侧工作面中，符号"+"表示凹进。
    3 轨底(焊筋)中，符号"+"表示凸出。

检验数量:全数检查。

检验方法:用 1 m 直尺测量。

4.9.6 钢轨冻结接头的类型、规格、质量应符合设计要求。

检验数量:全数检查。

检验方法:查验产品合格证,观察检查。

4.9.7 钢轨冻结接头的安装应符合设计及产品规格的规定。

检验数量:全数检查。

检验方法:观察检查、测力扳手检测。

4.9.8 单元轨节锁定前应按设计要求设置好钢轨位移观测桩,位移观测桩应设置齐全、牢固、不易损坏并易于观测。

检验数量:全数检查。

检验方法:观察检查。

4.9.9 线路锁定轨温应在设计锁定轨温范围内。

检验数量:全数检查。

检验方法:查验记录。

4.9.10 左右两股钢轨及相邻单元轨节的锁定轨温差均不应大于 5 ℃。

检验数量:全数检查。

检验方法:查验记录。

4.9.11 线路锁定后,应及时在钢轨上设置纵向位移观测的"零点"标记,验收时观测钢轨位移量并做好记录。任何一个位移观测桩处位移量不应超过 20 mm。

检验数量:全数检查。

检验方法:尺量检查。

一般项目

4.9.12 钢轨及焊接接头编号应标记齐全、字迹清楚、记录完整。

检验数量:全数检查。

检验方法:查验记录,观察检查。

4.9.13 位移观测桩应编号,每对位移观测桩基准点连线与线路中线应垂直。

检验数量:每单元轨节抽检 2 对位移观测桩。

检验方法:观察检查。

4.9.14 缓冲区的钢轨接头螺栓扭矩应达到 900 N·m,接头处钢轨面高低差及轨距线错牙偏差不超过 1 mm。接头轨缝应按设计要求预留。

检验数量:全数检查。

检验方法:测力扳手检测,尺量检查。

4.9.15 有砟轨道整理作业后,轨道静态几何尺寸允许偏差应符合表 4.9.15-1 的规定。

表 4.9.15-1 轨道静态几何尺寸允许偏差

序号	检查项目	允许偏差
1	轨距	(−2～+4)mm 变化率不应大于 1‰
2	水平	4 mm
3	轨向(弦量)	直线不应大于 4 mm/10 m,曲线见表 4.9.15-2
4	高低(弦量)	直线不应大于 4 mm/10 m
5	中线	10 mm
6	高程	±10 mm
7	轨底坡	1/20～1/40(设计为 1/30 时);1/30～1/50(设计为 1/40 时)

表 4.9.15-2 轨道曲线正矢(20 m 弦量)允许偏差

曲线半径(m)	缓和曲线正矢与计算正矢差(mm)	圆曲线正矢连续差(mm)	圆曲线正矢最大最小值差(mm)
$R \leqslant 250$	6	12	18
$250 < R \leqslant 350$	5	10	15
$350 < R \leqslant 450$	4	8	12
$450 < R \leqslant 650$	3	6	9
$R > 650$	3	6	9

检验数量:每千米抽检 1 处,每处抽检 10 个测点,曲线正矢全数检查。

检验方法:专用仪器测量。

4.9.16 无砟轨道整理作业后,轨距允许偏差应为(-2,+3)mm,其他检验指标应符合本标准第 4.9.15 条的规定。

4.10 线路附属

主控项目

4.10.1 防脱护轨及联结配件、扣件的规格、型号、质量应符合设计要求。

检验数量:全数检查。

检验方法:查验产品合格证,观察检查。

4.10.2 防脱护轨铺设位置及长度应符合设计要求。

检验数量:全数检查。

检验方法:观察检查。

4.10.3 防脱护轨应在轨道整理达标后,方能进行安装,其安装尺寸应符合设计要求。

检验数量:全数检查。

检验方法:观察、尺量检查。

4.10.4 护轨支架及绝缘缓冲垫片安装位置应符合设计要求。

检验数量:全数检查。

检验方法:观察检查。

4.10.5 线路、信号标志的材质、规格、图案字样均应符合设计要求。

检验数量:全数检查。

检验方法:对照设计文件,观察、尺量检查。

4.10.6 标志的数量、位置、高度应符合设计要求。

检验数量:全数检查。

检验方法:对照设计文件,点数,观察、尺量检查。

4.10.7 标志设置应牢固,标示方向应正确。
检验数量:全数检查。
检验方法:观察检查。

4.10.8 车挡及联结配件的规格、型号、质量应符合设计要求。
检验数量:全数检查。
检验方法:查验产品合格证,观察检查。

一般项目

4.10.9 护轨方向应平顺,接头螺栓应涂油拧紧。
检验数量:全数检查。
检验方法:观察检查。

4.10.10 护轨与基本轨头部间距应符合设计要求,其允许偏差不应大于 5 mm。
检验数量:全数检查。
检验方法:尺量检查。

4.10.11 各种标志应设置端正,涂料应均匀、色泽鲜明,图像字迹应清晰完整。
检验数量:全数检查。
检验方法:观察检查。

4.10.12 车挡安装位置、固定螺栓扭矩应符合设计要求。
检验数量:全数检查。
检验方法:尺量、测力扳手检测。

5 应急疏散平台

5.1 一般规定

5.1.1 应急疏散平台应设置于正线区间隧道行车方向左侧平台板上表面距轨面高度 850 mm~900 mm 处,应急疏散平台宽度不应小于 600 mm。

5.1.2 应急疏散平台施工应在线路调线调坡完成后进行,以轨道中心线代替理论线路中心线为基准进行施工测量,纵向测量应以正线车站主体结构或人防门为依据,从设计规定的起测点开始。平台支架因隧道内其他构筑物、隧道伸缩缝等影响需调整避让时,调整后的纵向间距不应大于设计允许值。

5.1.3 应急疏散平台的宽度不应小于 600 mm,平台梁及平台板完成面边缘距设备限界应保证有 50 mm 安全距离,应急疏散平台板边缘至线路中心的水平距离见表 5.1.3(不含施工误差)。

表 5.1.3 应急疏散平台踏板边缘至线路中心的水平距离

隧道类型	地段	应急疏散平台边缘至线路中心水平距离(mm)
矩形隧道	直线地段	1 620
	曲线地段	1 620+相应曲线地段建筑限界加宽值
圆形区间隧道	直线地段	1 620
	曲线地段(平台在曲线外侧)	1 620
	曲线地段(平台在曲线内侧)	1 620+相应线路中心线偏移量

续表5.1.3

隧道类型	地段	应急疏散平台边缘至线路中心水平距离(mm)
马蹄形区间隧道	直线地段	1 620
	曲线地段(平台在曲线外侧)	1 620
	曲线地段(平台在曲线内侧)	1 620+相应线路中心线偏移量

5.1.4 区间隧道内渡线段、人防隔断门、存车线、车辆段的出入段线原则上可不设应急疏散平台,在应急疏散平台断开端头处,加设步梯下至道床面,步梯第一步级距人防门门框距离不应小于1 m。

5.1.5 应急疏散平台的高度:应急疏散平台顶面距两轨面连线中心高度应为850 mm~900 mm。

5.1.6 应急疏散平台支架间距:沿隧道纵向距离应不大于1 m,不得设置在管片接缝处,并符合设计要求。

5.1.7 应急疏散平台整体材质要求:平台踏板宽度600 mm~1 000 mm时,应急疏散平台应采用高分子复合材料;平台踏板宽度大于1 000 mm时,应急疏散平台应采用钢结构梁柱和预制钢筋混凝土板组合。在连续复合材料区段,若个别实测宽度为1 000 mm~1 100 mm时,仍应采用复合材料。

5.2 平台材料要求

5.2.1 应急疏散平台的平台踏板、平台支架、平台扶手、步梯踏板、步梯支架应采用高强度复合材料;支架连接件应为不锈钢材质,且平台材料应满足现行国家标准《地铁安全疏散规范》GB/T 33668中的耐火要求。

5.2.2 材料进场检验应符合下列规定:

    1 化学紧固锚栓产品制造商应提供产品合格证书和使用说

明书,包括材料试验、抗老化试验、制造质量试验、抗拉性能试验、抗剪性能试验、长期荷载性能试验、安装性能试验、间距和边距等报告以及施工工艺操作规程。

2 膨胀紧固锚栓产品制造商应提供产品合格证书和使用说明书,包括材料试验、抗老化试验、制造质量试验、抗拉性能试验、抗剪性能试验、长期荷载性能试验、安装性能试验、间距和边距等报告及施工工艺操作规程。

3 复合材料支架、构件等产品制造商应提供产品合格证书、出厂检验证明、使用说明书和操作规程(包括原材料的合格证书、报告)。

4 复合材料的平台支架、步梯等产品进场后,应检查产品表面不应有起泡、翘曲、裂纹、裂缝、斑点、表面凸凹粗糙、表面颜色不均匀、无光泽等缺陷。

5.2.3 检查应急疏散平台踏板的规格、长度、宽度应符合要求,允许偏差:长度±5 mm,宽度(−20〜0)mm。

5.3 平台安装

主控项目

5.3.1 锚固螺栓载荷检测应符合设计要求,化学锚固螺栓所使用的化学填充剂必须在有效期内使用,对已锚固的锚栓应进行抗拔承载力检测。

检验数量:施工单位全数检查,监理单位检查螺栓拉力测试数量不宜少于锚栓总数的1‰。如发现1处不合格,则对同一批次施工的所有杆件全数检测,并对前期采用同一工法施工的杆件加做25%的检测,检测中如又发现有1处以上不合格,则必须对同一工法施工的杆件全数检测。连续5个检验批检测全部合格,可以调减检测数量,但不能少于各检验批总数的1‰,且不少于3个。

检验方法:观察,查阅螺栓拉力测试记录和化学填充剂产品批号。

5.3.2 应急疏散平台支架规格、型号、材质应符合设计要求,横梁长度、斜撑长度应符合要求。

检验数量:施工单位全数检查,监理单位抽查1%。

检验方法:观察、测量检查或查阅安装记录。

5.3.3 应急疏散平台横梁必须保持与轨道中心线垂直,平台支架容许上翘0°~2°,相邻平台面应在同一平面上。

检验数量:施工单位全数检查,监理单位抽查1%。

检验方法:观察检查。

5.3.4 应急疏散平台顶面距两轨面连线中心高度应为850 mm～900 mm,允许误差(−20~0)mm;应急疏散平台踏板边缘至线路中心的距离应满足限界要求,允许误差±10 mm。个别特殊区段的安装高度以设计文件为准。

检验数量:施工单位全数检查,监理单位抽查1%。

检验方法:观察、测量检查。

5.3.5 应急疏散平台总体检查:踏板两端在支架上搭接长度应大于等于35 mm,平台踏板靠线路侧边沿不应悬空,靠隧道壁侧踏板与隧道壁的空隙不应大于53 mm。平台踏板每榀支架上连接扣件不应少于3个,应均匀分布。

检验数量:施工单位全数检查,监理单位抽查1%。

检验方法:观察、测量检查。

一般项目

5.3.6 化学锚固螺栓孔化学药剂应填充密实。

检验数量:施工单位全数检查。

检验方法:观察、测量检查。

5.3.7 复合材料应急疏散平台支架间距应符合设计要求且不应大于1 000 mm,不应安装在盾构管片接缝和隧道结构接缝处并应满足锚栓安装最小边距要求。

检验数量:施工单位全数检查。

检验方法:观察、测量检查。

5.3.8 与预埋滑槽连接的T型螺栓安装高度应合适,安装应稳固可靠。

检验数量:施工单位全数检查。

检验方法:观察、测量检查。

5.4 平台扶手安装

主控项目

5.4.1 平台扶手紧固件、螺母、垫片规格、材质、质量应符合设计要求。沿线路纵向间距不应大于1 500 mm,每组2孔中心线应尽量保证平行。

检验数量:施工单位全数检查、监理单位抽查1%。

检验方法:观察、测量检查。

5.4.2 平台扶手管中心距平台踏板高度应为950 mm,误差±10 mm,扶手管中心距混凝土墙面应为80 mm。

检验数量:施工单位全数检查、监理单位抽查1%。

检验方法:观察、测量检查。

一般项目

5.4.3 平台扶手应沿应急疏散平台、平台步梯内侧全长布置(在联络通道处断开)。扶手应为复合材料,安装后扶手杆应不滑动、不转动。

检验数量:施工单位全数检查。

检验方法:观察检查。

5.4.4 复合材料平台各构件规格、材质性能应符合设计和产品制造技术要求。

检验数量:施工单位全数检查。

检验方法:观察检查。

5.5 平台步梯安装

主控项目

5.5.1 平台步梯高度应保证平台步级水平,平台步梯末端复合材料水沟盖板规格质量应符合技术要求,与水沟的混凝土面接合应平稳牢固。

检验数量:施工单位全数检查,监理单位全数检查。

检验方法:观察检查。

5.5.2 复合材料平台步梯的材质、性能、规格应符合设计要求,安装应牢固可靠,平台步梯边缘距线路中心线距离应符合设计要求。

检验数量:施工单位全数检查,监理单位全数检查。

检验方法:观察、测量检查。

一般项目

5.5.3 化学紧固锚栓化学药剂填充应密实。

检验数量:施工单位全数检查。

检验方法:观察检查。

5.5.4 复合材料平台步梯外观应颜色均匀一致,无翘曲、裂纹等缺陷,平台步级安装应水平,高度位置合适,安装应稳固可靠。

检验数量:施工单位全数检查。

检验方法:观察、测量检查。

5.5.5 T型螺栓安装高度应合适,安装应稳固可靠。

检验数量:施工单位全数检查。

检验方法:观察、测量检查。

6 通 信

6.1 一般规定

6.1.1 轨道交通通信工程的质量验收顺序应符合下列规定：

    1 应以车站、区间、变电所、线路控制中心、车辆基地为单位，分别对各子系统进行支架线槽安装，光缆、电缆的敷设与防护，光缆、电缆的接续，光缆、电缆箱（盒）的安装，以及各种设备安装的质量检验与验收。

    2 应分别对各子系统进行系统功能和性能的检测与验收。

6.1.2 应针对通信各子系统间的接口、通信系统与其他相关系统间的接口进行核实、检验，接口应符合设计要求。

6.1.3 轨道交通通信工程的质量验收，应包括依据合约要求进行的第三方检测，检测结果应符合设计要求，并形成检测报告。

6.1.4 轨道交通通信工程施工质量检验、检测所用的方法和测试仪表设备，应与所检测的项目所需的型号规格相匹配。

6.1.5 轨道交通通信工程中，凡有区间设备安装侵入设备限界或车载设备安装超出车辆限界的，不应验收。

6.1.6 对于网络化系统，还应检验线路级系统接入网络级系统后的网络级功能与性能，检验结果应符合设计要求。

6.1.7 城市轨道交通通信工程验收的单位工程、分部工程、分项工程应符合附录 A 的相关规定。

6.2 管线安装及光缆、电缆敷设

主控项目

6.2.1 通信系统的管线安装应符合国家标准《城市轨道交通通信工程质量验收规范》GB 50382—2016 第 4 章"通信管线"的规定。通信系统的光缆、电缆敷设应符合国家标准《城市轨道交通通信工程质量验收规范》GB 50382—2016 第 5 章"通信线路"的规定。

6.2.2 当机房桥架采用上走线方式时,其桥架高度与宽度的尺寸、下线弯头曲线半径等应符合设计要求。

检验数量:全数检查。

检验方法:依据设计文件尺量检查。

6.3 电源与接地系统

主控项目

6.3.1 电源与接地系统所采用的系统制式、组网拓扑均应符合设计要求。

检验数量:全数检查。

检验方法:现场提供、检验相关证明,网管检验。

6.3.2 电源与接地系统的验收还应符合国家标准《城市轨道交通通信工程质量验收规范》GB 50382—2016 第 7 章"电源系统及接地"的规定。

6.4 传输系统

主控项目

6.4.1 传输系统采用网络级和线路级分层架构的方式,应分别针对网络级系统与线路级系统进行验收。

6.4.2 传输系统的验收应在通信线路、通信电源系统验收合格，传输系统网管配置完成的前提下进行。

6.4.3 传输系统应采用技术成熟、性能稳定的光纤数字通信设备，应具备国家相关机构授权的电信设备进网许可。

检验数量：全数检查。

检验方法：现场提供、检查国家相关机构授权的电信设备进网许可。

6.4.4 传输系统所采用的系统制式、组网拓扑均应符合设计要求。

检验数量：全数检查。

检验方法：现场提供、检查相关证明，网管检验。

6.4.5 传输系统的容量及主要业务端口的冗余配置、关键部件的冗余配置及自动切换功能，均应符合设计要求。

检验数量：全数检查。

检验方法：网管观察、试验检验。

6.4.6 传输系统的验收还应符合国家标准《城市轨道交通通信工程质量验收规范》GB 50382—2016 第 8 章"传输系统"的规定。

一般项目

6.4.7 传输系统设备与所承载业务的系统设备之间，应通过配线架进行连接，并以配线架作为分界面。

检验数量：全数检查。

检验方法：观察检查。

6.5 公务电话系统

主控项目

6.5.1 公务电话系统的验收应在通信线路、通信电源系统验收合格,传输系统通道调试完毕、公务电话系统网管配置完成的前提下进行。

6.5.2 公务电话系统所采用的系统制式、组网拓扑均应符合设计要求。

  检验数量:全数检查。
  检验方法:现场提供、检查相关证明,网管检验。

6.5.3 对于支持多媒体通信的公务电话系统,其即时消息、电话/多媒体会议、通讯录、移动应用(可选)、桌面和终端联动等业务功能应符合设计要求。

  检验数量:全数检查。
  检验方法:试验检验。

6.5.4 对于通过光纤和干线电缆链路实现的专用电话备用系统,其呼叫功能应符合设计要求。

  检验数量:全数检查。
  检验方法:试验检验。

6.5.5 对于采用统一软交换核心的公务电话系统,其网管的分级分域管理功能应符合设计要求。

  检验数量:全数检查。
  检验方法:试验检验。

6.5.6 公务电话系统的验收还应符合国家标准《城市轨道交通通信工程质量验收规范》GB 50382—2016 第 9 章"公务电话系统"的规定。

6.6 专用电话系统

主控项目

6.6.1 专用电话系统的验收应在通信线路、通信电源系统验收合格,传输系统通道调试完毕、专用电话系统网管配置完成的前提下进行。

6.6.2 专用电话系统所采用的系统制式、组网拓扑均应符合设计要求。

　　检验数量：全数检查。

　　检验方法：现场提供、检查相关证明，网管检验。

6.6.3 对于基于软交换设备的专用电话系统，下列功能应符合可靠性设计要求：

　　1 单节点的主要功能模块冗余倒换功能。

　　2 核心设备故障或网络故障时的降级使用功能。

　　3 双中心保护功能。

　　检验数量：全数检查。

　　检验方法：试验检验。

6.6.4 对于支持多媒体通信的专用电话系统，其多媒体通信等业务功能应符合设计要求。

　　检验数量：全数检查。

　　检验方法：对照设计功能，试验检验。

6.6.5 对于采用统一软交换核心的专用电话系统，其网管的分级分域管理功能应符合设计要求。

　　检验数量：全数检查。

　　检验方法：试验检验。

6.6.6 专用电话系统的验收还应符合国家标准《城市轨道交通通信工程质量验收规范》GB 50382—2016 第 10 章"专用电话系统"的规定。

6.7 专用无线通信系统

主控项目

6.7.1 专用无线通信系统的验收应在通信线路、通信电源系统验收合格，传输系统通道调试完毕、专用无线通信系统网管配置完成的前提下进行。

6.7.2 专用无线通信系统所采用的系统制式、组网拓扑均应符合设计要求。

检验数量:全数检查。

检验方法:现场提供、检查相关证明,网管检验。

6.7.3 专用无线通信系统的下列功能应符合可靠性设计要求:

1 单节点的主要功能模块冗余倒换功能。

2 核心设备故障或网络故障时的降级使用功能。

3 采用双中心架构系统的双中心互备保护功能。

检验数量:全数检查。

检验方法:试验检验。

6.7.4 对于采用多交换中心互联的专用无线通信系统,其漫游通话功能应符合设计要求。

检验数量:全数检查。

检验方法:试验检验。

6.7.5 专用无线通信系统的验收还应符合国家标准《城市轨道交通通信工程质量验收规范》GB 50382—2016 第 11 章"无线通信系统"的规定。

6.8 广播系统

主控项目

6.8.1 广播系统的验收应在通信线路、通信电源系统验收合格,传输系统通道调试完毕、广播系统网管配置完成的前提下进行。

6.8.2 广播系统所采用的系统制式、组网拓扑均应符合设计要求。

检验数量:全数检查。

检验方法:现场提供、检查相关证明,网管检验。

6.8.3 广播系统与综合监控系统的接口数量、接口方式和接口功能应符合设计要求。

检验数量:全数检查。

检验方法:现场检查。

6.8.4 广播系统的验收还应符合国家标准《城市轨道交通通信工程质量验收规范》GB 50382—2016 第 13 章"广播系统"的规定。

6.9 技术防范系统

主控项目

6.9.1 技术防范系统采用网络级与线路级分层架构,应分别针对网络级系统与线路级系统进行验收。

6.9.2 技术防范系统应包含视频监控系统、入侵报警系统、安全检查及探测系统、出入口控制系统、电子巡查系统和安防集成平台,系统验收应包括设备安装、设备配线、系统性能检测、系统功能检验、系统网管检验。

6.9.3 技术防范系统的各子系统应集合为一个整体,并应由独立的安防集成平台统一进行管理。

6.9.4 技术防范系统验收应在通信线路、传输系统电源系统验收合格,技术防范系统网管数据配置、承载网络传输质量、网络带宽符合设计要求的情况下进行。

6.9.5 技术防范系统应在轨道交通网络内实现统一的协议、数据库、人机界面和控制方式。

6.9.6 网络级技术防范系统所采用的系统制式、组网拓扑均应符合设计要求。

检验数量:全数检查。

检验方法:现场提供、检查相关证明,网管检验。

6.9.7 线路级技术防范系统所采用的系统制式、组网拓扑均应符合设计要求。

检验数量:全数检查。

检验方法:现场提供、检查相关证明,网管检验。

6.9.8 视频监控系统与综合监控系统的接口数量、接口方式和接口功能应符合设计要求。

检验数量：全数检查。

检验方法：现场检查。

6.9.9 技术防范系统的验收还应符合国家标准《城市轨道交通通信工程质量验收规范》GB 50382—2016 第 12 章"视频监视系统"的规定。

一般项目

6.9.10 安装在室外的技术防范系统设备和室外机箱的安装应符合下列规定：

1 安装方式、安装位置等应符合设计要求，安装应牢固可靠。

2 防雷、接地应符合设计要求。

3 在接触网等高压带电设备附近安装设备时，安全防护距离应符合设计要求。

4 防护等级应符合设计要求。

检验数量：全数检查。

检验方法：观察、测试检查。

6.9.11 技术防范系统设备的配线应符合下列规定：

1 配线应走向合理并绑扎牢固、与设备连接可靠。

2 前端设备的电缆和电源线应固定，不应用插头承受电缆的自重。

3 前端设备出线部分应采取防护措施。

检验数量：全数检查。

检验方法：观察、测试检查。

6.9.12 技术防范系统的性能应符合下列规定：

1 视频监控系统采用的数字摄像机像素、系统实时图像、回放图像水平清晰度和系统响应时间应符合设计要求。

检验数量:全数检查。

检验方法:用视频综合分析仪测试检验。

2 高压脉冲围栏的制式应不少于 4 线制,且须线线高压导电,电压应为 5 000 V~10 000 V 的脉冲电压,线径、100 m 线阻值和抗拉力应满足设计要求。

检验数量:全数检查。

检验方法:测试检验或检查出厂检验报告。

3 高压脉冲围栏受力杆的直径、壁厚、间距、绝缘子抗脉冲电压应满足设计要求。

检验数量:全数检查。

检验方法:尺量、测试检验或检查出厂检验报告。

4 高压脉冲围栏防区距离、金属导线间距应满足设计要求。

检验数量:全数检查。

检验方法:尺量、测试检验或检查出厂检验报告。

5 高压脉冲围栏的输出特性如脉冲电压、脉冲电流、脉冲持续时间、脉冲间隔时间、脉冲最大电量、脉冲输出的最大能量应满足设计要求。

检验数量:全数检查。

检验方法:测试检验或检查出厂检验报告。

6 电子巡查系统的采集装置存储巡查信息量应满足设计要求。在断电时,所存储巡查信息的保存时间应满足设计要求。

检验数量:全数检查。

检验方法:测试检验或检查出厂检验报告。

6.9.13 技术防范系统的功能应符合下列规定:

1 视频监控系统的实时调看、录像回放、解码上墙、安防报警功能应符合设计要求。

检验数量:全数检查。

检验方法:试验检验。

2 入侵报警系统的探测和报警、报警联动功能、各类信息的存储时间应符合设计要求。

检验数量:全数检查。

检验方法:试验检验。

3 电子巡查系统的识读和响应功能应符合设计要求。

检验数量:全数检查。

检验方法:试验检验。

4 安检探测系统的识别和报警功能应符合设计要求。

检验数量:全数检查。

检验方法:试验检验。

5 出入口控制系统对受控区域的位置、通行对象及通行时间进行实时控制、异常报警、紧急疏散功能应符合设计要求。

检验数量:全数检查。

检验方法:试验检验。

6 安防集成平台的图形显示、状态显示、系统控制、操作管理、信息记录、记录处理、系统修改、联动、安防报警事件发布功能应符合设计要求。

检验数量:全数检查。

检验方法:试验检验。

6.10 时间系统

主控项目

6.10.1 时间系统的验收应包含网络中心时间同步系统与线路级时钟系统的验收。

6.10.2 时间系统的验收应在通信线路、通信电源系统验收合格,传输系统通道调试完毕,时间系统网管配置完成的前提下进行。

6.10.3 网络中心时间同步系统的系统机制、组网架构、设备配置、系统性能均应符合设计要求。

检验数量:全数检查。

检验方法：观察、网管检验、时间综合测试仪表测试检验。

6.10.4 网络中心时间同步系统应确立完整的 IP 地址规划，并为机电系统提供授时物理端口独立的 IP 地址。

检验数量：全数检查。

检验方法：观察、网管检验。

6.10.5 网络中心时间同步系统各级需达到的时间精度应符合设计要求。

检验数量：全数检查。

检验方法：时间综合测试仪表测试检验，网管观察。

6.10.6 线路级时钟系统应向网络中心时间同步系统申请授时，其接口配置、接口性能、同步方式及同步周期均应符合设计要求。

检验数量：全数检查。

检验方法：观察、时间综合测试仪表测试检验。

6.10.7 线路级时钟系统的一级母钟、二级母钟及子钟的自走时精度均应符合设计要求。

检验数量：全数检查。

检验方法：观察、时间综合测试仪表测试检验。

6.10.8 线路级时钟系统的验收还应符合国家标准《城市轨道交通通信工程质量验收规范》GB 50382—2016 第 15 章"时钟系统"的规定。

6.11 信息资源接入系统

主控项目

6.11.1 信息资源接入系统的验收应在通信线路、通信电源系统验收合格，传输系统通道调试完毕、信息资源接入系统网管配置完成的前提下进行。

6.11.2 信息资源接入系统所采用的系统制式、组网拓扑均应符合设计要求。

检验数量:全数检查。

检验方法:现场提供、检查相关证明,网管检验。

6.11.3 信息资源接入系统的验收还应符合国家标准《城市轨道交通通信工程质量验收规范》GB 50382—2016 第 16 章"办公自动化系统"的规定。

6.12 集中告警系统

主控项目

6.12.1 集中告警系统采用网络级与线路级分层架构,应分别针对网络级系统与线路级系统进行验收。

6.12.2 集中告警系统的验收应在通信线路、通信电源系统验收合格、传输系统通道调试完毕、其他通信子系统调式完毕、集中告警系统网管配置完成的前提下进行。

6.12.3 集中告警系统所采用的系统制式、组网拓扑均应符合设计要求。

检验数量:全数检查。

检验方法:现场提供、检验相关证明,网管检验。

6.12.4 当线路设置综合监控系统时,线路级系统应为其提供接口,接口功能及技术要求应符合设计要求。

检验数量:全数检查。

检验方法:现场观察、网管检验。

6.12.5 线路级系统应实现通过与网络级系统的接口,实时上报本线各通信子系统告警信息的功能。

检验数量:全数检查。

检验方法:试验检验、观察,网管检验。

6.12.6 线路级系统与各通信子系统的接口均应符合设计要求。

检验数量:全数检查。

检验方法:实验检验、观察,网管检验。

6.12.7 集中告警系统的验收还应符合国家标准《城市轨道交通通信工程质量验收规范》GB 50382—2016 第 17 章"通信集中告警系统"的规定。

6.13 乘客信息系统

主控项目

6.13.1 乘客信息系统采用网络级与线路级分层架构,应分别针对网络级系统与线路级系统进行验收。

6.13.2 乘客信息系统的验收应在通信线路、通信电源系统验收合格,传输系统通道调试完毕,乘客信息系统网管配置完成的前提下进行。

6.13.3 网络级系统应具备收集、汇聚多源数据,并进行融合、建模,形成全路网实时运营状态三色信息的功能。

　　检验数量:全数检查。
　　检验方法:现场观察、网管检验。

6.13.4 网络级系统应实现向全路网或相关线路发布以实时三色运营状态信息为核心的各类信息的功能。

　　检验数量:全数检查。
　　检验方法:试验检验、观察,网管检验。

6.13.5 网络级系统应实现向轨道交通官方网站、轨道交通移动App、轨道交通运管平台、轨道交通服务热线,以及交通电台、地铁移动电视台等载体向市民提供实时运营状态信息内容的功能。

　　检验数量:全数检查。
　　检验方法:试验检验、观察,网管检验。

6.13.6 线路级系统应实现通过与网络级系统的接口,接收网络级系统发布的信息并下发至车站的功能。

　　检验数量:全数检查。
　　检验方法:试验检验、观察,网管检验。

6.13.7 线路级系统与信号系统、火灾自动报警系统、综合监控系统、广播系统的接口均应符合设计要求。

检验数量：全数检查。

检验方法：试验检验、观察，网管检验。

6.13.8 线路级系统的验收还应符合国家标准《城市轨道交通通信工程质量验收规范》GB 50382—2016 第 14 章"乘客信息系统"的规定。

6.13.9 乘客信息系统与地铁电视系统的接口功能及技术要求，以及在紧急情况下全屏播放运营信息的触发机制，应符合设计要求。

6.14 民用通信引入系统

主控项目

6.14.1 民用通信引入系统为轨道交通通信系统的组成部分，满足路网内除运营通信、公安通信以外的通信服务需求，可包括地铁电视数据网络、电源接地等子系统。民用通信引入系统的验收应在机房条件、供电、接地等符合设计要求的前提下进行。

6.14.2 民用通信引入系统的验收应符合国家标准《城市轨道交通通信工程质量验收规范》GB 50382—2016 第 18 章"民用通信引入"的规定。

6.14.3 地铁电视系统的功能、系统性能，以及与乘客信息系统的接口配置及接口功能，均应符合设计要求。

检验数量：全数检查。

检验方法：观察、网管检验。

6.14.4 数据网络系统的制式、设备配置应符合设计要求，系统性能、功能及网管功能应符合国家标准《城市轨道交通通信工程质量验收规范》GB 50382—2016 第 16.2 节"数据网络性能检测"、第 16.3 节"数据网络功能检验"、第 16.4 节"数据网网管检验"的规定。

检验数量:全数检查。

检验方法:观察、试验、网管检验。

6.14.5 电源及接地系统的各项功能及性能指标均应符合国家标准《城市轨道交通通信工程质量验收规范》GB 50382—2016 第 7 章"电源系统及接地"的规定。

检验数量:全数检查。

检验方法:观察、试验、网管检验。

6.15 公安通信系统

主控项目

6.15.1 公安通信系统的验收应在设备安装验收合格、系统调试完毕、系统网管配置完成的前提下进行。

6.15.2 公安通信系统所采用缆线的验收应符合国家标准《城市轨道交通通信工程质量验收规范》GB 50382—2016 第 19.2 节"公安通信线路"的规定。

6.15.3 公安通信电源系统的验收应符合国家标准《城市轨道交通通信工程质量验收规范》GB 50382—2016 第 19.3 节"公安电源系统"的规定。

6.15.4 公安通信数据网络系统的验收应符合国家标准《城市轨道交通通信工程质量验收规范》GB 50382—2016 第 19.4 节"公安数据网络"的规定。

6.15.5 公安无线通信引入系统的验收应符合国家标准《城市轨道交通通信工程质量验收规范》GB 50382—2016 第 19.5 节"公安无线通信引入"的规定。

6.15.6 公安视频监视系统的验收应符合国家标准《城市轨道交通通信工程质量验收规范》GB 50382—2016 第 19.6 节"公安视频监视系统"的规定。

7 信 号

7.1 一般规定

7.1.1 工程开工前,应由工程建设单位组织设计单位、系统供货商、施工单位等相关单位及监理单位,对设备位置进行定测,该定测结果作为施工的依据。

7.1.2 信号机的安装,应保证从列车、车列上不至于误认为是邻线的信号机,并能使接近的列车、车列容易看清其信号显示。

7.1.3 设于隧道内及高架线路上的信号机,应采用钢管和钢板作为基础的半高柱信号机。

7.1.4 转辙装置安装前,应检查道岔尖轨方正、吊板、活动轨与基本轨密贴、枕木的方正、道岔开程适当、道床预留沟槽的位置尺寸符合设计要求等情况,符合安装标准的规定后才能进行安装。

7.1.5 各种信号设备任何部分均不应侵入限界。

7.1.6 用于传输模拟音频信号的电缆芯线,应采用综合扭绞电缆中的星绞组或对绞组芯线。

7.1.7 普通护套电缆在环境温度低于−5 ℃、耐寒护套电缆在环境温度低于−10 ℃敷设时,应采取加温措施。

7.1.8 车载设备的配线应采用阻燃线或阻燃电缆,其截面积应不小于 $0.4~mm^2$。

7.1.9 信号联锁设备应以设计文件检查联锁,联锁关系必须符合设计要求。

7.1.10 信号用光缆线路的验收应符合现行行业标准《铁路通信工程施工质量验收标准》TB 10418 的相关规定。

7.1.11 防雷箱及防雷元件的产品厂家必须持有上海市防雷中心的备案资料。

7.2 地面固定信号机

主控项目

7.2.1 对信号机构及信号变压器下列项目进行检查和测试,其技术指标应符合相关产品标准的要求。

1 各灯室串光检查。

2 机构门的严密性检查。

3 变压器输出电压测试。

4 绝缘电阻测试。

检验数量:全数检查。

检验方法:检查质量证明文件,观察、检测。

7.2.2 信号机构安装的型号、规格和灯光配列应符合设计要求。部件应齐全,不应有破损、裂纹现象。

检验数量:全数检查。

检验方法:检查质量证明文件,观察。

7.2.3 信号机配线应符合下列规定:

1 信号机配线型号及规格应符合设计和相关技术要求。

2 绝缘软线不应有损伤、老化现象。

3 绝缘软线不应有中间接头。

4 绝缘软线在机柱、电线引入管进出口处应加以防护。

检验数量:全数检查。

检验方法:检查质量证明文件,观察。

7.2.4 高柱信号机安装应符合下列规定:

1 混凝土信号机柱质量应满足下列规定:

1) 横向裂缝宽度小于 0.2 mm,裂缝长度小于 1/2 周长。

2) 裂缝小于等于 5 条,裂缝间距在 200 mm 以上。

3）纵向裂缝小于等于 1 条,钢筋不应外露,裂缝宽度在 0.2 mm 以内,裂缝长度小于 1 000 mm,混凝土面无剥落现象。

2 高柱信号机应垂直于地面装设,在距离钢轨顶面 4 500 mm 高处,倾斜量不大于 36 mm。高柱信号机托架的横向桁架底边高出钢轨面的限界,应根据牵引供电的不同方式按设计要求设置。

3 高柱信号机机柱类型、埋深、机构安装高度及安装限界应符合设计要求。信号机柱埋深不足时,应采取加固措施进行防护。

4 高柱信号机同一机柱上同方向安装的信号机构各灯位中心应在同一直线上,固定托架安装应水平。

5 信号机梯子基础、机柱卡盘、底盘等混凝土的强度等级应符合设计要求,表面平整光洁、不应出现露筋。

检验数量:全数检查。

检验方法:本条第 1 款检查质量证明文件,观察、测量、用刻度放大镜检查。本条第 2 款用吊线坠往下测量检查。本条第 3~5 款观察、测量检查。

7.2.5 矮型信号机安装应符合下列规定:

1 矮型信号机安装高度、机构间距、基础埋深、安装限界应符合设计规定。当埋深达不到设计要求时,应采取加固措施。

2 矮柱信号同一机柱上同方向安装的信号机构各灯位中心应在同一直线上,固定托架安装应水平。

3 矮型信号机混凝土基础的强度应达到设计要求,基础螺栓应垂直,基础表面平整光洁且无明显丢边掉角现象。

检验数量:全数检查。

检验方法:观察、测量检查,对混凝土基础的强度取样试验。

7.2.6 半高柱信号机安装应符合下列规定:

1 信号机支架宜采用 Φ100 mm 的钢管作为立柱。

2 半高柱信号机应安装垂直、平稳、牢固,安装限界应符合设计要求。

检验数量:全数检查。

检验方法:观察、测量检查。

一般项目

7.2.7 信号机构内部设备安装应布置合理,设备安装牢固,不碰卡,各紧固件应拧紧。信号机构及其部件内外部、遮檐、背板及托臂应涂黑色调和漆,涂漆颜色应一致,厚薄均匀、完整,无脱皮、反锈、鼓泡现象。

检验数量:抽检不少于20%。

检验方法:观察检查。

7.2.8 高柱信号机名称的书写应符合下列规定:

1 信号机名称应写在机柱正面,距钢轨顶面宜 2 000 mm,名称符号应与竣工图相符。

2 字体为 158 mm×112 mm、粗 2 mm 的直体字,底色为白色者写黑字,底色为黑色者写白字,字迹清晰、端正。

检验数量:全数检查。

检验方法:观察检查。

7.2.9 半高柱、矮型信号机名称书写在机构门中间,名称符号应与竣工图相符。字体为 60 mm×40 mm 的直体字,字迹清晰、端正。底色为白色者写黑字,底色为黑色者写白字。

检验数量:全数检查。

检验方法:观察检查。

7.2.10 高柱信号机混凝土信号机柱顶端及电线引入管口应用水泥砂浆封严。

检验数量:全数检查。

检验方法:观察检查。

7.3 转辙装置

主控项目

7.3.1 转辙装置的规格、型号及安装方式应符合设计要求。液压转辙机的外锁闭装置的规格、型号及安装方式应符合设计要求。

检验数量：全数检查。

检验方法：检查质量证明文件，观察、测量检查。

7.3.2 安装装置的安装应符合下列规定：

1 固定长基础角钢的角形铁应与钢轨密贴(腹部除外)。

2 长基础角钢与单开道岔直股基本轨或对称道岔中心线垂直，其偏移量不应大于 20 mm。

3 固定道岔转换设备的短基础角钢应与长基础角钢垂直。

4 密贴调整杆、表示杆或锁闭杆，尖端杆、第一连接杆与长基础角钢之间应平行，其前后偏差各应不大于 20 mm。

5 各部绝缘及铁配件安装应正确，不遗漏，不破损。

6 液压转辙机基础角钢的角形铁应与钢轨密贴(腹部除外)。基础角钢与道岔直股基本轨垂直。

7 密贴调整杆动作时，其空动距离不应小于 5 mm。

8 固定接头铁的螺栓头部与基本轨不应相碰。

检验数量：全数检查。

检验方法：观察、测量、试验检查。

7.3.3 转辙机的安装应符合下列规定：

1 各种动力转辙机应连接牢固，安装符合设计要求。液压转辙机的液压站应固定牢固，油管两端应连接紧密。

2 转辙机或液压站摇把孔的堵板应开、关灵活；当插入摇把或开启机盖时，安全接点应断开；当锁好机盖时，该接点应接触良好。

3 转辙机的内部配线应符合下列规定：

1) 转辙机配线型号及规格应符合设计和相关技术要求。
2) 绝缘软线不应有损伤、老化现象。
3) 绝缘软线不应有中间接头。
4) 绝缘软线两端芯线可用爪形线环、铜线绕制线环或焊接式并行线环等方式做头。

检验数量：全数检查。
检验方法：观察、试验检查。

一般项目

7.3.4 安装装置的安装还应符合下列规定：

1 各部螺栓应紧固，开口销齐全，开口销双臂对称劈开角度应为60°～90°。

2 各种连接杆的调整丝扣余量，内外应各不小于10 mm。

3 安装装置应进行热镀锌处理，应无脱皮、反锈、鼓泡现象。

检验数量：全数检查。
检验方法：观察、测量检查。

7.3.5 转辙机的施工质量应符合下列规定：

1 转辙机应涂灰色调和漆（丝扣部分及采用镀锌杆除外），无脱皮、反锈、鼓泡现象。

2 转辙机名称书写应符合下列规定：

1) 名称书写在转辙机盖子上，名称符号应与竣工图相符。
2) 应用白色调和漆书写，字体为60 mm×40 mm的直体字。

检验数量：全数检查。
检验方法：观察、测量检查。

7.4 轨道电路

主控项目

7.4.1 轨道电路轨旁设备的安装应符合下列规定：

1 轨道电路轨旁设备设置位置及安装方式应符合设计要求。

2 轨道电路的限流装置应调整适当,严禁拆除变阻器的止挡。

3 轨旁设备的配线应符合下列规定:

1) 配线应采用截面积不小于 $7 \times 0.52 \ mm^2$ 的多股铜芯塑料绝缘软线,或按设计要求。
2) 绝缘软线不应有破损、老化和中间接头现象。

4 相邻轨道电路的极性(相位或频率)应交叉。

5 各种轨道电路轨旁设备任何部分均不应侵入限界。

检验数量:全数检查。

检验方法:观察、测量检查。

7.4.2 钢轨绝缘的安装应符合下列规定:

1 钢轨绝缘的设置应符合设计要求。

2 无绝缘轨道电路的调整参数及要求应符合设计规定。

3 轨道电路的两钢轨绝缘应并列安装,不能并列安装时,错开的距离应满足设计要求。

4 设在警冲标内方的钢轨绝缘,除渡线外,其安装位置距警冲标计算位置不应小于 3 500 mm。

检验数量:全数检查。

检验方法:观察、测量检查。

7.4.3 钢轨引接线、接续线及道岔跳线进场应进行下列项目的检查:

1 规格型号应符合设计要求。

2 应无锈蚀。

3 塞钉式钢轨引接线的塞钉应尺寸统一,符合设计要求。

4 钢轨引接线应无断股。

5 钢轨引接线截面积应符合设计要求。

检验数量:抽检不少于5%。

检验方法:观察、尺量检查。

7.4.4 钢轨引接线的安装应符合下列规定：

1 无牵引电流通过的钢轨引接线截面积不应小于 15 mm²，有牵引电流通过的钢轨引接线截面积应符合设计要求。

2 引接线的安装方式应符合设计要求。

3 固定引接线的卡钉、卡具不应与钢轨铁垫板等接触。

检验数量：抽检大于等于20%。

检验方法：观察、测量检查。

7.4.5 钢轨接续线的安装应符合下列规定：

1 有牵引电流通过的钢轨，钢轨接续线应采用胀钉式或焊接式，接续线截面积应采用符合设计要求的多股铜线。

2 钢轨接续线应安装在钢轨外侧，在道岔辙叉根部或其他安装困难处，塞钉式钢轨接续线及胀钉式钢轨接续线可安装在钢轨内侧。

3 塞钉式钢轨接续线应平直无弯曲，紧贴接头夹板上部，在钢轨内侧安装时降低安装高度或紧贴接头夹板下部；胀钉式钢轨接续线沿钢轨底边敷设安装。

4 焊接式钢轨接续线应焊接在钢轨鱼尾板的两侧，应焊接牢固且呈弧形下垂。

检验数量：抽检不少于20%。

检验方法：观察、测量检查。

7.4.6 无牵引电流通过的道岔跳线截面积不应小于 15 mm²，有牵引电流通过的道岔跳线截面积应符合设计要求。

检验数量：抽检不少于20%。

检验方法：观察、测量检查。

7.4.7 负回流线、均流线的规格、安装方式及位置应符合设计要求。

检验数量：全数检查。

检验方法：观察、测量检查。

7.4.8 绝缘软线与箱盒及设备的接线端子应采用双螺母紧固连接,且无松动现象。

检验数量:全数检查。

检验方法:观察、测试检查。

7.4.9 钢轨绝缘的安装还应符合下列规定:

1 在钢轨上施工安装的各种装置(轨距杆、各种连接杆等),其绝缘部分的配件应齐全、完整无损、绝缘良好。

2 钢轨绝缘的配件应齐全、无损伤,安装正确。

3 相邻两螺栓应相对应安装(辙叉根除外),且紧固、无松动。

4 轨端绝缘的顶部应与轨面平齐。

5 胶接式钢轨绝缘的绝缘体与钢轨连接应牢固、无松动现象。

检验数量:抽检不少于10%。

检验方法:观察、测量检查。

7.4.10 钢轨引接线的安装应符合下列规定:

1 裸露式引接线或护套式引接线的金属裸露部分,在安装完后应涂机械油,钢绞线不应断股、锈蚀,塞钉不应打弯,打入深度为露出钢轨1 mm～4 mm。

2 引接线螺栓的绝缘管、垫圈等部件应齐全,螺扣无损伤,绝缘垫圈与铁垫圈安装正确,螺母紧固。

3 混凝土小方枕的强度应符合设计要求,无裂纹,埋设牢固、方正并与道碴面平。

检验数量:抽检不少于20%。

检验方法:观察、测量检查。

7.4.11 钢轨接续线的安装应符合下列规定:

1 塞钉式钢轨接续线的塞钉不应打弯,打入深度为露出钢轨1 mm～4 mm。

2 钢轨接续线的金属裸露部分不应锈蚀,安装完成后,塞钉式钢轨接续线应立即在塞钉头与钢轨的接缝处涂漆封闭,焊接式钢轨接续线在焊接线上涂漆。

3 焊接式钢轨接续线的焊接接头应焊接牢固,无漏焊、假焊,导线无损伤,焊料需充满接头,不应有凹缺和高出钢轨踏面现象。

检验数量:抽检不少于20%。

检验方法:观察、测量检查。

7.4.12 道岔跳线的安装还应符合下列规定:

1 跳线安装应平直,不应松股,固定稳固。

2 跳线的金属裸露部分不应锈蚀,塞钉不应打弯,打入深度为露出钢轨 1 mm~4 mm,跳线安装完成后,应立即在塞钉头与钢轨的接缝处涂漆封闭。

3 跳线穿越钢轨时,距轨底的距离应大于等于 30 mm,且不应被道碴埋没。

4 焊接式道岔跳线的焊接接头应焊接牢固,无漏焊、假焊,导线无损伤,焊料需充满接头,不应有缺凹和高出钢轨踏面现象。

检验数量:抽检不少于20%。

检验方法:观察、测量检查。

7.4.13 负回流线、均流线一端应焊接牢固,另一端应连接牢固。

检验数量:全数检查。

检验方法:观察检查。

7.5 光缆、电缆线路

主控项目

7.5.1 电缆线路敷设应符合下列规定:

1 信号电缆进场应进行产品验收,对其绝缘电阻等主要参数进行检测。普通电缆线间绝缘电阻及任意芯线对地绝缘电阻阻值不应小于 500 MΩ·km；综合扭绞电缆线间绝缘电阻及任意芯线对地绝缘电阻阻值不应小于 3 000 MΩ·km；特殊规格的电缆，电气特性应符合产品技术规格书的规定及设计要求。

2 敷设的信号电缆型号、规格应符合设计要求。

3 信号电缆敷设时应符合下列规定：

1) 电缆绝缘外护套应确保完整。电缆外护套完整性检查可通过测试钢带对地的绝缘电阻判断，不应小于 2 MΩ·km。

2) 电缆弯曲半径不应小于电缆外径的 15 倍，不应出现背扣、小弯现象。

3) 位于隧道内的电缆应按有关规定分层敷设于电缆支架上，位于高架线路上的电缆敷设于电缆支架上或电缆槽内。敷设在电缆支架上的电缆，应与电缆支架的托臂绑扎固定。位于地面线路部分的电缆，可敷设于电缆槽内。

4) 平行于轨道的直埋电缆距最近钢轨轨底边缘的距离应符合下列规定：

 a 线路外侧不应小于 2 m。

 b 当路肩宽度不够时，在保证轨底边缘与电缆的斜面距离不应小于 2 m 的前提下，可减至不应小于 1.7 m。

 c 在线路间时，不应小于 1.6 m。

 d 当线间距为 4.5 m 时，不应小于 1.5 m。

4 电缆径路的选择应符合设计及定测要求。

5 电缆埋设深度距地面不应小于 0.7 m，石质地带不应小于 0.5 m。电缆沟应顺直，沟底应平整，沟内应无石块或硬质杂物。

6 电缆每端储备长度应符合下列规定：

1) 室外电缆长度为 20 m 及以上时，储备长度不应小于 2 m；20 m 以下长度的电缆，储备长度不应小于 1 m。

2）室外电缆进入室内的储备长度不应小于 5 m。

3）电缆过桥,在桥的两端的储备长度应为 2 m。

4）电缆地下接续时,接续点每端电缆的储备长度不应小于 1 m。

7 电缆埋设标混凝土基础的强度应达到设计要求。电缆埋设标表面应平整光洁且无明显丢边掉角现象。

检验数量:全数检查。

检验方法:本条第 1 款检查质量证明文件,观察,用 500 V 兆欧表(或高阻兆欧表)测试检查。其余进行观察、测量检查。

7.5.2 电缆防护应符合下列规定:

1 电缆防护用钢管、铸铁管、电缆槽、硬塑料管及其他电缆防护器材进场应进行验收,其质量应符合相关产品标准的规定。

2 电缆防护管两端各伸出轨枕端不小于 500 mm,埋于地面 200 mm 以下,整体道床部分用管卡直接固定在地面上。防护管内径应大于电缆外径 1.5 倍,防护管为钢管时,管口处应采取防护措施。

3 埋设在路肩上的电缆、干线电缆、不同时期施工的信号设备的电缆,应设于水泥槽或其他阻燃材料制造的电缆槽中。路肩上电缆(电缆槽),必须填平夯实,保证路肩完整性。电缆槽的防护范围应符合设计要求。电缆槽的埋设深度为盖顶面距地面 200 mm～300 mm 或按设计要求。

4 电缆采用钢管、铸铁管、硬塑料管进行防护时,钢管的直角切口应打磨平滑,应在管口两端用防腐油浸的麻袋条或软布缠绕并堵严。

5 电缆在地下接头时,地下接头应用电缆槽进行防护,防护长度不小于 1 000 mm。

6 室外信号电缆当与其他管线、建筑物交叉或平行敷设时,其防护标准应符合行业标准《铁路信号工程施工质量验收标准》TB 10419—2018 附录 D 的规定。

7 混凝土电缆槽的强度应达到设计要求,钢筋不外露,表面平整光洁且无明显丢边掉角现象。

检验数量:本条第 1 款抽检不少于 20%,本条第 2~7 款全数检查。

检验方法:检查质量证明文件,观察、测量检查。对混凝土电缆槽的强度,施工单位见证取样试验,监理单位检查施工单位试验记录。

7.5.3 电缆接续应符合下列规定:

1 电缆接续材料进场应进行验收,其规格、型号及质量应符合相关行业标准的规定及设计要求。

2 各种扭绞信号电缆在进行接续时,应 A 端与 B 端相接,相同芯组内相同颜色的芯线相接。

3 电缆地下接头应水平放置,接头两端各 300 mm 内不应弯曲。

4 屏蔽连接线及电缆芯线焊接时不应使用腐蚀性焊剂,焊接牢固,屏蔽层和铠装钢带应检测接地良好。

5 信号电缆采用地下热缩套管型接续时,应符合下列规定:

1) 电缆芯线接头宜采用大接头方式,扭绞部位应加焊。

2) 电缆芯线接头长度宜为 10 mm~15 mm,相邻芯线的接头与接头之间宜错开 10 mm~15 mm,接续后的每根芯线长度应相等,并保持在 170 mm~210 mm。

3) 套于电缆芯线上的热缩套管应热缩均匀,管口密封良好,铜芯严禁外露。

4) 屏蔽连接线及铝衬套应压接牢固,钢带上的连通导线应焊接良好。

5) 电缆内、外护套接续的热缩套管应热缩均匀、无气鼓,端口溢胶,密封良好。

6 信号电缆采用地下接续盒型接续时,应符合下列规定:

1) 压接式接续端子材料的规格、型号应符合设计要求。

2）铝护套及钢带屏蔽连接时,连接部位应去除氧化层,使屏蔽网与铝护套或连接杆与钢带连接牢靠。

3）屏蔽连接线在电缆的钢带或铝护套上应焊接牢固、光滑,其焊接面积不应小于 100 mm^2。电缆芯线开剥绝缘层长度为 6 mm～8 mm。

检验数量:全数检查。

检验方法:检查质量证明文件,观察、测量检查。

7.5.4 箱盒安装应符合下列规定:

1 各种箱盒进场应进行验收,其质量应符合相关行业标准的规定及设计要求。

2 信号机、道岔、轨道电路、电缆分歧及接续、电缆引入等所用箱盒的安装方式应符合设计要求。

3 箱盒的混凝土基础强度应符合产品标准要求,基础螺栓应竖立垂直,距离正确,外露部分有防锈措施,基础表面平整光洁且无明显丢边掉角现象。

4 分线箱、变压器箱或电缆盒应安装在基础或支架上,变压器箱及电缆盒的基础埋设深度为基础顶面距地面 150 mm～250 mm,在难以埋设基础的地方,可在金属支架或特制混凝土基础上安装。

5 电缆引入箱盒成端处,应对电缆外护套和引入孔进行密封处理;电缆的钢带、铝护套、内屏蔽护套相联通;金属芯线根部不应损伤,对外露金属芯线、端子和根部以下的护层进行绝缘保护。

检验数量:全数检查。

检验方法:检查质量证明文件,观察、测量检查。对混凝土基础的强度,施工单位取样试验,监理单位检查施工单位试验记录。

7.5.5 电缆支架安装应符合下列规定:

1 电缆支架的型号、规格应符合设计要求。电缆支架及接地扁钢宜采用镀锌处理。

2 电缆支架的安装位置、高度和限界要求应符合设计要求，与电力支架的距离应符合设计要求。

检验数量：抽验20％。

检验方法：观察，测量，核对。

7.5.6 光缆敷设应符合国家标准《城市轨道交通通信工程质量验收规范》GB 50382—2016 第5章"通信线路"的规定。

一般项目

7.5.7 电缆埋设标埋设位置应符合下列规定：

1 电缆转向或分支处应予埋设。

2 当长度大于200 m的电缆径路，中间无转向或分支电缆时，应每隔不到100 m处埋设1处

3 电缆地下连接处应予埋设。

4 电缆穿越障碍物而需标明电缆实际路径的适当地点（路口、桥涵、隧、沟、管、建筑物等处）应予埋设。

5 根据埋设地点的不同，电缆埋设标上应标明埋深、直线、转弯或分支等，地下接续处应标写"接续标"字样及接头编号。

检验数量：抽检不少于20％。

检验方法：观察、测量、核对。

7.5.8 信号电缆地面箱盒接续应符合下列规定：

1 电缆芯线不应有任何损伤，每根芯线应保留可再进行3次接续的储备量。

2 电缆芯线连接时，端子必须稳固，芯线间及芯线与螺母间应放置铜垫圈并拧紧。

3 相同芯线数的电缆接续时，备用芯线应连通。

检验数量：全数检查。

检验方法：观察检查。

7.5.9 箱盒内端子编号应符合下列规定：

1 终端电缆盒端子编号从基础开始，按顺时针方向依次编号。

2 分向电缆盒端子编号,面对设备集中站,以"1 点钟"位置为 1 号端子(该 1 号端子必须是弯六柱端子板上左边的第一个端子),按顺时针方向依次编号。

3 变压器箱端子编号,靠箱边为奇数,靠设备边为偶数,站在面向箱子引线孔侧,端子自右向左依次编号。

检验数量:全数检查。

检验方法:观察检查。

7.5.10 箱盒内电缆配线应符合下列规定:

1 引入箱盒内的电缆应在端子上与其他电缆或设备软电线进行连接,每根芯线留有能做 2 次~3 次线环的余量;备用芯线的长度应能够保证与最远程端子进行配线连接。

2 芯线环按顺时针绕制。在端子上,芯线线环间及线环与螺母间应垫垫圈。

检验数量:全数检查。

检验方法:观察检查。

7.5.11 箱盒内部应涂白色或浅绿色调和漆,外部涂灰色调和漆。箱盒内外所涂的调和漆应无脱皮、反锈、鼓泡现象。

检验数量:抽检不少于 20%。

检验方法:观察检查。

7.5.12 终端电缆盒、分向电缆盒、变压器箱名称应书写在盖子上,字体应为 30 mm×20 mm 的白色直字体。

检验数量:全数检查。

检验方法:观察检查。

7.5.13 电缆支架应固定牢固、端正。接地扁钢安装位置正确,并与接地体相连,安装间距一致、高低相同,整体效果美观;与墙壁接触紧密、牢固。

检验数量:抽验不少于 20%。

检验方法:观察、测量检查。

7.6 室内设备

主控项目

7.6.1 控制台、数字化仪、显示设备、应急台、接地箱、应急盘、紧急关闭按钮盘、各种机柜（架）、分线端子盘（柜）、电源设备、控制中心大表示屏等控制设备的安装位置应符合设计要求。

检验数量：全数检查。

检验方法：观察、测量检查。

7.6.2 控制台、数字化仪、显示设备、应急台进场应按下列项目进行检查验收：

1 外观应无损伤。

2 规格及盘面布置应符合设计要求。

3 各类操作按钮、手柄及表示灯应安装牢固、动作灵活、接触良好、配件齐全。

4 表示灯、仪表、计数器的规格、型号、位置应符合设计要求，计数器计数应准确；各种表示铭牌应正确、齐全、字迹清楚。

5 产品质量证明文件应齐全有效。

6 配线端子绝缘应符合设计要求。

检验数量：全数检查。

检验方法：观察、操作、测试检查。

7.6.3 应急盘、紧急关闭按钮盘进场应按下列项目进行检查验收：

1 应急盘、紧急关闭按钮盘外观应无损伤。

2 规格及盘面布置应符合设计要求。

3 产品质量证明文件应齐全有效。

4 按钮应动作灵活、接触良好，表示铭牌应正确、齐全，铅封环应完好。

检验数量：全数检查。

检验方法:检查质量证明文件,观察检查。

7.6.4 室内继电器、变压器、轨道电路电子设备(含室外)按照相关产品技术标准的规定,应对下列项目进行检测:

 1 对继电器进行下列检测:

  1)继电器的外观(包括继电器透明罩内接点、线圈、衔铁等的观察)检查。

  2)鉴别销盖号码检查。

  3)线圈电阻测试。

  4)接点间动作的同步性检查。

  5)继电器时间特性测试(缓吸时间、缓放时间及时间继电器的延时时间)。

  6)电气特性测试(充磁值、释放值、工作值、反向工作值、转极值)。

  7)继电器机械特性检查。

  8)绝缘电阻测试。

 2 对变压器进行下列检测:

  1)输出电压(电流)测试。

  2)绝缘电阻测试。

检验数量:全数检查。

检验方法:检查质量证明文件,观察、测量检查。对于施工单位无能力进行检测的项目,则由所属运营接管单位或建设单位指定检测单位进行检测并出具检测报告。

7.6.5 各类机柜(架)进场应按下列项目进行检查验收:

 1 机柜的外包装及外观应无损伤。

 2 质量证明文件及技术资料应完整、正确。

 3 内部器材应无损伤,安装牢固。

 4 机架应无损伤、变形,规格尺寸符合设计要求。

检验数量:全数检查。

检验方法:观察、测量检查。

7.6.6 分线端子盘(柜)应符合下列规定：

1 分线端子盘(柜)进场应进行验收,盘面(柜内)布置及规格符合设计要求,质量符合相关产品标准的规定。

2 分线端子盘(柜)安装的位置及规格应符合设计要求。

3 电缆引入盘柜应符合设计要求。

4 分线盘(柜)应安装牢固、横平竖直。

5 分线盘架号应在正面的上方居中,层号应在左侧;分线盘端子上应有去向铭牌。

检验数量：全数检查。

检验方法：检查质量证明文件,观察检查。

7.6.7 电源设备应符合下列规定：

1 电源屏设备进场应对其包装及外观进行检查验收,配件及资料齐全,根据相关产品标准的规定对下列项目进行检测：

  1) 输出电源对地绝缘电阻测试。

  2) 电源屏各种输出的测试。

  3) 电源屏的规格、型号及安装位置应符合设计要求。

  4) 电源屏相序与引入电源的相位、屏与屏之间的相序应相符。

  5) 电源配线的规格、型号、敷设径路应符合设计要求。

  6) 电源引入防雷箱规格、型号及安装方式应符合设计要求。

2 UPS电源及电池进场应进行验收,其规格、型号及性能应符合相关产品标准的规定及设计要求。

7.6.8 室内设备配线应符合下列规定：

1 室内柜(架)设备之间及内部的配线,其规格、型号应符合设计要求。

2 线条不应有中间接头和绝缘破损现象。

3 布放线条时,应留有适当的备用量。

4 剖切电缆时,不应损伤芯线外层绝缘,配线电缆排列应整齐。

5 电缆引入端应有标明去向的铭牌。

检验数量:全数检查。

检验方法:检查质量证明文件,测试检查,检查电池充、放电时间及各种技术参数,观察检查。

7.6.9 配线与端子的连接应采用焊接或压接方式,并应符合下列规定:

1 采用焊接方式时,严禁使用带有腐蚀性的焊剂,可使用酒精松香水作焊剂。

2 焊接必须牢固,焊点应光滑,无毛刺、假焊、虚焊现象。

3 采用压接方式时,应选用与芯线相配套的压接端子,且压接牢固。

4 压接线环及焊接端子片均应套有塑料软管保护,套管与线环或端子间松紧适度,套管长度应均匀一致。

检验数量:全数检查。

检验方法:观察、测试检查。

7.6.10 控制中心大显示屏进场应进行验收,其规格、型号及性能应符合相关产品标准的规定及设计要求。

检验数量:全数检查。

检验方法:检查质量证明文件,观察及测试检查。

一般项目

7.6.11 控制设备的安装应符合下列规定:

1 控制台、数字化仪、应急台等应安装牢固、平正,地脚螺栓垂直,螺母拧紧,螺扣露出螺母外,铁垫圈、弹簧垫圈齐全。

2 控制台、数字化仪、应急台等外壳、漆层应无损伤,附件齐全、完好。

3 紧固零件、门的销钉、加封孔应齐全完整。

4 显示设备应安放平稳,放置在操作台上的显示设备其最外边沿不应超出操作台的边沿。

5 控制台上的表示灯、发光二极管应明亮均匀,颜色正确。报警音响适宜,应能判别上、下行端。

6 鼠标、数字化仪笔等应操作灵活。

检验数量:全数检查。

检验方法:观察、操作检查。

7.6.12 应急盘、紧急关闭按钮盘及接地箱安装应符合下列规定:

1 应急盘、紧急关闭按钮盘及接地箱安装应牢固、横平竖直,其外壳、漆层无损伤。

2 接地箱内的配线规格应符合设计要求,进线引入口应有防护措施。

检验数量:全数检查。

检验方法:观察、操作检查。

7.6.13 各类机柜(架)安装应符合下列规定:

1 各类柜(架)与底座、柜(架)之间、柜(架)与走线架、走线架与走线架间的连接螺栓连接牢固、密贴、平直,底座不悬空。

2 机柜(架)安装应横平竖直、端正稳固,每列柜(架)应在同一直线上,同类机柜(架)高低在同一平面上;排间距离符合设计要求。

3 机柜(架)与走线架(槽)连接后,走线架(槽)应平直、牢固;走线架上应敷设底板。

4 走线架(槽)与机架涂漆颜色应协调一致。

检验数量:全数检查。

检验方法:观察、测量、操作检查。

7.6.14 机柜(架)接配线应符合下列规定:

1 电缆终端固定在机架上,应排列整齐、美观。当零层端子在机架下部时,电缆终端固定在零层端子的下方;当零层端子在机架上部时,由走线架垫板挖孔引下。引向零层端子的线条,应按端子分束绑扎。

2 室内柜(架)设备之间的零层配线,宜采用配线电缆;柜

(架)间的侧面端子配线,宜采用多股铜芯塑料绝缘软线,其截面积应符合设计要求。

3 当组合侧面线束采用绑扎方式时,绑扎应整齐、间隔均匀,表面线条和出线部位应顺直、美观;当组合侧面安装塑料线槽时,线槽安装应牢固,内部线绑扎。

4 引向零层端子的多股电源线应加焊管线环或冷压接线端子,紧固在电源端子柱上。

检验数量:全数检查。

检验方法:观察、测量检查。

7.6.15 机架(柜)上设备的安装应符合下列规定:

1 组合应无损伤。

2 配线焊接应牢固,焊点饱满光亮。

3 组合、继电器安装位置应符合设计要求,安装平稳、牢固。

4 继电器插座板鉴别销位置应正确。

5 配线应正确。

6 组合名称应在框架正面的左侧。组合、继电器名称书写正确。

检验数量:全数检查。

检验方法:观察、测量检查。

7.6.16 电缆间布线应符合下列规定:

1 电缆间内的电缆应排列整齐,并分段固定牢固,引入孔应封堵。

2 电缆引入电缆间转弯时,不应有硬弯或背扣。

3 储备的电缆应盘放在电缆间(井)内的电缆托架上。

4 电缆应有去向铭牌。

检验数量:全数检查。

检验方法:观察、测量检查。

7.6.17 UPS电源、电池及电源模块应符合下列规定:

1 地槽或线槽内布放电源线应平直、整齐,地槽或线槽应清洁、盖板严密。

2 电源线采用钢管防护时,管口处应有防护措施。

3 电源端子配线应焊接牢固,端子无松动,配线两端的标志齐全。

4 UPS电源、电池及电源模块的安装应稳固。

检验数量:全数检查。

检验方法:观察、测量检查。

7.6.18 大显示屏的安装应横平竖直,端正稳固,屏之间的连接缝隙应符合设计要求。

检验数量:全数检查。

检验方法:观察、测量检查。

7.7 车载设备

主控项目

7.7.1 车载设备质量应符合相关产品标准的规定和设计要求。

检验数量:全数检查。

检验方法:检查质量证明文件,观察、测试检查。

7.7.2 车载设备及电线管路安装方式必须符合设计要求。感应器安装必须牢固,端子盒、引线管出线部位封闭良好。

检验数量:全数检查。

检验方法:观察、测量检查。

7.7.3 敷设在车辆外部的电线管路应采用钢管,敷设在车辆内部时可采用塑料管或钢管。

检验数量:全数检查。

检验方法:观察、测量检查。

7.7.4 绝缘软线不应有损伤、老化现象及中间接头。

检验数量:全数检查。

检验方法:观察、测量检查。

一般项目

7.7.5 电线管路的内壁、管口应光滑无毛刺,管接头连接牢固,管口应有防护措施。

检验数量:全数检查。

检验方法:观察检查。

7.7.6 焊接部件、铁管管路时,应涂防锈漆和调和漆。

检验数量:全数检查。

检验方法:观察检查。

7.8 轨旁设备

主控项目

7.8.1 轨旁设备的型号规格应符合设计要求,安装位置符合定测位置。

检验数量:全数检查。

检验方法:观察、核对检查。

7.8.2 轨旁设备安装件与安装支架的连接应符合设计要求。

检验数量:全数检查。

检验方法:观察、核对检查。

一般项目

7.8.3 塞钉式棒的安装应符合下列规定:

1 与钢轨的连接采用塞钉连接,塞钉与钢轨之间应保持良好的机械特性和电气特性。

2 钢轨打眼和塞钉安装应采用专用工具操作,以保证连接的机械性能和电气性能。

3 S棒、终端棒的敷设应紧贴钢轨,并用轨底卡固定在钢轨上。

检验数量:抽验不少于20%。

检验方法:观察检查。

7.8.4 焊接式棒的安装应符合下列规定:

1 焊接接头外观应光滑饱满,焊接牢固,焊位正确,导线无损伤,无漏焊、假焊。

2 焊料需充满接头,不应有凹缺和高出钢轨踏面现象。

3 焊接线焊后应涂防锈涂料。

4 S棒、终端棒的敷设应紧贴钢轨,并用轨底卡固定在钢轨上。

检验数量:抽验不少于20%。

检验方法:观察检查。

7.8.5 信标的安装应符合下列规定:

1 信标应安装在两条钢轨的中央,左右误差为±5 mm,信标顶面距钢轨顶面为108.5 mm～113.5 mm。

2 移动列车初始化信标(MTIB)应处在两条钢轨的中央,左右误差为±5 mm,信标顶面距钢轨顶面为108.5 mm～113.5 mm。MTIB信标的两个信标之间的距离为20 950 mm～21 000 mm。

3 静止列车初始化信标(STIB)顶面到钢轨顶面25 mm～35 mm;STIB信标中心离线路中心误差为±5 mm。

4 信标安装应端正、牢靠,中心线与轨道中心线保持一致。

检验数量:抽验不少于20%。

检验方法:观察、测量检查。

7.8.6 阻抗棒的安装应符合下列规定:

1 阻抗棒连接到钢轨的回流线采用焊接方式,焊接接头外观应光滑饱满,焊接牢固,焊位正确,导线无损伤,无漏焊、假焊。

2 焊料需充满接头,不应有凹缺和高出钢轨踏面现象。

3 焊接线焊后应涂防锈涂料。

4 阻抗棒安装应端正、牢靠。

检验数量:抽验不少于20%。

检验方法:观察检查。

7.8.7 道岔区长环线的安装应符合下列规定：

1 道岔区长环线的安装应按照图纸走线,并且必须牢固、可靠。

2 每个交叉处的电缆走线应紧密,无缝隙。

3 道岔区长环线沿钢轨走线时,用轨底卡固定在钢轨上。环线与钢轨接触应紧密、无扭绞、不翘起,夹具固定牢靠、不损伤电缆。

4 道岔区长环线不沿钢轨走线时,用Ω卡固定在承轨台或自制小枕木上。环线应无扭绞、不翘起,固定牢靠、不损伤电缆。

检验数量:抽验不少于20%。

检验方法:观察检查。

7.8.8 车地通信环线的安装应符合下列规定：

1 车地通信环线的安装应按照图纸走线,并且必须牢固、可靠。

2 每个交叉处的电缆走线应紧密,基本没有缝隙。

3 车地通信环线走线时,用Ω卡固定在承轨台或自制小枕木上。环线应无扭绞、不翘起,固定牢靠、不损伤电缆。

检验数量:抽验不少于20%。

检验方法:观察检查。

7.8.9 阻抗连接器的安装应符合下列规定：

1 阻抗连接器安装后,其顶面与轨顶面的高度应符合相关技术要求。

2 阻抗连接器的安装支架应安装坚固、可靠。

3 阻抗连接器安装应端正、牢靠,中心线与轨道中心线保持一致。

检验数量:抽验不少于20%。

检验方法:观察检查。

7.8.10 定位天线的安装应符合下列规定：

  1 定位天线顶面与轨顶面的高度应符合相关技术要求。
  2 定位天线的安装支架安装在木枕、水泥枕、各种形式承轨台上应坚固、可靠。
  3 信号室至站台两侧对位天线（AA）设备间的连接电缆，其长度应基本相同。
  4 设备应避免安装在其他金属物（排水孔）的上方。
  5 定位天线安装应端正、牢靠，中心线与轨道中心线保持一致。
  检验数量：抽验不少于20%。
  检验方法：观察、测量检查。

7.8.11 标志线圈的安装应符合下列规定：
  1 标志线圈顶面与轨顶面高度应符合相关技术要求。
  2 两个标志线圈之间中心距离应符合相关技术要求。
  3 标志线圈的安装支架安装在木枕、水泥枕、各种形式承轨台上应坚固、可靠。
  4 设备应避免安装在其他金属物（排水孔）的上方。
  5 标志线圈安装端正、牢靠，中心线与轨道中心线一致。
  检验数量：抽验不少于20%。
  检验方法：观察、测量检查。

7.8.12 停车线圈的安装应符合下列规定：
  1 停车线圈顶面与轨顶面高度应符合相关技术要求。
  2 停车线圈的安装支架安装在木枕、水泥枕、各种形式承轨台上应坚固、可靠。
  3 设备应避免安装在其他金属物（排水孔）的上方。
  4 停车线圈安装应端正、牢靠，中心线与轨道中心线一致。
  检验数量：抽验不少于20%。
  检验方法：观察、测量检查。

7.8.13 四英尺环线的安装应符合下列规定：
  1 四英尺环线在任何形式承轨安装时的顶面与轨顶面最小

高度应符合相关技术要求。

2 与四英尺环线连接的阻抗连接器安装在整件道床(U形、平台)顶面与轨顶面的最小高度应符合相关技术要求。

3 与四英尺环线连接的阻抗连接器安装在枕木(水泥枕和木枕)上的顶面与轨顶面最小高度应符合相关技术要求。

4 四英尺环线应尽量靠近绝缘接头安装。

5 安装双环线时,双环线与J棒的最小距离应符合相关技术要求。

6 J棒之间应安装绝缘垫片。

7 电缆必须承受每根钢轨2 000 A的电流。

8 四英尺环线的安装支架安装在木枕、水泥枕、各种形式承轨台上应坚固、可靠。

9 设备应避免安装在其他金属物(排水孔)的上方。

10 四英尺环线安装应端正、牢靠,中心线与轨道中心线一致。

检验数量:抽验不少于20%。

检验方法:观察、测量检查。

7.8.14 终端接收器的安装应符合下列规定:

1 接收器箱的安装不应超出线路的限界要求。

2 接收器箱安装在墙壁或上下行两个轨道中间,应牢固、可靠。

3 设备应避免安装在其他金属物(排水孔)的上方。

4 接收器箱安装应端正、牢靠,防潮性能良好。

检验数量:全数检查。

检验方法:观察、测量核对、检查。

7.8.15 调谐单元安装应符合下列规定:

1 调谐单元的安装不应超出线路的限界要求。

2 调谐单元盒应无损伤、裂纹、锈蚀,密封作用良好。

3 调谐单元盒安装应端正,内部元器件无破损,且固定牢固。

检验数量:全数检查。

检验方法:观察、测量检查。

7.8.16 应答器的安装应符合下列规定:

1 应答器的安装不应超出线路的限界要求。

2 应答器用安装支架固定在钢轨上,安装应端正、牢靠。

3 连接到应答器的电缆应防护、固定。

检验数量:抽验不少于20%。

检验方法:观察、测量检查。

7.8.17 计轴设备的安装应符合下列规定:

1 计轴电子盒及车轮传感器的安装位置应符合设计要求。

2 计轴电子盒与车轮传感器的连接电缆的长度不应大于8 000 mm。

3 计轴电子盒的安装不应超出线路的限界要求。

4 安装在钢轨轨腰处的车轮传感器距轨缝的距离应大于2 000 mm。

5 计轴电子盒采用支架安装,安装应端正、牢靠。

检验数量:抽验不少于20%。

检验方法:观察、测量检查。

7.8.18 AP盒和天线的安装应符合下列规定:

1 AP盒和天线的安装位置应符合设计要求。

2 天线的安装高度应符合设计要求。

3 AP盒的安装应水平、垂直。

4 天线的安装支架应符合设计要求。

检验数量:抽验不少于20%。

检验方法:观察、测量检查。

7.8.19 接近感应盘的安装应符合下列规定:

1 安装位置应符合设计要求。

2 安装支架应符合设计要求。

3 应处在两条钢轨的中央,前后、左右误差均为±5 mm。

4 其顶面应高于钢轨顶面 13 mm。

7.8.20 TAG 应答器的安装应符合下列规定：

1 安装位置应符合设计要求。

2 安装支架应符合设计要求。

3 应安装在两条钢轨的中央，前后、左右误差均为±5 mm。

4 TAG 应答器顶面应低于钢轨顶面 5 mm 内。

7.8.21 波导管的安装应符合下列规定：

1 波导管安装支架（包括固定支架与滑动支架）的高度、间隔距离及与走行轨中心距离应符合设计要求，支架与走行轨应垂直安装。

2 波导管安装调整后应与走行轨保持平行，并与轨面始终保持水平状态。

3 固定支架必须安装在每个波导管分段的始端，标准波导管装配应无任何中断，两个波导管分段末端间距离应符合设计要求。

4 滑动支架的管与架之间保持的间隙应符合设计要求。

检验数量：全数检查。

检验方法：观察、测量检查。

7.8.22 漏泄同轴电缆安装的要求及检验项目、检验数据、检验方法应按现行国家标准《城市轨道交通通信工程质量验收规范》GB 50382 的有关规定执行。

7.9 防雷及接地装置

主控项目

7.9.1 信号防雷设备应符合相关产品标准的规定及设计要求。

检验数量：全数检查。

检验方法：检查质量证明文件，观察、测试检查。

7.9.2 信号设备不应与电力、房屋建筑合用接地体，其接地体间的距离不应小于20 m。当埋入地中的引接线达不到此距离时,应加绝缘防护或采用电缆连接。

采用综合接地系统时,其接地电阻值不应大于1 Ω。采用分散接地时,信号设备的各种接地体间及与通信接地体间的距离不宜小于15 m。

检验数量:全数检查。

检验方法:观察、测试检查。

7.9.3 信号接地装置分为防雷地线、屏蔽地线、计算机专用地线及安全保护地线等。各类信号接地装置应分类使用,当受场地限制或建筑结构影响时,楼内信号地线可按设计规定合用接地体。

检验数量:全数检查。

检验方法:观察、测试检查。

7.9.4 信号接地装置的接地电阻应符合设计要求。

检验数量:全数检查。

检验方法:测量检查。

7.9.5 接地体的埋深不应小于700 mm,距其他设备或建筑物不应小于1 500 mm。

检验数量:全数检查。

检验方法:观察、测量检查。

7.9.6 接地装置的引接线截面积应符合设计要求。

检验数量:全数检查。

检验方法:观察、测量检查。

7.9.7 地线埋设标应符合下列规定:

1 地线埋设标混凝土基础的强度应达到设计要求。

2 地线埋设标应表面平整光洁,且无丢边掉角现象。

3 地线埋设标表上应标有"地线埋设标"字样。

检验数量:全数检查。

检验方法:观察、测量检查。

一般项目

7.9.8 接地体与引接线连接部分应焊接牢固,引接线露出地面部分应涂调和漆,地下部分应涂机械油(接地体除外)。

检验数量:全数检查。

检验方法:观察检查。

7.9.9 室内控制台、电源屏、应急盘、紧急关闭按钮盘、各种机架(柜)等设备的外壳或架体,应牢固连接至公用安全接地装置。

检验数量:全数检查。

检验方法:观察检查。

7.9.10 信号接地装置的接地体宜采用镀锌钢材(钢管、圆钢、角钢)、铜板、石墨或按设计要求。

检验数量:全数检查。

检验方法:测量检查。

7.10 直流电气牵引区段信号设备的防护

主控项目

7.10.1 直流电气牵引区段信号干线屏蔽电缆的始、终端应设屏蔽地线,电缆中间接续应进行屏蔽连接。

检验数量:全数检查。

检验方法:观察检查。

7.10.2 信号设备的金属外缘距接触网带电部分距离应大于2 000 mm。

检验数量:全数检查。

检验方法:观察检查。

7.10.3 距接触网带电部分小于5 000 mm的信号设备,其金属外壳(或金属结构物)宜接至安全地线。

检验数量:全数检查。

检验方法：观察、测量检查。

7.10.4 信号设备的金属外缘距回流线的距离应大于1 000 mm,当距离不足1 000 mm时,应加绝缘防护,但最低不应小于700 mm。

检验数量：全数检查。

检验方法：观察、测量检查。

一般项目

7.10.5 高柱信号机构及梯子应采用2根$7×0.52 \text{ mm}^2$多股铜芯绝缘软线进行连接,然后引接至安全接地装置。

检验数量：全数检查。

检验方法：观察、测量检查。

7.11 按钮装置

主控项目

7.11.1 按钮装置进场应进行验收,其质量应符合相关产业标准的规定及设计要求。

检验数量：全数检查。

检验方法：检查质量证明文件,观察检查。

7.11.2 轨旁同意接车按钮（带钥匙）应安装在定/临修库、静调库、吹扫库、镟轮库内每股停车线的入口端头；安装应牢固、端正。按钮中心距地面宜为1 500 mm,按钮表面完全无损伤。

检验数量：全数检查。

检验方法：观察、测量检查。

7.11.3 轨旁同意接车按钮（带钥匙）配线的规格应符合设计要求,配线引入口应有防护。

检验数量：全数检查。

检验方法：观察检查。

7.11.4 紧急关闭按钮箱的安装位置、安装高度应符合设计要求,安装在站台上的按钮箱不应妨碍旅客通行,按钮箱封印应完整。

检验数量:全数检查。

检验方法:观察、测量检查。

7.12 发车指示器

主控项目

7.12.1 发车指示器进场应进行验收,其质量应符合相关行业标准的规定及设计要求。

检验数量:全数检查。

检验方法:检查质量证明文件,观察检查。

7.12.2 发车指示器的安装方式及位置应符合设计要求。

检验数量:全数检查。

检验方法:观察、测量检查。

一般项目

7.12.3 配线规格应符合设计要求,配线引入口应有防护措施。

检验数量:全数检查。

检验方法:观察、测量检查。

7.12.4 发车指示器内外均应涂黑色调和漆,颜色应均匀。

检验数量:全数检查。

检验方法:观察、测量检查。

7.13 室外信号设备硬面化

主控项目

7.13.1 硬面化用混凝土的强度及硬面化的上部厚度应符合设计要求。

检验数量:全数检查。
检验方法:测量检查。

一般项目

7.13.2 相邻设备宜采用同一个围桩及硬面化处理,硬面化边缘距机柱边缘不应小于 500 mm,距基础边缘不应小于 200 mm;当障碍物影响达不到最小距离时,可适当缩小距离或按设计要求处理,但必须保证基础安装稳固。

  检验数量:全数检查。
  检验方法:测量检查。

7.13.3 表面硬化前应先将培土夯实后再进行硬化。
  检验数量:全数检查。
  检验方法:观察检查。

7.13.4 硬面化应无裂纹,表面平整光洁且无明显丢边掉角现象。
  检验数量:全数检查。
  检验方法:观察检查。

7.14 室内外单项试验

主控项目

7.14.1 电源屏送电试验应符合设计要求及下列规定:

 1 电源屏的各种输出及功能应符合技术标准的规定及设计要求。

 2 盘面的显示内容应与实际测试结果一致。

 3 电表应无卡阻、碰针现象。

 4 接入最大负载后,各部件的温升应不超过质量证明文件及相关标准的规定。

  检验数量:全数检查。
  检验方法:观察、测试检查。

7.14.2 车站联锁必须符合下列规定：

1 站内联锁关系应正确，符合设计要求。

2 站内联锁设备与区间、站间、场间的联锁关系应符合设计要求。

3 轨道区段、道岔位置、信号机显示状态的表示应与相应的继电器状态一致。

4 计算机联锁设备的采集、驱动单元应与相应的采集对象、执行器件的状态一致。

检验数量：全数检查。

检验方法：模拟试验。

7.14.3 地面固定信号机试验应符合下列规定：

1 信号机、表示器灯光调试良好。

2 信号机正常点灯时须点亮主灯丝。设有灯丝转换设备的信号机，当主灯丝断丝后，应点亮副灯丝，并接通灯丝断丝报警电路。

3 LED信号机正常时全部LED灯管点亮，当LED灯管故障至报警门限以下时，剩余LED灯管应继续点亮并接通报警仪报警电路。

检验数量：全数检查。

检验方法：观察、试验检查。

7.14.4 轨道电路检查试验应符合下列规定：

1 调整状态下，轨道电路接收端接收到的信号强度（电压或电流）大于接收设备要求的最低输入工作值。

2 在轨道电路区段内任何地点用标准分路灵敏电阻分路导线对钢轨进行分路时，轨道电路接收到的信号强度（电压或电流）低于接收设备要求的最大可靠落下（释放）值。标准分路灵敏度电阻应符合该类型轨道电路的设计规定值。

3 轨道电路测试盘所测试区段与室外实际区段一致，测试结果与仪表在设备上的测试结果应相同。

检验数量:全数检查。
检验方法:测试检查。

7.14.5 电动转辙机的摩擦联接器的调整应符合下列规定:

1 电动转辙机道岔正常转换时,电机不空转。

2 道岔尖轨因故不能转换或转换中途遇阻时,电动转辙机应使电机克服摩擦联接力空转。液压转辙机应打开溢流阀排油,不再给油缸压力。

3 电动转辙机摩擦电流不应大于额定电流的 1.3 倍。

检验数量:全数检查。
检验方法:观察、测试检查。

7.14.6 道岔转换试验应符合下列规定:

1 道岔的转换时间应不大于设计规定允许值。

2 可动部分在转动过程中动作应平稳、灵活、无卡阻现象,旷量应符合设计要求。

3 转换动程、外锁闭量等主要技术指标应符合设计要求。

4 在道岔第一连接杆处,尖轨与基本轨之间有 4 mm 及其以上间隙时,道岔不能锁闭;其他牵引点处的不锁闭间隙应符合相关规定。

检验数量:全数检查。
检验方法:观察、测试检查。

7.14.7 安装分动外锁闭及可动心轨转辙装置的道岔,尖轨与基本轨、可动心轨与翼轨间在外锁闭牵引点处不应有密贴力(间隙不应大于 0.5 mm)。

检验数量:全数检查。
检验方法:观察检查。

7.14.8 机车信号地面发送信息应符合设计要求。

检验数量:全数检查。
检验方法:观察、测试检查。

7.14.9 车载设备试验应符合下列规定:

1 应按照车载静态、动态调试步骤对车载设备进行调试,并符合设计要求。

2 地面设备调试完毕后,应通过列车对各个地面设备进行车地通信测试,以确保通信通道畅通。

3 对车载设备进行功能测试,应包括下列内容:超速防护、紧急制动停车、安全门控、停车精度、临时限速、监督退行、零速检测、驾驶模式及其转换。提供目标速度显示,指示列车实际速度。

检验数量:全数检查。

检验方法:观察、测试检查。

7.15 综合试验

主控项目

7.15.1 车站、停车场(车辆段)联锁综合试验应符合下列规定:

1 控制台或显示器上复示信号显示应与室外对应信号机各信号显示含义一致,灯丝断丝报警功能符合设计要求。

2 室外轨道电路位置与控制台或显示器位置应相符。

3 道岔定(反)位与控制台或显示器道岔表示应相符,操作道岔时,室外动作状态与室内应一致。

4 室外其他设备与控制台或显示器的表示或动作位置、状态必须一致,符合设计要求。

5 正线与停车场(车辆段)间的接口试验应符合设计要求。

检验数量:全数检查。

检验方法:观察、试验检查。

7.15.2 信号维护支持系统(含监测设备和维护支持设备)的各项功能应符合设计和产品的技术要求,通过系统反映的信息与现场一致,远程控制准确无误,报警及时准确。

检验数量:全数检查。

检验方法:观察、试验检查。

7.15.3 列车自动控制(ATC)系统联调试验应符合下列规定：

  1 完成 ATP、ATO 和 ATS 系统的接口性能测试。

  2 完成正线进路的行车试验。

  3 系统可靠性、可用性指标检测应满足 144 h 系统无故障运行要求。

  4 系统功能检验应符合设计文件及相关技术要求。

  5 列车自动防护(ATP)子系统功能试验应包括下列内容：

  1) ATP 子系统能保证列车的安全运行间隔控制、防止后续列车的冲突、防止列车冒进信号、列车超速防护等功能的实现。

  2) ATP 子系统必须符合故障导向安全的原则。

  3) 在进行折返作业的折返点，具有完整的 ATP 功能。

  4) 由地面发送的机车信号强度满足车载接收灵敏度的要求。

  5) 当按下车站的紧急停车按钮时，能立即切断相应范围的速度命令及有关信号机的开放电路，并使列车立即紧急停车。

  6) 列车正确停站后，方可允许打开规定侧的车门。

  7) 在列车车门全部关闭的情况下，列车方可启动和运行。

  8) 报警信号准确可靠。

  9) 在装有站台门的车站，列车在规定的停站位置停稳后，当 ATP 开启或关闭列车车门时，能给出开启或关闭站台门的命令，并在全部站台门关闭后才会允许列车出发。

  10) 设备稳定性试验时间应大于等于 72 h。

  6 列车自动运行(ATO)子系统功能试验应包括下列内容：

  1) ATO 子系统的车载设备在车载 ATP 主机或备机运行时均能正常使用。

  2) 列车对已设置了跳停的车站能自动通过。

3）停车精度能满足停站、折返和存车作业的要求。

4）能在规定允许的范围内自动调节列车运行速度。

7 列车自动监控（ATS）子系统功能试验应包括下列内容：

1）线路操作模式（包括有时刻表的自动控制模式、无时刻表的自动控制模式和人工控制模式）功能的试验。

2）列车自动运行调整功能的试验。

3）工作站运行模式（包括在线模式、回放模式和模拟模式）的试验。

4）信号控制功能（包括控制进路、控制信号机、设置终端模式和控制道岔等）的试验。

5）自动进路设置功能（包括连续通过进路、车次号触发进路和接近触发进路）的试验。

6）列车描述功能（包括车次号的设置、修改、移动、取消以及对车次号跟踪等）的试验。

7）列车折返功能（包括列车自动折返和人工列车折返）的试验。

8）列车运行间隔和折返时间的测试。

9）列车运行时刻表的编制及管理功能的试验。

10）站台控制功能（包括设置停站时间、扣车、停站终止等）的试验。

11）各种运营报告（包括日常运营报告、当前时刻表报告、偏离时刻表报告、列车驾驶员报告、车辆走行距离报告和准点率统计报告等）的打印。

12）对报警和事件管理功能的测试。

13）根据不同类别和等级的职权范围（区分为主任调度员、调度员、超级用户、LATS 操作员、维护员和计划员等），提供对不同用户可登录管理功能范围的测试。

14）对正常情况下，车站控制权和中央控制权之间的转换需经过完整的授权、受权操作手续，在紧急情况下，车站可不经中心同意立即获得紧急站控权的试验。

　　15）ATS 与微机联锁（VPI）、ATP/ATO、SCADA、FAS、CLK、旅客向导系统、与通信网络、停车场（车辆段）联锁系统、CCTV 和无线电列车调度系统等接口的测试。

8　全自动驾驶系统功能试验应包括下列内容：

　　1）列车自动休眠、唤醒及综合自检功能的测试。

　　2）列车自动对位调整功能的测试。

　　3）车门/站台门故障对位隔离功能的测试。

　　4）蠕动模式的测试。

9　信号系统应具有完整的测试报告，并有具备资质的安全认证机构出具的安全认证证书和安全评估报告；对证书的限制项，应制定安全防护措施。

　　检验数量：全数检查。

　　检验方法：观察、试验检查。

8 接触网/轨

8.1 一般规定

8.1.1 本标准适用于列车最高运行速度 120 km/h、直流额定电压 1 500 V 的柔性架空接触网、刚性架空接触网、接触轨的施工质量验收。

8.1.2 预配件、零部件中所有螺栓应根据不同的螺栓直径采用不同的紧固力矩,必须用扭力扳手紧固;用于配合紧固的扳手应为专用扳手,严禁使用活口扳手。

8.1.3 混凝土搅拌和灌注应严格控制水灰比、配合比和级配。

8.1.4 接触轨系统应在轨道铺设符合设计标准后进行施工。

8.1.5 接触轨施工时严禁用硬物进行击打,确保接触轨平直、无变形。

8.1.6 接触网、接触轨送电试运行前,应进行各供电臂的绝缘电阻测试试验和导通试验。

8.2 柔性接触网

8.2.1 柔性接触网的基础应符合下列规定:

主控项目

1 接触网混凝土基础所用的水泥、砂、石料、钢筋等原材料的质量应符合国家标准,其配比应与所配置的混凝土的等级相适应。

检验数量:每批抽查30%。

检验方法:按现行国家标准《混凝土结构工程施工质量验收规范》GB 50204 的规定执行。

2 在同等养护条件下,基础(含拉线基础)的混凝土试块的抗压极限强度不小于设计值。

检验数量:每灌注 50 m³ 混凝土应做 1 组试块(每组 3 块)。

检验方法:抗压强度试验,监理单位见证取样检测。

3 横梁的基础位置应符合设计规定,线路两侧基础中心连线应垂直于正线,无正线时应垂直于主要线路,横梁基础不大于2°。

检验数量:抽查不少于10%。

检验方法:查施工图,测量。

4 拉线基础位置应符合设计规定,拉线基础宜设在下锚支的延长线上(误差 0 mm～+100 mm),在任何情况下,拉线各部分不应侵入基本建筑限界。

检验数量:抽查不少于10%。

检验方法:查施工图,测量。

一般项目

5 基础顶面标高应符合设计要求。

6 基础外型尺寸、基础螺栓位置、外露长度应符合设计要求,其允许偏差应符合表 8.2.1 的规定。

表 8.2.1 基础外型尺寸、地脚螺栓外露长度、间距允许偏差

序号	项目	允许偏差(mm)
1	基础横断面尺寸	±20
2	基础外露高度、基础限界	0～+20
3	基础螺栓外露	±10
4	基础螺栓孔距	±2

续表8.2.1

序号	项目	允许偏差(mm)
5	门形架两基础面水平等高	±10
6	基础法兰面的水平度	±5
7	法兰盘与基础的轴心偏移	±20
8	混凝土保护层	±10

检验数量:全数检查。

检验方法:查施工图,测量。

7 锚栓距挡墙距离不小于 100 mm,拉线锚环距挡墙距离不小于 80 mm。

检验数量:抽查不少于 10%。

检验方法:测量。

8 锚板拉杆与地面夹角应为 45°,特殊困难地区不大于 60°。

检验数量:抽查不少于 10%。

检验方法:测量。

9 基础外露部分表面平整,无蜂窝、麻面和露筋等现象,棱角完整,螺栓、螺纹完好,并涂油包扎保护。

检验数量:抽查不少于 30%。

检验方法:观察。

8.2.2 预埋件安装应符合下列规定:

主控项目

1 预埋件位置、外型尺寸、材质、规格、型号应符合设计要求。

检验数量:全数检查。

检验方法:查施工图、隐蔽工程记录。

2 预埋件悬挂点、定位点、中心锚结下锚点的位置允许偏差:

1) 垂直线路方向链形悬挂为 ± 100 mm;简单悬挂为

±50 mm。

2） 横向布置应与线路中心线垂直,纵向布置应与线路中心线平行,其偏斜度不大于3°。

3） 下锚预埋件对线路中心线、轨面高度允许偏差为(0~+100)mm。

检验数量：抽查不少于30%。

检验方法：查施工图、测量。

3 外露螺栓间距及埋深允许偏差为(−2~+2)mm。

检验数量：全数检查。

检验方法：查施工图、测量、隐蔽工程记录。

4 隧道打孔位置、深度应符合设计要求。安装位置需按设计测放位置,并应避开结构变形缝及不同断面处,跨距允许偏差为±300 mm。

检验数量：抽查不少于30%。

检验方法：测量、查施工图、隐蔽工程记录。

一般项目

5 预埋件防腐应符合设计要求,无锈蚀；螺栓螺纹完好,并应涂油包扎保护。

检验数量：抽查不少于30%。

检验方法：观察。

6 埋入件的螺栓紧固力矩应符合设计要求。

检验数量：抽查不少于30%。

检验方法：观察、测量、查施工图图纸。

8.2.3 钢柱安装应符合下列规定：

1 钢柱型号、规格及安装位置应符合设计要求。

检验数量：全数检查。

检验方法：查施工图、测量。

2 支柱侧面限界按本标准第8.2.5条第2款的规定执行。

3 单钢柱倾斜标准应符合下列规定：

1) 顺线路方向应中心直立，允许误差不大于支柱高度的 0.5‰。
2) 有单方向拉线的支柱允许向拉线方倾斜 0～50 mm，不允许向受力方向倾斜。
3) 安装棘轮补偿器的锚柱，受力后中心直立，以利于制动卡块间隙的调整。
4) 横线路方向，曲线外侧和直线上的支柱允许外倾支柱高度的 0.5‰，曲线内侧的支柱应向受力的反方向倾斜不大于支柱高度的 0.5‰。有拉线的支柱允许向拉线侧倾斜 0～50 mm。

检验数量：抽查不少于 10%。

检验方法：测量。

一般项目

4 钢柱表面应光洁，无弯曲、扭转现象，焊接处符合设计要求，无裂缝，防腐镀层均匀，无脱落、锈蚀，镀层厚度符合设计要求。

检验数量：抽查不少于 10%。

检验方法：观察、测量、查出厂合格证、钢材成分化验报告、镀锌层检测报告。

5 钢柱底层钢垫片，每片面积不小于 50 mm×100 mm，每片厚度不大于 5 mm，片数不大于 3 片。

检验数量：抽查不少于 10%。

检验方法：观察、测量、查施工图图纸。

8.2.4 门形架安装应符合下列规定：

主控项目

1 门型支架支柱、横梁、梁柱过渡接头的材质、加工精度应符合设计要求。

检验数量:抽查不少于10%。

检验方法:查出厂合格证、测量。

2 门型支架表面热镀锌防腐锌层厚度、质量应符合设计要求。

检验数量:抽查不少于10%。

检验方法:查镀锌层检测报告、查施工图、测量。

3 门型支架横梁宜通过横梁连接管连接,连接必须牢固,并留有一定的调节范围。

检验数量:抽查不少于30%。

检验方法:观察。

4 梁柱过渡接头必须与门型支柱和门型支架横梁连接牢固。

检验数量:抽查不少于30%。

检验方法:观察。

5 门型横梁应平直,横梁中部挠度不应大于横梁长度的0.5%。

检验数量:抽查不少于30%。

检验方法:经纬仪测量。

6 门型支架钢柱,横、顺线路方向均应中心直立,允许偏差不大于支柱高度的0.5%,有拉线的支柱不允许向受力方向倾斜,向拉线方倾斜不大于50 mm。

检验数量:抽查不少于30%。

检验方法:经纬仪测量。

8.2.5 吊柱安装应符合下列规定:

主控项目

1 吊柱型号、规格及安装位置应符合设计要求。

检验数量:全数检查。

检验方法:查施工图、测量。

2 吊柱侧面限界应符合设计要求,不应侵入限界。

检验数量:抽查不少于30%。

检验方法:查施工图、测量。

一般项目

3 吊柱、横梁表面应光洁,无弯曲、扭转现象,焊接处应符合设计要求,防腐镀层应均匀,无脱落、锈蚀,镀层厚度应符合设计要求。

检验数量:抽查不少于30%。

检验方法:观察、测量、查镀锌层检测报告。

8.2.6 拉线安装应符合下列规定:

主控项目

1 锚柱拉线宜设在锚支的延长线上,允许误差为(0～+100)mm,严禁侵入限界。

检验数量:全数检查。

检验方法:测量。

2 下锚抱箍应水平,并与支柱密贴,安装位置符合设计要求,连接件镀锌层无脱落、漏镀现象。

检验数量:抽查不少于30%。

检验方法:查施工图、测量。

3 拉线受力后,调节螺栓的螺纹外露长度不应小于20 mm,不宜大于螺纹全长的1/2。

检验数量:抽查不少于10%。

检验方法:测量。

一般项目

4 拉线不应有断股、松股和接头,受力均衡,螺纹外露长度一致。

检验数量:抽查不少于10%。

检验方法:观察、测量。

5 钢绞线拉线应无锈蚀现象并涂防腐油防腐。回头绑扎应牢固、平整美观。

检验数量:抽查不少于10%。

检验方法:观察。

8.2.7 接地安装应符合下列规定:

主控项目

1 地面段、隧道内及高架上下行正线应分别设置贯通的架空地线。

检验数量:全数检查。

检验方法:观察。

2 隧道内(如有)每百米架空地线应与电缆桥架接地扁钢可靠相连,地面及高架架空地线必须有两点与牵引变电所接地母排可靠相连,接地电阻应符合设计要求。

检验数量:全数检查。

检验方法:观察、测接地电阻。

3 距接触网带电体5 m以内的金属构件及接触网设备均应按设计要求设接地极,接地极的接地电阻值应符合表8.2.7的规定。

表8.2.7 接地极接地电阻

序号	项目	接地电阻值(Ω)
1	距接触网带电体5 m以内的金属构件	≤30
2	接触网设备	≤10

检验数量:抽查不少于10%。

检验方法:观察、用接地电阻测试仪测量。

4 接地极的材质、形式、截面和安装位置应符合设计要求。

检验数量:抽查不少于10%。

检验方法:查设计图,隐蔽工程记录。

一般项目

5 地线座、地线线夹的螺栓紧固力矩应符合规范要求。架空地线下锚处调整螺栓长度应在允许范围内,应有不少于30 mm的调节余量。

检验数量:抽查不少于10%。

检验方法:观察、测量、查规范。

6 架空地线与接触网支持结构及设备底座的连接应紧密,沿支柱敷设的地线应紧贴杆身,平直、无明显弯曲、固定牢固。

检验数量:抽查不少于10%。

检验方法:观察。

7 地线线夹应安装端正,地线线夹中的铜垫片应齐全、安放正确。

检验数量:抽查不少于10%。

检验方法:观察。

8 钢柱和地线连接处宜露在基础外面。

检验数量:抽查不少于10%。

检验方法:观察。

9 隧道内接地线应与隧道壁结构密贴并固定牢固。

检验数量:抽查不少于10%。

检验方法:观察。

10 接地线的防腐应符合设计要求,连接处除锈并涂复合脂。

检验数量:抽查不少于10%。

检验方法:观察。

8.2.8 器材安装应符合下列规定:

主控项目

1 金具、零配件、线材的规格型号应符合设计要求；金具、零配件还应符合现行行业标准《电气化铁道接触网零部件通用技术条件》TB/T 2073 的规定。

检验数量：抽查不少于 10%。

检验方法：查规范、施工图。

2 线夹与线索接触面应平滑，且应与线索截面、规格及外形严格配套。

检验数量：抽查不少于 10%。

检验方法：观察。

3 胀锚螺栓安装尺寸和性能应符合设计要求。

检验数量：抽查不少于 10%。

检验方法：查施工图、测量。

4 黑色金属制造零件防腐应符合设计要求。

检验数量：抽查不少于 10%。

检验方法：查施工图。

5 各种绞线无断股、交叉、散股，镀锌绞线镀锌良好，无锈蚀现象。

检验数量：抽查不少于 10%。

检验方法：观察。

6 绝缘子规格型号应符合设计要求，爬距不小于 250 mm。交流耐压试验、绝缘电阻应测试合格。

检验数量：抽查不少于 10%。

检验方法：查规范、查图、试验，测量。

7 绝缘子金属件与瓷件结合紧密，绝缘子内螺栓应具有良好的防锈性能。

检验数量：抽查不少于 10%。

检验方法：观察、查产品合格证。

一般项目

8 金属零配件表面应光洁、平整,不应有裂纹、毛刺、飞边、砂眼、缩孔、气泡等缺陷。

检验数量:抽查10%。

检验方法:查合格证、观察。

9 黑色金属制造零件均应采取防腐措施;镀锌层应均匀,无气泡、气孔、起皮、脱皮等现象。

检验数量:抽查10%。

检验方法:查合格证、观察。

10 绝缘子瓷件的外观应符合现行国家标准《高压绝缘子瓷件技术条件》GB 772 的有关规定。

检验数量:抽查10%。

检验方法:查合格证、观察。

11 硅橡胶绝缘子应无弯曲、裂纹、老化及破损现象。

检验数量:抽查10%。

检验方法:查合格证、观察。

12 线材应无断股、散股、扭面、硬点等缺陷。

检验数量:抽查10%。

检验方法:观察。

8.2.9 横梁安装应符合下列规定:

主控项目

1 硬横梁的安装高度应符合设计要求,允许偏差不大于100 mm。

检验数量:抽查不少于30%。

检验方法:观察、查施工图,测量。

2 门型横梁应按本标准第8.2.4条第5款的规定执行。

3 横梁与支柱、硬横梁各梁段结合密贴,连接牢固可靠,螺栓紧固力矩应符合设计要求。

检验数量:抽查不少于10%。

检验方法:观察、查施工图、测量。

4 铰接硬横梁应平直,硬横梁挠度允许偏差不大于梁跨长的1/200,钢接硬横梁挠度允许偏差不大于梁跨长的1/360。

检验数量:抽查不少于10%。

检验方法:观察、查施工图、测量。

8.2.10 腕臂安装应符合下列规定:

主控项目

1 全补偿、半补偿悬挂的腕臂安装位置及连接螺栓紧固力矩应符合设计要求。

检验数量:抽查不少于10%。

检验方法:观察、查施工图。

2 在平均温度时,应垂直于线路中心线;温度变化时,位移量应与该处承力索的伸缩量一致,偏差不应大于计算值的10%。

检验数量:抽查不少于10%。

检验方法:观察、查计算值,测量。

3 腕臂无弯曲,承力索悬挂点距轨面的高度应符合设计要求,允许偏差为±50 mm。

检验数量:抽查不少于30%。

检验方法:观察、查施工图,测量。

4 简单悬挂的平腕臂安装位置及连接螺栓紧固力矩应符合设计要求,腕臂应水平安装,允许偏差为±20 mm;在平均温度时,应垂直于线路中心,允许偏差不应大于计算偏移值的10%。

检验数量:抽查不少于10%。

检验方法:观察、查计算值,测量。

5 双线路腕臂安装高度及连接螺栓紧固力矩应符合设计要求。

检验数量:抽查不少于10%。

检验方法:观察、查施工图,测量。

一般项目

6 腕臂上各部件应处在同一垂直面内(不包括定位装置),铰接处应转动灵活。

检验数量:抽查不少于30%。

检验方法:观察。

7 腕臂不可弯曲、锈蚀,顶端管帽密封良好。

检验数量:抽查不少于30%。

检验方法:观察。

8 腕臂上下底座应与支柱密贴、平整,底座槽钢应水平安装。

检验数量:抽查不少于30%。

检验方法:观察、测量。

8.2.11 隧道内定位装置安装应符合下列规定:

主控项目

1 隧道内悬挂装配应符合设计要求,各部连接牢固,可调部件应有调节余量。

检验数量:抽查不少于10%。

检验方法:观察、测量。

2 弹性支座应调节在规定的范围内,弹性元件最大扭转角必须在设计规定的范围内。

检验数量:抽查不少于10%。

检验方法:观察、查施工图、测量。

3 弹性支座应保证直线段的连续弹性,支座间距一般在 7 m~10 m,困难处不宜大于 12 m。

检验数量:抽查不少于10%。

检验方法：测量。

4 弹性支座应受拉力、不能受压力。

检验数量：全数检查。

检验方法：观察。

5 弹性支座的安装应符合设计要求，且应避开管片的接缝处。

检验数量：抽查不少于10%。

检验方法：观察、查施工图。

6 定位管在平均温度时应垂直于线路中心线；当温度变化时，偏移量与接触线在该点的伸缩量应一致。定位管的倾斜度应保证支持器处的导线工作面与轨面连线平行。

检验数量：抽查不少于30%。

检验方法：观察，测量。

一般项目

7 弹性支座的定位管的长度不应超出 1 200 mm，定位管伸出支持器的长度为 20 mm～40 mm，应留有调节余量。

检验数量：抽查不少于10%。

检验方法：测量。

8 定位管顶端管帽应密封良好。

检验数量：抽查10%。

检验方法：观察。

9 各类底座（包括固定终端、坠砣终端）应确保位置正确，不歪斜。

检验数量：抽查不少于10%。

检验方法：观察。

8.2.12 地面及高架区段定位装置安装应符合下列规定：

主控项目

1 定位器安装应符合设计要求。在平均温度时，应垂直于线路中心；当温度变化时，偏移量与接触线在该点的伸缩量应一致。定位器倾斜度应保证线夹处导线工作面与轨面连线平行。

检验数量：抽查不少于10%。

检验方法：观察、测量。

2 定位线夹处的导线工作面应与轨面平行。

检验数量：抽查不少于10%。

检验方法：观察、测量。

3 转换支柱处定位器应能分别随温度变化而自由移动，无卡滞现象，接触线非工作支和工作支定位器、管之间的间隙不应小于50 mm。

检验数量：抽查不少于10%。

检验方法：观察、测量。

一般项目

4 定位器各部螺栓紧固牢靠，螺栓紧固力矩应符合设计要求，螺栓外露部分应涂防腐油。

检验数量：抽查不少于10%。

检验方法：观察、测量。

5 定位器应保证温度变化时接触导线能自由地伸缩移动。

检验数量：抽查不少于10%。

检验方法：观察、测量。

6 软定位回头统一顺直。

检验数量：抽查不少于10%。

检验方法：观察、测量。

8.2.13 承力索安装应符合下列规定：

主控项目

1 线材的质量应按本标准第8.2.6条第1款及第5款的规定执行。

2 承力索的规格、型号应符合设计要求。

检验数量:全数检查。

检验方法:查施工图、查质量证明文件。

3 承力索每个锚段内不应有接头,特殊情况下非重要线路可有 1 个接头。

检验数量:全数检查。

检验方法:观察。

一般项目

4 承力索张力补偿应符合设计要求,补偿绳不应磨补偿装置。

检验数量:抽查不少于 10%。

检验方法:观察、测量。

8.2.14 馈电线、架空地线安装应符合下列规定:

主控项目

1 馈电线的线材、规格、型号应符合设计要求。

检验数量:抽查不少于 10%。

检验方法:查施工图。

2 馈电线弛度应符合安装曲线。

检验数量:抽查不少于 10%。

检验方法:测量、查安装曲线。

3 架空地线及其所用金具的规格、型号应符合设计要求。架空地线不应有 2 股以上的断股,1 个耐张段内,断股补强处数和接头处数均不超过 1 个。

检验数量:抽查不少于 10%。

检验方法:观察、查施工图。

4 架空地线的弛度应符合安装曲线,其允许偏差为 -2.5%~$+5\%$,在最大弛度时,必须保证架空地线及其金具距接触网带电体大于150 mm,对运行车辆受电弓的距离不小于100 mm。

检验数量:抽查不少于10%。

检验方法:观察、测量、查安装曲线。

5 馈电线和架空地线在水平方向的转角不应大于12°。

检验数量:抽查不少于10%。

检验方法:观察、测量。

一般项目

6 馈线的支持结构及设备底座的连接应紧密。

检验数量:抽查不少于10%。

检验方法:观察。

7 线夹安装的质量按本标准第8.2.8条第8款的规定执行。

检验数量:抽查不少于10%。

检验方法:观察。

8 馈电线绝缘子安装端正,绝缘子瓷釉表面光滑、清洁,无裂纹、缺釉、斑点、气泡等缺陷,瓷釉剥落总面积不大于30 mm²。

检验数量:抽查不少于30%。

检验方法:测量、观察。

8.2.15 中心锚结安装应符合下列规定:

主控项目

1 接触线的中心锚结应安装在设计指定跨距的中心位置上,中心锚结的尺寸符合设计要求。

检验数量:全数检查。

检验方法:查施工图、测量。

2 全补偿链形悬挂接触线中心锚结线夹两端锚结绳的张力、弛度应相等,线夹处接触线的高度比相邻吊弦点高出20 mm～50 mm。

检验数量:抽查不少于10%。

检验方法:观察、测量。

3 全补偿链形悬挂承力索中心锚结的弛度应小于或等于所在跨距内承力索的弛度。

检验数量:抽查不少于10%。

检验方法:测量、观察。

4 接触线、承力索在中心锚结范围内中心锚结绳不应有接头。

检验数量:抽查不少于10%。

检验方法:观察。

一般项目

5 直线区段的中心锚结线夹必须端正,曲线区段中心锚结应与接触线倾斜度一致。

检验数量:抽查不少于10%。

检验方法:观察。

6 中心锚结线夹应牢固可靠,螺栓紧固力矩符合设计要求,中心锚结绳的两端应用相互倒置的钢线卡子固定,并有一定距离。

检验数量:抽查不少于10%。

检验方法:观察、查施工图。

7 接触线中心锚结绳不应侵入弹性吊弦范围内,接触线中心锚结范围内无吊弦。

检验数量:抽查不少于10%。

检验方法:观察。

8 中心锚结绳和线夹均应涂油防腐。

检验数量:抽查不少于10%。

检验方法:观察。

8.2.16 整体吊弦安装应符合下列规定:

主控项目

1 整体吊弦布置应符合设计要求,并按计算结果测定,位置偏差为±100 mm。

检验数量:抽查不少于10%。

检验方法:观察、测量。

2 在平均温度时,吊弦顺线路方向应垂直安装,垂直度偏差不大于3°。温度变化时,其偏移量应符合设计提供的曲线表规定。

检验数量:抽查不少于10%。

检验方法:查曲线表、测量。

一般项目

3 直线区段吊弦线夹应端正、牢固,曲线区段吊弦线夹应垂直于接触线工作面。

检验数量:抽查不少于10%。

检验方法:观察、测量。

4 吊弦载流环回头统一,上、下行平行时吊弦应在同一断面内,吊弦顺直美观。

检验数量:抽查不少于10%。

检验方法:观察。

8.2.17 吊索安装应符合下列规定:

主控项目

1 吊索安装应符合设计要求,吊索以吊索座为中心,两侧吊索绳长度相等,允许偏差为±100 mm,两端受力均匀。

检验数量:抽查不少于10%。

检验方法:测量、查施工图。

2 悬挂点接触线高度应符合设计要求,允许偏差为±30 mm。

检验数量:抽查不少于10%。

检验方法:测量、查施工图。

3 吊索座、高吊索座受力方向正确,直线区段吊索线夹端正、牢固,曲线区段吊索线夹垂直于接触线工作面。

检验数量:抽查不少于10%。

检验方法:观察、测量。

一般项目

4 螺栓紧固力矩应符合设计要求,吊索端部用相互倒置的钢线卡子固定,回头线应位于本线上方。

检验数量:抽查不少于10%。

检验方法:测量、查施工图。

5 吊索及螺栓螺纹部分应涂防腐油。

检验数量:抽查不少于10%。

检验方法:观察。

8.2.18 接触线安装应符合下列规定:

主控项目

1 接触线的线材、规格、型号应符合设计要求。

检验数量:全数检查。

检验方法:查线材合格证。

2 接触线每个锚段内不允许有接头,特殊情况下,在非工作支可以有接头。

检验数量:全数检查。

检验方法:观察。

3 接触线交叉时,正线及重要线的接触线应在下方,侧线及次要线的接触线应在上方。

检验数量:全数检查。

检验方法:观察。

4 两根接触线的间距应符合设计要求,允许误差为±5 mm,

接触面应同时与受电弓接触。

检验数量:抽查不少于10%。

检验方法:观察、测量。

5 接触网跨距应符合设计要求,允许偏差为(−2～+1)m。

检验数量:抽查不少于10%。

检验方法:观察、测量。

6 两根接触线的张力应相等,高差不大于5 mm,抬升运动时相互不干扰。

检验数量:抽查不少于10%。

检验方法:观察、测量。

7 接触线悬挂点距轨面的高度应符合设计要求,隧道内宜不小于4 100 mm,允许偏差为±10 mm。地面及高架正线宜不小于4 600 mm,允许偏差为±30 mm。

检验数量:全数检查。

检验方法:测量(用光测悬垂)、查施工图、冷滑。

8 接触线拉出值的布置应符合设计要求:

1) 直线区段的拉出值(主线、试车线、车辆段)为±200 mm,允许偏差为±20 mm。
2) 曲线区段的拉出值(主线、试车线、车辆段)为±250 mm,允许偏差为±20 mm。
3) 在直线区段、曲线区段,跨中偏移(其中包括风偏、拉出值和温度影响因素)均不应超过:主线/试车线 300 mm;车辆段 350 mm。

检验数量:全数检查。

检验方法:测量。

一般项目

9 接触线工作面及各种线夹应端正,线夹夹面与接触线接触部分应密贴。

检验数量:抽查不少于10%。

检验方法:测量。

10 接触线的张力和弛度应符合规定值。

检验数量:抽查不少于10%。

检验方法:观察、查张力和弛度曲线。

11 隧道段相邻两悬挂点间的接触线高度差应不大于10 mm。

检验数量:抽查不少于10%。

检验方法:测量。

12 相邻吊弦间接触网高度差应不大于10 mm。

检验数量:抽查不少于10%。

检验方法:测量。

13 接触线张力补偿应符合设计要求,补偿绳与补偿装置不应发生摩擦,坠砣完整,双线受力均衡。

检验数量:全数检查。

检验方法:观察、测量。

8.2.19 补偿装置安装应符合下列规定:

主控项目

1 承力索、接触线在补偿器处的额定张力应符合设计要求,补偿器重量的偏差为额定重量的±2%(坠砣串重量含坠砣杆、坠砣抱箍及楔形线夹的重量),两侧下锚钢丝绳应在同一平面内,棘轮在中心位置。

检验数量:全数检查。

检验方法:测量、查张力曲线。

2 补偿装置的调整应符合设计安装曲线,在任何情况下,坠砣距地面的距离,不小于200 mm。采用棘轮补偿装置时,大小轮钢丝绳圈数应满足最高温度至最低温度范围内补偿轮的转动。钢丝绳不允许有重叠、交叉、磨损现象。

检验数量:全数检查。

检验方法:观察、测量、查安装曲线。

3 滑轮状态:应符合设计要求且完整无损,滑轮转动灵活,断线制动装置制动可靠,棘轮补偿制动板与棘轮缘的间距为 20 mm。

检验数量:全数检查。

检验方法:测量。

4 弹簧补偿器、液压补偿器的安装应符合设计要求。

检验数量:全数检查。

检验方法:测量、查施工图。

5 弹簧补偿器、液压补偿器仅少量用于温度变化不大、短锚段的特殊地段,补偿位移应与接触线、承力索随温度变化量相匹配,补偿张力应恒定,允许误差在产品要求的精度范围内。

检验数量:全数检查。

检验方法:测量、查张力曲线,查液压补偿器的技术参数。

6 液压补偿器的所有密封件应采用性能优良、抗老化的材料。

检验数量:全数检查。

检验方法:查液压补偿器密封件的材质试验报告。

一般项目

7 补偿坠砣应按设计规定安装,坠砣缺口应相互错开 180°,连接螺栓固定金属应紧固牢靠,螺栓外露部分及钢绞线补偿绳应涂防腐油。

检验数量:抽查不少于 10%。

检验方法:观察、测量、查施工图。

8 液压补偿器的各类管接头应密封可靠,油缸、蓄能器表面应采用防腐处理。

检验数量:全数检查。

检验方法:观察。

8.2.20 锚段关节安装应符合下列规定:

主控项目

1 绝缘锚段关节两锚段的空气绝缘距离应符合设计要求，允许偏差为(0～+5)mm，中心柱处两接触线等高。

检验数量：全数检查。

检验方法：观察、测量、查施工图。

2 非绝缘锚段关节内，两组接触线的水平距离及垂直距离应符合设计要求，允许偏差为±20 mm；中心柱处两接触线等高。接触线非工作支下锚转角应不大于12°。

检验数量：抽查不少于10%。

检验方法：观察、测量、查施工图、冷滑。

一般项目

3 锚段关节处两工作支接触线水平投影应平行，使受电弓能从一个锚段平滑过渡到另一个锚段。

检验数量：全数检查。

检验方法：观察、冷滑。

8.2.21 电连接安装应符合下列规定：

主控项目

1 电连接线及线夹的规格型号、材质、数量应符合设计要求。电连接线应预留因温度变化使接触悬挂产生伸缩而需要的长度，不宜采用铠装电缆。

检验数量：抽查不少于30%。

检验方法：观察、查施工图。

2 电连接线的安装位置应符合设计要求，允许偏差为±200 mm，在任何情况下均应满足绝缘距离要求。

检验数量：抽查不少于10%。

检验方法：测量、查施工图。

3 电连接线与接线端子应压接良好。电连接线夹与其连接的各类导线接触良好,线夹安装应端正牢固,螺栓紧固力矩应符合要求。

检验数量:抽查不少于10%。

检验方法:观察、测量。

4 电连接线应高于接触线。

检验数量:抽查不少于10%。

检验方法:观察。

5 线岔附近的跳线宜采用橡套电缆。

检验数量:抽查不少于10%。

检验方法:观察。

一般项目

6 电连接线应无松股、断股现象,保持顺直,绑扎带应选用不易老化的材质。

检验数量:抽查不少于10%。

检验方法:观察。

7 多股道的电连接在平均温度时应垂直于正线或重要线。在平均温度下,全补偿承力索、接触线采用同材质时,应垂直安装;采用不同材质时,应按吊弦计算偏差值安装。

检验数量:抽查不少于10%。

检验方法:查图、测量。

8 电连接线沿隧道敷设应符合设计要求。

检验数量:抽查不少于10%。

检验方法:观察。

8.2.22 线岔安装应符合下列规定:

主控项目

1 线岔型号应符合设计要求。

检验数量:抽查不少于10%。

检验方法:查施工图。

2 线岔两接触线的交点位置应符合设计要求,顺线路方向允许偏差为±50 mm。在平均温度时,线岔的中点应位于接触线的交叉点,接触线在线岔里应能随温度变化自由纵向移动。

检验数量:全数检查。

检验方法:查施工图、测量、冷滑。

3 线岔始触区两工作支应严格等高,静态时,交叉点处上下方接触线的间隙为 1 mm～3 mm。

检验数量:全数检查。

检验方法:观察、测量、冷滑。

一般项目

4 线岔螺栓、垫片应齐全,且安装端正、牢固。

检验数量:抽查不少于10%。

检验方法:观察。

5 受电弓始触区范围内不宜安装各种线夹。

检验数量:抽查不少于30%。

检验方法:观察。

8.2.23 隔离开关安装应符合下列规定:

主控项目

1 隔离开关的所有部件、附件应齐全,无损伤、变形及锈蚀,瓷件应无裂纹及破损。

检验数量:全数检查。

检验方法:观察,查产品安装说明书。

2 隔离开关型号及各部尺寸、绝缘性能等技术参数应符合设计要求。

检验数量:抽查不少于30%。

检验方法:测量,查施工图、产品安装说明书。

3 隔离开关的操动机构安装位置应符合设计要求,其安装应符合产品安装说明书规定。

检验数量:抽查不少于30%。

检验方法:测量,查施工图、产品安装说明书。

4 隔离开关的导电部分应接触紧密,两侧的接触压力应均匀,符合产品技术规定。

检验数量:抽查不少于10%。

检验方法:采用0.05 mm×10 mm的塞尺检查、测量,查产品安装说明书。

5 隔离开关机械或电气的闭锁装置应准确可靠;带有接地刀的隔离开关,接地刀与主触头间的机械或电气的闭锁装置应准确可靠。

检验数量:全数检查。

检验方法:操作检查。

6 隔离开关分闸时,刀闸分闸到位,触头间净距或拉开角度应符合产品技术规定;合闸后触头相对位置、备用行程应符合产品技术规定;当开关处于终点位置时,操动机构应有可靠的锁定装置。

检验数量:全数检查。

检验方法:测量,查产品安装说明书。

7 开关引线应连接牢固,任何情况下均应满足绝缘距离要求,并预留因温度变化而产生的偏移量。

检验数量:抽查不少于30%。

检验方法:观察、测量。

8 隧道内,隔离开关触头带电部分至顶部建筑物距离不应小于500 mm,距隧道壁不应小于150 mm;任何情况下安装均不应侵入设备限界。

检验数量:全数检查。

检验方法:测量。

9 电动隔离开关的电源和控制回路接线正确,接线端子接触良好,无松弛、脱落现象,在规定的电压波动范围内,能正确可靠动作。

检验数量:全数检查。

检验方法:观察、操作检查。

10 隔离开关1 500 V电缆连接正确,不应采用金属铠装电缆。

检验数量:全数检查。

检验方法:观察。

11 隔离开关接地安装及接地电阻应符合设计要求。

检验数量:全数检查。

检验方法:测量。

12 电动隔离开关箱应密封良好。

检验数量:抽查不少于30%。

检验方法:观察。

一般项目

13 隔离开关触头表面应平整、清洁并应涂油,载流部分的可挠连接无折损,载流部分表面无凹陷及锈蚀。

检验数量:抽查不少于10%。

检验方法:观察。

14 开关托架呈水平状,操作机构安装位置应便于操作,传动杆垂直,与操作机构轴线一致,连接牢固,机械传动部分传动平稳。

检验数量:抽查不少于10%。

检验方法:观察、操作。

15 机构的分、合闸指示与开关实际位置一致。

检验数量:抽查不少于20%。

检验方法:观察、操作。

16 手动操作机构安装宜距地 1.1 m～1.2 m。

检验数量:抽查不少于 10%。

检验方法:测量。

17 隔离开关基础、支架应稳固。

检验数量:抽查不少于 10%。

检验方法:观察、操作。

8.2.24 分段绝缘器安装应符合下列规定:

主控项目

1 分段绝缘器所有部件、附件应齐全,无损伤变形及锈蚀,绝缘件应无裂纹及破损。

检验数量:全数检查。

检验方法:观察。

2 分段绝缘器的型号及各部尺寸、绝缘性能、安装位置应符合设计要求。

检验数量:全数检查。

检验方法:查施工图纸,测量。

3 分段绝缘器与受电弓接触部分应与轨面连线平行,轨道有坡道或有超高时,根据轨道的倾斜度和坡度,导线和滑板的端头应在一条直线上。

检验数量:全数检查。

检验方法:查施工图纸,测量。

4 分段绝缘器中心线应与轨道中心线重合,允许偏差为±50 mm。

检验数量:抽查不少于 50%。

检验方法:测量。

5 分段绝缘器两端接触线高度与悬挂点接触线高度相等,末端导线螺栓处应比导流板高出 5 mm。

检验数量:全数检查。

检验方法:测量。

6 分段绝缘器不同带电部件间的间隙距离应符合设计要求。

检验数量:抽查不少于50%。

检验方法:查施工图、测量。

7 分段绝缘器两消弧角间电间隙应大于 50 mm。

检验数量:全数检查。

检验方法:测量。

一般项目

8 分段绝缘器安装后应保持原有锚段的张力及补偿器距地面的高度。

检验数量:抽查不少于30%。

检验方法:测量。

9 分段绝缘器应满足受电弓双向通过。

检验数量:抽查不少于30%。

检验方法:热滑。

10 分段绝缘器绝缘件应完整,紧固件连接可靠,与接触线接头处应平滑,车辆双向行驶不打弓。

检验数量:抽查不少于30%。

检验方法:观察、冷滑。

8.2.25 金属氧化锌避雷器及放电间隙安装应符合下列规定:

主控项目

1 金属氧化锌避雷器及放电间隙的安装位置、规格型号、引线方式应符合设计要求,引线正确牢固,并预留因温度变化而引起的位移长度。

检验数量:全数检查。

检验方法:观察、查施工图。

2 金属氧化锌避雷器的排气通道应通畅,排出的气体不致引起闪络且不应喷及其他设备。

检验数量:抽查不少于10%。

检验方法:观察。

3 金属氧化锌避雷器及放电间隙的接地方式应符合设计要求,接地电阻值不大于10 Ω。

检验数量:抽查不少于50%。

检验方法:观察、测试。

4 金属氧化锌避雷器的试验应符合下列规定:

1) 测量绝缘电阻,其值与出厂试验值比较应无明显差别。
2) 测量金属氧化锌避雷器直流1 mA时的参考电压值,其值应符合产品技术条件的规定。

检验数量:抽查不少于50%。

检验方法:观察、查试验记录、测试。

5 放电间隙型号、技术条件应符合设计要求。

检验数量:抽查不少于10%。

检验方法:查施工图。

一般项目

6 金属氧化锌避雷器外部应完整无缺损,瓷套管光洁,金属件镀锌良好,支架水平,连接牢固。

检验数量:抽查不少于10%。

检验方法:观察。

7 放电间隙表面光洁、无裂纹、无破损,螺栓紧固无松动。

检验数量:抽查不少于10%。

检验方法:观察。

8.2.26 接触网设备安全距离应符合下列规定:

主控项目

1 接触网设备安全距离应符合表 8.2.26 的规定。

表 8.2.26 接触网设备安全距离

序号	项目	距离(mm)
1	接触网带电部分至车辆限界线的最小安全距离	115
2	接触网带电部分在静态时至建筑物及设备的安全距离	150
3	接触网设备安装后,受电弓与结构的安全距离	150
4	接触网上配件的横向突出部分与受电弓的最小安全距离	15
5	隔离开关触头带电部分至顶部建筑物距离	≥500

检验数量:抽查不少于 30%。

检验方法:测量。

8.2.27 标志、号码设置应符合下列规定:

主控项目

1 "高压危险"标志牌应安装在电气设备及行人较多的支柱上,设置高度距地面 1.6 m～2.0 m。标志牌明显、字体清晰。

检验数量:抽查不少于 10%。

检验方法:观察、测量。

2 "安全作业区""接触网终点"预告标的设置位置应符合设计要求,安装牢固、便于瞭望,严禁侵入建筑限界。

检验数量:抽查不少于 10%。

检验方法:观察、查施工图。

一般项目

3 标志牌字迹应清楚、醒目。

检验数量:抽查不少于 10%。

检验方法:观察。

4 锚段、支柱编号质量应符合下列规定：
  1） 锚段、支柱编号质量应符合设计要求。
  2） 区间和站场按线路公里标的方向分别编号。
  3） 车站两端锚段关节处支柱应编入车站，下行支柱编为单数，上行支柱编为双数。
  检验数量：抽查不少于10%。
  检验方法：观察，查施工图。

8.2.28 支柱防护设置应符合下列规定：

主控项目

1 地面段邻近公路的支柱应设防护桩，在任何情况下，不应侵入建筑限界。
检验数量：抽查不少于10%。
检验方法：观察，测量。

2 平交道口的限界门安装应符合设计要求，限制高度不应大于4.5 m，支柱受力后应直立略外倾。
检验数量：抽查不少于10%。
检验方法：观察，测量、查施工图。

一般项目

3 支柱防护尺寸应符合设计要求，安装可靠。
检验数量：抽查不少于10%。
检验方法：查施工图，测量。

4 限界门限高标志应字迹清楚、醒目，支柱及防护桩应均匀涂黑白相间油漆。
检验数量：抽查不少于10%。
检验方法：观察。

8.2.29 冷滑试验应符合下列规定：

主控项目

1　冷滑试验时,受电弓对接触线的压力宜调整在 120 N。
2　导线拉出值、之字值应符合设计值。
3　受电弓通过悬挂点、吊弦时,不应产生振动或碰撞。
4　受电弓在交叉渡线处不应碰撞主线或渡线,应平稳过渡,无脱线、刮弓现象,应能双向工作。
5　受电弓应平稳通过分段绝缘器,不打弓。
6　接触导线应无弯曲、扭转、碰弓、脱弓现象。
7　导线高度变化平稳,无突变或跳动,高度应符合规定。
8　受电弓与接地体间的距离应符合规定。
9　定位管坡度应适合,定位线夹处无硬点、无打弓。
10　电连接线夹、中心锚结线夹无偏斜、无打弓。
11　各种标志安装齐全。

检验数量:全数检查。

检验方法:冷滑车检查。

8.2.30　送电试运行应符合下列规定:

主控项目

1　接触网开通送电前应完成下列工作:
　1) 绝缘子全部擦拭。
　2) 检查接触网无接地现象。
　3) 接触网绝缘电阻试验,绝缘电阻值符合送电要求。

检验数量:全数检查。

检验方法:观察、用接地电阻测试仪。

2　接触网开通送电后应完成下列工作:
　1) 确认各供电臂始、终端均带电。
　2) 试验车以正常运行速度往返运行,接触网及设备应无放电、火花和局部过热现象。

检验数量:全数检查。

检验方法:用直流 1 500 V 高压验电器验电,热滑。

8.3 刚性接触网

8.3.1 埋入杆件及底座填充安装应符合下列规定:

主控项目

1 埋入杆件的埋设位置、埋设深度、规格型号应符合设计要求。

检验数量:抽查不少于10%。

检验方法:查施工图,隐蔽工程记录。

2 隧道埋入杆灌注应牢固、可靠,砂浆强度符合设计要求,在标准养护条件下任一组试块的抗压极限强度不应小于设计值。

检验数量:30%。

检验方法:检查试块的抗压极限强度试验报告。

3 隧道膨胀和粘结式锚栓,粘结剂类别、规格应符合设计要求。

检验数量:抽查不少于30%。

检验方法:查施工图,产品合格证。

4 埋入杆件载荷检测应符合设计要求,化学锚固螺栓所使用的化学填充剂必须在有效期内使用。

检验数量:抽查不少于20%。

检验方法:查阅刚性悬挂螺栓拉力测试记录、化学填充剂产品批号。

一般项目

5 埋入杆件螺纹完好,镀锌层完好,化学锚固螺栓孔填充密实。螺纹外露部分应涂油防腐。

检验数量：抽查不少于30%。

检验方法：观察、检查隐蔽工程记录。

6 埋入杆件的施工允许偏差应符合表8.3.1的规定。

表8.3.1 埋入杆件位置施工允许偏差

序号	项目	允许偏差	备注
1	后切底螺栓深度	±2 mm	隧道拱部允许－3 mm～2 mm
2	化学锚固螺栓深度	－3 mm～5 mm	
3	后切底螺栓钢套管相对深度	0 mm～1 mm	
4	成组杆件中心垂直线路方向	±20 mm	
5	成组杆件个体相对间距	±2 mm	或不超出安装孔范围
6	成组杆件横向布置其轴线应与线路中心线垂直，纵向布置其轴线应与线路中心线平行，其偏斜度	≤3°	
7	杆件对隧道拱壁切线的垂直度或铅垂度	≤1°	刚性悬挂支持装置的埋入杆件顺路方向铅垂度应以汇流排在线夹内有间隙为原则

检验数量：抽查不少于10%。

检验方法：观察、测量。

7 底座填充密实，表面光洁平整、无裂缝。

检验数量：抽查不少于10%。

检验方法：观察。

8 埋入螺栓时应避开隧道漏水点和管片接缝处。

检验数量：抽查不少于10%。

检验方法：观察。

8.3.2 支持装置安装应符合下列规定：

主控项目

1 刚性悬挂支持装置规格型号应符合设计要求,槽钢底座、悬吊槽钢、绝缘横撑、悬垂吊柱、T型头螺栓等应合格,紧固件齐全,安装稳固可靠。

检验数量:抽查不少于10%。

检验方法:观察、测量、查施工图。

2 槽钢底座应水平安装:

1) 悬吊槽钢、绝缘横撑与安装地点的轨道平面应平行。
2) 平坡线路上悬垂吊柱、T型头螺栓应铅垂安装,倾斜度误差均不应大于1°。
3) 位于坡道上的悬垂吊柱、T型螺栓,顺线路方向铅垂度的偏差应以汇流排安装在悬挂金具内可伸缩为原则。

检验数量:抽查不少于10%。

检验方法:观察、测量。

3 绝缘子绝缘电阻抽样试验合格,浇注水泥部分不应有松动和辐射性裂纹。紧固件齐全,安装稳固可靠。

检验数量:抽查不少于10%。

检验方法:观察、测量、查阅绝缘电阻抽样试验记录。

4 减震道床区间和车站结构风管等低净空处,采用的硅橡胶绝缘横撑应符合产品技术条件,金属连接件与芯棒连接可靠,密封良好,硅橡胶伞裙完整、无破损。

检验数量:抽查不少于20%。

检验方法:观察、查产品技术条件。

5 Ⅱ型汇流排定位线夹的U型螺栓距接地体、接地线的距离符合设计要求。

检验数量:抽查不少于20%。

检验方法:观察、测量。

6 汇流排固定悬挂线夹的材质、规格、尺寸应符合设计要求,表面无裂纹。紧固件、内衬尼龙垫齐全、无松动、可旋转部位无卡滞现象。留有因温度变化使汇流排产生位移而需要的间隙、同时在受电弓通过时允许其抬高避免硬点。

检验数量:抽查不少于20%。

检验方法:观察、测量、查施工图。

一般项目

7 槽钢底座、悬吊槽钢、绝缘横撑、悬垂吊柱、T型头螺栓等构件的质量要求:

1) 无变形,镀锌层完整,悬吊槽钢应有不少于15 mm的调节余量(净空限制地段除外)。
2) 槽钢底座与混凝土的接触面上应涂防腐漆。
3) T型头螺栓的头部长边应基本垂直于安装槽道方向,螺纹部分应涂油防腐。

检验数量:抽查不少于10%。

检验方法:观察、测量。

8 绝缘子安装按本标准第8.2.8条第6~7款的规定执行。

9 支持装置的跨距应符合设计要求,允许误差为±500 mm;道岔、关节等特殊处所,允许误差为±200 mm。

检验数量:抽查不少于10%。

检验方法:查施工图、观察、测量。

8.3.3 汇流排安装应符合下列规定:

主控项目

1 汇流排型号、材质、制造精度应符合设计和产品制造技术条件要求。

检验数量:抽查不少于30%。

检验方法:查施工图、产品制造技术条件、测量。

2 汇流排中间接头及汇流排两端连接孔的尺寸误差符合产品质量要求。

检验数量:抽查不少于10%。

检验方法:查产品制造技术条件、测量。

3 汇流排中间接头的质量要求:

1) 外形尺寸应与汇流排的内表面相匹配,结合紧密;机械性能与汇流排一致。
2) 导电率不应低于汇流排。
3) 汇流排中间接头的连接,应保证被连接的两汇流排在同一直线上,接头部位螺栓按规定力矩用力矩扳手拧紧。

检验数量:抽查不少于10%。

检验方法:查工程施工记录、产品说明书。

4 汇流排终端其截面尺寸与汇流排应完全一致,仅在终端1 500 mm长度内向上翘70 mm,制造长度为7 500 mm。

检验数量:抽查不少于10%。

检验方法:观察、测量。

5 汇流排中轴线应垂直于所在处的轨道平面,偏斜不大于1°。

检验数量:抽查不少于10%。

检验方法:观察、测量。

6 连接件的接触面应清洁,汇流排连接缝两端夹持接触线齿槽连接处应平顺、光滑,汇流排连接端缝平均宽度不应大于1 mm,紧固件应齐全,螺栓紧固力矩应符合设计要求。

检验数量:抽查不少于10%。

检验方法:观察、测量、查施工图。

7 锚段长度符合设计要求,汇流排终端到相邻悬挂点的距离为1 800 mm,允许误差为(−100~+200)mm。

检验数量:抽查不少于10%。

检验方法：查施工图、测量。

8 汇流排弹性箍夹的夹紧力应符合设计要求。
检验数量：抽查不少于10%。
检验方法：查施工图、测量。

一般项目

9 汇流排表面应无裂纹、毛刺、腐蚀斑点和硝盐痕迹。
检验数量：抽查不少于30%。
检验方法：观察。

10 防护罩性能满足设计要求，安装稳固，无老化现象。
检验数量：抽查不少于10%。
检验方法：测量。

8.3.4 接触线安装应符合下列规定：

主控项目

1 接触线规格、型号、材质、制造精度应符合设计和产品制造技术条件要求。
检验数量：抽查不少于30%。
检验方法：查施工图、产品制造技术条件。

2 接触线与汇流排应匹配良好，可靠嵌入汇流排内，接触面应均匀涂有薄层电力复合脂。
检验数量：全数检查。
检验方法：观察、测量。

3 锚段内无接头、无硬弯。如果在锚段内存在可移动式刚性悬挂（如人防门、防淹门处）接触线，则接触线间的结合应能满足设计要求。
检验数量：抽查50%。
检验方法：查施工图、观察、测量。

4 接触线安装高度和拉出值应满足设计要求：

1) 悬挂点处接触线高度允许误差为±5 mm。

2) 相邻悬挂点的相对高差一般不大于所在跨距值的 0.5‰。

3) 变坡段其坡段变化不应大于 1‰。跨中弛度不应大于跨距值的 1‰,且不应出现负弛度。

4) 接触线拉出值误差不应大于±10 mm。

检验数量:抽查不少于 30%。

检验方法:查施工图、测量、冷滑。

5 接触线在锚段末端汇流排外余长为 100 mm～150 mm,沿汇流排终端方向顺延并上翘,一般情况下,对接地体的距离不应小于 150 mm;困难情况下,按设计要求处理。

检验数量:抽查不少于 30%。

检验方法:测量。

8.3.5 架空地线安装应符合下列规定:

主控项目

1 架空地线及其所用金具的规格、类型应符合设计要求。架空地线不应有 2 股以上的断股;一个耐张段内,断股补强和接头均不超过 1 个。

检验数量:抽检不少于 30%。

检验方法:观察、测量检查,查阅厂家产品合格证书。

2 架空地线的弛度应符合安装曲线,其允许偏差为 −3.5%～+5%,且最大弛度时,必须保证架空地线及其相连金具距离接触网带电体不小于 150 mm;对运行车辆受电弓的距离不小于 100 mm。架空地线内张力偏差小于等于±5%。

检验数量:抽检不少于 10%。

检验方法:观察、测量检查。

一般项目

3 架空地线座、地线线夹和安装在架空地线上的电连接线夹的螺栓紧固力矩应符合规范要求。架空地线下锚处调整螺栓长度处于许可范围内,并有不少于 30 mm 的调节余量。

检验数量:抽检不少于 10%。

检验方法:观察、测量检查。

4 架空地线与接触网支持结构及设备底座的连接应紧密。

检验数量:抽检不少于 10%。

检验方法:观察检查。

5 架空地线线夹安装端正,地线线夹中的铜垫片齐全,安放正确。

检验数量:抽检不少于 10%。

检验方法:观察、测量检查。

8.3.6 中心锚结安装应符合下列规定:

主控项目

1 中心锚结型式应符合设计要求,应安装在设计指定位置上,并且处于汇流排中心线的正上方,基座中心偏离汇流排中心不大于±30 mm。

检验数量:抽查不少于 20%。

检验方法:查施工图、测量。

2 中心锚结绝缘子型号应符合设计和产品技术条件,表面无损伤,带电端至接地体距离,一般情况不应小于 150 mm,困难情况按设计要求处理。中心锚结线夹处接触线应平顺、无负弛度。

检验数量:抽查不少于 20%。

检验方法:查施工图、产品技术条件,测量。

一般项目

3 中心锚结绝缘子及拉杆受力均匀,与汇流排的夹角不大于 45°。

检验数量:抽查不少于20%。

检验方法:测量。

4 中心锚结与汇流排固定牢固,螺栓紧固力矩符合设计要求,调整螺栓处于可调状态。

检验数量:抽查不少于10%。

检验方法:查施工图、测量。

8.3.7 锚段关节安装应符合下列规定:

主控项目

1 锚段关节处的两支接触线在关节中间悬挂点处应等高,转换悬挂点处非工作支不应低于工作支,允许比工作支高出 0 mm~10 mm。冷滑试验中,受电弓双向通过时,应平滑无撞击;热滑试验中,不应出现固定拉弧点。

检验数量:全数检查。

检验方法:测量、冷滑、热滑。

2 非绝缘锚段关节两支悬挂的拉出值应符合设计要求,一般分别为±100 mm,中心线之间距离为 200 mm,允许误差为±20 mm。

检验数量:抽查不少于10%。

检验方法:查施工图、测量。

3 绝缘锚段关节两支悬挂的拉出值应符合设计要求,一般分别为±150 mm,中心线之间距离为 300 mm,允许误差为±20 mm。

检验数量:全数检查。

检验方法:查施工图、测量、冷滑。

8.3.8 刚柔过渡安装应符合下列规定:

主控项目

1 关节式刚柔过渡的质量要求:

1）关节式刚柔过渡处刚性悬挂接触线应比相邻悬挂点处柔性悬挂接触线抬高 20 mm～50 mm。

2）柔性悬挂升高,下锚处绝缘子边缘距受电弓包络线不应小于 100 mm。

3）刚性悬挂带电体距柔性悬挂下锚底座、下锚支悬挂等接地体不应小 150 mm。

4）受电弓距柔性悬挂下锚底座、下锚支悬挂等接地体不应小于 100 mm。

检验数量:全数检查。

检验方法:观察、测量、冷滑、热滑。

2 贯通式刚柔过渡的质量要求:

1）两支刚性悬挂接触线应等高。

2）刚柔过渡交界点处,汇流排对接触线不应产生下压或上抬。

3）连接线夹的螺栓紧固力矩符合设计要求。

4）防护罩对露天汇流排覆盖完全,防护罩安装稳固,性能满足设计要求。

5）两支悬挂点的拉出值为±100 mm,间距为 200 mm,允许误差为±20 mm。

6）过渡元件底面的接触线固定夹设置完好。

检验数量:全数检查。

检验方法:观察、测量。

3 刚性悬挂与相邻柔性悬挂导线不应相互摩擦。

检验数量:抽查不少于 10%。

检验方法:观察。

4 刚柔过渡处的电连接线、接地线应完整无遗漏,安装牢固,符合设计要求。

检验数量:抽查不少于 10%。

检验方法:查施工图、测量。

5 刚柔过渡段在冷滑试验中受电弓通过时应平滑无撞击，在热滑试验中不应出现固定拉弧点。

检验数量：全数检查。

检验方法：观察、测量。

8.3.9 线岔安装应符合下列规定：

主控项目

1 道岔处在受电弓可能同时接触两支接触线范围内两支接触线应等高；在受电弓始触点，渡线接触线应与正线接触线等高或高出正线接触网 1 mm～3 mm。冷滑试验中，受电弓双向通过时应平滑无撞击；热滑试验中，不应出现固定拉弧点。

检验数量：全数检查。

检验方法：测量、冷滑、热滑。

2 单开道岔，悬挂点的拉出值距正线汇流排中心线一般为 200 mm，允许误差为±20 mm。

检验数量：抽查不少于 10%。

检验方法：观察、测量。

3 交叉渡线道岔在交叉渡线两线路中心的交叉点处，两支悬挂的汇流排中心线分别距交叉点 100 mm，允许误差为±20 mm。

检验数量：抽查不少于 10%。

检验方法：观察、测量。

4 道岔处电连接线、接地线应完整无遗漏，安装牢固，符合设计要求。

检验数量：抽查不少于 10%。

检验方法：查施工图、观察、测量。

8.3.10 电连接安装应符合下列规定：

主控项目

1 按本标准第 8.2.21 条第 1～6 款和第 8 款的规定执行。

2 刚柔过渡电连接的安装、长度应符合设计要求,电连接线在柔性悬挂承力索上需用线夹连接,并在线夹两端用直径为1.5 mm的铜线进行紧密绑扎,绑扎长度为100 mm。

检验数量:抽查不少于30%。

检验方法:查施工图、观察、测量。

一般项目

3 电连接电缆在隧道顶部的固定应符合设计要求,牢固不易脱落,转弯处弯曲自然,布线美观。

检验数量:全数检查。

检验方法:查施工图、观察、测量。

8.3.11 隔离开关安装应按本标准第8.2.23条的规定执行。

8.3.12 分段绝缘器安装应符合下列规定:

主控项目

1 刚性悬挂分段绝缘器安装位置应符合设计要求,安装方式和绝缘性能符合产品安装使用说明书要求,分段绝缘器两极靴间距应为100 mm,允许误差为5 mm;分段绝缘器中点偏离线路中心线不应大于50 mm。

检验数量:全数检查。

检验方法:测量,查产品安装说明书。

2 分段绝缘器紧固件应齐全,连接牢固可靠,分段绝缘器上的锚固螺母和螺杆的旋紧扭矩符合设计要求。分段绝缘器与接触线接头处应平滑,与受电弓接触部分与轨面连线平行,车辆双向行驶平滑、不打弓。

检验数量:全数检查。

检验方法:测量、冷滑。

3 刚性悬挂分段绝缘器带电体距接地体或不同供电分区带电体、不同供电分区运行车辆受电弓的距离应符合设计要求,静态应大于 150 mm，动态应大于 100 mm。

检验数量：全数检查。

检验方法：测量、冷滑。

一般项目

4 分段绝缘器距相邻刚性悬挂定位点的距离应符合设计要求，允许误差为±200 mm。

检验数量：抽查不少于 10％。

检验方法：查施工图、测量。

5 分段绝缘器绝缘件表面清洁，整体安装美观。

检验数量：全数检查。

检验方法：观察。

8.3.13 接地安装应符合下列规定：

主控项目

1 接地用支持装置底座、设备底座、开关接地刀闸等均应按设计要求接地。

检验数量：抽查不少于 10％。

检验方法：观察、查施工图。

2 接地线材质和截面应满足设计要求，在隧道壁上应稳固固定，接地电缆敷设应符合电缆施工及验收规范要求，两端连接牢固可靠。

检验数量：抽查不少于 10％。

检验方法：测量、查施工图。

3 接地线及其固定螺栓、卡子等对接触网带电体的距离应符合本标准表 8.2.26 的安全规定，不应侵入设备限界。

检验数量：抽查不少于 10％。

检验方法：测量。

4 汇流排接地线夹安装位置应符合设计要求，安装稳固，连接可靠。

检验数量：抽查不少于10%。

检验方法：观察、查施工图。

一般项目

5 接地跳线或电缆敷设符合要求，线夹端正，布线美观，余长按国家标准《电力工程电缆设计标准》GB 50217—2018表G的规定执行。

检验数量：抽查不少于10%。

检验方法：查施工图、观察。

6 接地线夹与汇流排连接处的接触面应清洁，均匀涂抹薄层电力复合脂。

检验数量：抽查不少于10%。

检验方法：观察。

8.3.14 标志、号码安装应按本标准第8.2.27条的规定执行。

8.3.15 冷滑试验应符合下列规定：

主控项目

1 冷滑试验时，受电弓对接触线的压力调整按本标准第8.2.29条第1款的规定执行。

2 导线拉出值、之字值应符合设计值。

3 受电弓在交叉渡线处不应碰撞主线或渡线，应平稳过渡，无脱线、刮弓现象。

4 受电弓应平稳通过锚段关节、道岔、分段绝缘器、中心锚结线夹、电连接线夹、刚柔过渡段等部件安装处，无碰弓、刮弓现象，无明显的硬点。

5 接触导线无弯曲、扭转、碰弓、脱弓现象。

6 导线高度变化平稳，无突变或跳动，高度应符合规定。

7 受电弓与接地体间的距离应符合规定。

8 各种标志安装齐全。

检验数量:全数检查。

检验方法:冷滑车检验。

8.3.16 送电试运行应按本标准第 8.2.30 条的规定执行。

8.4 接触轨

8.4.1 底座安装应符合下列规定:

主控项目

1 底座、绝缘支架或绝缘子及连接零配件质量应符合设计要求和产品技术条件规定。

2 螺栓钻孔位置测定应符合设计要求:

1) 钻孔方向与走行轨的轨顶面连接垂直。

2) 螺栓孔位中心与轨道中心线的距离满足设计要求。

检验数量:抽检不少于 30%。

检验方法:用丁字尺、钢卷尺测量检查。

3 支架底座应平正,位置正确,安装牢固。

检验数量:抽检不少于 30%。

检验方法:尺量检查,进行锚栓抗拔力抽检试验。

4 螺栓螺纹完好,无损伤、锈蚀,安装端正;连接螺栓紧固力矩符合安装使用说明书的规定。

检验数量:抽检不少于 30%。

检验方法:观察、用力矩扳手测量检查。

一般项目

5 安装螺栓时应严格遵守产品安装说明书规定的程序和要求,螺栓安装允许偏差应符合产品说明书的要求。

检验数量:抽检不少于 30%。

检验方法：观察、测量检查。

6 支架底座用 C20 混凝土填充密实，无脱落现象。抹面平整、美观。

检验数量：抽检不少于 30%。

检验方法：观察、测量检查。

8.4.2 支架安装应符合下列规定：

主控项目

1 监理单位应验收绝缘支架绝缘电阻和交流耐压试验的测试报告。

2 绝缘支架底座安装位置应符合设计规定，支架底座应平正，位置正确，固定牢固。

检验数量：抽检不少于 30%。

检验方法：观察、测量检查。

3 整体绝缘支架安装应符合下列规定：

    1） 绝缘支架安装位置应根据施工设计图纸进行布置。

    2） 绝缘支架选型正确，安装应齐全、平整、端正，垂直度应符合设计规定。

    3） 绝缘支架的安装间距应符合设计要求，支架的安装中心距两接触轨接头处的距离不应小于 500 mm。

检验数量：抽检不少于 30%。

检验方法：观察、测量检查。

一般项目

4 绝缘支架外观应完好、无损伤，安装端正。

检验数量：抽检不少于 30%。

检验方法：观察、尺量、用力矩扳手测量检查。

8.4.3 接触轨及其附件安装应符合下列规定：

主控项目

1 接触轨安装应符合设计要求：

1）接触轨的受流面距走行轨顶连线平面的垂直距离为 200 mm；接触轨距轨道中心的水平距离应符合设计要求。施工允许偏差为±5 mm。

2）直线段应平直，曲线段应圆顺、无硬弯。

3）接触轨分段的位置必须符合设计要求。

4）道岔处断轨位置距理论岔心距离允许偏差为(−600～0)mm。

5）整体绝缘支架中心距接触轨接头的距离应符合设计要求，并保证在任何情况下不产生卡滞现象。

6）正线接触轨受流面在相邻绝缘支架处相对高差不应大于 2 mm，困难条件下不大于 5 mm。

检验数量：抽检不少于 30%。

检验方法：观察、测量检查。

2 接触轨的连接螺栓紧固力矩应符合安装使用说明书要求。

检验数量：抽检不少于 30%。

检验方法：观察、测量检查。

3 中间接头端面距相邻的绝缘支撑的距离不应小于膨胀接头的最大补偿值。

检验数量：抽检不少于 30%，且不少于 2 处。

检验方法：观察、测量检查。

4 膨胀接头宜安放于曲线半径不小于 300 m 的线路上，一般在接触轨两个绝缘支架的中心部位。膨胀接头的每一端距绝缘支架的距离应满足设计要求。

检验数量：抽检不少于 30%。

检验方法：观察、测量检查。

5 膨胀接头间隙调整应与环境温度相适应，补偿间隙 a 值应符合设计要求,伸缩预留值允许偏差为±5 mm。

检验数量:抽检不少于30%。

检验方法:观察、测量检查。

6 接触轨对接处连接密贴,受流面过渡平顺。

检验数量:抽检不少于30%。

检验方法:观察、测量检查。

7 端部弯头安装:端部弯头末端绝缘支架的安装应符合设计要求,高速端部弯头(5.2 m)处接触轨接触面距轨面高度为285 mm±5 mm,低速端部弯头(3.4 m)处接触轨接触面距轨面高度为 265 mm±5 mm。

检验数量:抽检不少于30%。

检验方法:观察、测量检查。

一般项目

8 接触轨选配应符合设计要求。装卸、运输及敷设时,不应受损或变形。

检验数量:抽检不少于30%。

检验方法:观察检查。

9 接触轨安装前应进行外观检查。

检验数量:抽检不少于30%。

检验方法:观察检查。

10 普通接头安装应连接紧密,应保证接缝、连接部位干净、平整,不可有错位、尖棱和异物夹塞,嵌合的不锈钢不可有翘边或缺损。接触面应涂导电脂。

检验数量:抽检不少于30%。

检验方法:观察检查。

8.4.4 防护罩安装应符合下列规定:

主控项目

1 防护罩安装的选配应符合设计要求。防护罩支撑卡的安装间隔不大于 500 mm。

检验数量:抽检不少于 30%。

检验方法:观察、测量检查。

2 防护罩安装的顺序应符合设计要求,其搭接紧密牢固、长度不应小于 200 mm。

检验数量:抽检不少于 30%。

检验方法:观察、测量检查。

一般项目

3 防护罩的顶面应有"高压危险"标识。标识应醒目、易识别。标识间距车站内为 15 m、区间为 30 m,并在每处端部弯头末端标识。

检验数量:抽检不少于 30%。

检验方法:观察检查。

4 端部弯头末端防护罩外露 50 mm。

检验数量:抽检不少于 30%。

检验方法:观察检查。

8.4.5 电连接安装应符合下列规定:

主控项目

1 电连接线和接线端子的规格型号及安装位置应符合设计要求,并预留因温度变化而产生的位移长度。

检验数量:抽检不少于 30%。

检验方法:观察检查。

2 接触轨间电连接安装应符合设计要求。

1)电缆两端接头与铜铝过渡接线端子连接前,应用专用工具剥制，150 mm² 软电缆绝缘层剥开长度为 70 mm。

2）电缆导体穿入端子压线孔的压接的握紧荷重不应小于 6.6 kN。

3）剥制电缆时，应注意不能划伤电缆导体外表面。

4）接触轨换边时的电缆接线板应安装在远离线路中心一侧。

5）电缆穿越人防门、防淹门时，应按设计要求固定在隧道侧壁上，同时应有在任何情况下均满足带电距离要求并预留因温度变化引起的位移长度。

6）采用橡胶电缆引线时，电缆与开关托架金属件及支柱等接地物触碰处和电缆弯角处，必须有绝缘加固措施，橡胶电缆的保护管及固定金具不应构成闭合磁路，电缆固定间距及弯曲半径应符合设计要求，库房及隧道内的橡胶电缆敷设应符合设计要求。

检验数量：抽检不少于 30%。

检验方法：观察、测量检查。

3 电连接电缆每隔 800 mm 用固定线夹在道床或隧道侧壁上固定 1 次。

检验数量：抽检不少于 30%。

检验方法：观察检查。

一般项目

4 电连接线与接线端子接触应良好，并涂导电脂，电连接线及接线端子应压制牢固，螺栓紧固密贴。

检验数量：抽检不少于 30%。

检验方法：观察、测量检查。

5 电连接电缆过轨应在道床上固定牢固。

检验数量：抽检不少于 30%。

检验方法：观察检查。

8.4.6 接地安装应符合下列规定：

主控项目

1 接地线的材质及规格应符合设计要求。

检验数量:抽检不少于 30%。

检验方法:观察检查。

2 接地线及相连金具距接触轨带电体不小于 150 mm。

检验数量:抽检不少于 30%。

检验方法:观察检查。

3 全线接触轨底座均应接地,与接地扁铝可靠连接后接至牵引变电所内接地母排。

检验数量:抽检不少于 30%。

检验方法:观察检查。

一般项目

4 接地扁铝敷设应符合下列规定:

1) 接地扁铝应安装在支架底座上。
2) 接地扁铝贯通安装,安装后的扁铝不应落在道床面上。
3) 安装中不允许垂击或顶压等冲击性外力使零部件就位。
4) 接地扁铝间连接应按设计要求,并尽可能安装在绝缘支架处,其重合长度不应小于 150 mm。
5) 接地跳线电缆敷设美观、弯曲自然,固定牢固、可靠。
6) 接地电缆与接地扁铝接触良好,连接牢固、可靠。

检验数量:抽检不少于 30%。

检验方法:观察检查。

8.4.7 中心锚结安装应符合下列规定:

主控项目

1 中心锚结安装位置和安装形式应符合设计要求。

检验数量:抽检不少于 30%。

检验方法:观察检查。

2 普通中心锚结的卡块与绝缘支架的间隙应符合供电安装使用说明书的要求。两接触面应清洁,并涂导电脂。

检验数量:抽检不少于 30%。

检验方法:观察,尺量、用力矩扳手测量检查。

3 对于双中锚或三中锚的情况,在上坡端保持中心锚结与支架间的间隙为 4 mm,在下坡端保持中心锚结与支架间密贴,必须保持中心锚结与支架间的间隙留在同一侧。

检验数量:抽检不少于 30%。

检验方法:观察,尺量检查。

一般项目

4 中心锚结处绝缘支架和接触轨受力后无明显变形。

检验数量:抽检不少于 30%。

检验方法:观察检查。

8.4.8 隔离开关安装应按本标准第 8.2.23 条的规定执行。

8.4.9 避雷器安装应符合下列规定:

主控项目

1 避雷器质量应符合有关标准的规定。避雷器安装应严格按避雷器技术说明书进行。

检验数量:抽检不少于 30%。

检验方法:检查质量证明书和进行外观检查。

2 避雷器安装位置、规格、型号、引线方式应符合设计要求,引线连接正确牢固,并预留因温度变化而引起的位移长度。电缆固定线夹安装时每隔 500 mm 固定 1 次,避雷器引线电缆与金属接触处必须增加绝缘护套。

检验数量:抽检不少于 30%。

检验方法:观察、试验检查。

3 避雷器的接地电阻值应符合设计要求。

检验数量:抽检不少于30%。

检验方法:观察或查阅出厂试验报告。

一般项目

4 避雷器应竖直,支架水平,连接牢固可靠。

检验数量:抽检不少于30%。

检验方法:观察检查。

8.4.10 标志、号码安装应按本标准第8.2.27条的规定执行。

8.4.11 冷滑试验应符合下列规定:

主控项目

1 集电靴在接触轨上滑行应平顺。

2 集电靴在弯头处切入及脱离应顺滑、位置正确。

3 集电靴在正常情况下距接地体瞬时间隙不应小于100 mm。

4 接触轨受电接触面正确,无弯曲、碰靴、刮靴现象。常速冷滑必须没有硬点。

检验数量:全数检查。

检验方法:冷滑车检查。

8.4.12 送电试运行应符合下列规定:

主控项目

1 接触轨开通送电前应完成下列工作:

　1) 拆除所有临时接地装置保证接触轨无接地现象。

　2) 接触轨绝缘电阻试验,绝缘电阻值符合送电要求。

2 开通区段接触轨应绝缘良好。接触轨送电后,各供电臂始、终端应确保有电。

检验数量:全数检查。

检验方法:用2 500 V或1 000 V兆欧表测试,用验电器检验。

9 供配电及照明系统

9.1 一般规定

9.1.1 本章适用于额定电压为 AC35 kV 及以下的变电所和电缆、1 kV 及以下配线、动力电控设备、照明器具安装工程施工质量的验收。

9.1.2 在地下使用的主要材料除应选用无卤、低烟的阻燃或耐火的产品外,还应满足地下环境的要求,具备防潮、防霉、抗腐蚀的性能。

9.1.3 高压电气设备及其配电装置的交接试验应符合现行国家标准《电气装置安装工程 电气设备交接试验标准》GB 50150 的规定。

9.1.4 车站照明的施工应与智能照明系统密切配合,共同完成接口的衔接。

9.2 干式变压器安装

主控项目

9.2.1 变压器的进场检验应符合下列规定:
 1 合格证、出厂试验记录等技术文件应齐全。
 2 外观:变压器应有铭牌,所有附件应齐全,无锈蚀及机械损伤;环氧浇铸体不得有裂纹或破损,引线绝缘包扎应完好、固定应牢固;相色标志应正确。
 检验数量:全数检查。

检验方法:查阅质量证明文件,观察检查、绝缘测试。

9.2.2 变压器的安装位置应正确,附件应齐全,固定应牢固。

检验数量:全数检查。

检验方法:观察检查。

9.2.3 配电变压器 0.4 kV 低压侧的中性点应与接地装置的接地干线直接连接;变压器箱体、干式变压器的支架、基础型钢等应分别单独与保护接地导体(PE)连接,连接应可靠,防松动装置应齐全。

检验数量:全数检查。

检验方法:观察检查。

9.2.4 变压器应按本标准第 9.1.3 条的规定进行交接试验,且应合格。

检验数量:全数检查。

检验方法:查阅试验记录。

9.2.5 变压器在试运行前、试运行时应进行检查且应合格,检查项目应符合现行国家标准《电气装置安装工程 电力变压器、油浸电抗器、互感器施工及验收规范》GB 50148 的规定。

检验数量:全数检查。

检验方法:查阅检查记录。

一般项目

9.2.6 测温报警装置的动作应准确、可靠。

检验数量:全数检查。

检验方法:试验检查。

9.2.7 冷却风扇的安装应牢固,旋转方向应正确,运转时应无异常振动或过热。

检验数量:全数检查。

检验方法:观察检查及试运转。

9.3 配电盘(柜)及二次回路接线安装

主控项目

9.3.1 各类配电盘(柜)、直流柜、整流柜、控制台、端子箱等设备的进场验收应符合下列规定：

1 外观应无锈蚀或机械损伤。

2 合格证和随带技术文件应齐全。

3 铭牌及柜、箱(盘)内元器件应齐全、无损伤，接线应无脱落、脱焊。

4 控制开关及保护装置的规格型号应符合设计要求。

5 标识器件表应标明被控设备编号及名称或操作位置。

6 接线端子应有编号，且清晰、工整、不褪色。

检验数量：按批次抽检10%，不少于5台。

检验方法：观察检查、检查质量证明文件。

9.3.2 各类配电盘(柜)、直流柜、整流柜、控制台、端子箱等设备的接地应符合下列规定：

1 本体及基础型钢应与保护接地导体(PE)可靠连接。

2 装有电器件的可开启门，门和框架的接地端子间应用截面积不小于4 mm^{2}的黄绿双色绝缘铜芯软导线连接，且有标识。

3 牵引变电所内的直流柜、整流柜等直流设备的基础型钢与结构钢筋应进行电气隔离。

检验数量：抽检10%，不少于5处。

检验方法：观察检查。

9.3.3 盘(柜)内安装的设备、元器件，其型号规格应符合设计要求，动作应可靠，固定应牢固；所有电器的功能标签应齐全、规格一致；二次回路接线应正确，连接应可靠。

检验数量：抽检10%，不少于5处。

检验方法：观察及操作检查。

9.3.4 成套柜内各种闭锁装置应动作准确可靠。

检验数量：抽检 10%，不少于 5 台。

检验方法：观察及操作检查。

9.3.5 高压成套配电柜应按本标准第 9.1.3 条的规定交接试验合格。低压成套柜和馈电线路的每路配电开关及保护装置的相间和相对地的绝缘电阻值不应低于 0.5 MΩ。

检验数量：全数检查。

检验方法：查阅试验记录。

9.3.6 成套配电柜的继电保护元器件、逻辑元件、变送器和控制用计算机等单体的校验应合格，整组试验动作应正确，整定参数应符合设计要求。

检验数量：抽检 10%，不少于 5 台。

检验方法：观察及查阅试验记录。

9.3.7 动力开关箱、柜间线路的线间和线对地间的绝缘电阻值，馈电线路不应小于 0.5 MΩ，二次回路不应小于 1 MΩ。

检验数量：抽检 10%，不少于 5 台。

检验方法：观察、测量检查。

9.3.8 箱、柜间二次回路交流工频耐压试验应符合下列规定：

1 当绝缘电阻值大于 10 MΩ 时，用 2 500 V 兆欧表摇测 1 min，应无闪络击穿。

2 当绝缘电阻值在 1 MΩ～10 MΩ 时，做 1 000 V 交流工频耐压试验，时间 1 min，应无闪络击穿。

检验数量：抽检 10%，不少于 5 台。

检验方法：观察及查阅试验记录。

9.3.9 照明配电箱（盘）安装应符合下列规定：

1 箱（盘）内开关动作应灵活、可靠。

2 带有剩余电流保护的回路，应对剩余电流动作保护器（RCD）进行检测，在施加额定剩余动作电流的情况下测试动作时间，测试值应符合设计要求。

3 箱(盘)内,应分别设置中性导体(N)和保护接地导体(PE)的汇流排,中性导体和保护接地导体经汇流排配出,且汇流排上同一端子不应连接不同回路的 N 或 PE。

检验数量:抽检 10%,不少于 5 台。

检验方法:观察及操作检查。

9.3.10 轨行区间内配电箱、柜安装除应符合本标准第 9.3.7 条、第 9.3.8 条、第 9.3.9 条的规定外,还应符合下列规定:

1 位于行车线路两侧时,必须符合设备限界要求,箱、柜门扇应有锁闭装置。

2 箱、柜应有防水淋措施。

3 配电箱、柜的防护等级以及配电柜的基础高度应符合设计要求。

检验数量:抽检 10%,不少于 5 台。

检验方法:观察、测量检查。

一般项目

9.3.11 配电箱、柜基础型钢安装的允许偏差应符合表 9.3.11 的规定。

表 9.3.11 基础型钢安装允许偏差

项目	允许偏差	
	(mm/m)	(mm/全长)
不直度	1	5
水平度	1	5
不平行度	—	5

检验数量:抽检 10%,不少于 5 处。

检验方法:测量检查。

9.3.12 手车式开关柜内的手车,推拉应轻便、灵活,无卡阻、碰撞现象,动触头与静触头的中性导体应一致,且触头接触应紧密,投入时接地触头应先于主触头接触,退出时接地触头应后于主触头脱开。同类型、同规格的手车应能互换;安全隔离板应能随车体进出而自动开闭,且应动作灵活、可靠。

检验数量:抽检10%,不少于5台。

检验方法:观察及操作检查。

9.3.13 抽屉式配电柜的抽屉推拉应轻便、灵活,无卡阻、碰撞现象,触头与静触头的中性线应一致,且触头接触应紧密,投入时接地触头应先于主触头接触,退出时接地触头应后于主触头脱开。同类型、不同规格的抽屉应能互换;抽屉的机械、电气联锁装置的动作应正确、可靠。

检验数量:抽检10%,不少于5台。

检验方法:观察及操作检查。

9.3.14 盘、柜、台、箱的安装还应符合下列规定:

1 位置应正确,排列整齐。

2 盘、柜、台、箱相互间或与基础型钢间应用镀锌螺栓连接,且防松零件齐全。

3 垂直允许偏差为1.5‰,相互间接缝应小于2 mm,成列盘面偏差应小于5 mm。

4 表面涂层应完整,盘面清洁。

检验数量:抽检10%,不少于5台。

检验方法:观察及测量检查。

9.3.15 引入盘、柜内的电缆应符合下列规定:

1 固定应牢固,排列应整齐,编号应清晰。

2 盘、柜内导线不得有接头,每个接线端子的一侧接线不超过2根。

3 回路编号应正确,字迹应清晰,印刷应牢固、不易褪色。

4 不同电压等级、交流、直流线路及计算机控制线路应分开成束排列;铠装电缆钢带切断处的端部应扎紧后接地。

5 电缆屏蔽层应按设计要求的方式接地。

检验数量:抽检10%,不少于5台。
检验方法:观察检查。

9.4 蓄电池装置安装

主控项目

9.4.1 蓄电池装置安装除应符合现行国家标准《电气装置安装工程蓄电池施工及验收规范》GB 50172 的规定外,还应符合下列规定:

1 蓄电池外壳应密封完好,无裂纹和机械损伤。

2 随直流电源盘供货的蓄电池应有产品合格证、试验报告、充放电记录及充放电曲线图等。

3 蓄电池组外壳对地的绝缘电阻值应大于 0.5 MΩ。

检验数量:抽检10%,不少于5台。
检验方法:检查质量证明文件,观察、测量检查。

9.4.2 蓄电池装置所用2路交流电源的自动投切功能及输出电压的技术指标应符合设计要求。

检验数量:全数检查。
检验方法:观察、操作及测量检查。

9.4.3 直流系统的交流电源输入及充电装置的充电功能应符合设计要求。

检验数量:抽检10%,不少于5台。
检验方法:观察、操作及测量检查。

9.4.4 具有自动控制功能充电装置的技术指标应符合设计要求和产品技术文件规定。

检验数量:抽检10%,不少于5台。
检验方法:观察、操作及测量检查。

一般项目

9.4.5 蓄电池装置所用电源装置的各回路切换功能应正常,灯光信号应显示正确。

检验数量:抽检 10%,不少于 5 台。

检验方法:观察及操作检查。

9.4.6 蓄电池组的连接应正确可靠、排列整齐,外壳清洁、干燥。

检验数量:抽检 10%,不少于 5 台。

检验方法:观察检查。

9.4.7 连接条(线)及抽头的连接部分应涂敷电力复合脂。

检验数量:抽检 10%,不少于 5 台。

检验方法:观察检查。

9.4.8 初充放电容量或倍率校验等应符合产品技术文件的规定。首次放电结束时,低于蓄电池组电池平均值 2% 的电池数量,应小于该组电池数量的 5%。

检验数量:抽检 10%,不少于 5 台。

检验方法:观察及测量检查。

9.5 母线安装

主控项目

9.5.1 母线的进场验收应符合下列规定:

1 矩形母线应平直,表面应无明显划痕,厚度和宽度应符合产品制造标准要求。

2 封闭母线的密封应良好,各段编号标志应清晰,附件应齐全,外壳应无变形。

3 母线螺栓搭接面应平整,镀层覆盖应完整且无起皮和麻面。

检验数量:按品种、牌号、批号抽检 10%。

检验方法:观察检查,检查质量证明文件。

9.5.2 矩形母线的安装应符合下列规定:

1 交流母线相序及相色的标志应正确,L_1、L_2、L_3 应分别是黄色、绿色、红色,中性导体应为淡蓝色。

2 牵引直流母线正极应为赭色,负极为蓝色。

3 盘、柜上模拟母线的标志颜色应与牵引直流母线的颜色相一致。

4 母线金属支架、托架和绝缘子底座应与保护接地导体(PE)可靠连接。相间及相对地的安全净距应符合设计和附录J的规定。

检验数量:抽检10%,不少于5处。

检验方法:观察及测量检查。

9.5.3 封闭式母线的连接方法应符合产品技术文件要求,单节母线的绝缘电阻值应大于20 MΩ;金属外壳等外露可导电部分应与保护导体可靠连接,连接导体的材质、截面积应符合设计要求,每段母线槽的金属外壳间应连接可靠,且母线槽全长与保护导体连接不应少于2处。

检验数量:抽检10%,不少于5节。

检验方法:观察及测量检查。

一般项目

9.5.4 母线搭接面的连接螺栓应用力矩扳手紧固,其紧固力矩值应符合表9.5.4的规定。

表9.5.4 钢制螺栓的紧固力矩值

螺栓规格	力矩值(N·m)
M8	8.8~10.8
M10	17.7~22.6
M12	31.4~39.6
M14	51.0~60.8
M16	78.5~98.1
M18	98.0~127.4
M20	156.9~196.2
M24	274.6~343.2

检验数量:抽查10%,不少于5处。

检验方法:观察及测量检查。

9.5.5 矩形母线的安装还应符合下列规定:

1 母线与支柱绝缘子均应处于同一水平或垂直安装中心线上,且应固定牢靠。

2 母线伸缩节的安装位置及材质应符合设计要求。

3 母线表面油漆涂层应完整、无脱落。

检验数量:抽查10%,不少于5处。

检验方法:观察检查。

9.5.6 母线搭接时接触面的处理应符合下列规定:

1 母线的接触面应平整、无氧化膜;加工后铜截面的减小值不应大于原截面的3%,铝母线不应大于原截面的5%。

2 铜与铜:高温且潮湿的室内应搪锡。

3 钢与钢:不得直接连接,应搪锡或镀锌。

4 铜与铝:在干燥的室内,铜导体应搪锡;在潮湿的场所,应采用铜铝过渡板,铜端应搪锡。

5 钢与铜或铝:钢搭接面应搪锡。

检验数量:抽查10%,不少于5处。

检验方法:观察检查。

9.5.7 封闭式母线的安装还应符合下列规定:

1 封闭式母线与外壳应同心,允许偏差为±5 mm。

2 封闭式母线段与段连接时,两相邻段母线及外壳应对准,连接后不应使母线及外壳受额外应力。

检验数量:抽检10%,不少于5节。

检验方法:观察及测量检查。

9.5.8 低压母线试运行前应进行检查,且应符合下列规定:

1 测定绝缘电阻值不应小于0.5 MΩ。

2 母线与配电柜、电气设备的接线相序应一致。

3 母线槽分支单元插入时,应先于相线触头接触,且应触头连接紧密;退出时,接地触头应后于相线触头脱开。

检验数量:全数检查。

检验方法:用绝缘电阻测试仪测试,本条第2、3款观察检查。

9.6 线路电缆及配线安装

主控项目

9.6.1 电缆桥架的进场验收应符合下列规定:

1 电缆桥架和附件的规格型号应符合设计要求。

2 部件应齐全,表面光滑、不变形。

3 钢制电缆桥架涂层应完整、无锈蚀。

4 玻璃钢电缆桥架色泽应均匀,无破损及碎裂。

5 铝合金电缆桥架应无扭曲变形、压扁,涂层应完整,表面无划伤。

检验数量:按批次抽检10%。

检验方法:观察检查。

9.6.2 金属电缆桥架及引入或引出的金属电缆导管必须与保护接地导体(PE)可靠连接,且必须符合下列规定:

1 金属电缆桥架全长不大于30 m时,不应少于2处与保护导体相连接;全长大于30 m时,每隔20 m～30 m应增加1个接地点,起始端和终点端均应可靠接地。

2 非镀锌电缆桥架间连接板的两端应跨接截面积不小于4 mm² 的保护联结导体。

3 镀锌电缆桥架间连接板的两端可不跨接保护联结导体,但应有不小于2个有防松螺帽或防松垫圈的连接固定螺栓。

检验数量:抽检10%。

检验方法:观察检查。

9.6.3 电缆应无绞拧、铠装压扁、护层断裂和表面严重划伤等缺陷,其绝缘试验应合格。

检验数量:按批次抽检10%。

检验方法:观察及试验检查。

9.6.4 直埋电缆的敷设应符合下列规定:

1 机械敷缆时,牵引张力不得超过电缆规定的使用抗拉强度值,牵引速度不得大于15 m/min,且牵引平稳。

2 电缆埋设深度应符合设计要求。

3 电缆与道路、排水沟交叉以及进入建筑物时,应有保护措施。

4 电缆间、电缆与管道及建筑物间的最小净距应符合表9.6.4-1的规定。

5 电缆敷设的最小弯曲半径应符合表9.6.4-2的规定。

表9.6.4-1 电缆与相邻体之间的最小净距(m)

敷设条件相关设施		最小净距(m)		附加条件
		平行	交叉	
电力电缆间或与控制电缆间	10 kV及以下	0.1	0.5	如同隔板隔开或穿入钢管,平行距离可减至0.1 m,交叉距离可减到0.25 m
	35 kV以上	0.25	0.5	
控制电缆之间		—	0.5	
不同使用部门的电缆间		0.5	0.5	
电缆与地下管道间	热力管道	2.0	0.5	电缆穿入钢管保护时,交叉净距可减至0.25 m,但要求保护管超出管道每侧各2 m
	油或易燃气管道	1.0	0.5	
	其他	0.5	0.5	
电缆与铁路路基面		—	0.7	如不能满足要求时,应采取防护措施
电缆与公路(平行时与路边,交叉时与路面)		1.5	1.0	
电缆与建筑基础边沿		0.6	—	
电缆与城市街道路面(平行时与路边,交叉时与路面)		1.0	0.7	
电缆与排水沟(平行时与路边,交叉时与路面)		1.0	0.5	
电缆与电杆基础边沿		1.0	—	
电缆与树木主干		0.7	—	

表 9.6.4-2 电缆最小弯曲半径

电缆形式		电缆外径(mm)	多芯	单芯
塑料绝缘电缆	无铠装		15D	20D
	有铠装		12D	15D
橡皮绝缘电缆			10D	
控制电缆	非铠装型、屏蔽型软电缆	—	6D	—
	铠装型、铜屏蔽型		12D	
	其他		10D	
铝合金导体电缆			7D	
氧化镁绝缘刚性矿物绝缘电缆		<7	2D	
		≥7,且<12	3D	
		≥12,且<15	4D	
		≥15	6D	
其他矿物绝缘类电缆		—	15D	

注:表中 D 为电缆外径。

检验数量:抽检 10%。

检验方法:观察及测量检查。

9.6.5 电缆支架、电缆桥架安装应符合下列规定:

1 金属电缆支架应平直,无明显扭曲;切口处应无卷边、毛刺;焊接应牢固,无显著变形;与保护导体的连接应可靠。

2 电缆支架、桥架间的最小净距、最上层和最下层与建筑物和支架与沟壁的距离应符合设计要求。当设计无明确要求时,应符合表 9.6.5-1~表 9.6.5-4 的规定。

表 9.6.5-1 电缆支架间的最小允许净距(mm)

电缆种类		电缆外径	敷设方式	
			水平	垂直
电力电缆	全塑型	—	400	1 000
	除全塑型外的中低压电缆		800	1 500
	35 kV 高压电缆		1 500	2 000
	铝合金带联锁铠装的铝合金电缆		1 800	1 800
	控制电缆		800	1 000
矿物绝缘电缆		<9	600	800
		≥9,且<15	900	1 200
		≥15,且<20	1 500	2 000
		≥20	2 000	2 500

表 9.6.5-2 电缆支架、桥架层间允许最小距离值(mm)

电缆类型		电缆支架	电缆桥架
控制电缆		120	200
电力电缆	10 kV 及以下(不含交联聚乙烯电缆)	150	250
	10 kV 交联聚乙烯电缆	200	300
	35 kV 三芯电缆	300	350
	35 kV 单芯电缆	250	300
线槽内敷设		$h+100$	

注：h 表示线槽高度。

表 9.6.5-3 电缆支架、桥架最上层、最下层与建筑物的距离(mm)

敷设方式	电缆隧道及夹层	电缆沟	吊架	桥架
最上层至沟顶或楼板	300~350	150~200	150~200	350~450
最下层至沟底或地面	100~150	50~100	—	100~150

表9.6.5-4 两侧支架间或单侧支架至沟壁间的净宽最小值(mm)

支架配置	电缆沟深			电缆隧道
	≤600	600~1 000	>1 000	
两侧支架	300	500	700	1 000
单侧支架	300	450	600	900

检验数量:抽检10%,不少于5处。

检验方法:测量检查。

9.6.6 电缆穿管敷设应符合下列规定:

1 导管内径应大于电缆外径的1.5倍。

2 交流单芯电缆不得单独穿入未分割磁路的金属保护管内。

检验数量:抽检10%,不少于5处。

检验方法:观察及测量检查。

9.6.7 隧道内电缆敷设除应符合本标准第9.6.5条、第9.6.6条的规定外,还应符合下列规定。

1 在电缆支架上敷设的电力电缆对其他电缆、接触导线和隧道壁的最小净距应符合表9.6.7的规定。

表9.6.7 电缆间及电缆与其他导线和隧道壁间的最小净距(m)

	高压电缆	低压电缆	绝缘导线
隧道壁	0.05	0.05	0.05
低压电缆	0.30	0.10	0.10
绝缘导线	0.30	0.10	0.10
接触导线	2.00	2.00	2.00
10 kV 电力电缆	0.15	0.30	0.30
漏泄同轴电缆	0.60	0.30	0.30
回流线或架空地线	0.30	0.50	0.60

2 隧道内电缆固定支架不得侵入设备限界内。

3 电缆导管穿过隧道结构外墙时,应设置防水套管。

检验数量:抽检10%,不少于5处。

检验方法:观察及测量检查。

9.6.8 电缆头的制作应符合下列规定:

1 采用的附件规格与电缆应一致,零部件应完整齐全,其规格型号应符合设计要求。

2 电缆头的结构应简单、紧凑。

3 高压电缆头的电缆护层剥切长度、绝缘包扎长度及芯线连接强度应符合产品要求。

4 电缆终端和接头应采取加强绝缘、密封防潮、机械保护等措施。

5 6kV以上电缆接头处应有改善电缆屏蔽端部电场集中的有效措施,并确保外绝缘相间和对地的距离。

6 矿物绝缘电缆的终端和中间连接器的制作应符合产品技术要求的规定。

检验数量:抽检10%,不少于5个。

检验方法:观察及测量检查。

9.6.9 电缆终端头与设备的连接应正确、固定牢靠、绝缘良好,终端头接地可靠;终端处应留有适当的备用长度;交流系统的单芯电缆或分相后的分相套的固定夹具,不应构成闭合磁路。

检验数量:抽检10%,不少于5个。

检验方法:观察检查。

9.6.10 配管和配线应符合下列规定:

1 导管应无损伤、变形,附件应齐全;钢管不应有折扁和裂缝,管内应无铁屑及毛刺,切断口应平整,管口光滑;塑料管必须阻燃,管口应平整、光滑。

2 管路和附件的安装方式、路径均应符合设计要求。

3 导管的弯曲半径应符合表9.6.10的规定。

表 9.6.10 导管弯曲要求

弯曲条件	弯曲要求
电线管路弯曲半径(明配)	不小于管子外径的 6 倍(只有 1 个弯时可不小于 4 倍)
电线管路弯曲半径(暗配)	不小于管子外径的 6 倍(埋设于地下或混凝土内时不小于 10 倍)
弯扁程度	弯扁处的最小外径不小于管子外径的 90%

4 不同回路、不同电压等级以及交流与直流的电线,不应穿于同一导管内;同一交流回路的电线应穿于同一金属导管内,且管内电线不得有接头。

检验数量:抽检 10%,不少于 5 处。

检验方法:观察及测量检查。

9.6.11 隧道内配管、配线除应符合本标准第 9.6.10 条的规定外,还应符合下列规定:

1 行车段的配线支持件的固定方式应符合设计要求。当设计无要求时,宜用绝缘胀管固定,严禁采用粘结方法施工。

2 暗配导管通过变形缝时,应沿止水带内侧通过,并应有补偿装置。

3 经过隔断门处的配线,在其两侧应进行密封处理。

检验数量:抽检 10%,不少于 5 处。

检验方法:观察检查。

一般项目

9.6.12 电缆桥架的安装还应符合下列规定:

1 支吊架间距应符合设计要求,当设计无要求时,电缆桥架水平安装的支吊架间距应为 1.5 m~3 m,垂直安装的支吊架间距应小于 2 m。

2 钢制电缆桥架直线段超过 30 m、铝合金或玻璃钢制电缆桥架超过 15 m 时,应设置伸缩节。

3 电缆桥架跨越建筑物变形缝处应设置补偿装置。

4 电缆桥架转弯处的转弯半径应大于桥架内电缆最小允许弯曲半径。

5 电缆桥架、支吊架与桥架连接板螺栓的固定,应紧固、无遗漏,螺母位于桥架外侧。当铝合金桥架与钢支吊架固定时,应有防电化腐蚀的绝缘措施。

检验数量:抽检5%。

检验方法:观察及测量检查。

9.6.13 直埋电缆还应符合下列规定:

1 同沟敷设2条以上直埋电缆时,不应重叠、交叉和扭绞。

2 采用保护板防护时,保护板覆盖宽度应大于电缆两侧各50 mm,其上、下部应铺以厚度大于100 mm的软土或砂层。

3 电缆标桩应埋设在下列位置:

1）直线段每隔50 m～100 m处。

2）电缆接头、转弯或分支处。

3）进入建筑物处。

4）穿过铁路、道路、河流的两侧及其他管路处。

检验数量:抽检5%。

检验方法:观察及测量检查。

9.6.14 电缆标志牌的装设应符合下列规定:

1 在电缆终端头、中间接头、拐弯处以及夹层内、隧道及竖井的两端、人井内等地方,电缆上应装设标志牌。

2 标志牌上应注明线路编号;当无编号时,应写明电缆型号规格及起讫点;并联使用的电缆应有顺序号;标志牌的字迹应清晰、不易脱落。

3 标志牌规格应统一,标志牌应能防腐,挂装应牢固。

检验数量:抽检5%。

检验方法:观察及测量检查。

9.6.15 电缆沟及桥架内电缆敷设应符合下列规定:

1 电缆支架、桥架安装位置应正确,连接应可靠,固定应牢固。各支架的层间横挡应在同一水平面上,托架和支、吊架沿桥架走向左右偏差不大于 10 mm。

2 电缆转弯处安装的电缆支架,应能托住电缆平滑均匀地过渡;在有坡度的电缆沟内或建筑物上安装的电缆支架,应有与电缆沟或建筑物相同的坡度。

3 钢支架应焊接牢固,各横撑间的垂直净距误差不应大于 5 mm。

4 当电缆沟、电缆隧道内两侧有支架时,低压电力电缆及控制电缆与高压电力电缆应分别敷设在不同侧的支架上;当电力电缆与控制电缆敷设在同一侧支架上时,高压电缆、低压电缆、控制电缆应按顺序,由上而下分层布置。低压电缆可与控制电缆并排敷设,排列顺序应正确。

5 对可能受到机械损伤及行人易接近的电缆,在地面至高度 2 m 以及穿过楼板、地板、墙壁等处应有可靠的保护措施。

6 垂直或超过 45°倾斜敷设的电缆,每个支架和桥架每隔 2 m 应加以固定;水平敷设的电缆,应在电缆首末两端、转弯和电缆接头的两端处加以固定;对电缆排列间距有要求时,应每隔 5 m～10 m 加以固定;单芯电缆的排序、固定应符合设计要求,且便于维护。

7 电缆引至电气柜、盘,过控制屏的开孔部位及电缆贯穿隔墙、楼板的孔洞处,均应采取阻火封堵措施。

检验数量:抽检 10%,不少于 5 处。

检验方法:观察及测量检查。

9.6.16 高架线路上电缆的敷设除应符合本标准第 9.6.12 条、第 9.6.14 条和第 9.6.15 条的规定外,还应符合下列规定:

1 电缆槽盖板的密封应良好,应避免阳光直射电缆。

2 桥墩两端和变形缝处的电缆应留有松弛量,松弛部分应有减振措施,并固定良好。

3 桥梁两端的电缆应穿钢管保护,其出、入管口处应密封;引下钢管应有防雨水渗入路基的措施。

检验数量:抽检10%,不少于5处。

检验方法:观察检查。

9.6.17 电缆头制作、安装应符合下列规定:

1 电缆线路的两终端头应有明显的相色标志,且与系统的相位保持一致。压接连接电缆线芯端子及连接管应光滑。

2 电缆头固定应牢固,防振措施应符合设计要求。

3 电缆头处的金属护套及铠装层应与保护接地导体(PE)可靠连接,所采用的接地铜绞线或铜镀锡编织线的截面积应符合表9.6.17的规定。

表9.6.17 电缆头接地导体截面积

电缆类型及截面积(mm^2)		导体截面积(mm^2)
电力电缆	150及以下	≥25
	120及以下	≥16
	10及以下	≥4
控制电缆		≥2.5

4 控制电缆终端的包扎应紧密、防潮。

检验数量:抽检10%,不少于5处。

检验方法:观察及测量检查。

9.6.18 电力电缆接头的布置应符合下列规定:

1 并列敷设的电缆,其接头的位置应相互错开,间距应大于0.5m。

2 中间接头外壳与邻近电缆的距离应大于0.25m。

3 直埋电缆接头盒外面应有保护盒(环氧树脂接头除外)。

4 电缆接头不宜置于桥架内,宜设置在桥架外侧,且应有防护措施。

检验数量:抽检10%,不少于5处。

检验方法:观察及测量检查。

9.6.19 配管配线施工应符合下列规定:

1 钢导管采用螺纹连接时,管端螺纹长度应不小于管接头长度的1/2,其螺纹外露为2扣~3扣;跨接线连接应可靠;采用套管连接时,套管长度为连接管外径的1.5倍~3倍,连接管的对口处应在套管的中心,焊口的焊接应饱满、严密。薄壁钢管宜采用螺纹连接。

2 暗配钢导管应沿最近的路线敷设。埋入建(构)筑物内的导管与建(构)筑物表面的距离应大于15 mm。

3 明配钢导管其垂直及水平敷设直线段的偏差,每2 m内应小于3 mm,全长偏差小于管材外径的1/2;导管应排列整齐,固定点间的最大距离符合表9.6.19的规定;管卡与终端、弯头中点、电气设备或箱(盒)边缘的距离为150 mm~500 mm。

表9.6.19 管卡间最大距离

敷设方式	导管种类	导管直径(mm)				
		15~20	25~32	32~40	50~65	65以上
		管卡间最大距离(m)				
支架或沿墙明敷	壁厚>2 mm刚性钢导管	1.5	2.0	2.5	2.5	3.5
	壁厚≤2 mm刚性钢导管	1.0	1.5	2.0	—	—
	刚性绝缘导管	1.0	1.5	1.5	2.0	2.0

4 与电气设备连接的钢导管管口,距地面的高度应不小于200 mm。

5 金属导管应有防腐措施。

6 导线穿管前应清除管内杂物和积水,管口应有保护措施;不进入接线盒(箱)的垂直管口穿入电线后,管口应密封。

7 当采用多相供电时,同一建(构)筑物的导线绝缘层颜色的选择应一致,即保护接地导体(PE)应是黄绿相间色,中性导体(N)用淡蓝色;相线:L_1用黄色、L_2用绿色、L_3用红色。

检验数量:抽检10%,不少于5处。

检验方法:观察及测量检查。

9.6.20 柔性导管的安装应符合下列规定:

1 与电气设备、器具连接柔性导管的长度:动力工程应小于0.8 m;照明工程应小于1.2 m。

2 可挠柔性导管与刚性导管或电气设备、器具间的连接,应采用专用接头。

3 复合型可挠金属导管或其他柔性导管的连接处应密封良好,防液覆盖层应完整无损。

4 可挠金属导管和金属柔性导管不得作为保护接地导体(PE)的连续导体。

检验数量:抽检10%,不少于5处。

检验方法:观察及测量检查。

9.7 照明安装

主控项目

9.7.1 照明灯具及附件进场验收应符合下列规定:

1 灯具涂层应完整、无损伤,附件应齐全,且应有安全认证标志。

2 成套灯具的绝缘电阻、内部接线等性能,应进行现场抽样检测。灯具的绝缘电阻值应不小于2 MΩ;内部接线为铜芯绝缘电线时,芯线截面积应不小于0.5 mm²。

检验数量:按批次抽检10%。

检验方法:检查质量证明文件及观察、测量检查。

9.7.2 开关、插座及其附件外观检查及抽样检测应符合下列规定:

1 开关、插座的面板及接线盒盒体应完整、无碎裂、零件齐全。

2 开关、插座的电气和机械性能应进行现场抽样检测,并应符合下列规定:

  1) 不同极性带电部件间的电气间隙和爬电距离不应小于 3 mm。

  2) 绝缘电阻值不应小于 5 MΩ。

  3) 用自攻锁紧螺钉或自切螺钉安装的,螺钉与软塑固定件旋合长度不小于 8 mm,软塑固定件在经受 10 次拧紧退出试验后,应无松动或掉渣,螺钉及螺纹应无损坏现象。

  4) 金属间相旋合的螺钉螺母,拧紧后完全退出,反复 5 次后应仍能正常使用。

3 对开关、插座及其面板等塑料绝缘材料的阻燃性能有异议时,应按批抽样送检。

检验数量:按批抽检 10%。

检验方法:检查质量证明文件及观察、测量检查。

9.7.3 灯具的安装应符合下列规定:

1 灯具质量大于 3 kg 时,应固定在螺栓或预埋吊钩上,螺栓或预埋吊钩的直径不应小于灯具挂销直径,且不应小于 6 mm。

2 灯具质量大于 10 kg 时,固定装置及悬吊装置应按灯具重量的 5 倍恒定均布载荷做强度试验,且持续时间不应小于 15 min。

3 灯具固定应牢固、可靠,不得使用木楔、塑料塞、尼龙塞。每套灯具的固定螺钉或螺栓不应少于 2 个。

4 Ⅰ类灯具外露可导电部分必须用铜芯软导线与保护导体可靠连接,连接处应设置接地标识,铜芯软导线的截面积应与进入灯具的电源线截面积相同。

检验数量:除本条第 2 款全数检查外,其余项目抽检 10%。

检验方法:观察检查,工具拧紧,查阅记录。

9.7.4 应急照明控制器、集中电源、应急照明配电箱及消防应急

灯具安装除应符合现行国家标准《消防应急照明和疏散指示系统技术标准》GB 50319的有关规定外,还应符合下列规定:

1 消防应急标志灯具的设置不应影响正常的通行,且不应在其周围设置容易混同消防应急标志灯具的其他标志。

2 消防应急方向指示标志灯具的疏散方向指示箭头指向应正确。

3 消防应急照明灯具不应直接安装在可燃装修材料或可燃物件上。

4 消防应急照明线路在每个防火分区应有独立的应急照明回路,穿越不同防火分区的线路应有防火隔堵措施。

5 采用应急电源(EPS)供电的应急灯具,应检验 EPS 供电运行的最少持续供电时间,应符合设计要求。

检验数量:抽检10%。

检验方法:观察及测量检查。

9.7.5 LED灯具安装位置应有较好的散热条件,且不宜安装在潮湿场所。灯具安装应牢固可靠,饰面不应使用胶类粘贴。灯具用的金属防水接头密封圈应齐全、完好。

检验数量:按灯具型号各抽查5%,且各不得少于1套。

检验方法:观察检查,查阅产品进场验收记录及产品质量合格证明文件。

9.7.6 埋地灯的防护等级应符合设计要求,接线盒应采用防护等级为IPX7的防水接线盒,盒内绝缘导线接头应做防水绝缘处理。

检验数量:按灯具总数抽查5%,且不得少于1套。

检验方法:观察检查,查阅产品进场验收记录及产品质量合格证明文件。

9.7.7 照明开关安装应符合下列规定:

1 同一建(构)筑物的开关宜采用同一系列的产品。开关的通断位置应一致,操作应灵活,接触应可靠。

2 控制灯具的开关应连接在相线上。

检验数量：抽检10%。

检验方法：观察及操作检查。

9.7.8 插座接线应符合下列规定：

1 单相两孔插座，面对插座的右孔或上孔应为相线，左孔或下孔应为中性导体（N）；单相三孔插座，面对插座的右孔应为相线，左孔为中性导体（N）。

2 单相三孔、三相四孔及三相五孔插座的保护接地导体（PE）应接在上孔。插座的保护接地导体（PE）端子不得与中性导体（N）端子连接。同一场所的三相插座，接线的相序应一致。

3 保护接地导体（PE）在插座间不得采用串联连接。

4 相线与中性导体（N）不得利用插座本体的接线端子转接供电。

检验数量：按检验批抽检10%。

检验方法：观察及测量检查。

9.7.9 照明通电试运行应符合下列规定：

1 照明系统通电，灯具回路控制应与照明配电箱及回路的标识一致，开关与灯具控制顺序应相对应。

2 照明系统通电连续试运行时间应为24 h，所有照明灯具均应开启，且每2 h记录运行状态1次，连续运行时间内应无故障。

检验数量：按灯具回路抽检10%。

检验方法：观察、操作检查及检查试运行记录。

一般项目

9.7.10 安全出口标志灯和疏散标志灯应装有玻璃或非燃材料的保护罩，保护罩应完整、无裂纹。

检验数量：抽检5%。

检验方法：观察及测量检查。

9.7.11 照明开关安装的位置应便于操作,开关边缘距门框边缘的距离为 0.15 m～0.2 m,开关距地面高度宜为 1.3 m。

　　检验数量:抽检 5%。

　　检验方法:观察及测量检查。

9.7.12 相同型号并列安装及同一室内开关安装的高度应一致,其控制顺序应符合设计要求。

　　检验数量:抽检 5%。

　　检验方法:观察及测量检查。

9.7.13 暗装开关、插座的面板安装应牢固、紧贴墙面、四周无缝隙,表面应清洁、无碎裂和划伤,装饰帽应齐全。

　　检验数量:抽检 5%。

　　检验方法:观察检查。

9.7.14 插座距地面高度应符合设计要求,当设计无要求时,插座高度距地面应大于 0.3 m。

　　检验数量:抽检 5%。

　　检验方法:观察及测量检查。

9.7.15 地插座的面板应与地面齐平或紧贴地面,盖板固定应牢固,密封良好。

　　检验数量:抽检 5%,且不少于 5 个。

　　检验方法:观察检查。

9.8　防雷及接地装置安装

主控项目

9.8.1 接地装置的安装应符合下列规定:

　1 水平及垂直接地体、接地干线所用材料的规格型号应符合设计要求。当设计无要求且接地体为钢材时,应采用热浸镀锌处理,其规格应符合表 9.8.1 的规定。

表 9.8.1 接地体、接地干线最小规格

种类、规格及单位		敷设位置及使用类别			
		地上		地下	
		室内	室外	交流电流回路	直流电流回路
圆钢直径(mm)		6	8	10	12
扁钢	截面积(mm²)	60	100	100	100
	厚度(mm)	3	4	4	6
角钢厚度(mm)		2	2.5	4	6
钢管管壁厚度(mm)		2.5	2.5	3.5	4.5

2 水平及垂直接地体敷设的位置和埋设深度应符合设计要求。当设计无要求时,接地体埋设深度应大于 0.8 m,垂直接地体的间距应大于 5 m。

3 接地模块的埋深应大于 0.8 m,相互的间距应为模块长度的 3 倍～5 倍;埋设的基坑,应为模块外形尺寸的 1.2 倍～1.4 倍,且应详细记录开挖深度内的地层情况。

4 接地装置的接地电阻值必须符合设计要求。

5 埋设接地装置或利用建筑物基础钢筋的接地装置,应按设计要求在地面设置相应的测试点。

6 防雷接地干线的埋设,在人行通道处的埋设深度应大于 1 m,且采取均压措施或在上方铺设卵石或沥青地面。

7 远动装置的直流接地、交流接地和保护接地应分别与接地装置连接,连接应牢固可靠。

检验数量:抽检 10%,不少于 5 处。

检验方法:观察、测量、测试检查。

9.8.2 变配电所接地干线安装应符合下列规定:

1 所用的材料和规格应符合设计要求。

2 变压器室、高低压开关室内的接地干线与接地装置的连接不应少于 2 处。

检验数量:全数检查。

检验方法:观察检查。

9.8.3 隧道内接地干线安装除应符合本标准第 9.8.2 条的规定外,还应符合下列规定:

1 接地干线引入隧道时,应设置防水套管,并作绝缘处理,封堵应严密。

2 隧道内接地干线与隧道外引入的接地干线应采用螺栓连接。

检验数量:抽检 10%,不少于 5 处。

检验方法:观察检查。

9.8.4 接闪器安装应符合下列规定:

1 所用的材料和规格应符合设计要求。

2 建筑物顶部的接闪杆、接闪带(网)的固定应牢固,与顶部外露的其他金属物体应连成一个整体的电气通路,且与防雷引下线可靠连接。

3 接闪杆、接闪带(网)安装后,引下线应立即与接地装置可靠连接。

检验数量:抽检 10%,不少于 5 处。

检验方法:观察检查。

9.8.5 等电位联结的范围、形式、方法、部位及联结导线的材料和截面积应符合设计要求,导通性测试应合格。

检验数量:全数检查。

检验方法:施工中核对设计文件,观察检查并查阅隐蔽工程检查记录,核对产品质量证明文件、材料进场验收记录、导通性测试记录,测量检查。

9.8.6 电涌保护器的型号规格及安装布置、接线形式应符合设计要求;接地导线的位置不宜靠近出线位置;连接导线应平直、足够短,且不宜大于 0.5 m。

检验数量:按每个检验批电涌保护器(SPD)的数量抽查 20%,且不得少于 1 个。

检验方法:观察检查。

一般项目

9.8.7 型钢接地体(线)的焊接应采用搭接焊,其长度应符合下列规定:

1 扁钢不应小于其宽度的 2 倍,且至少焊接 3 个棱边。

2 圆钢不应小于其直径的 6 倍,且双侧焊接。

3 圆钢与扁钢连接不应小于圆钢直径的 6 倍。

4 扁钢与钢管、扁钢与角钢的焊接,应紧贴 3/4 钢管表面或紧贴角钢外侧两面,上下两侧施焊。

5 焊接接头除埋在混凝土中外,均应有防腐措施。

6 矩形铜母线搭接时,应符合本标准第 9.5.6 条的规定。

检验数量:抽查 10%,不少于 5 处。

检验方法:观察及测量检查。

9.8.8 当接地极为铜材和钢材组成,且铜与铜或铜与钢材连接采用热剂焊时,接头应无贯穿性气孔且表面平滑。

9.8.9 接地干线在与道路、埋管交叉或其他可能使接地干线受损伤的场所及穿过墙、楼板或地坪处,均应加套保护管,保护钢管与接地干线应做电气连接。

检验数量:抽查 10%,不少于 5 处。

检验方法:观察及测量检查。

9.8.10 明敷的接地干线还应符合下列规定:

1 敷设位置应不妨碍设备的拆卸与检修。

2 接地干线沿建筑墙面水平敷设时,与墙的间隙宜为 10 mm~15 mm,距地高度宜为 250 mm~300 mm。

3 接地干线表面沿长度方向应分别涂以黄色和绿色相间的条纹段,段长宜为 15 mm~100 mm。

4 室内接地水平干线支持件应固定可靠,支持件间距应均匀,扁形导体支持件固定间距宜为 500 mm,圆形导体支持件固定间距宜为 1 000 mm,弯曲部分宜为 0.3 m~0.5 m。

检验数量:抽查10%,不少于5处。
检验方法:观察及测量检查。

9.8.11 当接地干线跨越建筑物变形缝时,应设补偿装置。
检验数量:抽查10%,不少于5处。
检验方法:观察及测量检查。

9.8.12 接闪杆、接闪带(网)安装应符合下列规定:

1 接闪杆安装位置应正确。焊接固定时,焊缝应饱满无遗漏,焊接部分应有防腐措施;螺栓固定时,防松零件应齐全。

2 接闪带应平直,固定支持牢固、间距均匀,每个支持件应能承受大于49 N的拉力。当设计无要求时,支持件间距符合本标准第9.8.10条第4款的规定。

3 防雷引下线应设断接卡,距地高度应符合设计要求。

4 暗敷在建筑物抹灰层内的引下线应有卡钉分段固定。

5 明敷的引下线应平直、无急弯,与支架焊接处应有防腐措施。

9.8.13 当电缆穿过零序电流互感器时,电缆头的接地导体应通过零序互感器后接地。
检验数量:抽查10%,不少于5处。
检验方法:观察及测量检查。

9.8.14 配电间隔和静止补偿装置的栅栏门及变配电室金属门铰链处的接地连接,应采用截面积不小于4 mm^2 的编织软铜线;变、配电室的避雷器应用最短的接地导体与接地干线连接。
检验数量:抽查10%,不少于5处。
检验方法:观察检查。

9.9 杂散电流防护

主控项目

9.9.1 供电系统中电气装置与设施的外露可导电部分的接地应

符合设计要求,接地应可靠。

检验数量:按电气装置和设施的类别抽查,每个类别抽查5%,且不少于1件。

检验方法:观察检查,查阅记录。

9.9.2 牵引变电所中的直流开关柜、整流柜、负极柜等直流牵引供电设备应采用绝缘安装。绝缘电阻值不应小于1 MΩ,且设有框架泄漏保护装置。

检验数量:全数检查。

检验方法:观察检查,查阅记录。

9.9.3 站台门金属构件的接地应符合设计要求,连接应可靠。

检验数量:全数检查。

检验方法:观察检查,查阅记录。

9.9.4 敷设在隧洞中的电缆、水管等金属管线,不得与地下水流、积水、潮湿墙壁等发生接触。

检验数量:抽查5%。

检验方法:观察检查。

9.9.5 地铁中电缆外铠装、水管等金属管线结构,与回流轨和电源负极不应有直接的电气连接。

检验数量:抽查10%。

检验方法:观察检查。

9.9.6 车辆基地内电缆应敷设在专用电缆沟的电缆支架上。当采用直埋方式敷设时,应符合设计要求。

检验数量:抽查5%。

检验方法:观察检查,查阅测试记录。

9.9.7 杂散电流监控系统应符合下列规定:

1 参比电极与电缆接头的密封应良好。

2 传感器与监测装置通信应正常。

检验数量:抽查20%。

检验方法:第1款测量检查,其余观察检查。

一般项目

9.9.8 车辆基地内的电气配管宜采用绝缘管材。

检验数量：抽查10%。

检验方法：观察检查。

9.9.9 杂散电流监测系统采用的线缆应符合设计要求，传感器应在系统通信的有效距离内。

检验数量：抽查10%。

检验方法：观察检查。

9.10 变电所综合自动化系统

主控项目

9.10.1 变电所综合自动化系统调试应满足下列规定：

1 综合自动化系统的当地监控、当地维护、数据采集与传输、数据预处理及当地和远方通信功能应符合设计要求。

2 综合自动化系统应能自动接受并正确执行电力调度下达的全部指令。

3 各种保护功能应符合设计要求。

4 SCADA系统电表功能配置应符合设计要求。

检验数量：抽验不少于20%。

检验方法：模拟试验。

9.10.2 变电站综合自动化系统调试应包含下列项目：

1 变电站中央信号屏硬件检查。

2 现场开关、刀闸变位遥信正确性检查。

3 现场开关、刀闸变位遥控正确性检查。

4 设备电压、电流、二次回路遥测正确性检查。

5 主变电站有载调压器遥调正确性检查。

检验数量：全数检查。

检验方法:模拟试验。

9.10.3 变电站信号装置的特定功能应符合下列规定:

1 配电装置各种保护功能的投入与撤除,应能够在控制装置的状态显示窗口准确显示。

2 电气设备位置信号应能够在该设备的控制装置及变电站中央信号控制盘或模拟盘上及远动终端准确显示。

3 预告及事故音响信号应能够在变电站内按规定的方式正确表示。具备自动复归功能的音响信号应能够按时限自动返回并停止。

4 各种信号装置反映的信息应能够完整准确地向控制中心传输,并正确在线。

检验数量:抽检,每站不少于10%。

检验方法:模拟试验。

9.10.4 变电站内任何智能装置发生故障均应报警,单个智能装置的故障,不应影响整个网络的运行。任何智能装置故障信息均应能在控制中心监控系统的综合自动化结构画面上显示并报警。

检验数量:抽检不少于20%。

检验方法:按照设计要求进行功能内容核对,并在变电站模拟试验,控制中心同步核准。

9.10.5 应具备对中压(35 kV、10 kV)开关柜、直流开关柜保护整定值组的遥调功能;应具备对中压(35 kV、10 kV)开关柜、直流开关柜遥控的逻辑闭锁功能。

检验数量:全数检查。

检验方法:模拟试验。

9.10.6 变电所综合自动化系统应与综合监控系统接口,提供供电设备运行状态信息,配合综合监控系统实现电力监控系统功能,且应与综合监控系统密切配合、共同完成接口衔接。综合监控系统负责与变电所综合自动化系统之间的接口通信测试和系统测试；变电所综合自动化系统负责变电所内自动化系统的集成测试，提供接口通信的信息点表，配合完成接口通信测试和系统测试。

检验数量：全数检查。

检验方法：查看合格的测试报告，测试试验。

10 通风与空气调节

10.1 一般规定

10.1.1 本章适用于通风与空气调节工程施工质量的验收,除应符合本标准外,尚应符合现行国家标准《通风与空调工程施工质量验收规范》GB 50243 的规定。

10.1.2 通风与空调设备安装完毕、交付运行前,应定期通电作保护性运转与通风。

10.1.3 通风与空调工程的施工应与机电设备监控(EMCS)和火灾报警系统(FAS)密切配合,共同完成接口的衔接。

10.1.4 整体式制冷机组安装后如需灌注制冷剂,应由厂方负责,施工方进行配合。

10.1.5 除排烟风机外,风、水管与设备的接口均应为柔性连接。

10.1.6 通风与空调工程竣工的系统调试,应由施工单位负责、监理单位监督,设计单位与建设单位共同参与下进行。系统调试前,承包单位应编制调试方案,报送专业监理工程师审核批准;调试结束后,应提供完整的调试资料和报告。

10.1.7 应根据国家卫生部的规定对站台等场所的集中空调通风系统进行预防空气传播性疾病的卫生学评价,评价合格后方可投入运行。

10.2 风管及部件制作

主控项目

10.2.1 风管材料的品种、规格、性能与厚度等应符合设计要求。

当风管厚度设计无要求时,应按本标准执行。

1 钢板或镀锌钢板的厚度不应小于表 10.2.1-1 的规定,材质应符合现行国家标准《连续热镀锌钢板及钢带》GB/T 2518 的规定,表面不应有镀锌层脱落及锈蚀。

表 10.2.1-1 钢板风管板材厚度(mm)

类别 风管直径(D) 或长边尺寸(b)	低压系统	中压系统		排烟系统
		圆形风管	矩形风管	
$D(b) \leqslant 320$	0.5	0.5	0.5	0.75
$320 < D(b) \leqslant 450$	0.5	0.6	0.6	
$450 < D(b) \leqslant 630$	0.6	0.75	0.75	1.0
$630 < D(b) \leqslant 1\,000$	0.75	0.75	0.75	
$1\,000 < D(b) \leqslant 1\,500$	1.0	1.0	1.0	1.2
$1\,500 < D(b) \leqslant 2\,000$	1.0	1.2	1.2	1.5
$2\,000 < D(b) \leqslant 4\,000$	1.2	按设计	1.2	按设计

注:螺旋风管的钢板厚度可适当减小 10%~15%。

2 无机玻璃钢风管的厚度、玻璃布的厚度与层数应符合表 10.2.1-2 的规定。所用的无碱玻璃纤维网格布、中碱玻璃纤维网格布与抗碱玻璃纤维网格布应分别符合现行国家标准《玻璃纤维无捻粗纱布》GB/T 18370、现行行业标准《增强用玻璃纤维网布》JC 561 的规定;氯氧镁水泥风管的氧化镁材质应符合现行行业标准《镁质胶凝材料用原料》JC/T 449 的规定。

检验数量:按材料与风管加工批数量抽查 10%,不应少于 5 件。

检验方法:检查材料质量证明书、产品合格证,尺量、观察检查。

表10.2.1-2　中、低压系统无机玻璃钢风管板材厚度(mm)

风管边长b或直径D	风管管体			法兰					螺栓规格
	壁厚	玻璃纤维布层数		高度	厚度	玻璃纤维布层数		孔距(L)	
		0.4	0.3			0.4	0.3		
$D(b) \leqslant 300$	3±0.5	4	5	27±1	5±0.5	7	8	≤120	M6
$300 < D(b) \leqslant 500$	4±0.5	5	7	36±2	6±1	8	10		M8
$500 < D(b) \leqslant 1\,000$	5±0.5	6	8	45±2	8±1	9	13		M8
$1\,000 < D(b) \leqslant 1\,500$	6±0.5	7	9	49±2	10±1	10	14		M10
$1\,500 < D(b) \leqslant 2\,000$	7±0.5	8	12	53±2	15±1	14	16		M10
$D(b) > 2\,000$	8±0.5	9	14	52±2	20±2	16	20		M10

10.2.2 风管加工质量应通过工艺性的检测或验证,其强度和严密性要求应符合设计要求和现行国家标准《通风与空调工程施工质量验收规范》GB 50243 的规定。

检验数量:按系统的类别、材质,对产品进行抽样检验,不应少于3件及15 m²。

检验方法:检查产品合格证、测试报告,或实测旁站。

10.2.3 金属风管的制作应符合下列规定:

1 板材拼接不应采用十字型缝的连接形式。

2 镀锌钢板不应采用电、气焊熔接连接。

3 法兰材料的规格应分别符合表10.2.3-1、表10.2.3-2 的规定,其螺栓及铆钉孔的孔距不应大于150 mm;矩形法兰的四角部位应设有螺孔。

薄钢板法兰高度应参照金属法兰风管的规定执行。

表10.2.3-1　金属圆形风管法兰及螺栓规格(mm)

风管直径(D)	法兰材料规格		螺栓规格
	扁钢	角钢	
$D \leqslant 140$	20×4	—	M6
$140 < D \leqslant 280$	25×4	—	
$280 < D \leqslant 630$	—	25×3	
$630 < D \leqslant 1\,250$	—	30×4	M8
$1\,250 < D \leqslant 2\,000$	—	40×4	

表10.2.3-2　金属矩形风管法兰及螺栓规格(mm)

风管长边尺寸(b)	法兰材料规格(角钢)	螺栓规格
$b \leqslant 630$	25×3	M6
$630 < b \leqslant 1\,500$	30×3	M8
$1\,500 < b \leqslant 2\,500$	40×4	
$2\,500 < b \leqslant 4\,000$	50×5	M10

4 下列风管均应有加固措施：

1) 直咬缝圆形风管直径大于等于800 mm(不包括螺旋风管)，且管段长度大于1 250 mm或总表面积大于4 m²的。

2) 矩形风管边长大于630 mm或保温矩形风管边长大于800 mm，管段长度大于1 250 mm及单面平表面积大于1.2 m²的。

3) 非规则椭圆风管的加固，可参照矩形风管的规定执行。

检验数量：按加工批抽查10%，不应少于5件。

检验方法：尺量、观察检查。

10.2.4 无机玻璃钢风管应符合下列规定：

1 表面不应出现返卤或严重泛霜。

2 法兰的螺孔间距不应大于120 mm；矩形法兰的四角应设

有螺孔。

3 采用套管连接时,套管厚度不应小于风管板材的厚度。

4 风管边长大于 1 000 mm 且其管段长度超过 1 250 mm 及单面平表面积大于 1.5 m² 的应加固。当采用金属型钢及紧固件时,应有防化学腐蚀的措施。

检验数量:按加工批数量抽查 10%,不应少于 5 件。

检验方法:尺量、观察检查。

10.2.5 复合材料风管应符合下列规定:

1 复合材料风管的覆面材料为不燃材料,内层的绝热材料为不燃或难燃 B1 级且对人体不构成危害的材料,其绝热层不应外露。

2 覆面材料与绝热材料粘结牢固,表层单面分层、起泡等缺陷不应大于 6‰,铝箔厚度不应小于 0.06 mm。

3 采用金属法兰、金属件加固连接的,应有防止产生冷桥结露的措施。

检验数量:按加工批数量抽查 10%,不应少于 5 件。

检验方法:尺量、观察检查,点燃试验。

10.2.6 防火风管材料进场检查:防火风管的本体、框架与固定材料、密封垫料等应为不燃材料,其耐火等级应符合设计要求。

检验数量:按材料与风管加工批数量抽查 10%,不少于 5 件。

检验方法:查验材料质量合格证明文件、性能检测报告,观察检查与点燃试验。

10.2.7 消声弯管平面边长大于 800 mm 时,应加设吸声导流片;消声器内的织物覆面层应有保护层,保护层应采用不易锈蚀的材料,不应使用普通铁丝网。当使用穿孔板保护层时,穿孔率应大于 20%。消声器、消声弯管均应设独立支、吊架。

检验数量:全数检查。

检验方法:观察、尺量检查,核对产品的合格证明文件。

一般项目

10.2.8 金属风管的制作还应符合下列规定：

1 法兰的焊缝应熔合良好、饱满，无虚焊或孔洞；法兰外径或外边长及平面度的允许偏差为 2 mm，同一批量加工的相同规格法兰的螺孔排列应一致，并具有互换性。

2 风管与配件的咬口缝应紧密，宽度应一致；折角应平直，圆弧应均匀；两端面平行。风管无明显扭曲与翘角；表面应平整，凹凸不大于 10 mm。

3 风管与法兰的铆接应牢固，不应有脱铆或漏铆。风管的翻边应平整、紧贴法兰，其宽度不应小于 6 mm；接缝处与四角部位不应有开裂和孔洞。

4 风管外形应符合下列规定：

1）尺寸的允许偏差：当外径或外边长小于等于 300 mm 时，为 2 mm；大于 300 mm 时，为 3 mm。

2）管口平面度的允许偏差为 2 mm。

3）矩形风管两条对角线长度之差不应大于 3 mm。

4）圆形法兰任意正交两直径之差不应大于 3 mm。

5 风管的加固应符合下列规定：

1）楞筋（或楞线）加固的排列应规则，间隔应均匀，板面不应有明显的变形；平行排列时，间距不宜大于 350 mm。

2）角钢或加固筋的加固，排列应整齐、均匀对称，其高度可等于或小于风管的法兰宽度；与风管的铆接应牢固，间隔不应大于 220 mm；加固交接处应连接成一体。

3）管内支撑加固的间距不应大于 950 mm，与风管的连接应牢固，且有密封措施。

4）中压系统风管的管段长度大于 1 250 mm 时，应有加固框补强。

检验数量：抽查 10%，不应少于 5 件。

检验方法:检查测试记录,尺量、试装配、观察检查。

10.2.9 薄钢板法兰连接矩形风管还应符合下列规定:

1 薄钢板法兰(或法兰条)应平直,弯曲度不应大于5‰。

2 弹性插条与弹簧夹的厚度,不应小于1mm,且不应低于风管本体厚度,并与法兰规格相匹配。

3 角件与折边法兰四角的接口应紧贴、稳固,端面应平整、严密,不应有大于2mm的连续穿透缝;角件的厚度不应小于1mm及风管本体厚度。

4 薄钢板法兰弹簧夹连接风管,边长不宜大于1500mm;当对法兰采取相应的加固措施时,风管边长不应大于2000mm。

检验数量:按制作数量抽查10%,均不应少于5件。

检验方法:检查测试记录,尺量、试装配、观察检查。

10.2.10 整体型无机玻璃钢风管还应符合下列规定:

1 风管外形尺寸的允许偏差应符合表10.2.10-1的规定。

表10.2.10-1 整体型无机玻璃钢风管外形尺寸(mm)

直径或大边长	矩形风管表面不平度	矩形风管管口对角线之差	法兰平面的不平度	圆形风管两直径之差
≤300	≤3	≤3	≤2	≤3
301~500	≤3	≤4	≤2	≤3
501~1 000	≤4	≤5	≤2	≤4
1 001~1 500	≤4	≤6	≤3	≤5
1 501~2 000	≤5	≤7	≤3	≤5

2 风管法兰处的玻璃纤维网格布应延伸至管体,其转角连接处过渡圆弧半径宜为0.8倍~1.2倍管壁厚。法兰边角的缺棱不应多于1处,且不大于10mm×10mm;缺棱的深度不应大于法兰厚度的1/3,且不应影响法兰连接的强度;法兰端面应无明显分层。

3 风管表层浆料应覆盖玻纤布,但不宜过厚,表面不应有密集气孔和缺损;管体角部的缺棱不应多于 1 处,且不大于 10 mm× 10 mm。

4 风管加固应符合表 10.2.10-2 的规定。

表 10.2.10-2 整体型无机玻璃钢风管的加固

类别		系统工作压力(Pa)		
		500~630	631~820	821~1120
		内支撑横向加固点数		
风管边长 b(mm)	650<b≤1 000	—	—	1
	1 000<b≤1 500	1	1	1
	1 500<b≤2 000	1	1	1
	2 000<b≤3 100	1	1	1
	3 100<b≤4 000	2	2	3
纵向加固距离(mm)		≤1 420	≤1 240	≤890

检验数量:按风管总数抽查 10%,法兰数抽查 5%,均不应少于 5 件。

检验方法:检查测试记录、尺量、观察检查。

10.2.11 双面铝箔绝热板复合材料风管还应符合下列规定:

1 风管板材平面与折角的拼缝应平直,粘接应牢固;板面平整,平面度的允许偏差为 5 mm。

2 压敏胶带的厚度不应小于 0.045 mm,宽度不应小于 50 mm。粘接剂 180°剥离强度不应低于 0.16 N/mm。压敏胶带应紧贴、无气泡和张裂,单边粘贴宽度不应小于 20 mm。

3 风管采用插接件连接时,板厚与插接槽宽度的间隙不应大于 2 mm,并应固定(采用粘接或其他方法)。

4 风管采用法兰连接时,法兰与管口的连接应牢固,管口法兰平面度的允许偏差为 2 mm,接缝处的允许偏差为 1.5 mm;采用插接法兰的矩形风管,当边长大于 320 mm 时,应在四角粘贴镀锌板直角垫片。直角垫片的厚度不应小于 0.75 mm,边长不应小于 55 mm,宽度应与风管板材厚度相一致。

5 聚氨酯类双面铝箔复合风管的横向、纵向加固的间距不应大于 800 mm,酚醛类的不应大于 600 mm。

检验数量:按风管总数抽查 10%,法兰数抽查 5%,不应少于 5 件。

检验方法:尺量、观察检查。

10.2.12 砖、混凝土风道的内表面应平整,无裂缝、无渗水。

检验数量:按总数抽查 10%,不应少于 1 段。

检验方法:观察检查。

10.2.13 风口的制作应符合下列规定:

1 风口的外观无明显缺陷,表面平整,叶片或扩散环的分布应匀称,无明显的划伤、压痕。

2 尺寸应符合表 10.2.13-1 或表 10.2.13-2 的规定。

表 10.2.13-1 圆形风口口径尺寸允许偏差(mm)

圆形风口		
直径	≤250	>250
允许偏差	−2～0	−3～0

表 10.2.13-2 矩形风口口径尺寸允许偏差(mm)

矩形风口			
大边长	<300	300～800	>800
允许偏差	−1～0	−2～0	−3～0
对角线长度	<300	300～500	>500
对角线长度允许偏差	0～1	0～2	0～3

10.3 风管系统安装

主控项目

10.3.1 风阀功能应符合下列规定：

1 调节阀叶片开启角度应与指示状态相一致，电动、气动执行机构的动作应可靠，在最大工作压力下工作应正常；截面积大于 1.2 m² 的，应实施分组调节。

2 风管三通阀应便于操作。

3 止回阀、定风量阀及自动排气活门的安装方向应正确；水平安装的止回阀还应有可靠的平衡调节机构。

4 用于新风系统间歇工作点的调节阀，关闭时漏风量不应大于 3%。

检验数量：按数量抽查 20%，不应少于 2 件。

检验方法：检查试验报告，吊锤、手扳、尺量、观察检查，动作试验。

10.3.2 位于轨道区上部的风管系统的安装，应符合铁道限界、接触网的安全距离及防迷流施工措施等专项的规定。

检验数量：全数检查。

检验方法：专项检查，采用轨道限界装置检查，轨行区膨胀螺栓拉拔试验。

一般项目

10.3.3 风管安装应符合下列规定：

1 风管安装的位置、标高、走向应符合设计要求。

　　1）明装风管连接应平直、不扭曲，其水平度的允许偏差为 3‰，垂直度的允许偏差为 2‰，总偏差均不应大于 20 mm。

　　2）暗装风管的位置应正确、无明显偏差。

2 风管内应清洁、无残留异物和积尘。

3 法兰垫料的材质应符合系统功能的要求,安装时不应凸入管内,同一部位的螺母宜在同一侧。

4 变径管应采取较小局部阻力的结构形式,不应采取直角弯管连接的方法。

5 风管穿越屋面或外墙,应有防雨措施,不应渗水、漏水。

6 风管与砖、混凝土风道的连接,应顺气流。

7 外保温风管穿越封闭的墙体时,应加设套管。风管与防护套管之间,应用不燃且对人体无危害的柔性材料封堵。

8 风管系统安装后,应进行严密性检验,合格后方能交付下道工序。严密性检验以主、干管为主,在工作压力下的矩形金属风管允许漏风量应符合设计要求及表 10.3.3 的规定。

表 10.3.3 风管允许漏风量

风管类别	允许漏风量[m³/(h·m²)]
低压风管	$Q_l \leqslant 0.1056 P^{0.65}$
中压风管	$Q_m \leqslant 0.0352 P^{0.65}$
高压风管	$Q_h \leqslant 0.0117 P^{0.65}$

注:P 为系统风管工作压力(Pa)。

大面积的土建风道(活塞风道/机械通风)查明结构性漏风点的漏风量应小于系统风量的 5%。

9 空调通风系统应保持清洁,风道内应无施工遗弃物、积尘和致病微生物污染。

检验数量:抽检率为 10%,且不应少于 1 个系统。

检验方法:查阅产品合格证和测试报告,或实测旁站,按国家标准《通风与空调工程施工质量验收规范》GB 50243—2016 附录 C 的规定进行严密性测试。

10.3.4 风管支、吊架的安装应符合下列规定:

1 风管支、吊架上的孔、螺纹应采用机械加工,外观应规整、光洁。吊架横担的弯曲度不应大于5‰,且不应大于9 mm。

金属矩形风管吊架材料规格可按表10.3.4的规定选用。

表10.3.4 金属矩形风管吊架(mm)

风管长边尺寸 b	最大间距	吊杆尺寸	托架尺寸		
			角钢	槽钢	加强槽钢
$b \leqslant 400$	4 000	$\Phi 8$	25×4	40×20×1.5	—
$400 < b \leqslant 1\ 160$	3 000	$\Phi 8$	30×4	40×40×2.0	40×40×2
$1\ 160 < b \leqslant 2\ 000$	3 000	$\Phi 10$	40×4	40×40×2.5	60×40×2
$2\ 000 < b \leqslant 1\ 600$	3 000	$\Phi 10$	50×5	60×40×2.5	—

2 风管水平安装,直径或边长小于等于400 mm的,间距不应大于4 m;大于400 mm的,不应大于3 m;各点的受力应均匀。

风管垂直安装,支架间距不应大于4 m。

风管末端的支、吊架与端部的距离应为100 mm～1 000 mm。

3 无支管连接的直水平风管,当长度超过20 m时,应设防止晃动的固定支架;直径或边长大于1 250 mm的弯头、三通等部位应加设支、吊架。

4 支、吊架与风口、阀门、检查门及自控机构等的距离不应小于200 mm。

5 圆形风管的支架应设有托座,其弧长不应小于120°,圆弧应均匀,且与风管的外径相一致;当设置有抱箍时,应紧箍风管无松动。

6 支、吊架宜位于风管保温层外,且不应损坏保温层。

7 减振支、吊架应按设计要求进行选用和调节,不应超限使用。

检验数量:按数量抽查10%,不应少于1个系统。

检验方法:尺量、观察检查。

10.3.5 金属无法兰连接风管的安装还应符合下列规定:

1 承插连接风管接口四周的缝隙应一致,不应有折叠状褶皱;密封胶、带的粘贴应牢固、完整无缺损。

2 薄钢板法兰风管连接的弹簧夹或U型螺栓紧固件的间隔不应大于150 mm,受力均匀,不应有松动、脱落的现象。

3 矩形插条连接风管,外形应平整,无明显扭曲。

4 立咬口连接风管的立咬口处应铆固,间距不应大于200 mm,四角应有长度不小于60 mm的补角,且与立咬口铆接。

5 支、吊架的间距不应大于3 m。

检验数量:按数量抽查10%,不应少于1个系统。

检验方法:尺量、观察检查。

10.3.6 无机玻璃钢风管的安装还应符合下列规定:

1 风管法兰连接螺栓的两侧应垫镀锌钢垫圈。

2 风管直径或边长大于2 000 mm的支、吊架,应按设计要求或通过载荷计算后选用。

3 风管垂直安装,支架间距不应大于3 m。

4 应用于列车运行空间上部的风管,其支、吊架的距离应小于等于本标准第10.3.4条第2款规定间距的0.5倍。

检验数量:按数量抽查10%,不应少于1个系统。

检验方法:尺量、观察检查。

10.3.7 复合材料风管的安装还应符合下列规定:

1 接缝的连接应牢固,无孔洞和开裂。当采用插接形式连接时,接口配件与板材应匹配、无松动,端口处的缝隙不应大于5 mm。

2 系统中周长大于1 200 mm的风阀,应设置独立支、吊架。

3 风管穿过须密封的楼板或隔墙时,应设金属预埋管或套管。

检验数量:按数量抽查10%,但不应少于1个系统。

检验方法:尺量、观察检查。

10.3.8 风阀安装应符合下列规定:

1 风阀的结构应牢固,启闭灵活;关闭时,叶片的搭接处应贴合。

2 风阀应与风管的法兰相一致,安装的方向应正确,且位于便于操作及检修的部位。

3 三通调节阀安装后,拉杆或手柄开关应可操作,阀板与风管应无碰擦现象;拉杆或转轴与风管的结合处应有密封措施。

检验数量:按类别、批抽查20%,不应少于3个。

检验方法:观察、尺量检查,手动操作试验,核对产品合格证明文件。

10.3.9 组合式风量调节阀安装应符合下列规定:

1 按设计的规定进行组合,固定牢靠、外观平整,启闭应灵活。

2 水平及垂直度的允许偏差为2‰,目测应无明显的歪斜。

3 组装后的外形尺寸允许偏差为5 mm,两对角线之差不应大于8 mm。

4 电动执行机构的工作应正常,能满足阀门全关闭至全开全行程的操控。

检验数量:按类别、批抽查20%,不应少于3个。

检验方法:观察、尺量检查,手动操作试验,核对产品合格证明文件。

10.3.10 矩形弯管导流叶片的迎风侧边缘应圆滑,固定应牢固,叶片的分布应符合设计或相应类型导流片的规定。

当导流叶片的长度大于1 200 mm时,应有加强措施。

检验数量:按批抽查10%,不应少于1个。

检验方法:核对材料,尺量、观察检查。

10.3.11 柔性短管应符合下列规定:

1 短管应由防潮、不透气、不易霉变和腐蚀的柔性材料制成。用于空调系统的短管应有预防结露的措施。

2 长度宜为150 mm～300 mm,连接应严密、可靠;安装后的松紧应适度,无明显扭曲。

3 用于结构变缝形处的柔性短管,长度宜为缝宽度加

100 mm 或以上。

4 可拉伸金属或非金属软风管的长度,一般不宜超过 2 m,且不应有死弯或塌凹;吊架应为软性、宽幅的吊带。

检验数量:按数量抽查 10%,不应少于 1 个。

检验方法:尺量、观察检查。

10.3.12 消声器应符合下列规定:

1 所选用的材料、规格型号和性能应符合设计要求(如防火、防腐、防潮和卫生性能等);外壳应牢固、严密,不应有损坏与受潮,其允许漏风量应与系统风管的要求相一致。

2 消声器安装的位置、方向应正确,应设置独立支、吊架,与风管的连接应严密。当 2 个消声器连接时,中间应有一定长度的直管段。

3 片式消声器的材质厚度、片距和端部结构应符合设计要求,允许偏差为 3 mm,不应有纤维外露、散发的开口。

4 现场安装的组合式、声流式消声室,消声组件的固定应牢固;安装方向、排列位置和间距应符合设计要求,允许误差为 5‰。

检验数量:整体安装的消声器,按总数抽查 10%,不应少于 2 台;现场组装的消声器全数检查。

检验方法:尺量、观察检查,核对材料合格证明文件和施工记录。

10.3.13 检查门应平整、启闭灵活、关闭严密,与风管或空气处理室的连接处应有密封措施,不应有明显的漏风。

检验数量:按数量抽查 20%,不应少于 1 个。

检验方法:观察检查。

10.3.14 风口的安装应符合下列规定:

1 风口调节装置应转动灵活、可靠,定位后应无松动。

2 风口水平安装的水平度允许偏差为 3‰;无吊顶的明装风口,位置和标高的偏差不应大于 10 mm。

3 风口应垂直安装,垂直度的允许偏差为 2‰。

4 同一厅堂、房间内,同类风口安装的高度应一致,排列应整齐。

5 新风应直接来自室外,新风口应远离建筑物的排风口、开放式冷却塔和其他污染源,并应设置防护网和初效过滤器。

6 送风口和回风口应设置防鼠装置,保持风口表面清洁。

检验数量:按总数抽检 5%,不应少于 1 个系统或不少于 5 件和 2 个房间的风口。

检验方法:尺量、观察检查,核对材料合格证明文件,手动操作检查。

10.3.15 混凝土风道的交接应检查下列项目:

1 混凝土风道的伸缩应符合设计要求,不应有渗水,允许漏风量不应大于矩形金属低压风管规定值的 1.5 倍。

2 混凝土风道的内径或内边长的允许偏差不应大于 20 mm,两对角线之差不应大于 30 mm;内表面的水泥砂浆涂抹应平整,且不应有贯穿性的裂缝及孔洞。

检验数量:全数检查。

检验方法:尺量、观察检查,核对测试记录。

10.3.16 风管采用综合支吊架安装的,各专业管线应采用风上、电中、水下的布置原则,且应按设计要求留出足够的检修空间。

检验数量:全数检查。

检验方法:尺量、观察检查。

10.3.17 抗震支、吊架的设置应符合下列规定:

1 对于吊杆长度不大于 300 mm 的吊杆悬挂管道,宜进行抗震支架的补强。

2 防排烟风道、事故通风风道及相关设备应采用抗震支、吊架。

3 管径大于等于 DN65 的生活给水、热水及消防管道,当采用吊架、支架或托架固定时,应设置抗震支、吊架。

4 重力大于 1.8 kN 的空调机组、风机等设备,当采用吊装时,应设置抗震支、吊架。

5 管径不小于 DN60 mm 的电气配管及重力不小于 15 N/m 的电缆梯架、电缆槽盒、母线槽均应进行抗震设防。

6 矩形截面面积大于等于 0.38 m² 和圆形或直径大于等于 0.7 m 的风道可采用抗震支、吊架。

检验数量:全数检查。

检验方法:观察检查。

10.3.18 抗震支、吊架的安装应符合下列规定:

1 抗震支、吊架的最大间距应符合表 10.3.18 的规定。

表 10.3.18 抗震支、吊架的最大间距

水平管道类别(新建工程)		抗震支吊架最大间距(m)	
		侧向	纵向
给水管、消防管、喷淋管、空调水管	刚性连接金属管	12.0	24.0
	柔性连接金属管、非金属管及复合管	6.0	12.0
通风及排烟管道	刚性材质	9.0	18.0
	非金属材质	4.5	9.0
电线套管、电缆桥架、电缆托盘、电缆槽盒	刚性材质	12.0	24.0
	非金属材质	6.0	12.0

注:改建工程最大抗震加固间距为上表数值的一半。

2 同一承重吊架悬挂多层门型吊架,应对承重吊架分别独立加固并设置抗震斜撑。

3 门型抗震支、吊架侧向及纵向斜撑应安装在上层横梁或承重吊架连接处。

检验数量:全数检查。

检验方法:尺量、观察检查。

10.4 通风与空调设备安装

主控项目

10.4.1 设备基础的位置、外形和强度应符合设计要求。

检验数量：按总数抽检20%，不应少于1台。

检验方法：尺量检查，核对土建图。

10.4.2 通风机的安装应符合下列规定：

1 产品的性能、出口方向及技术参数应符合设计要求。

2 叶轮的旋转应平稳，停转后不应每次都停留在同一位置上。

3 固定通风机的地脚螺栓应拧紧，且有防松动措施。

4 悬吊的风机应采用隔振吊架，且可靠接地；落地安装时，应设置减震装置，并采取防止设备水平位移的措施。

5 传动装置的外露部位以及直通大气的进、出口，应装设防护罩(网)或采取其他安全设施。

检验数量：全数检查。

检验方法：依据设计图核对，转动、观察检查。

10.4.3 单元式与组合式空气处理设备的安装应符合下列规定：

1 产品的性能、技术参数、安装位置和功能段的排序应符合设计要求。

2 现场组装的空调机组，在700 Pa的静压下，漏风量不应大于2%。

3 悬吊的空调机组应采用隔振吊架。

检验数量：按总数抽检20%，不应少于1台。

检验方法：依据设计图核对，检查测试记录。

一般项目

10.4.4 通风机的安装还应符合下列规定：

1 通风机的安装,允许偏差应符合表 10.4.4 的规定。叶轮与机壳的组装位置应正确;进风圈深入叶轮吸入口的深度,应符合设备技术文件的规定。

表 10.4.4 通风机安装的允许偏差

项次	项目		允许偏差	检验方法
1	中心线的平面位移		10 mm	经纬仪或拉线和尺量检查
2	标高		±10 mm	水准仪或水平仪、直尺、拉线和尺量检查
3	皮带轮中心平面偏移		1 mm	在主、从动皮带轮端面拉线和尺量检查
4	传动轴水平度		纵向 0.2/1 000 横向 0.3/1 000	在轴或皮带轮 0°和 180°的 2 个位置上,用水平仪检查
5	联轴器	两轴芯径向位移	0.05 mm	采用百分表圆周法或塞尺四点法检查验证
		两轴线倾斜	0.2/1 000	

2 减振器的安装位置应正确,各组隔振器承受荷载后的高度误差不应大于 2 mm。

3 风机的隔振钢支、吊架,其结构形式和规格,应符合设计或设备技术文件的规定;焊接应牢固,焊缝应饱满、均匀。

检验数量:按总数抽查 20%,不应少于 1 台。

检验方法:尺量、观察或检查施工记录。

10.4.5 组合式空调机组与新风机组的安装应符合下列规定:

1 各功能段的组装、连接应严密,整体外观应平整,目测无明显的缺陷。

2 供、回水管与机组的连接应正确,冷凝水排放管的水封高度应符合设计要求。

3 机组箱体内应干净,无杂物和积尘。

4 机组内空气过滤器(网)和空气热交换器翅片应清洁、完好。安装位置应便于维护和清理。

5 机组与风管采用柔性短管连接时,柔性短管的绝热性能应符合风管系统的要求。

检验数量:按总数抽查20%,不应少于1台。

检验方法:观察检查。

10.4.6 风机盘管机组的安装应符合下列规定:

1 机组固定应牢固,应设独立支、吊架。

2 风管、回风箱与机组的连接应严密、可靠,与轻质吊顶相连接的,宜加设软接管。

3 安装后温控开关的档次应与风机盘管机组风量相一致。

检验数量:按总数抽查10%,不应少于1台。

检验方法:观察检查,查阅检查试验记录。

10.4.7 射流风机安装的方向应正确,固定应牢固、可靠,纵向垂直度与横向水平度的偏差均不应大于2‰。

检验数量:全数检查。

检验方法:尺量、观察检查,采用轨道限界装置检查。

10.5 空调制冷系统安装

主控项目

10.5.1 制冷机组与制冷附属设备的安装应符合下列规定:

1 机组、制冷附属设备的产品性能和技术参数应符合设计要求;外观无损伤,机组内压保持在正常范围,且具有产品合格证书和性能检验报告。

2 混凝土基础的强度、位置、标高等应符合设计要求。

3 设备垫铁安装位置应正确,每组垫铁不应超过3块,地脚螺栓应拧紧,且有防松动措施。

检验数量:全数检查。

检验方法:观察检查,核对设备规格型号、产品质量合格证书、性能检验报告和施工记录。

10.5.2 制冷设备及管路的各项严密性试验和试运行的技术数

据,均应符合设备技术文件和现行国家标准《通风与空调工程施工质量验收规范》GB 50243、《制冷设备、空气分离设备安装工程施工及验收规范》GB 50274 的有关规定。

检验数量:全数检查。

检验方法:旁站观察,检查和查阅试验及试运行记录。

10.5.3 多联式制冷空调机组系统制冷剂管路的气密性和真空试验,均应符合设备技术文件的规定。制冷剂的充填量应与系统管路的需求相一致。

检验数量:全数检查。

检验方法:旁站观察,检查和查阅试验及试运行记录。

一般项目

10.5.4 制冷机组与制冷附属设备的安装应符合下列规定:

1 设备平面位置、标高的偏差不应大于 10 mm,机身纵、横向水平度的允许偏差为 1‰,且应符合设备技术文件的规定。

2 各个减振器的压缩偏差不应大于 2 mm,应设有防止机组运行时水平位移的定位装置。

检验数量:全数检查。

检验方法:水准仪、经纬仪、拉线和尺量检查,查阅安装记录。

10.5.5 空气热源热泵制冷机组与多联体制冷空调室外机组的安装,位置应正确,水平度的允许偏差为 2‰,周围应留有一定的通风空间和设备维修的间距。

检验数量:全数检查。

检验方法:观察、尺量检查。

10.5.6 多联机空调系统与分体式空调,其室内机组安装的位置应正确,水平度的允许偏差为 2‰,目测舒适,凝结水排放应畅通。

检验数量:抽检 10%。

检验方法:旁站观察、尺量检查。

10.6 空调水系统安装

主控项目

10.6.1 空调工程水系统的设备(水泵、热交换器、冷却塔等)与附属设备的性能、技术参数、材质及连接形式应符合设计要求。

检验数量：按总数抽查10%，不应少于5件。

检验方法：观察检查，查阅产品质量证明文件、材料进场验收记录。

10.6.2 管道安装应符合下列规定：

1 隐蔽安装部位的管道安装完毕后，应在水压试验合格后方能交付隐蔽工程的施工。

2 并联水泵的出口管道进入总管应采用顺水流斜向插接的连接形式，夹角不应大于60°。

3 管道与水泵、制冷机组的接管应采用柔性接管，不应强行对口连接，与其连接的管道应设置独立支架。

4 冷媒水及冷却水系统应在系统冲洗、排污合格继续循环运行2h以上且水质正常后，才能与制冷机组、空调设备相贯通。

5 管道穿越墙体或楼板处应设钢制套管，管道接口不应置于套管内，钢制套管应与墙体饰面或楼板底部平齐，上部应高出楼层地面20 mm～50 mm，且不应将套管作为管道支撑。

6 当穿越防火分区时，应采用不燃材料进行防火封堵；保温管道与套管四周的缝隙，应使用不燃绝热材料填塞紧密。

7 管道穿过建筑物的变形缝时，应采取补偿措施。

检验数量：按各系统管道、部件的数量抽查10%，不应少于5件。

检验方法：尺量、观察检查，防火封堵进行专项检查，旁站或查阅试验记录、隐蔽工程记录。

10.6.3 阀门的安装应符合下列规定：

1 阀门的规格型号、安装位置、方向应符合设计要求。

2 阀门的安装,手柄均不应向下;电磁阀、升降式止回阀的阀头应竖直向上。

3 电动阀门的执行机构应能全程控制阀门的开启与关闭。

检验数量:第1、2款按数量抽查5%,不应少于1个。

检验方法:按设计图核对、观察检查,旁站或查阅试验记录。

10.6.4 补偿器的安装应符合下列规定:

1 补偿器的补偿量和安装位置应符合设计要求,并应根据设计计算的补偿量进行预拉伸或预压缩。

2 波纹管膨胀节或补偿器内套有焊缝的一端,水平管路上应安装在水流的流入端;垂直管路上应安装在上端。

3 填料式补偿器应与管道保持同心,不应歪斜。

4 补偿器一端的管道应设置固定支架,结构形式和固定位置应符合设计要求,并应在补偿器的预拉伸(或预压缩)前固定。

5 滑动导向支架设置的位置应符合设计与产品技术文件的要求,管道滑动轴心应与补偿器轴心相一致。

检验数量:全数检查。

检验方法:观察检查,旁站或查阅补偿器的预拉伸或预压缩记录。

10.6.5 冷却塔、水泵正常连续试运行的时间不应少于2 h,流量、压力等技术参数应符合设计要求。

检验数量:全数检查。

检验方法:按图核对,实测或查阅水泵试运行记录。

一般项目

10.6.6 金属管道的焊接应符合下列规定:

1 管道焊接材料的品种、规格、性能应符合设计要求。管道对接焊口的组对和坡口形式及管道与法兰的焊接等应符合现行国家标准《通风与空调施工质量验收规范》GB 50243 的规定;对口平直度的允许偏差为1%,全长不应大于10 mm。

2 管道的固定焊口不应与设备接口中心线相重合,对接焊缝与支、吊架的距离应大于 50 mm。

3 管道焊缝表面的焊渣应清理干净,外观质量不应低于国家标准《通风与空调工程施工质量验收规范》GB 50243—2016 中表 9.3.2-2 的规定。

检验数量:按总数抽查 20%,不应少于 2 处。

检验方法:尺量、观察检查。

10.6.7 镀锌钢管安装应符合下列规定:

1 应采用螺纹连接,不允许焊接,螺纹应清洁、规整,断丝或缺丝不大于螺纹全扣数的 10%。

2 连接应牢固,外露的螺纹宜为 2 扣~3 扣。

3 外露的填料应清理,镀锌层损伤表面应作防腐处理。

4 当管径大于 DN100 时,可采用卡箍或法兰焊接连接,同时内壁作防腐处理。

检验数量:按总数抽查 5%,不应少于 5 处。

检验方法:尺量、观察检查。

10.6.8 法兰连接的管道应符合下列规定:

1 法兰面应与管道中心线垂直且同心。

2 法兰对接应平行,其偏差不应大于管道外径的 1.5‰,且不应大于 2 mm。

3 连接螺栓的长度应相同,螺母应在同一侧。螺母紧固后,螺栓不应低于螺母,且不大于 1 倍螺栓直径。

4 法兰衬垫的材质、规格应符合设计要求。

检验数量:按总数抽查 5%,不应少于 5 处。

检验方法:尺量、观察、试拧检查。

10.6.9 管道的安装还应符合下列规定:

1 管道和管件的内、外壁应清洁,无污物和锈蚀;安装间断时,应及时封闭敞开的管口。

2 热弯弯管的弯曲半径不应小于管道外径的 3.5 倍,冷弯不应小于4倍,焊接弯管不应小于1.5倍,冲压弯管不应小于1倍。

弯管的最大外径与最小外径之差不应大于管道外径的8%,管壁减薄率不应大于15%。

3 冷凝水系统管道的坡度应符合设计要求;当设计无要求时,其坡度宜大于或等于8‰;连接软管的长度不应大于150 mm。

4 冷(热)水管道与支、吊架之间的硬质绝热衬垫,其厚度不应小于绝热层,宽度应大于支、吊架支承面的宽度。衬垫的表面应平整,组合的接合面应无空缺。

5 管道安装的坐标、标高和纵、横向的弯曲度应符合表10.6.9的规定。

6 在吊顶内等暗装管道的位置应正确,且不应有侵占其他管线安装位置的现象。

7 柜、台、箱、盘不应设置在水管正下方。

检验数量:按总数抽查10%,不应少于5处。

检验方法:尺量、观察检查。

表10.6.9 管道安装的允许偏差和检验方法

项目			允许偏差(mm)	检验方法
坐标	架空及地沟	室外	25	按系统检查管道的起点、终点、分支点和变向点及各点之间的直管,用经纬仪、水准仪、液体连通器、水平仪、拉线和尺测量
		室内	15	
	埋地		60	
标高	架空及地沟	室外	±20	
		室内	±15	
	埋地		±25	
水平管道平直度	DN≤100 mm		2L‰,最大40	用直尺、拉线和尺量检查
	DN>100 mm		3L‰,最大60	

续表10.6.9

项目	允许偏差(mm)	检验方法
立管垂直度	5L‰，最大25	用直尺、线锤、拉线和尺量检查
成排管段间距	15	用直尺尺量检查
成排管段或成排阀门在同一平面上	3	用直尺、拉线和尺量检查
交叉管的外壁或绝热层的最小间距	20	用直尺、拉线和尺量检查

注：L 为管道的有效长度(mm)。

10.6.10 管道的支、吊架的形式、位置、间距、标高应符合设计要求。设计无要求时，应符合下列规定：

1 支、吊架的安装应平整、牢固，与管道接触应紧密。在建筑结构负重允许的情况下，水平安装金属管道支、吊架的间距应符合表10.6.10的规定。

表10.6.10 钢管道支、吊架的最大间距

公称直径(mm)		15	20	25	32	40	50	70	80	100	125	150	200	250	300
支架的最大间距(m)	L_1	2.5	3	3.5	4	4.5	5.0	6.0	6.5	6.5	7.5	7.5	9.0	9.5	12.5
	L_2	1.5	2.0	2.5	2.5	3.0	3.5	4.0	5.0	5.0	5.5	6.5	7.5	8.5	9.5

注：1. L_1 用于不保温管道；L_2 用于保温管道，保温材料密度不大于200 kg/m³。
2. 对大于300 mm的管道，可参考300 mm管道。

2 机房内总、干管的支、吊架应采用承重防晃支架。

3 当水平支管采用单杆吊架时，应在管道起始点、阀门、三通、弯头及长度每间隔15 m处设一承重防晃支架。

4 滑动支架的滑动面应清洁、平整，安装位置应满足符合设计文件或管道偏移的要求。

5 立管的导向支架最大间隔不应大于5 m。

6 聚丙烯(PP-R)管道与金属支、吊架不可直接接触,应有隔绝措施。当为热水管道时,还应加宽其接触的面积。支、吊架的间距应符合设计和产品技术要求的规定。

7 沟槽式连接管道两支(吊)架的间距不应大于表 10.6.10 的 0.6 倍,且应设置在接口(刚性、柔性与支管)与管件两侧;吊(支)架与接口的间距宜为 150 mm～300 mm;管道接口间的每一直线段,应设置一支(吊)架。

检验数量:按系统支架数量抽查 5%,不应少于 5 个。

检验方法:尺量、观察检查。

10.6.11 阀门、集气罐、自动排气装置、除污器(水过滤器)等管道部件的安装应符合设计和下列规定:

1 阀门安装的位置、进出口方向应正确,且便于操作;连接应牢固紧密,启闭灵活;成排阀门的排列应整齐美观,在同一平面上的允许偏差为 3 mm。

2 电动自控阀门在安装前应进行开启、关闭等动作试验。

3 冷(热)水和冷却水的除污器(水过滤器)安装位置、方向应正确,与管道的连接应牢固、严密。

4 闭式水管路系统应在系统最高处及所有可能积聚空气的高点处设置排气阀,管路最低点设置排水管及排水阀。

检验数量:按规格型号抽查 10%,不应少于 2 个。

检验方法:对照设计文件,尺量、观察和操作检查。

10.6.12 冷却塔安装应符合下列规定:

1 冷却塔部件与基座的连接应牢固,应采用热镀锌或不锈钢螺栓,固定应牢固。

2 标高允许误差为±20 mm,水平度和垂直度允许偏差均为 2‰。同一系统多台冷却塔安装时,水面高度的偏差不应大于 30 mm。

3 冷却塔的出水口及喷嘴的方向和位置应正确,水盘应无渗漏,分水器的布水应均匀,布水器的转动应灵活。

4 风机叶片的角度应一致,旋转在同一平面,水平度允许偏差为 1‰;端部与塔身周边的径向间隙应均匀。

检验数量:全数检查。

检验方法:尺量、观察检查,积水盘充水试验或查阅试验记录。

10.6.13 水泵的安装应符合下列规定:

1 水泵的平面位置与标高允许偏差为±10 mm,地脚螺栓应垂直、拧紧。

2 垫铁组放置位置应正确、平稳、接触紧密,每组不应超过3块。

3 整体安装的泵,纵向水平偏差不应大于 0.1‰,横向水平偏差不应大于 0.2‰;解体安装的泵,纵、横向安装水平偏差均不应大于 0.05‰。

4 水泵与电机采用联轴器连接时,联轴器两轴芯的允许偏差,轴向倾斜不应大于 0.2‰,径向位移不应大于 0.05 mm。

5 小型整体安装的管道(水)泵不应有明显偏斜。

6 减震器与水泵及水泵基础的连接应牢固、平稳、接触紧密。

检验数量:全数检查。

检验方法:扳手试拧、观察检查,用水平仪和塞尺测量或查阅设备安装记录。

10.6.14 补偿器的安装应符合下列规定:

1 波纹补偿器、膨胀节应与管道保持同心,不应偏斜和周向扭转。

2 填料式补偿器应按设计要求的安装长度及温度变化,留有5 mm 剩余的收缩量。两侧的导向支座应保证运行时补偿器自由伸缩,不应偏离中心,允许偏差应为管道公称直径的5‰。

检验数量:全数检查。

检验方法:尺量、观察检查,旁站或查阅试验记录。

10.7 防排烟系统安装

主控项目

10.7.1 防排烟系统风管本体、框架与固定材料、密封材料、柔性短管的制作材料,应为不燃材料。

检验数量:全数检查。

检验方法:观察检查,检查材料燃烧性能检测报告。

10.7.2 防火阀和排烟阀(排烟口)的安装应符合下列规定:

1 防火阀和排烟阀(排烟口)应符合有关消防产品标准的规定,防火分区隔墙两侧的防火阀距墙表面的距离不应大于200 mm,排烟口应设置在储烟仓内。

2 排烟阀(排烟口)及其手动开启装置(包括钢索预埋套管)安装的位置应符合设计要求,执行机构动作应灵敏,脱钩钢丝的连接应不松弛、不脱落,预埋套管弯管不应大于2个且不应有死弯及瘪陷。阀门与风管的连接应严密,手动试操作,动作无异常;直径或边长大于等于630 mm的防火阀,宜设独立支、吊架。

检验数量:按类别、批抽查20%,不应少于3个。

检验方法:观察、尺量检查,手动操作试验,核对产品的合格证明文件。

10.7.3 防腐、防火涂料和油漆应是在有效保质期内的合格产品。防火涂料还应提供材料检验合格证明和消防部门认可的证明文件。排烟管道的隔热层应采用不小于40 mm的不燃绝热材料进行隔热。

检验数量:全数检查。

检验方法:观察检查。

10.7.4 防排烟系统调试应符合下列规定:

1 调试及连续试运转不应少于6 h。

2 调试结果(风量、风压及风速)应符合事故及火灾工况下的设计标准。

3 电动调节阀、防火、防排烟风阀(口)的手动、电动操作应灵活、可靠,信号输出应正确。火灾报警模式下,防排烟风阀(口)应联动开启。任何一个送、排烟阀(口)开启,送风机、排烟机均能自动启动。设置在排烟风机入口处的 280°防火阀应联锁关闭排烟风机。

4 防排烟系统的风量及正压应符合设计与国家现行标准的规定。

检验数量:按系统中风阀的数量抽查 20%,不应少于 5 件。

检验方法:观察、旁站、查阅调试记录。

10.7.5 防、排烟系统与事故通风系统功能应符合下列规定:

1 当区间隧道发生火灾时,应背着乘客主要疏散方向排烟,迎着乘客疏散方向送新风。

2 当地下车站的站厅、站台发生火灾时,应具备防烟、排烟、通风功能。

3 当列车阻塞在区间隧道时,应对阻塞区间进行有效通风。

4 当地面或高架车站发生火灾时,应具备排烟功能。

5 当设备与管理用房发生火灾时,应具备防烟、排烟、通风功能。

一般项目

10.7.6 防排烟系统钢板风管材料的厚度应符合本标准表10.2.1-1的规定,板材拼接的咬口缝应错开,不应有十字拼接缝。

检验数量:按材料与风管加工批数量抽查 10%,不应少于 5 件。

检验方法:检查材料质量证明书、产品合格证,尺量、观察检查。

10.7.7 排烟系统风管应按中压风管的规定进行严密性检验。

检验数量:抽检率为 10%,且不应少于 1 个系统。

检验方法:查阅产品合格证和测试报告,或实测旁站,按国家标准《通风与空调工程施工质量验收规范》GB 50243—2016 附录 C 的规定进行严密性测试。

10.7.8 喷、涂油漆的漆膜,应均匀且无堆积、皱纹、气泡、掺杂、混色与漏涂等缺陷,并应对油漆附着能力进行检查。

检验数量:按面积抽查 10%。

检验方法:观察检查。

10.7.9 防排烟系统风机等设备运行时,产生的噪声不宜超过产品性能说明书的规定值。

检验数量:全数检查。

检验方法:观察、旁站、查阅试运转记录。

10.7.10 防排烟风机、通风空调和防排烟设备的阀门应符合消防系统联动功能的要求:

1 火灾报警联动启动、消防控制室直接启停、现场手动启动联动防烟排烟风机 1 次~3 次。

2 火灾报警联动启停、消防控制室远程启停通风空调送风 1 次~3 次。

3 火灾报警联动开启、消防控制室开启、现场手动开启防排烟阀门 1 次~3 次。

检验数量:防排烟风机全数检查,阀门按 30%~50%抽验。

检验方法:观察、旁站、查阅联动调试记录。

10.8 多联机空调系统安装

主控项目

10.8.1 室外机安装应符合下列规定:

1 室外机之间的安装间距、室外机与墙体的距离、成排室外机安装间距均应符合设计和产品技术文件的规定。安装位置应满足设备必要的维修空间,并应确保排风扇有相应的余压。

2 室外机组安装应保证水平度,应安装在经设计有足够强度的基础和减振部件上,且应与基础进行固定,基础周边宜设排水槽或做好防水措施。

3 设备搬运、吊装及安装施工不应破坏屋面等处的防水层。管路穿越楼板、外墙时,应做好密封、防雨水渗入的措施。

检验数量:全数检查。

检验方法:观察检查,查验施工记录。

10.8.2 制冷剂管道的气密性试验应符合下列规定:

1 制冷剂管道的气密性试验在吹扫排污合格后进行,应符合分段检验、整体保压、分级加压的原则。

2 气密性试验应采用干燥氮气加压,不应采用氧气、可燃性气体和有毒气体。

3 当设计和设备技术文件无规定时,高压系统的试验压力应符合表 10.8.2 的要求。

表 10.8.2 高压系统试验压力

制冷剂种类	试验压力(MPa)
R22	3.0
R470C	3.3
R410A	4.0

4 系统保压时,应充气至规定的试验压力,并记录压力表读数,经 24 h 以后再检查压力表读数,其压力降应按下式计算,且压力降不应大于试验压力的 1%。当压力降超过以上规定时,则应用肥皂水或其他方法查明漏点及原因消除泄漏,并应重新试验,直至合格。

$$\Delta p = p_1 - \frac{273+t_1}{273+t_2} p_2 \qquad (10.8.2)$$

式中:Δp ——压力降(MPa);

p_1 ——开始时系统中的气体压力(MPa,绝对压力);

p_2 ——结束时系统中的气体压力(MPa,绝对压力);

t_1 ——开始时环境的温度(℃);

t_2 ——结束时环境的温度(℃)。

检验数量:全数检查。

检验方法:观察检查,监理旁站,查验施工记录。

10.8.3 系统的抽真空试验应符合设备技术文件的规定,同时还应符合下列规定:

1 抽真空前,应首先确认气、液管截止阀处在关闭状态。

2 应用充注导管把调节阀和真空泵连接到气阀和液阀的检测接头上。

3 抽真空应达到真空度 5.3 kPa 以上,并保持 24 h,系统绝对压力应无回升。

检验数量:全数检查。

检验方法:观察检查,查验施工记录。

10.8.4 制冷剂的充注应符合下列规定:

1 应按照设备技术文件要求充注相应量制冷剂。

2 气温较低时,可用温水(不高于 40 ℃)或热风对制冷剂钢瓶加温,不应用火焰直接加热。

3 应用专用充填软管连接制冷剂钢瓶、压力表及室外机的检修阀;充填前应将软管及压力表支管中的空气排出后再进行。

4 当系统加压至 0.1 MPa～0.2 MPa 时,应用卤素喷灯或卤素检漏仪检漏,无渗漏、无异常情况后,再继续充注制冷剂。

5 制冷剂的充注宜在系统的低压侧进行。R22 制冷剂可采用气态充注或者液态充注,R470C 和 R410A 制冷剂应以液态方式充注到管道系统内。

检验数量:全数检查。

检验方法:观察检查。

10.8.5 冷凝水管道安装应符合下列规定:

1 冷凝水管的水平管应坡向排水口,坡度应符合设计要求;当设计无要求时,其坡度不宜小于8‰。软管连接应牢固可靠,不应有瘪管和强扭。

2 冷凝水管安装完毕应进行充水试验,无渗漏为合格。

3 冷凝水管排放应按设计要求安装水封弯管。

4 冷凝水管应按设计要求进行可靠的保温。

检验数量:全数检查。

检验方法:水平尺检查,观察检查,闭水试验。

10.8.6 系统绝热应符合下列规定:

1 系统工程的制冷剂管道、水管道、风管道应采取绝热措施。

2 管道穿墙体或楼板套管处的绝热,应采用不燃或难燃的软、散绝热材料填实。

3 绝热作业应在管道验收合格后进行。

检验数量:全数检查。

检验方法:观察检查。

10.8.7 系统调试应符合下列规定:

1 室内机运转应声响无异常、百叶板动作正常、无漏水现象。

2 室外机运转期间应无异常振动、无异常声响。

3 机组运行时室内噪声应符合设计要求,送、回风口空气温度、湿度和风量应满足设计要求。

4 新风设备和排风机单机运转,运转应正常,新风与排风量符合设计要求。

5 各运动部件应无异常声响,各连接和密封部位无松动、漏油、漏气等现象。

6 冷凝水系统应进行室内机单机排水试运转、冷凝水管满水试验、排水通水试验。

7 机组吸、排气的压力和温度,电动机的电流、电压和温升应符合设计要求。

检验数量:全数检查。

检验方法:观察检查,声级计检查,查验产品说明书。

一般项目

10.8.8 室内机安装应符合下列规定:

1 室内机周围应有足够的安装和维修空间,在封闭吊顶内室内机的控制箱位置应预留检修口。

2 室内机安装前应清理内外杂物,吊装后其敞开的送风口、回风口应做防尘保护。

3 室内机安装应确保水平度,凝结水的排放无溢水、积水。

4 室内机应单独设置托、吊架,螺纹吊杆与横担连接处的上侧用 1 个螺母固定,下侧用 2 个螺母固定防松;吊杆长度超过 1.5 m 以上时,应有防晃动措施。

5 室内机和风管之间应采用柔性软风管连接。

检验数量:全数检查。

检验方法:观察检查。

10.8.9 制冷剂管道施工应符合下列规定:

1 制冷剂管穿越楼板或隔墙时应预留套管,套管内间隙用防火封堵材料填实。穿墙套管长度应与墙体厚度相等,穿楼板套管应与楼板底面平齐,高出楼板顶面 20 mm,位于卫生间时应高出地面 50 mm。

2 管道支、吊架的型式、位置、间距、标高应符合设计要求。

3 制冷剂管路敷设应保证液管不应向上装成"∩"形(形成气囊),气管不应向下装成"∪"形(形成液囊)。

4 管道的切割应采用割管器,应清除铜管端口毛刺,清扫管内并整修管端;作业时,管端口应向下倾斜将管内铜屑彻底清理干净。

5 铜管应在退火状态扩喇叭口,并用扭矩扳手以合适的扭矩来紧固扩口螺母。扩口加工完成后，表面应无裂缝或变形等损伤。

6 铜管的弯管加工应采用机械弯管，配管弯曲的曲率半径应大于3.5D；胀管加工应确保连接部位光滑平整，铜管与胀口间隙均匀。

7 铜管钎焊应采用胀管口或连接管件插入式焊接，焊接前应去除焊口油污和污物，清除时铜管焊口应向下，也可采用化学清理；钎焊时，铜管内应充氮保护，不应在管道内有压力的情况下进行焊接、加热及弯曲等。

检验数量：全数检查。

检验方法：观察检查，查验施工记录。

10.8.10 制冷剂管道的吹扫排污应符合下列规定：

1 应采用压力为0.6 MPa的氮气吹扫5 min，并应在排污口处设白布检查，直至无污物为止。

2 系统吹扫洁净后，应将系统中阀门芯清洗洁净后重新安装。

检验数量：全数检查。

检验方法：观察检查，查验施工记录。

10.8.11 风管穿越防火墙处应设防火阀，防火阀两侧2 m范围内的风管及保温材料应采用非燃烧材料，穿过处的空隙应用非燃烧材料填塞。

检验数量：全数检查。

检验方法：观察检查。

10.8.12 全新风处理机安装应符合下列规定：

1 全新风处理机安装时应进行水平度校正。

2 吊装固定全新风处理机可使用金属通丝吊杆，固定设备的安装调整段应有100 mm以上。

3 室内侧的进风管和所有送风管应有保温措施。

检验数量：全数检查。

检验方法:观察检查。

10.8.13 全热交换机安装应符合下列规定:

1 安装部位结构承重强度达不到要求时,应进行加固。

2 全热交换机设备应单独设置托、吊架。

3 连接进风口、排风口的风管应自全热交换机组向室外方向朝下倾斜(坡度5%以上)。

4 机组安装场所应留有检修口。

5 全热交换机系统中的过滤器应定期或按需要进行清理。

检验数量:全数检查。

检验方法:观察检查。

10.9 空调水系统试压与冲洗

主控项目

10.9.1 对于在主干管上起到切断作用的阀门,其强度和严密性试验应合格。强度试验压力为公称压力的1.5倍,持续时间不应少于5 min,阀门的壳体、填料应无渗漏;严密性试验压力为公称压力的1.1倍,试验压力在试验持续30 s时间内应保持不变,以无渗漏为合格。

检验数量:全数检查。

检验方法:旁站观察或查阅试验记录。

10.9.2 管道系统应按设计要求进行水压试验。当设计无要求时,应符合下列规定:

1 冷(热)水、冷却水系统的强度试验压力应为1.5倍工作压力,最低不应小于0.6 MPa。

2 系统试验压力以最低点的压力为准,但不应超过管道与组成件的承受压力。系统逐步升至试验压力后,稳压10 min,压力下降不应大于0.02 MPa;金属管系统再将压力降至工作压力(塑料管系统降至1.15倍工作压力),无渗漏为合格。

3 凝结水系统应采用通水试验,以不渗漏、排水畅通为合格。
检验数量:按系统全数检查。
检验方法:旁站观察或查阅试验记录。

一般项目

10.9.3 冷凝水管道通水试验应符合下列规定:

1 应分层、分段进行。

2 封堵冷凝水管道最低处,由该系统风机盘管接水盘向该管段内注水,水位应高于风机盘管接水盘最低点。

3 充满水后观察 15 mim,管道及接口应无渗漏,之后从管道最低处泄水,以排水畅通、各盘管接水盘无存水为合格。

10.9.4 管道冲洗试验应符合下列规定:

1 管道冲洗前,对不允许参加冲洗的系统、设备、仪表及管道附件应采取安全可靠的隔离措施。

2 冲洗试验应以水为介质,温度应在 5 ℃～40 ℃之间。

3 检查管道系统各环路阀门,启闭应灵活、可靠,临时供水装置运转应正常,冲洗流速不低于管道介质工作流速;冲洗水排出时,应有排放条件。

4 首先应冲洗系统最低处干管,后冲洗水平干管、立管、支管。在系统入口设置的控制阀前接上临时水源,向系统供水;关闭其他立、支管控制阀门,只开启干管末端最低处冲洗阀门,至排水管道;向系统加压,由专人观察出水口水质、水摄情况。以排出口的水色和透明度与入口水目测一致为合格。

5 冲洗出水口处管径宜比被冲洗管道的管径小 1 号。

6 冲洗出水口流速,如设计无要求,不应小于 1.5 m/s,不宜大于 2 m/s。

7 最低处主干管冲洗合格后,应按顺序冲洗其他各干、立、支管,直至全系统管道冲洗完毕为止。

8 冲洗合格后应如实填写记录,然后将拆下的仪表等复位。

检验数量:按系统全数检查。

检验方法:旁站观察或查阅试验记录。

10.10 防腐与绝热

主控项目

10.10.1 风管和管道的绝热的施工应在严密性试验合格的前提下进行,所采用的材料,其材质、密度、规格应符合设计要求。如采用难燃材料时,应对其难燃性进行检查,合格后方可使用。

检验数量:按批随机抽1件。

检验方法:观察检查,检查施工图纸、材料合格证,并作燃烧试验。

10.10.2 防腐涂料和油漆应是在有效保质期限内的合格产品。支、吊架的防腐处理应与风管或管道的要求相一致。

检验数量:按批检查。

检验方法:观察检查,检查材料合格证。

10.10.3 穿越防火隔墙两侧 2 m 范围内的风管、管道和绝热层,应为不燃材料。

检验数量:全数检查。

检验方法:观察检查,检查材料合格证,点燃试验。

10.10.4 当采用透孔性绝热材料时,隔汽层(防潮层)应完整,且封闭良好。

检验数量:按总数量抽查10%,不应少于5段。

检验方法:观察检查。

10.10.5 风管和管道防腐材料的品种及涂层层数应符合设计要求,涂料的底漆和面漆应配套。

检验数量:按总数量抽查10%,不应少于5段。

检验方法:按面积抽查,查对施工图纸和观察检查。

一般项目

10.10.6 风管、管道、系统部件和设备的油漆防腐应符合下列规定：

1 喷、涂的漆膜应均匀，无堆积、皱纹、气泡、掺杂、混色与漏涂等缺陷。

2 不应影响设备、部件、阀门的使用功能。

3 不应遮盖设备、部件的铭牌及标志。

4 明装部分应涂面漆，且宜在工程安装完毕后进行。

检验数量：按数量或面积抽查10%，不应少于2个。

检验方法：观察检查。

10.10.7 风管系统及部件的绝热应符合下列规定：

1 绝热层表面应平整，当采用卷材或板材时，允许偏差为5 mm；采用涂抹或其他方式时，允许偏差为10 mm。风管法兰部位的绝热层厚度，不应低于风管绝热层的0.8倍。

2 风管绝热层采用粘结方法固定时，绝热材料与风管、部件及设备表面应紧密贴合，绝热层纵、横向的接缝应错开；不应有直径大于30 mm的气泡，空隙率不大于3%。

外部防潮层应完整，且封闭良好；其搭接缝应顺水。

3 绝热层采用保温钉连接固定时，保温钉可采用粘结或焊接（焊后不应影响镀锌钢板的防腐性能）连接，结合应牢固，不应脱落。

矩形风管与设备保温钉的分布应均匀，其数量：底面每平方米不应少于16个，侧面不应少于10个，顶面不应少于8个。首行保温钉至风管或保温材料边沿的距离应小于120 mm。

4 带有防潮隔汽层绝热材料的拼缝处，应用粘胶带封严。粘胶带的宽度不应小于20 mm。粘胶带应牢固地粘贴在防潮面层上，不应有胀裂和脱落。

检验数量：按数量抽查10%，不应少于5处或10 m^2。

检验方法：观察检查，检查材料合格证。

10.10.8 管道系统及部件绝热的施工应符合下列规定：

1 管壳的粘贴应牢固、铺设平整；绑扎应紧密，无滑动、松弛与断裂现象；硬质或半硬质的绝热管壳应采用金属丝或粘结带捆扎，其间距为 300 mm～350 mm，且每节至少捆扎 2 道；其拼接缝隙，保温时不应大于 5 mm，保冷时不应大于 2 mm，并用粘结材料勾缝填满；纵缝应错开，外层的水平接缝应设在侧下方。当绝热层的厚度大于 100 mm 时，应分层铺设，层间应压缝。

2 阀门、过滤器及法兰部位的绝热结构应完整，且能单独拆卸。

3 防潮层应紧密粘贴在绝热层上，封闭良好；立管的防潮层应由管道的低端向高端敷设，环向搭接的缝口应朝向低端；纵向的搭接缝应位于管道的侧面，并顺水。

4 采用软质绝热材料粘接连接时，应参照本标准第 10.10.7 条第 2 款的规定，粘接缝和外表不应有明显的凸起或缺陷。

检验数量：管道按管线长度抽查 10%，不应少于 10 段；部件、阀门按数量抽查 10%，不应少于 2 个。

检验方法：用钢丝刺入保温层，尺量检查，观察检查，查阅施工记录。

10.10.9 金属保护壳的施工应符合下列规定：

1 应紧贴绝热层，不应有脱壳、褶皱、强行接口等现象。接口的搭接应顺水，宜有凸筋加强，搭接尺寸为 20 mm～25 mm。采用自攻螺丝固定时，螺钉间距应匀称，且不应刺破防潮层。

2 户外金属保护壳的纵、横向接缝应顺水，纵向接缝应位于管道的侧面；金属保护壳与外墙面或屋顶的交接处应设置泛水。

检验数量：按数量抽查 10%，不应少于 10 处。

检验方法：观察检查。

10.10.10 管道或管道绝热层的外表面应按设计要求做色标。

检验数量：按数量抽查 10%。

检验方法：观察检查。

10.11 系统调试

主控项目

10.11.1 设备单机试运转及调试应符合下列规定:

1 通风机、空调机组中的风机,叶轮旋转方向应正确,运转平稳,无异常振动与声响,其电机运行功率应符合设备技术文件的规定。在额定转速下连续运转 2 h 后,滑动轴承外壳最高温度不应超过 70 ℃,滚动轴承不应超过 80 ℃。

2 水泵叶轮旋转方向应正确,无异常振动和声响,紧固连接部位无松动,其电机运行功率值应符合设备技术文件的规定。水泵连续运转 2 h 后,滑动轴承外壳最高温度不应超过 70 ℃,滚动轴承不应超过 75 ℃。

3 冷却塔风机和冷却水系统循环的试运行不应少于 2 h,本体稳固无异常振动,其噪声应符合设备技术文件的规定。风扇试运转尚应符合本条第 1 款的规定。

4 制冷机组的试运转应符合设备技术文件和现行国家标准《制冷设备、空气分离设备安装工程施工及验收规范》GB 50274 的有关规定,正常运转不应少于 8 h。

5 多联式空调机组试运转应在冲灌定量制冷剂后进行,室外机正常运转不应少于 8 h;室内机试运转无异常振动与声响,运行噪声应符合设备技术文件要求。

检验数量:本条第 1 款按风机数量抽查 10%,不应少于 1 台;本条第 2~5 款全数检查。

检验方法:调整控制模式,观察、旁站、用声级计测定、查阅调试记录及有关文件。

10.11.2 通风与空调工程系统非设计满负荷条件下的联合试运转及调试应符合下列规定:

1 系统的总风量与设计的偏差应为 -5%~+10%;建筑内

各区域的压差应符合设计要求。

2 空调冷(热)水、冷却水总流量与设计的偏差不应大于10%。

3 空调的温度、相对湿度及波动范围应符合或优于设计要求。

4 通风系统,空调系统带冷(热)源的联合试运转不应少于8 h。当竣工季节与设计条件相差较大时,可暂不做带制冷的试运转。

检验数量:按总数抽查10%,不应少于2个部位。

检验方法:调整控制模式,观察、旁站、查阅调试记录。

一般项目

10.11.3 设备单机试运转及调试还应符合下列规定:

1 水泵运行时,壳体密封处不应泄漏,紧固连接部位不应松动,轴封的温升应正常。在无特殊要求的情况下,普通填料泄漏量不应大于60 ml/h;机械密封的,不应大于5 ml/h。

2 风机、空调机组、风机盘管机组、多联式空调机组等设备运行时,产生的噪声不应超过设计及设备技术文件的要求。

3 风机盘管机组的三速、温控阀的动作应正确,并与机组运行状态相对应,中档风量的实测值应符合设计要求。

4 冷却塔运行噪声不应大于设计及设备技术文件的规定值,水流量符合设计要求,自动补水阀应动作灵活,试运转结束后集水盘应清洗干净。

检验数量:本条第2、3款抽查20%,不应少于5台;本条第1、4款全数检查。

检验方法:观察、旁站、查阅试运转记录。

10.11.4 系统非设计满负荷条件下的联动试运转及调试还应符合下列规定:

1 系统联动试运转中,设备及主要部件的联动应符合设计要求,动作协调、正确,无异常现象。

2 各风口的风量与设计风量的偏差不应大于15%。

3 水系统运行应正常、平稳;水泵的压力和水泵电机的电流不应出现10%以上的波动,各空调机组的水流量应符合设计要求,允许偏差为15%。

4 多台冷却塔并联运行时,各冷却塔的水流量与设计流量的偏差不应大于10%。

5 空调的室内噪声应符合设计要求;环境噪声有要求的场所,制冷、空调设备机组应按现行国家标准《采暖通风与空气调节设备噪声声功率级的测定 工程法》GB 9068的有关规定进行测定。

6 通风与空调工程的系统控制和监测设备应符合下列规定:

1) 系统的各种自动检测元件和执行机构工作应正常,系统的运行状态应能正确显示。
2) 系统自动调节、设备联锁、自动保护应能正确动作。
3) 应满足建筑设备自动化(EMCS、FAS等)的要求。

检验数量:按系统数量抽查10%,不应少于1个系统或1个场所。

检验方法:观察、用仪表测量检查及查阅调试记录。

11 给排水及消防水系统

11.1 一般规定

11.1.1 管网采用钢管时,其材质应符合现行国家标准《输送流体用无缝钢管》GB/T 8163、《低压流体输送用焊接钢管》GB/T 3091的规定。当采用铜管、不锈钢管等其他管材时,应符合相应技术标准的要求。

11.1.2 管道穿越隧道外墙结构时,应设置防水套管。穿越内部结构时,可预留孔洞或预埋套管。

11.1.3 管道施工中断时,敞口处应采用临时措施进行封闭。

11.1.4 管道及附件应按设计要求进行防腐、绝热和防杂散电流的绝缘处理。

11.1.5 给水管道应采用与管材相适应的管件。生活给水系统所涉及的材料应达到饮用水标准。

11.1.6 管径小于或等于DN50的给水管道应采用螺纹和卡压连接;管径大于DN50的给水管道应采用法兰或沟槽连接件连接。当安装空间较小时,应采用沟槽连接件连接。

11.1.7 铜管连接可采用专用接头或焊接。当管径小于22 mm时,宜采用承插或套管焊接,承口应迎介质流向安装;当管径大于或等于22 mm时,宜采用对口焊接。

11.1.8 给水立管和装有3个或3个以上配水点的支管始端,均应安装可拆卸的连接件。

11.1.9 架空或在地沟内敷设的室外给水管道其安装要求按室内给水管道执行。塑料管道不应露天架空铺设;需露天架空铺设时,应有保温和防晒等措施。

11.1.10 生活污水管道应采用塑料管或混凝土管(由成组洗脸盆或饮用喷水器至共用水封之间的排水管和连接卫生器具的排水短管,可采用钢管)。

11.1.11 雨水管道宜采用塑料管、镀锌和非镀锌钢管或混凝土管等,悬吊式雨水管道应采用钢管或塑料管,易受振动的雨水管道应采用钢管。

11.1.12 排水管沟及井池的土方工程、沟底的处理、管道穿井壁处的处理、管沟及井池周围的回填要求等,应符合国家规范的要求。

11.1.13 各种排水井、池应按设计给定的标准图施工,各种排水井和化粪池均应用混凝土做底板(雨水井除外),厚度不小于100 mm。

11.1.14 管网安装完毕后,应采用生活水对其进行强度试验、严密性试验和冲洗,并填写相应记录。

11.1.15 喷头、湿式报警阀、消防阀门等产品应取得国家消防产品合格评定中心 CCC 认证合格证书,其安装应在系统试压、冲洗合格后进行。

11.1.16 系统试压完成后,应及时拆除所有临时盲板及试验用的管道,并应与记录核对无误。

11.1.17 给排水系统的施工应与车站机电监控集成子系统和火灾报警系统(FAS)密切配合,共同完成接口的衔接。

11.2 给水管道及配件安装

主控项目

11.2.1 室内给水管道的水压试验应符合设计要求。当设计未注明时,各种材质的给水管道系统试验压力应为工作压力的 1.5 倍,但不应小于 0.6 MPa。

检验数量:全数检查。

检验方法:金属及复合管给水管道系统在试验压力下观测 10 min,压力降不应大于 0.02 MPa,然后降至工作压力进行检查,应不渗不漏;塑料管给水系统应在试验压力下稳压 1 h,压力降不应超过 0.05 MPa,然后在工作压力的 1.15 倍状态下稳压 2 h,压力降不应超过 0.03 MPa,同时检查各连接处不应渗漏。

11.2.2 给水系统交付使用前应进行通水试验并做好记录。

检验数量:对每个泄水口进行检查。

检验方法:观察和开启阀门、水嘴等放水检查。

11.2.3 生活给水系统管道在交付使用前应冲洗和消毒,并经有关部门取样检验,符合现行国家标准《生活饮用水卫生标准》GB 5749 的要求后方可使用。

检验数量:按系统在取水末端进行检查。

检验方法:检查有关部门提供的检测报告。

11.2.4 给水管道在埋地敷设时,应在当地的冰冻线以下,如必须在冰冻线以上铺设时,应做可靠的保温防潮措施。在无冰冻地区,埋地敷设时,管顶的覆土厚度不应小于 500 mm,穿越道路部位的埋深不应小于 700 mm。

检验数量:全数检查。

检验方法:观察检查。

11.2.5 给水管道接口法兰、卡扣、卡箍等应安装在检查井或地沟内,不应埋在土壤中。

检验数量:全数检查。

检验方法:观察检查。

11.2.6 室外给水管网应进行水压试验,试验压力应为工作压力的 1.5 倍,但不应小于 0.6 MPa。

检验数量:全数检查。

检验方法:管材为钢管、铸铁管时,试验压力下 10 min 内压力降不应大于 0.05 MPa,然后降至工作压力进行检查,压力应保持不变,不渗不漏;管材为塑料管时,试验压力下,稳压1h压力降不大于0.05 MPa,然后降至工作压力进行检查,压力应保持不变,不渗不漏。

11.2.7 给水管道的埋地防腐应符合设计要求,如设计无要求时,可按表11.2.7的规定执行。卷材与管材间应粘贴牢固,无空鼓、滑移、接口不严等。

表 11.2.7 管道防腐种类

防腐层层次（从金属表面）	正常防腐层	加强防腐层	特加强防腐层
1	冷底子油	冷底子油	冷底子油
2	沥青涂层	沥青涂层	沥青涂层
3	外包保护层	加强包扎层	加强包扎层
—	—	(封闭层)	(封闭层)
4		沥青涂层	沥青涂层
5		外包保护层	加强包扎层
6			(封闭层)
—			沥青涂层
7			外包保护层
防腐层厚度不小于(mm)	3	6	9

检验数量:全数检查。

检验方法:观察和切开防腐层检查。

一般项目

11.2.8 给水引入管与排水排出管的水平净距不应小于1 m。室内给水与排水管道平行敷设时,两管间的最小水平净距不应小于0.5 m;交叉铺设时,垂直净距不应小于0.15 m。给水管应铺在排水管上面,若给水管应铺在排水管的下面时,给水管应加套管,其长度不应小于排水管管径的3倍。

检验数量:全数检查。

检验方法:尺量检查。

11.2.9 给水管道及管件焊接的焊缝表面质量应符合下列规定:

1 焊缝外形尺寸应符合图纸和工艺文件的规定,焊缝高度不应低于母材表面,焊缝与母材应圆滑过渡。

2 焊缝及热影响区表面应无裂纹、未熔合、未焊透、夹渣、弧坑和气孔等缺陷。

检验数量:全数检查。

检验方法:观察检查。

11.2.10 给水水平管道应有2‰～5‰的坡度坡向泄水装置。

检验数量:全数检查。

检验方法:水平尺和尺量检查。

11.2.11 给水管道和阀门安装的允许偏差应符合表11.2.11的规定。

表11.2.11 管道和阀门安装的允许偏差

项次	项目			允许偏差(mm)	检验方法
1	水平管道纵横方向弯曲	钢管	每米 全长25 m以上	1≤25	用水平尺、直尺、拉线和尺量检查
		塑料管复合管	每米 全长25 m以上	1.5≤25	
		铸铁管	每米 全长25 m以上	2≤25	
2	立管垂直度	钢管	每米 5 m以上	3≤8	吊线和尺量检查
		塑料管复合管	每米 5 m以上	2≤8	
		铸铁管	每米 5 m以上	3≤10	
3	成排管段和成排阀门		在同一平面上间距	3	尺量检查

检验数量:全数检查。
检验方法:水平尺、直尺、拉线和尺量检查。

11.2.12 给水管道的支、吊架安装应平整牢固,其间距应符合表11.2.12-1～表11.2.12-3的规定。

表11.2.12-1 钢管管道支架的最大间距

公称直径(mm)		15	20	25	32	40	50	70	80	100	125	150	200	250	300
最大间距(m)	保温管	2	2.5	2.5	2.5	3	3	4	4	4.5	6	7	7	8	8.5
	不保温管	2.5	3	3.5	4	4.5	5	6	6	6.5	7	8	9.5	11	12

表11.2.12-2 塑料管及复合管管道支架的最大间距

管径(mm)			12	14	16	18	20	25	32	40	50	63	75	90	110
最大间距(m)	立管		0.5	0.6	0.7	0.8	0.9	1.0	1.1	1.3	1.6	1.8	2.0	2.2	2.4
	水平管	冷水管	0.4	0.4	0.5	0.5	0.6	0.7	0.8	0.9	1.0	1.1	1.2	1.35	1.55
		热水管	0.2	0.2	0.25	0.3	0.3	0.35	0.4	0.5	0.6	0.7	0.8	—	—

表11.2.12-3 铜管管道支架的最大间距

公称直径(mm)		15	20	25	32	40	50	70	80	100	125	150	200
最大间距(m)	垂直管	1.8	2.4	2.4	3.0	3.0	3.0	3.5	3.5	3.5	3.5	4.0	4.0
	水平管	1.2	1.8	1.8	2.4	2.4	2.4	3.0	3.0	3.0	3.0	3.5	3.5

检验数量:抽查20%,且不应少于5处。
检验方法:观察、尺量和手扳检查。

11.2.13 水表应安装在便于检修,不受曝晒、污染和冻结的地方。安装螺翼式水表,表前与阀门应有不小于8倍水表的直线管段。表外壳距墙表面净距为10 mm～30 mm;水表进水口中心标高按设计要求,允许偏差为±10 mm。

检验数量:全数检查。

检验方法:观察、尺量检查。

11.2.14 室外给水管道的坐标、标高、坡度应符合设计要求,管道安装的允许偏差应符合表11.2.14的规定。

表11.2.14 室外给水管道安装的允许偏差

项次	项目			允许偏差(mm)	检验方法
1	坐标	铸铁管	埋地	100	拉线和尺量检查
			敷设在沟槽内	50	
		钢管、塑料管、复合管	埋地	100	
			敷设在沟槽内或架空	40	
2	标高	铸铁管	埋地	±50	拉线和尺量检查
			敷设在沟槽内	±30	
		钢管、塑料管、复合管	埋地	±50	
			敷设在沟槽内或架空	±30	
3	水平管纵横向弯曲	铸铁管	直段(25 m以上)起点~终点	40	拉线和尺量检查
		钢管、塑料管、复合管	直段(25 m以上)起点~终点	30	

检验数量:全数检查。

检验方法:拉线和尺量检查。

11.2.15 室外给水管道和污水管道在不同标高平行敷设,其垂直间距在500 mm以内时,给水管管径小于或等于200 mm的,管壁水平间距不应小于1.5 m;管径大于200 mm的,不应小于3 m。

检验数量:全数检查。

检验方法:观察和尺量检查。

11.2.16 铸铁管承插捻口连接的对口间隙应不小于3 mm,最大间隙不应大于表11.2.16的规定。

表 11.2.16 铸铁管承插捻口连接的对口最大间隙

管径(mm)	沿直线敷设(mm)	沿曲线敷设(mm)
75	4	5
100～250	5	7～13
300～500	6	14～22

检验数量:抽查20%,且不应少于5处。
检验方法:尺量检查。

11.2.17 捻口用的油麻填料应清洁,填塞后应捻实,其深度应占整个环型间隙深度的1/3。
检验数量:抽查20%,且不应少于5处。
检验方法:观察和尺量检查。

11.2.18 捻口用水泥强度应不低于32.5 MPa,接口水泥应密实饱满,其接口水泥面凹入承口边缘的深度不应大于2 mm。
检验数量:抽查20%,且不应少于5处。
检验方法:观察和尺量检查。

11.2.19 采用水泥捻口的给水铸铁管,在安装地点有侵蚀性的地下水时,应在接口处涂抹沥青防腐层。
检验数量:抽查20%,且不应少于5处。
检验方法:观察检查。

11.2.20 采用橡胶圈接口的埋地给水管道,在土壤或地下水对橡胶圈有腐蚀的地段,回填土前应用沥青胶泥、沥青麻丝或沥青锯末等材料封闭橡胶圈接口。橡胶圈接口的管道,每个接口的最大偏转角不应超过表11.2.20的规定。

表 11.2.20 橡胶圈接口的最大允许偏角

公称直径(mm)	100	125	150	200	250	300	350	400
允许偏转角度(°)	5	5	5	5	4	4	4	3

检验数量:抽查 20%,且不应少于 5 处。
检验方法:观察和尺量检查。

11.3 排水管道及配件安装

主控项目

11.3.1 隐蔽或埋地的排水管道在隐蔽前应做灌水试验,其灌水高度应不低于底层卫生器具的上边缘或底层地面高度。

检验数量:全数检查。

检验方法:满水 15 min 水面下降后,再灌满观察 5 min,液面不降,管道及接口无渗漏为合格。

11.3.2 生活污水塑料管道的坡度应符合设计或表 11.3.2 的规定。

表 11.3.2 生活污水塑料管道的坡度

项次	管径(mm)	标准坡度(‰)	最小坡度(‰)
1	50	25	12
2	75	15	8
3	110	12	6
4	125	10	5
5	160	7	4

检验数量:全数检查。

检验方法:水平尺、拉线和尺量检查。

11.3.3 排水塑料管应按设计要求及位置装设伸缩节。如设计无要求时,伸缩节间距不应大于 4 m。

检验数量:全数检查。

检验方法:观察检查。

11.3.4 排水主立管及水平干管管道均应做通球试验,通球球径不小于排水管道管径的 2/3,通球率应达到 100%。

检验数量:全数检查。

检验方法:通球检查。

一般项目

11.3.5 在生活污水管道上设置的检查口或清扫口,当设计无要求时,应符合下列规定:

1 在立管上应每隔一层设置一个检查口,但在最底层和有卫生器具的最高层均应设置。如为两层建筑时,可仅在底层设置立管检查口;如有乙字弯管时,则在该层乙字弯管的上部设置检查口。检查口中心高度距操作地面一般为 1 m,允许偏差为 ±20 mm;检查口的朝向应便于检修。暗装立管,在检查口处应安装检修门。

2 在连接 2 个及 2 个以上大便器或 3 个及 3 个以上卫生器具的污水横管上应设置清扫口。当污水管在楼板下悬吊敷设时,可将清扫口设在上一层楼地面上,污水管起点的清扫口与管道相垂直的墙面距离不应小于 200 mm;若污水管起点设置堵头代替清扫口时,与墙面距离不应小于 400 mm。

3 在转角小于 135°的污水横管上,应设置检查口或清扫口。

4 污水横管的直线管段,应按设计要求的距离设置检查口或清扫口。

检验数量:全数检查。

检验方法:观察和尺量检查。

11.3.6 埋在地下或地板下的排水管道的检查口,应设在检查井内。井底表面标高与检查口的法兰相平,井底表面应有 5% 坡度,坡向检查口。

检验数量:全数检查。

检验方法:观察和尺量检查。

11.3.7 金属排水管道上的吊钩或卡箍应固定在承重结构上。固定件间距:横管不应大于2 m;立管不应大于3 m。楼层高度应小于或等于4 m,立管可安装1个固定件。立管底部的弯管处应设支墩或采取固定措施。

　　检验数量:全数检查。

　　检验方法:观察和尺量检查。

11.3.8 排水塑料管道支、吊架间距应符合表11.3.8的规定。

表11.3.8　排水塑料管道支、吊架最大间距

管径(mm)	50	75	110	125	160
立管(m)	1.2	1.5	2.0	2.0	2.0
横管(m)	0.50	0.75	1.10	1.30	1.60

　　检验数量:全数检查。

　　检验方法:尺量检查。

11.3.9 排水通气管不应与风道或烟道连接,且应符合下列规定:

　　1　通气管应高出屋面300 mm,但应大于最大积雪厚度。

　　2　在通气管出口4 m以内有门、窗时,通气管应高出门、窗顶600 mm或引向无门、窗一侧。

　　3　在经常有人停留的平屋顶上,通气管应高出屋面2 m,且应根据防雷要求设置防雷装置。

　　4　屋顶有隔热层应从隔热层板面算起。

　　检验数量:全数检查。

　　检验方法:观察和尺量检查。

11.3.10　通向室外的排水管,穿过墙壁或基础应下返时,应采用45°三通和45°弯头连接,且应在垂直管段顶部设置清扫口。

　　检验数量:全数检查。

　　检验方法:观察和尺量检查。

11.3.11　由室内通向室外排水检查井的排水管,井内引入管应高于排出管或两管顶相平,并有不小于90°的水流转角;如跌落差大于300 mm,可不受角度限制。

检验数量:全数检查。

检验方法:观察和尺量检查。

11.3.12 用于室内排水的水平管道与水平管道、水平管道与立管的连接,应采用45°三通或45°四通和90°斜三通或90°斜四通。立管与排出管端部的连接,应采用2个45°弯头或曲率半径不小于4倍管径的90°弯头。

检验数量:全数检查。

检验方法:观察和尺量检查。

11.3.13 室内排水管道安装的允许偏差应符合表11.3.13的规定。

表11.3.13 室内排水管道安装的允许偏差

项次	项目			允许偏差(mm)	检验方法
1	坐标			15	
2	标高			±15	
3	横管纵横方向弯曲	钢管	每米	管径小于或等于100 mm	1	水准仪(水平尺)、直尺、拉线和尺量检查
				管径大于100 mm	1.5	
			全长(25 m以上)	管径小于或等于100 mm	≤25	
				管径大于100 mm	≤38	
		塑料管	每米		1.5	
			全长(25 m以上)		≤38	
		钢筋混凝土管、混凝土管	每米		3	
			全长(25 m以上)		≤75	
4	立管垂直度	钢管	每米		3	吊线和尺量检查
			全长(5 m以上)		≤10	
		塑料管	每米		3	
			全长(5 m以上)		≤15	

检验数量:全数检查。

11.3.14 室外排水管道的坐标和标高应符合设计要求,安装的允许偏差应符合表 11.3.14 的规定。

表 11.3.14 室外排水管道安装的允许偏差

项次	项目		允许偏差(mm)	检验方法
1	坐标	埋地	100	拉线、尺量检查
		敷设在沟槽内	50	
2	标高	埋地	±20	水平仪、拉线和尺量检查
		敷设在沟槽内	±20	
3	水平管道纵横向弯曲	每 5 m 长	10	拉线、尺量检查
		全长(两井间)	30	

检验数量:全数检查。

11.3.15 承插接口的排水管道安装时,管道和管件的承口应与水流方向相反。

检验数量:抽查 20%,且不应少于 5 处。

检验方法:观察检查。

11.3.16 混凝土管或钢筋混凝土管采用抹带接口时,应符合下列规定:

1 抹带前应将管口的外壁凿毛、扫净。当管径小于或等于 500 mm 时,抹带可一次完成;当管径大于 500 mm 时,应分两次抹成;抹带不应有裂纹。

2 钢丝网应在管道就位前放入下方,抹压砂浆时应将钢丝网抹压牢固,钢丝网不应外露。

3 抹带厚度不应小于管壁的厚度,宽度宜为 80 mm～200 mm。

检验数量:抽查 20%,且不应少于 5 处。

检验方法:观察和尺量检查。

11.4 给排水设备安装

主控项目

11.4.1 给水泵就位前的基础混凝土强度、坐标、标高、尺寸和螺栓孔位置应符合设计要求。

检验数量：全数检查。

检验方法：对照图纸用仪器和尺量检查，双方交接单。

11.4.2 排水泵安装应符合下列规定：
  1 基座地脚螺栓埋设应位置正确、牢固。
  2 水泵底座与基础应接触严密。
  3 水泵的管口与管道连接应严密、无渗漏水现象。

检验数量：全数检查。

检验方法：对照图纸、观察检查。

11.4.3 给排水水泵试运转的轴承温升应符合设备说明书的规定。

检验数量：全数检查。

检验方法：温度计实测检查。

11.4.4 敞口水箱的满水试验和密闭水箱（罐）的水压试验应符合设计与本标准的规定。

检验数量：全数检查。

检验方法：满水试验静置 24 h 渗不漏；水压试验在试验压力下 10 min 压力不降，不渗不漏。

一般项目

11.4.5 给水箱支架或底座安装，其尺寸及位置应符合设计要求，埋设应平整牢固。

检验数量：全数检查。

检验方法：对照图纸、尺量检查。

11.4.6 给水箱溢流管和泄放管应设置在排水地点附近但不应与排水管直接连接。

检验数量:全数检查。

检验方法:观察检查。

11.4.7 立式给水泵的减振装置不应采用弹簧减振器。

检验数量:全数检查。

检验方法:观察检查。

11.4.8 室内给水设备安装的允许偏差应符合表11.4.8的规定。

表11.4.8 室内给水设备安装的允许偏差

项次	项目		允许偏差(mm)	检验方法
1	静置设备	坐标	15	经纬仪或拉线、尺量检查
		标高	5	经纬仪、拉线和尺量检查
		垂直度(每米)	5	吊线和尺量检查
2	离心式水泵	立式泵体垂直度(每米)	0.1	水平尺和塞尺检查
		卧式泵体垂直度(每米)	0.1	水平尺和塞尺检查
		联轴器同心度 轴向倾斜(每米)	0.8	在联轴器互相垂直的四个位置上用水准仪、百分表或测位螺钉和塞尺检查
		联轴器同心度 径向位移	0.1	

检验数量:全数检查。

11.4.9 排水设备仪表安装应符合下列规定:

1 压力表位置、高程、表盘朝向应便于观察及维修。

2 液压指示计或液位控制装置应指示正确、动作可靠、显示清晰。

检验数量:全数检查。

检验方法:观察检查。

11.4.10 水泵不带电金属外壳应与接地干线可靠连接。

检验数量:全数检查。

检验方法:观察检查。

11.5 消防水系统供水设施安装

主控项目

11.5.1 钢筋混凝土消防水池或消防水箱的进出水管应加设防水套管,对有振动的管道应加设柔性接头。

检验数量:全数检查。

检验方法:观察检查。

11.5.2 消防气压给水设备安装位置、进出水管的方向应符合设计要求;出水管上还应设止回阀。

检验数量:全数检查。

检验方法:对照图纸、尺量和观察检查。

11.5.3 组装式消防水泵接合器止回阀的安装方向,应使水能从消防水泵接合器进入系统。

整体式消防水泵接合器的安装,按其使用安装说明书进行。

检验数量:全数检查。

检验方法:观察检查。

11.5.4 地下消防水泵接合器的安装,应使进水口与井盖底面的距离不大于 0.4 m,且不应小于井盖的半径。

检验数量:全数检查。

检验方法:尺量检查。

一般项目

11.5.5 消防水池、消防水箱、消防水泵、稳压泵的施工质量应符合现行国家标准《给水排水构筑物施工及验收规范》GB 50141 和《建筑给水排水及采暖工程施工质量验收规范》GB 50242 的有关规定。

检验数量:全数检查。

检验方法:尺量和观察检查。

11.5.6 消防水泵和消防水池位于独立的两个基础上且相互为刚性连接时,吸水管上应加设柔性连接管。

检验数量:全数检查。

检验方法:观察检查。

11.5.7 水泵水平吸水管段上不应有气囊和漏气。变径连接时,应采用偏心异径件管顶平接。

检验数量:全数检查。

检验方法:观察检查。

11.5.8 消防水泵的吸水管上应设置明杆闸阀或带自锁装置的蝶阀,但当设置暗杆阀门时应设有开启刻度和标志;消防水泵的出水管上应设止回阀、明杆闸阀;当采用蝶阀时,应带有自锁装置;消防水泵吸水管和出水管上应设置压力表,压力表的直径不应小于 100 mm,安装压力表时应加设缓冲装置,缓冲装置的前面应安装旋塞;出水管压力表的最大量程不应低于水泵额定工作压力的 2 倍,且不应低于 1.60 MPa;吸水管压力表的最大量程不应低于 0.70 MPa。

检验数量:全数检查。

检验方法:观察检查。

11.5.9 消防供水管直接与市政供水管、生活供水管连接时,连接处应安装倒流防止器;消防水泵从市政管网直接抽水时,应在消防水泵出水管上设置减压型倒流防止器。

检验数量:全数检查。

检验方法:观察检查。

11.5.10 消防水池、高位消防水箱的溢流管、泄水管不应与生产或生活用水的排水系统直接相连,应采用间接排水方式。

检验数量:全数检查。

检验方法:观察检查。

11.5.11 消防气压给水设备上的安全阀、压力表、泄水管、水位指示器、压力控制仪表等的安装应符合产品使用说明书的要求。

检验数量:全数检查。

检验方法:对照图纸、产品技术文件、观察检查。

11.5.12 地下消防水泵接合器井应有防水和排水措施。

检验数量:全数检查。

检验方法:观察检查。

11.6 消火栓系统安装与试验

主控项目

11.6.1 室内消火栓系统安装完成后,应取最高处(或水箱间内)试验消火栓和最底层取2处消火栓做射水试验,达到设计要求为合格。

检验数量:全数检查。

检验方法:实地试射。

11.6.2 消火栓安装位置应正确,启闭灵活,转动灵活到位,关闭严密,密封填料完好。

检验数量:全数检查。

检验方法:观察检查。

一般项目

11.6.3 水带与水枪、水带与快速接头的绑扎应良好,且按箱内构造挂放在挂钉、托盘或支架上。

检验数量:抽查20%,不少于5处。

检验方法:观察检查。

11.6.4 箱式消火栓的安装应符合下列规定:

1 消火栓箱门安装位置应正确、合理,有利于箱门的开启,并且开启到位满足要求,但不应妨碍通道的通行;消火栓箱体安装的垂直度允许偏差为3 mm。

2 栓口应朝外,且不应安装在门轴侧;栓口中心距地面高度应为 1.1 m,允许偏差为±20 mm。

3 阀门中心距箱侧面为 140 mm,距箱后内表面为 100 mm,允许偏差为±5 mm。

4 消火栓箱门安装应正确灵活,门开启角度应大于 120°。消火栓栓口出水方向宜向下或与设置消火栓的墙面成 90°。

检验数量:抽查 20%,不少于 5 处。

检验方法:观察和尺量检查。

11.7 细水雾灭火系统安装

主控项目

11.7.1 储水瓶组、储气瓶组的安装应符合下列规定:

1 应按设计要求确定瓶组的安装位置,其操作面距墙或操作面之间的距离不宜小于 0.8 m。

2 瓶组的安装、固定和支撑应稳固,且固定支框架应进行防腐处理。

3 瓶组容器上的压力表应朝向操作面,安装高度和方向应一致。

检验数量:全数检查。

检验方法:尺量、观察检查。

11.7.2 泵组的安装除应符合下列规定:

1 泵组的型号、规格、性能、定位、标高应符合设计要求。

2 系统采用柱塞泵时,泵组安装后应充装润滑油并检查油位。

3 泵组吸水管上应安装过滤器,其变径处应采用偏心大小头连接。

检验数量:全数检查。

检验方法:观察检查,高压泵组应启泵检查。

11.7.3 泵组控制柜的安装应符合下列规定:

1 控制柜基座的水平度偏差不应大于±2 mm/m,且应采取防腐及防水措施。

2 控制柜与基座应采用直径不小于12 mm的螺栓固定,每只柜不应少于4只螺栓。

3 做控制柜的上下进出线口时,不应破坏控制柜的防护等级。

检验数量:全部检查。

检验方法:观察检查。

11.7.4 阀组的安装应符合下列规定:

1 阀组的观测仪表和操作阀门的安装应便于观测和操作。阀组上的启闭标志应便于识别,控制阀上应设置标明所控制防护区的永久性标志牌。

2 分区控制阀的安装高度宜为1.2 m,操作面与墙或其他设备的距离不应小于0.8 m,且应满足安全操作要求。

3 分区控制阀应有明显启闭标志和可靠的锁定设施,且应具有启闭状态的信号反馈功能。

4 闭式系统试水阀的安装位置应便于安全的检查、试验。

检验数量:全数检查。

检验方法:尺量、观察、操作阀门检查。

11.7.5 管道和管件的安装应符合下列规定:

1 细水雾灭火系统的管道材质应符合设计要求;管道安装前应保证管道内部清洁,不应留有杂质或其他异物,施工过程中的开口应及时封闭。

2 并排管道法兰应方便拆装,间距不宜小于100 mm。

3 管道之间或管道与管接头之间的焊接应采用对口焊接。系统管道焊接时,宜使用氩弧焊工艺,且应使用性能相容的焊条。管道焊接的坡口形式、加工方法和尺寸等,均应符合现行国家标准《气焊、焊条电弧焊、气体保护焊和高能束焊的推荐坡口》GB/T 985.1的有关规定。

4 管道穿越墙体、楼板处应使用套管;穿过墙体的套管长度不应小于该墙体的厚度,穿过楼板的套管长度应高出楼地面50 mm。管道与套管间的空隙应采用防火封堵材料填塞密实。设置在有爆炸危险场所的管道应采取导除静电的措施。

5 系统管道应采用防晃金属支、吊架固定在建筑构件上。支、吊架应能承受管道充满水时的重量及冲击,其间距不应大于表 11.7.5 的规定。支、吊架应进行防腐蚀处理,且应采取防止与管道发生电化学腐蚀的措施。

表 11.7.5　系统管道支、吊架的间距

管道外径(mm)	<16	20	24	28	32	40	48	60	>76
最大间距(m)	1.5	1.8	2.0	2.2	2.5	2.8	2.8	3.2	3.8

检验数量:全数检查。

检验方法:尺量、观察检查。

11.7.6 喷头的安装应在管道试压、吹扫合格后进行,且应符合下列规定:

1 应根据设计文件逐个核对其生产厂标志、型号、规格和喷孔方向,不应对喷头进行拆装、改动。

2 应采用专用扳手安装。

3 喷头安装高度、间距,与吊顶、门、窗、洞口、墙或障碍物的距离应符合设计要求。

4 不带装饰罩的喷头,其连接管管端螺纹不应露出吊顶;带装饰罩的喷头应紧贴吊顶;带有外置式过滤网的喷头,其过滤网不应伸入支干管内。

5 喷头与管道的连接宜采用端面密封或 O 型圈密封,不应采用聚四氟乙烯、麻丝、粘结剂等作密封材料。

检验数量:全数检查。

检验方法:观察检查。

一般项目

11.7.7 管道冲洗应符合下列规定:

1 冲洗前,应对系统的仪表采取保护措施,并应对管道支、吊架进行检查,必要时应采取加固措施。

2 冲洗用水的水质宜满足系统的要求。

3 冲洗流速不应低于设计流速,冲洗流量采用最大设计流量。

4 沿灭火时管网内的水流方向分区、分段进行,用白布检查无杂质为合格。

检验数量:全数检查。

检验方法:观察检查。

11.7.8 城市轨道交通系统中为超细水雾灭火系统,其管道试压应符合下列规定:

1 管道试压应在冲洗合格后进行,试验用水的水质应与管道的冲洗水一致。

2 试验压力应为系统工作压力的 1.5 倍。

3 试验的测试点宜设在系统管网的最低点,对不能参与试压的设备、仪表、阀门及附件应加以隔离或在试验后安装。

4 管道充满水、排净空气,用试压装置缓慢升压,当压力升至试验压力后,稳压 5 min,管道无损坏、变形,再将试验压力降至设计压力,稳压 120 min,以压力不降、无渗漏、目测管道无变形为合格。

检验数量:全数检查。

检验方法:观察检查。

11.7.9 压力试验合格后,系统管道宜采用压缩空气或氮气进行吹扫,吹扫压力不应大于管道的设计压力,流速不宜小于 20 m/s。在管道末端设置贴有白布或涂白漆的靶板,以 5 min 内靶板上无锈渣、灰尘、水渍及其他杂物为合格。

检验数量:全数检查。

检验方法:观察检查。

11.7.10 泵组调试应符合下列规定:

1 以自动或手动方式启动泵组时,泵组应立即投入运行。

2 以备用电源切换方式或备用泵切换启动泵组时,泵组应立即投入运行。

3 采用柴油泵作为备用泵时,柴油泵的启动时间不应大于5 s。

4 控制柜应进行空载和加载控制调试,控制柜应能按其设计功能正常动作和显示。

5 稳压泵调试时,在模拟设计启动条件下,稳压泵应能立即启动;当达到系统设计压力时,应能自动停止运行。

检验数量:全数检查。

检验方法:模拟设计启动条件启动检查。

11.7.11 分区控制阀调试应符合下列规定:

1 对于开式系统,采用自动和手动方式启动分区控制阀,水通过泄放试验阀排出,分区控制阀应能在接到动作指令后立即启动,并应发出相应的阀门动作信号。

2 对于闭式系统,在试水阀处放水或手动关闭分区控制阀,当分区控制阀采用信号阀时,应能反馈阀门的启闭状态和故障信号。

检验数量:全数检查。

检验方法:观察检查。

11.7.12 系统的联动试验应符合下列规定:

1 对于开式系统和预作用系统,输入2个独立的模拟信号时,火灾自动报警器应发出报警信号并能启动系统。

2 对于闭式系统,启动1个喷头或从末端试水装置放水,系统应及时启动并发出报警信号。

3 系统启动后,水泵、气瓶、水罐、各控制阀门、过滤器及喷头等应工作正常,管道无明显晃动;系统响应时间符合设计要求。

4 试验完成后应恢复系统至设计要求值。

检验数量:全数检查。

检验方法:模拟火灾信号,观察检查。

11.8 气体灭火系统安装

主控项目

11.8.1 灭火剂储存装置的安装应符合下列规定:

1 储存装置上的压力计、液位计、称重显示装置的安装位置应便于人员观察和操作。

2 集流管应固定在支框架上,支框架应固定牢靠,并做防腐处理。

3 集流管、储存容器宜涂红色油漆,容器正面应标明灭火剂名称和编号。

4 安装集流管前应确保内腔清洁,容器阀与集流管之间采用挠性接头。

5 连接储存容器和集流管的单向阀流向指示箭头应指向介质流动方向。

6 储存装置应设检漏装置。

检验数量:全数检查。

检验方法:尺量、观察检查。

11.8.2 选择阀及信号反馈装置的安装应符合下列规定:

1 选择阀操作手柄应安装在操作面一侧,安装高度超过1.7 m时应采取便于操作的措施。

2 选择阀采用螺纹连接时,与管网连接处宜采用活接。

3 选择阀的流向指示箭头应指向介质流动方向。

4 选择阀上应设置标明防护区或保护对象名称或编号的永久性标志牌,并应便于观察。

5 采用通气方式检查选择阀与其对应气体保护区的一致性。

检验数量:全数检查。

检验方法:观察检查。

11.8.3 气动驱动装置的安装应符合下列规定:

1 驱动气瓶的支、框架或箱体应固定牢靠,并做防腐处理。

2 驱动气瓶上应有便于观察的永久性标志,标明驱动介质名称、对应防护区或保护对象或编号。

3 竖直管道应在其始端和终端设防晃支架或采用管卡固定。

4 水平管道应采用管卡固定,管卡间距不应大于 0.6 m,转弯处应增设 1 个管卡。

5 气动管道应采用护口式或卡套式连接,连接应紧密。

6 管道安装后应做气压严密性试验,并合格。

检验数量:全数检查。

检验方法:尺量、观察检查,检查严密性试验记录。

11.8.4 安全泄压装置的安装应符合下列规定:

1 在储存装置或容器阀上,应设安全泄压装置和压力表;组合分配系统的集流管,应设安全泄压装置。

2 安全泄压阀装置的动作压力,应符合相应气体灭火系统的设计规定。

3 灭火剂储存装置安装后,泄压装置的泄压方向不应朝向操作面。

4 集流管上的泄压装置的泄压方向不应朝向操作面。

5 灭火剂释放时,管网应根据设计要求安装减压装置。减压装置可采用减压孔板。减压孔板应设在系统的源头或干管入口处。

11.8.5 灭火剂输送管道穿过墙壁、楼板处应安装套管。套管公称直径比管道公称直径至少应大 2 级,穿墙套管长度应与墙厚相等,穿楼板套管长度应高出地板 50 mm。管道与套管间的空隙应用防火封堵材料填塞密实。当管道穿越建筑物的变形缝时,应设置柔性管段。

检验数量:全数检查。

检验方法:尺量、观察检查。

11.8.6 喷嘴的安装应符合下列规定:

1 应按设计要求逐个核对其型号、规格及喷孔方向。

2 喷头的布置应满足喷放后气体灭火剂在防护区内均匀分布的要求。当保护对象属可燃液体时,喷头射流方向不应朝向液体表面。

3 喷头应贴近防护区顶面安装,距顶面的最大距离不应大于 0.5 m。

4 安装在吊顶下的喷嘴,不带装饰罩时,连接管管端螺纹不应露出吊顶;带装饰罩时,装饰罩应紧贴吊顶。

5 安装在格栅吊顶上部时应采用直立型喷嘴,喷嘴宜安装在网格中心处,系统的喷气强度应增加 1.3 倍。

检验数量:全数检查。

检验方法:观察检查。

11.8.7 控制组件的安装应符合下列规定:

1 手动、自动转换开关,手动启动、停止按钮应安装在防护区入口处便于操作的部位,安装高度为中心距楼(地)面 1.5 m;安装在公共区域的手动、自动转换开关,手动启动、停止按钮可在其组件上加装不上锁开启式保护罩。

2 防护区的声光报警装置安装应符合设计要求,安装牢固,无倾斜。

3 气体喷放指示灯宜安装在防护区入口的正上方。

检验数量:全数检查。

检验方法:观察检查。

11.8.8 管道水压强度密封性试验应符合下列规定:

1 进行水压强度试验时,以不大于 0.5 MPa/s 的速率缓慢升压至试验压力,保压 5 min,检查管道各处无渗漏、无变形为合格。

2 当水压强度试验条件不具备时,可采用气压强度试验代替。试验时,应逐步缓慢增加压力,当压力升至试验压力的 50% 时,如未发现异状或泄漏,继续按试验压力的 10% 逐级升压,每级稳压 3 min,直至试验压力。保压检查管道各处无变形、无渗漏为合格。

3 进行气密性试验时,应以不大于 0.5 MPa/s 的升压速率缓慢升压至试验压力,关断试验气源 3 min 内压力降不超过试验压力的 10% 为合格。

一般项目

11.8.9 灭火剂输送管道的连接应符合下列规定:

1 采用螺纹连接时,管材宜采用机械切割;螺纹不应有缺纹、断纹等现象;螺纹连接的密封材料应均匀附着在管道的螺纹部分;拧紧螺纹时,不应将填料挤入管道内;安装后的螺纹根部应有 2 条～3 条外露螺纹;连接后,应将连接处外部清理干净并做防腐处理。

2 采用法兰连接时,衬垫不应凸入管内,其外边缘宜接近螺栓,不应放双垫或偏垫。连接法兰的螺栓,直径和长度应符合标准,拧紧后,凸出螺母的长度不应大于螺杆直径的 1/2 且保证有不少于 2 条外露螺纹。

3 已经防腐处理的无缝钢管不宜采用焊接连接,与选择阀等个别连接部位需采用法兰焊接连接时,应对被焊接损坏的防腐层进行二次防腐处理。

检验数量:外观全数检查,隐蔽处抽查。

检验方法:尺量、观察检查。

11.8.10 灭火剂输送管道的加固应符合下列规定:

1 管道应固定牢靠,管道支、吊架的最大间距应符合表11.8.10的规定。

表 11.8.10 支、吊架的最大间距

DN(mm)	15	20	25	32	40	50	65	80	100	150
最大间距(m)	1.5	1.8	2.1	2.4	2.7	3.0	3.4	3.7	4.3	5.2

2 管道末端应采用防晃支架固定,支架与末端喷嘴间的距离不应大于 500 mm。

3 公称直径大于或等于 50 mm 的主干管道,垂直方向和水平方向至少应各安装 1 个防晃支架。当穿过建筑物楼层时,每层应设 1 个防晃支架。当水平管道改变方向时,应增设防晃支架。

检验数量:全数检查。

检验方法:尺量、观察检查。

11.8.11 灭火剂输送管道的安装应符合下列规定:

1 管道的坡向、坡度应符合设计要求。

2 在通向每个防护区的灭火系统主管道上,应设压力讯号器或流量讯号器。

3 在吊顶内、活动地板下等隐蔽场所内的管道,可涂红色油漆色环,色环宽度不应小于 50 mm。每个防护区或保护对象的色环宽度应一致,间距应均匀。

4 灭火剂输送管道安装完毕后,应进行强度试验和气压严密性试验,并合格。

5 经过有爆炸危险和变电、配电场所的管网,以及设在以上场所的金属箱体等,应设防静电接地。

检验数量:全数检查。

检验方法:观察检查,检查强度试验和气压严密性试验记录,监理旁站。

11.8.12 气体保护区自动泄压阀(口)的安装应符合下列规定:

1 泄压阀(口)表面应平整、不变形,调节应灵活、可靠。

2 泄压阀(口)及手控装置的位置应符合设计要求;安装完毕后应操控自如,无卡涩等现象。

3 泄压阀(口)边框与墙壁装饰面应紧贴,接缝处应采取可靠的密封措施。

4 泄压阀(口)的手动、电动操作应灵活可靠,信号输出应正确。

检验数量:全数检查。

检验方法:尺量、观察检查。

11.9 消防水管网安装

主控项目

11.9.1 热镀锌钢管、涂覆钢管安装应采用螺纹、沟槽式管件或法兰连接。当采用焊接法兰连接时,应进行热镀锌等防腐处理。管道连接不应减小过水横断面面积。

检验数量:抽查20%,且不应少于5处。

检验方法:观察检查。

11.9.2 沟槽式管件连接应符合下列规定:

1 选用的沟槽式管件应符合现行行业标准《沟槽式管接头》CJ/T 156的要求,其材质应为球墨铸铁,并符合现行国家标准《球墨铸铁件》GB/T 1348的要求;橡胶密封圈的材质应为EPDM(三元乙丙橡胶),并符合现行ISO标准《金属管道系统快速管接头的性能要求和试验方法》ISO 6182—12的要求。

2 沟槽式连接管道的压槽、开孔加工质量应符合技术要求,开孔后应进行防腐处理,沟槽、孔洞处不应有毛刺和破损性裂纹。

3 埋地的沟槽式管件的连接螺栓、螺帽应做防腐处理。

4 配水干管(立管)与配水管(水平管)连接,应采用沟槽式管件三通,不应采用机械三通。

检验数量:抽查20%,且不应少于5处。

检验方法:观察检查。

11.9.3 管道螺纹连接应符合下列规定:

1 管道切割面应光滑、平整,不应有卷边、毛刺;管道螺纹密封面应符合现行国家标准《普通螺纹 基本尺寸》GB/T 196、《普通螺纹 公差》GB/T 197、《普通螺纹 管路系列》GB/T 1414 的有关规定。

2 当管道变径时,宜采用异径接头;在管道弯管处不宜采用补芯;当需要采取补芯时,三通上可安装 1 个,四通上不应超过 2 个;公称直径大于 50 mm 的管道不宜采用活接头。

3 螺纹连接的密封填料应均匀附着在管道的螺纹部分;连接后,应将连接处外部清理干净。

检验数量:本条第 2 款全数检查,其余抽查 20%,且不应少于 5 处。

检验方法:观察检查。

11.9.4 配水干管、配水管应做红色或红色环圈标志并应用箭头表示水流方向。红色环圈的宽度不应小于 20 mm,间隔不宜大于 4 m,在一个独立的单元内环圈不宜少于 2 处。

检验数量:抽查 20%,且不应少于 5 处。

检验方法:观察、尺量检查。

一般项目

11.9.5 管道的安装位置应符合设计要求。当设计无要求时,管道中心与梁、柱、楼板等的最小距离宜符合表 11.9.5 的规定。

表 11.9.5 管道的中心与梁、柱、楼板的最小距离

公称直径(mm)	25	32	40	50	70	80	100	125	150	200	250	300
距离(mm)	40	40	50	60	70	80	100	125	150	200	250	300

检验数量:抽查 20%,且不应少于 5 处。

检验方法:尺量检查。

11.9.6 管道支、吊架的安装应符合下列规定:

1 支、吊架之间的距离不应大于表 11.9.6 的规定。

表 11.9.6 管道支架或吊架之间的最大距离

公称直径(mm)	25	32	40	50	70	80	100	125	150	200	250	300
距离(m)	3.5	4.0	4.5	5.0	6.0	6.0	6.5	7.0	8.0	9.5	11.0	12.0

2 支架、吊架、防晃支架的型式、材质、加工尺寸及焊接质量等,应符合设计要求和国家现行有关标准的规定。

3 安装的支、吊架不应妨碍喷头的喷水效果;管道支架、吊架与喷头之间的距离不宜小于 300 mm;与末端喷头之间的距离且不宜大于 750 mm。

4 配水支管上直管段、相邻两喷头之间的管段,设置的吊架不宜少于 1 个,吊架的间距不宜大于 3.6 m。

5 当管道的公称直径大于等于 50 mm 时,每段配水干管或配水管设置的防晃支架不应少于 1 个,且防晃支架的间距不宜大于 15 m;当管道改变方向时,应增设防晃支架。

6 竖直安装的配水干管除中间用管卡固定外,还应在其始端和终端设防晃支架或采用管卡固定,其安装位置距地面或楼面的距离宜为 1.5 m~1.8 m。

检验数量:本条第 2、5 款全数,其余抽查 20%,且不应少于 5 处。

检验方法:观察、尺量检查。

11.9.7 管道穿过建筑物的变形缝时,应采取补偿措施。穿过墙体或楼板时,应加设套管,套管长度不应小于墙体厚度;穿过楼板的套管其顶部应高出装饰地面 20 mm,且套管底部应与楼板底面相平;套管与管道的间隙应采用不燃材料填塞密实。

检验数量:抽查 20%,且不应少于 5 处。

检验方法:观察、尺量检查。

11.9.8 管道安装应符合下列规定：

1 管道与支、吊架的固定应牢固。

2 横向安装宜设 2‰～5‰ 的坡度，且应坡向排水管；当局部区域难以利用排水管将水排净时，应采取相应的排水措施。

3 当喷头数量小于或等于 5 个时，可在管道低凹处加设堵头；当喷头数量大于 5 个时，宜装设带阀门的排水管。

检验数量：抽查 20%，且不应少于 5 处。

检验方法：观察、测量检查。

11.10 喷头安装

主控项目

11.10.1 当梁、通风管道、成排布置的管道、桥架等障碍物的宽度大于 1.2 m 时，其下方应增设喷头，且增设的喷头上方有空洞、缝隙时，可在喷头的上方设置挡水板，挡水板应为正方形或圆形金属板，其平面面积不宜小于 0.12 m^2。喷头安装时，不应对喷头进行拆装、改动，且不应给喷头、隐蔽式喷头的装饰盖板附加任何装饰性涂层。

检验数量：全数检查。

检验方法：观察检查。

11.10.2 安装在易受机械损伤处的喷头，应加设喷头防护罩。

检验数量：全数检查。

检验方法：观察检查。

11.10.3 喷头安装时，溅水盘与吊顶、门、窗、洞口或障碍物的距离应符合设计要求。

检验数量：抽查 20%，且不应少于 5 处。

检验方法：对照图纸，尺量检查。

11.10.4 当喷头的公称直径小于 10 mm 时，应在配水干管或配水管上安装过滤器。

检验数量:全数检查。
检验方法:观察检查。

11.11 报警阀组安装

主控项目

11.11.1 报警阀组安装的位置应符合设计要求;安装报警阀组的室内地面应有排水设施。

检验数量:全数检查。
检验方法:尺量、观察检查。

11.11.2 报警阀组附件的安装应符合下列规定:

1 连接报警阀进出口的控制阀应采用信号阀,当不采用信号阀门时,控制阀应设锁定阀位的锁具;水源控制阀应有水流方向标识和明显开闭标志,且应安装在便于操作的位置。

2 在报警阀与管网之间的供水干管上,应安装由信号阀或具有锁定阀位的控制阀、检测供水压力、流量用的仪表及排水管道组成的系统流量压力检测装置,其过水能力应与系统过水能力一致;干式报警阀组、雨淋报警阀组应安装检测时水流不进入系统管网的信号控制阀门。

检验数量:全数检查。
检验方法:观察检查。

11.11.3 湿式报警阀组的安装应符合下列规定:

1 应使报警阀前后的管道中能顺利充满水;压力波动时,水力警铃不应发生误报警。

2 报警水流通路上的过滤器应安装在延迟器前,且便于排污操作的位置。

检验数量:全数检查。
检验方法:观察,以小于1个喷头的流量放水检查。

11.12 其他组件安装

主控项目

11.12.1 水流指示器应使电器元件部位竖直安装在水平管道上侧,其动作方向应和水流方向一致;安装后的水流指示器浆片、膜片应动作灵活,不应与管壁发生碰擦。

检验数量:全数检查。

检验方法:观察、开启阀门放水检查。

11.12.2 控制阀的规格型号和安装位置均应符合设计要求;安装方向应正确,控制阀内应清洁、无堵塞、无渗漏;主要控制阀应加设启闭标志;隐蔽处的控制阀应在明显处设有指示其位置的标志。

检验数量:全数检查。

检验方法:观察检查。

11.12.3 压力开关应竖直安装在通往水力警铃的管道上,且不应在安装中拆装改动。管网上的压力控制装置的安装应符合设计要求。

检验数量:全数检查。

检验方法:观察检查。

11.12.4 水力警铃应安装在公共通道或值班室附近的外墙上,且应安装检修、测试用的阀门。水力警铃和报警阀的连接应采用热镀锌钢管,其公称直径为 20 mm 时,长度不应大于 20 m。警铃声强度不应小于 70 dB。

检验数量:全数检查。

检验方法:观察、尺量和放水检查。

11.12.5 末端试水装置和试水阀应有标识,安装位置应便于检查和试验,距地面的高度宜为 1.5 m,且应有相应排水能力的排水设施和不被他用的保护措施。

检验数量：全数检查。
检验方法：观察检查。

一般项目

11.12.6 安装在水流指示器前的信号阀，二者距离不宜小于300 mm。

检验数量：全数检查。
检验方法：观察、尺量检查。

11.12.7 排气阀应无渗漏，且位于配水干管顶部、配水管的末端。

检验数量：全数检查。
检验方法：观察、检查管道试压记录。

11.12.8 压力开关、信号阀、水流指示器的引出线应有防水套管锁定。

检验数量：全数检查。
检验方法：观察检查。

11.12.9 减压阀的安装应符合下列规定：

1 减压阀水流方向应与供水管网水流方向一致。

2 减压阀进水侧应安装有过滤器，并在其前后安装控制阀。

3 可调式减压阀宜水平安装，阀盖应向上。

4 比例式减压阀宜垂直安装；当水平安装时，单呼吸孔减压阀其孔口应向下，双呼吸孔的其孔口应呈水平位置。

5 自身不带压力表的减压阀，应在其前后相邻部位安装压力表。

检验数量：全数检查。
检验方法：观察检查。

11.12.10 多功能水泵控制阀的安装应符合下列规定：

1 安装应在供水管网试压、冲洗合格后进行。

2 水流方向应与供水管网水流方向一致。

3 宜水平安装，且阀盖向上；进口端不宜安装柔性接头。

4 安装自身不带压力表的多功能水泵控制阀时,应在其前后相邻部位安装压力表。

检验数量:全数检查。

检验方法:观察、管道试压记录检查。

11.12.11 倒流防止器的安装应符合下列规定:

1 不应在倒流防止器的进口前安装过滤器或者使用带过滤器的倒流防止器。

2 宜安装在水平位置,当竖直安装时,排水口应配备专用弯头。倒流防止器宜安装在便于调试和维护的位置。

3 倒流防止器两端应分别安装闸阀,且应至少有一端安装挠性接头。

4 倒流防止器上的泄水阀不宜反向安装,泄水阀应采取间接排水方式,其排水管不应直接与排水管(沟)连接。

检验数量:全数检查。

检验方法:观察、管道试压和冲洗记录检查。

11.13 系统试压与冲洗

主控项目

11.13.1 当系统设计工作压力等于或小于 1.0 MPa 时,水压强度试验压力应为设计工作压力的 1.5 倍,且不应低于 1.4 MPa;当系统设计工作压力大于 1.0 MPa 时,水压强度试验压力应为该工作压力加 0.4 MPa。

水压强度试验的测试点应设在系统管网的最低点,达到试验压力并稳压 30 min 后,管网应无泄漏、无变形,且压力降不应大于 0.05 MPa。

检验数量:全数检查。

检验方法:旁站观察,检查试验记录。

11.13.2 水压严密性试验应在水压强度试验和管网冲洗合格后

进行。试验压力应为设计工作压力,稳压 24 h 应无泄漏。

检验数量:全数检查。

检验方法:旁站观察,试验记录检查。

11.13.3 隐蔽管道,在隐蔽前应进行强度试验和严密性试验。

检验数量:全数检查。

检验方法:旁站观察,试验记录检查。

一般项目

11.13.4 管网冲洗应符合下列规定:

1 管网冲洗宜分区、分段进行;水平管网冲洗时,其排水管位置应低于配水支管。

2 水流流速、流量不应小于系统设计的水流流速、流量。

3 管网冲洗的水流方向应与灭火时管网的水流方向一致。

4 管网冲洗应连续进行,直至出口处水的颜色、透明度与入口处水的颜色、透明度基本一致。

5 管网冲洗宜设临时专用排水管道,其排放应畅通和安全。排水管道的截面面积不应小于被冲洗管道截面面积的 60%。

6 管网的地上管道与地下管道连接前,应在配水干管底部加设堵头后,对地下管道进行冲洗。

7 管网冲洗结束后,应将管网内的水排除干净,必要时可采用压缩空气吹干。

检验数量:全数检查。

检验方法:观察、计量检查。

11.14 管道防腐与绝热

主控项目

11.14.1 管道防腐材料的品种、型号、性能应符合设计要求和国家现行产品质量标准的规定,且应是在有效保质期限内的合格产品。

检验数量:全数检查。

检验方法:观察、检查产品质量合格证。

11.14.2 管道外表面的铁锈、污垢应清除干净,表面应干燥。

检验数量:施工单位、监理单位全数检查。

检验方法:观察检查。

11.14.3 管道外防腐层的施工应符合设计要求,其质量标准应符合表 11.14.3 的规定。

表 11.14.3 管道外防腐层的质量标准

材料种类	构造	检查项目			
		厚度(mm)	外观	电压(kV)	粘附性
石油沥青涂料	三油二布	≥4.0	涂层均匀无折皱、空泡、凝块	18	以夹角 45°～60°、边长 40 mm～50 mm 的切口,从角尖端撕开防腐层;首层沥青层应 100%地粘附在管道的外表面
	四油三布	≥5.5		22	
	五油四布	≥7.0		26	
环氧煤沥青涂料	二油	≥0.2		2	以小刀割开一舌形切口,撕开切口处的防腐层,管道表面仍为漆皮所覆盖,不应露出金属表面
	三油一布	≥0.4		3	
	四油二布	≥0.6		5	

检验数量:每 20 m 检查 1 处。

检验方法:钢针刺入与尺量、观察检查。

11.14.4 管道及配件的绝热材料应采用不燃材料,当局部部位采用不燃材料有困难时,可以采用 B1 级难燃材料。其材质、规格、密度与厚度应符合设计要求。如采用难燃性材料,应对其难燃性进行检查,合格后方可使用。

检验数量:全数检查。

检验方法:观察、检查材料合格证并做点燃试验。

11.14.5 穿越防火墙两侧 2 m 范围内管道绝热层应使用不燃材料。

检验数量:全数检查。

检验方法:观察、检查材料合格证并做点燃试验。

一般项目

11.14.6 管道支、吊架的防腐处理应与管道相一致,其明装部分应涂抹面漆,面漆宜在安装完毕后进行;油漆施工时,应采取防火、防冻、防雨等措施,且不应在低温或潮湿的环境下进行。

检验数量:全数检查。

检验方法:对照图纸,观察检查。

11.14.7 喷、涂油漆的漆膜,应均匀且无堆积、皱纹、气泡、掺杂、混色与漏涂等缺陷;喷、涂油漆的遍数应符合设计和规范的规定。

检验数量:抽查10%。

检验方法:观察检查。

11.14.8 管道配件的绝热不应影响其操作功能;管道阀门、过滤器及法兰部位的绝热结构应能单独拆卸。

检验数量:全数检查。

检验方法:观察检查。

11.14.9 管道绝热层(保护层)的外表面应按规定做色标。

检验数量:抽查10%。

检验方法:观察检查。

11.14.10 管道与设备绝热层的施工应符合下列规定:

1 绝热产品的材质和规格应符合设计要求,管壳的粘结应牢固,铺设应平整,绑扎应紧密且无滑动、松弛与断裂现象。

2 硬质或半硬质绝热管壳的拼接缝隙,保温时不应大于5 mm、保冷时不应大于2 mm,并用粘结材料勾缝填满;纵缝应错开,外层的水平接缝应设在侧下方。当绝热层的厚度大于100 mm时,应分层铺设,层间应压缝;硬质或半硬质绝热管壳应用金属丝成难腐织带捆扎,其间距为300 mm~350 mm,且每节至少捆扎2道。

3 松散或软质绝热材料应按规定的密度压缩其体积,疏散应均匀。毡炎材料在管道上包扎时,搭接处不应有空隙。

检验数量:全数检查。

检验方法:尺量、观察检查及查阅施工记录。

11.14.11 金属保护壳的施工应符合下列规定:

1 应紧贴绝热层,不应有脱落、褶皱、强行接口等现象。接口的搭接应顺水,且应有凸筋加强,搭接尺寸为 20 mm~25 mm。采用自攻螺丝固定时,螺钉间距应均称,且不应刺破防潮层。

2 户外金属保护壳的纵、横向接缝应顺水,其纵向接缝应位于管道的侧面。金属保护壳与外墙面或屋顶的交接处应加设泛水。

检验数量:全数检查。

检验方法:观察检查。

11.15 系统调试

主控项目

11.15.1 给水系统调试应包括下列内容:

1 设备单机试运转及调试。

2 各配水点的水流量的调试。

检验数量:全数检查。

检验方法:观察、旁站、查阅调试记录。

11.15.2 自动喷水灭火系统调试应包括下列内容:

1 消防水泵调试。

2 稳压泵调试。

3 报警阀调试。

4 排水设施调试。

5 联动试验。

11.15.3 消防水泵调试应符合下列规定:

1 以自动或手动方式启动消防水泵时,消防水泵应在 55 s 内投入正常运行。

2 以备用电源切换方式或备用泵切换启动消防水泵时,消防水泵应在 1 min 或 2 min 内投入正常运行。

检验数量:全数检查。

检验方法:计时检查。

11.15.4 稳压泵调试应符合下列规定:

1 当达到设计启动条件时,稳压泵应立即启动。

2 当达到系统设计压力时,稳压泵应自动停止运行。

3 当消防主泵启动时,稳压泵应停止运行。

检验数量:全数检查。

检验方法:观察检查。

11.15.5 湿式报警阀调试应符合下列规定:

1 在末端装置处放水,当湿式报警阀进口水压大于 0.14 MPa、放水流量大于 1 L/s 时,报警阀应及时启动。

2 带延迟器的水力警铃应在 5 s～90 s 内发出报警铃声,不带延迟器的水力警铃应在 15 s 内发出报警铃声。

3 压力开关应及时动作,并反馈信号。

检验数量:全数检查。

检验方法:观察、动作试验检查。

一般项目

11.15.6 湿式系统的联动试验,启动 1 个喷头或以 0.94 L/s～1.5 L/s 的流量从末端试水装置处放水时,水流指示器、报警阀、压力开关、水力警铃和消防水泵等应及时动作,并发出相应的信号。

检验数量:全数检查。

检验方法:观察、放水试验检查。

11.15.7 给水水泵调试应符合下列规定:

1 水泵运行时,无异常振动和声响,壳体密封处无渗漏,紧固连接部位无松动,轴封的温升应正常。

2 在无特殊要求的情况下,普通填料的泄漏量不应大于

30 ml/h,机械密封的不应大于 5 ml/h。

检验数量:抽查 20%,且不应少于 1 台。

检验方法:观察、旁站、查阅调试记录。

11.15.8 给排水系统监控和监测设备应符合下列规定:

1 各种自动检测元件和执行机构工作应正常,系统的运行状态应能正确显示。

2 系统自动调节、设备连锁、自动保护应能正确动作。

3 应满足 FAS、EMCS 监控要求。

检验数量:全数检查。

检验方法:观察检查。

12 站台门

12.1 一般规定

12.1.1 本章规定了城市轨道交通站台门安装及调试验收标准。

12.1.2 站台门安装质量除应符合本章的规定外,还应符合现行国家标准《地铁设计规范》GB 50157、现行行业标准《城市轨道交通站台屏蔽门系统技术规范》CJJ 183 和现行上海市工程建设规范《城市轨道交通站台屏蔽门技术规程》DG/TJ 08—901 的有关规定。

12.1.3 站台门测试合格,经建设方同意后方可进入系统的试运行,合格试运行时间不应少于 1 个月,且应由专职人员管理和操作,做好维护和运行记录,并存档。

12.2 门体结构

主控项目

12.2.1 安装前应进行轨道控制基准点的交接检验。每侧站台门安装应设置轨道中心线、有效站台中心线及不少于 3 个轨道控制基准点。

检验数量:全数检查。

检验方法:观察、尺量、验证交接记录表。

12.2.2 土建结构应符合施工图限界尺寸、施工图净空尺寸。站台门工程的预埋件、预留孔的规格、位置及基础的强度等,应符合设计要求。

检验数量:全数检查。

检验方法:观察、尺量、验证检测报告。

12.2.3 化学锚栓应满足设计要求。

1 锚栓的强度应满足设计要求,并需按国家规定做有关测试。

2 锚栓的孔径和深度应满足安装要求。

检验数量:全数检查。

检验方法:检查质量合格证明文件、检验报告等。

12.2.4 钢结构件必须满足现行国家产品标准和设计要求,站台门的整体钢结构使用寿命不应少于30年。

检验数量:全数检查。

检验方法:检查质量合格证明文件、检验报告等。

12.2.5 钢结构件的涂层应符合国家现行有关规定及设计要求。钢结构件的顶紧的节点边缘最大间隙不应大于0.8 mm。

检验数量:按节点数抽查10%,且不应少于3个。

检验方法:用测厚仪、钢尺及塞尺现场实测。

12.2.6 门体的材料必须为不燃或难燃材料,当镶嵌有玻璃时,应选用通透性好的安全玻璃。站台门体结构在风载荷、人群载荷、撞击载荷等最不利载荷效应组合情况下,门体弹性变形应满足工程限界要求,门体应无永久变形。

检验数量:全数检查。

检验方法:验证产品合格证、检测报告和工程样机测试报告。

12.2.7 站台门不应作为防火分隔设施,但其材质应具有难燃性。地下车站站台门系统的绝缘材料、密封材料和电线电缆等应采用无卤、低烟的阻燃材料。地面和高架车站站台门系统的绝缘材料、密封材料和电线电缆等应采用低烟的阻燃材料。

检验数量:全数检查。

检验方法:验证产品合格证和检测报告。

12.2.8 底部脚踏板与轨道中心的间距尺寸(限界)、脚踏板距轨道顶的相对标高尺寸、脚踏板的水平度及脚踏板之间的间距应满足设计要求。脚踏板安装牢固无松动,且滑动门、应急门、端门处有防滑措施。脚踏板上表面应与纵向轨顶面平行,平行度应小于0.5 mm/m,全长范围内误差应控制在(0~5)mm。绝缘装置安装应符合设计要求。

　　检验数量:全长范围内。

　　检验方法:尺量、绝缘电阻测试仪测量、观察。

12.2.9 上部结构(地下车站站台门)预埋件与土建结构之间的接触表面应平整。绝缘装置安装正确应符合设计要求。上部结构应具有三维调节功能,安装完成后能适应车站土建结构 10 mm 内的不均匀沉降量。

　　检验数量:全数检查。

　　检验方法:观察、仪器测量、尺量。

12.2.10 门体结构安装应牢固可靠,且应符合限界要求。门机梁与脚踏板平行,门机梁的水平度应小于 1 mm/m。

　　检验数量:全长范围内。

　　检验方法:尺量、观察、测量。

12.2.11 每扇滑动门的两侧应设置有手动解锁机构,并有中英文警示标识,其操作应简单、可靠。手动解锁力应小于 67 N。解锁后手动开启单边滑动门的动作力应小于 133 N。

　　检验数量:全数检查。

　　检验方法:观察,试验检查。

12.2.12 每一侧站台站台门至少应设置 2 组应急门,并配置推杆锁且其开度应大于等于 90°。

　　检验数量:全数检查。

　　检验方法:开门观察。

12.2.13 滑动门、应急门和端门必须能可靠关闭且锁紧,在站台侧可用专用钥匙开启,在轨道侧应能手动开启。

　　检验数量:全数检查。

　　检验方法:检查、测量。

一般项目

12.2.14 上部结构的连接螺栓扭力应符合设计要求,紧固螺栓应有防松措施。导轨侧到轨道中心线的水平距离、上部结构下表面到导轨面的垂直距离应符合设计要求。

   检验数量:全数检查。

   检验方法:检查、测量、力矩扳手。

12.2.15 安装站台门的地坪应平整,允许偏差为 15 mm。站台门应垂直于站台,允许偏差为 1.5‰;对于有坡度的站台层,应采用同坡度设置;位于建筑结构的变形缝、伸缩缝等部位时,应采取相应的措施。

   检验数量:全数检查。

   检验方法:垂线法或经纬仪检测。

12.2.16 一般线路宜设置应急门,无人驾驶线路必须设置应急门。站台每一侧应急门的数量应符合设计或远期列车编组数的要求。

   检验数量:全数检查。

   检验方法:观察,测量。

12.2.17 脚踏板间隙应均匀。接缝处应平整,高差小于 1 mm。脚踏板下部支撑连接螺栓的扭力应符合设计要求。站台侧脚踏板与站台地面装饰大理石应保持一定间隙,以确保绝缘效果。

   检验数量:全数检查。

   检验方法:观察,测量。

12.2.18 各门体立柱的中心间距、立柱和门机安装应满足设计要求。立柱的垂直度允许偏差为±2 mm。

   检验数量:全数检查。

   检验方法:观察,线锤,尺量。

12.2.19 滑动门导靴、应急门上铰链定位销、端门闭门器、固定门调节支架、电气安全开关、各密封胶条的安装应正确,且应符合设计要求。

　　检验数量:全数检查。

　　检验方法:观察。

12.2.20　站台门维修、保养和排除故障的操作部位应位于站台侧。

　　检验数量:抽查30%。

　　检验方法:观察。

12.2.21　站台门的滑动门宜采用中分双开式,安装后的滑动门应与列车门一一对应。门净开高度应大于通过列车车门净开高度。门开启净宽度应满足下列要求:

$$W \geqslant X + 2Y \qquad (12.2.21)$$

式中:W——站台门的滑动门的净开宽度;

　　　X——所有通过该站台列车中最大的车门净开宽度;

　　　Y——列车停站位置最大偏差值。

　　检验数量:全数检查。

　　检验方法:尺量、观察检测。

12.2.22　站台门的端部应设有向站台内侧开启的端门。端门应设置闭门器,闭门器可定位在90°,小于90°开启后应能自动关闭。

　　检验数量:全数检查。

　　检验方法:观察,试验检查。

12.2.23　地下车站站台门的门体高度不应小于2 m,地面和高架车站站台门的门体高度不宜小于1.5 m,站台门距站台边缘距离应满足设计要求。

　　检验数量:全数检查。

　　检验方法:尺量、观察检测。

12.2.24　站台门观感应符合下列规定:

　　1　站台门开关应平顺、无窜动。

　　2　外观整洁、美观、平面处平整,接缝应规则,表面无碰伤痕迹。

检验数量:抽查 30%。

检验方法:观测检查。

12.2.25 站台门顶箱后封板安装应牢固,前盖板安装应平整,其开启角度不应小于 70°,且应能在最大开启角度定位。

检验数量:全数检查。

检验方法:观察,试验检查。

12.2.26 直线站台边缘与车辆轮廓线间的间隙大于 100 m,可在站台边缘设置防踏空橡胶条。防踏空橡胶条的安装宽度应保证与车体间隙大于 60 mm,安装长度应至少满足车辆门框宽度加停车误差。

检验数量:全数检查。

检验方法:观察,试验检查。

12.2.27 站台门应标有明显的安全标志和使用标志。

检验数量:全数检查。

检验方法:观察。

12.3 电源系统及接地

主控项目

12.3.1 站台门系统必须按一级负荷供电,必须设置备用电源。驱动电源和控制电源的供电回路宜相互独立设置。

检验数量:全数检查。

检验方法:查图纸、观察,测量。

12.3.2 电源柜、控制盘安装应符合下列规定:

1 金属框架必须接地。

2 线路间和线对地间绝缘阻值应符合规范的要求。

3 电源柜所附蓄电池组的充、放电应符合产品技术文件要求。

4 控制设备的外壳及电缆屏蔽层和金属管线的安全接地应

采用电源系统 PE 线接地。

检验数量：全数检查。

检验方法：观察，测量。

12.3.3 站台门系统应满足电磁兼容性要求，可在 10 Hz～1 000 Hz 的振动频率范围内正常工作。

检验数量：全数检查。

检验方法：验证产品合格证和检测报告。

12.3.4 站台门供电电缆、控制电缆应采用不同线槽或同槽分室（用金属板隔开）敷设。

检验数量：全数检查。

检验方法：观察，测量。

12.3.5 驱动电源、控制电源与外电源的隔离阻抗应大于 5 MΩ。

检验数量：全数检查。

检验方法：观察，测量。

12.3.6 站台门设备与站台厅顶层结构、站台土建结构之间应可靠绝缘，在 500 V 直流电压试验下的绝缘电阻值应大于 0.5 MΩ。

检验数量：全数检查。

检验方法：观察，试验检查。

12.3.7 站台门与列车车厢宜保持等电位。当与钢轨有联接需求时，等电位要求应符合下列规定：

1 站台门门体应采用上下行线各 1 点与钢轨等电位连接。

2 每侧站台门各单元间应可靠连接，等电位总电阻不应大于 0.4 Ω。

3 门体与站台土建结构之间的绝缘电阻应大于 0.5 MΩ，并设置独立接地。每侧站台门应保持等电位连接。

检验数量：全数检查。

检验方法：观察，试验检查。

12.3.8 当站台门与列车车厢无等电位要求时，站台门应通过接地端子接地，接地电阻不应大于 1 Ω。

检验数量:全数检查。

检验方法:观察,试验检查。

一般项目

12.3.9 电气配管、电缆线路、柜(盘)的安装质量应按照现行国家标准《建筑电气工程施工质量验收规范》GB 50303 的相关条款进行抽查或全数检查。

检验数量:抽查或全数检查。

检验方法:观察,测量。

12.3.10 电源柜、控制盘及电线安装应符合下列规定:

1 柜、盘安装垂直度应小于等于 1.5‰,相互间接缝不应大于 2 mm,成列盘面偏差不应大于 5 mm。

2 电线在线槽内有一定余量,不得有接头;电线、电缆穿管,管口应有护圈保护。

3 电线、电缆的回路标记应清晰、编号准确。

检验数量:抽查 20%。

检验方法:观察,测量。

12.4 监控系统

主控项目

12.4.1 站台门系统应具备与信号、综合监控(或环境与设备监控)、车辆、低压配电等系统的接口条件,应采用通用、开放和标准的通信协议。

检验数量:全数检查。

检验方法:观察,检查接口,测试。

12.4.2 滑动门关闭时,应能够探测到最小厚度为 5 mm 且最小宽度为 40 mm 的硬障碍物。

检验数量:全数检查。

检验方法：观察，试验检查。

12.4.3 站台门控制系统应至少具有系统级、站台级、手动操作三级控制方式。手动操作控制优先级最高，系统级最低。站台门系统必须具有正常、故障和紧急（含配合火灾的工作模式）三种运行模式。

检验数量：全数检查。

检验方法：观察，试验检查。

一般项目

12.4.4 站台门系统主要的状态和故障信息应在控制室和现场同时报警和灯光提示。

检验数量：全数检查。

检验方法：观察，测量。

12.5 系统调试

主控项目

12.5.1 站台门的驱动装置应符合每天运行 20 h 以上、每 90 s 开/关 1 次，且全年连续运行的要求。

检验数量：全数检查。

检验方法：观察，操作，试验检查。

12.5.2 滑动门动态特性标准应满足下列条件：

1 门体的加减速度值应能达到 $1\ m/s^2$。

2 阻止滑动门关闭的力应小于 150 N。

3 每扇滑动门运动的最大动能应小于 10 J。

4 关门时，每扇滑动门最后 100 mm 行程范围内，动能应小于 1 J。

检验数量：全数检查。

检验方法：观察，推拉力测量仪测量，操作，试验。

12.5.3 当站台门采用电动装置驱动时,备用电源的容量应能满足控制系统能持续工作 1 h,并能在 1 h 内每侧滑动门开/关操作至少 3 次的要求。

检验数量:全数检查。

检验方法:观察,操作,试验检查。

12.5.4 站台门系统任何部件的失效,均不应导致站台门的开启。系统应有维修试验电路,接地应良好。

检验数量:全数检查。

检验方法:观察,试验检查,测量。

12.5.5 站台门的控制系统应以一侧站台为控制对象。若站台两侧均设站台门,则当一侧站台门发生故障时将不影响另一侧的正常运行,同时单侧某一个站台门的故障应不影响其他门的正常运行。

检验数量:全数检查。

检验方法:观察,试验检查。

12.5.6 滑动门打开力、手动解锁力应符合设计要求。

检验数量:全数检查。

检验方法:观察,试验检查。

12.5.7 验收测试包括车站每侧站台门系统操作、模拟 ATC 系统控制及监控系统和所有功能测试。测试内容包括:

1 所有双扇滑动门连接上驱动机构前的检查,包括预"送电"接线和系统、自动控制程序检查。

2 所有双扇滑动门连接上驱动机构后的检查项目如下:

1) 就地控制模式下每套双扇滑动门的 2 h 开/关门循环操作测试。

2) 双扇滑动门的开/关门 5 次循环监测。

3) 手动开门特殊功能的检查。

3 每套双扇滑动门的"送电"检查及自动控制程序检查。

4 开/关门力(包括自动关门及手动开门)和关门过程功能

测试。

 5 进行正常的自动操作测试(包括列车客室门对中精度)。

 6 端门、紧急疏散门及轨行区侧、站台侧手动开门(包括解锁)的测试。

 7 站台门系统与计算机主联锁及数据管理系统接口的检查。

 8 机械接口检查和状态指示灯检查。

 检验数量:全数检查。

 检验方法:观察,操作,试验检查。

一般项目

12.5.8 站台门开启时间应控制在 2.5 s~3.5 s 以内。站台门关闭时间应控制在 3.0 s~4.0 s 以内。站台门响应时间应不大于 0.3 s。站台门在开关操作及列车正常运行状况时的噪声值应小于等于70 dB(A)。

 检验数量:抽查 30%。

 检验方法:测试检查。

12.5.9 站台一侧所有滑动门的开关应基本同步,时间差不应大于 0.2 s。站台站台门应有监视系统,能对整个站台门系统的运行和故障情况进行连续监视和显示。

 检验数量:全数检查。

 检验方法:观察,操作,试验检查。

13 电 梯

13.1 一般规定

13.1.1 站台电梯工程(电力驱动的曳引式或强制式电梯)施工质量管理和验收除应符合本章的规定外,还应符合现行国家标准《电梯制造与安装安全规范》GB 7588、《电梯安装验收规范》GB/T 10060、《电梯工程施工质量验收规范》GB 50310 及产品技术文件的规定。

13.1.2 电梯的施工单位及施工人员均应按照国家有关规定取得相应资格后,方可从事相关工作。

13.1.3 电梯安装前应对设备进行开箱验收,其随机文件应完整,随机附带的零、部件应与装箱单的说明相符,外观不应存在明显的损坏。主要资料包括下列内容:

1 应具有门锁装置、限速器(限速切断阀)、安全钳、缓冲器、含有电子元件的安全电路(如果有)、驱动主机、控制柜、上行超速装置、轿厢意外移动、层门耐冲击试验和玻璃门或玻璃轿壁试验合格证书,以及限速器和渐进安全钳的调试证书等型式试验证书。

2 产品随机文件应齐全,文件包括产品出厂合格证、土建布置图、装箱单、安装及使用维护说明书、动力电路和安全电路的电气原理图。

13.1.4 电梯井道应符合下列规定:

1 施工单位应在井道等土建工程验收合格后方可进行电梯施工。当底坑底面下有人员能到达的空间存在且对重(或平衡重)上未设有安全钳装置时,对重缓冲器应安装在一直延伸至坚固地面的实心桩墩上。

2 电梯安装前,所有井道间的层门预留孔应设有无孔的、高度大于 1.2 m 的固定安全保护围封,且应保证有足够的强度。

3 如果是贯通井道,井道内设置隔障的最低点离底坑地面应小于 0.3 m,且至少延伸至最底层站楼面 2.5 m 以上,在隔障宽度方向上与井道壁之间的间隙应小于 150 mm;当轿顶边缘和相邻曳引电梯运行部件(轿厢、对重或平衡重)之间的水平距离小于 0.5 m 时,隔障应延长至贯穿整个井道的高度。

4 电梯底坑内应有防渗、防漏水保护,底坑内不得有积水。

13.2 驱动主机

主控项目

13.2.1 驱动主机紧急操作装置的动作必须正常;盘车手轮应有与电梯轿厢运行方向一致的标记;可拆卸的盘车手轮和松闸扳手必须设置在驱动主机附近容易接近的明显部位;紧急救援操作说明必须置于紧急操作时的易见处。

检验数量:全数检查。

检验方法:观察检查。

13.2.2 曳引轮、导向轮对铅垂线的偏差,在空载或满载的工况下均不得大于 4/1 000。

检验数量:全数检查。

检验方法:垂线、尺量检查。

13.2.3 需埋入承重墙的驱动主机承重梁,端部超过墙中心必须大于 20 mm,且埋入端支承长度必须大于 75 mm。

检验数量:全数检查。

检验方法:查阅隐蔽验收记录,尺量检查。

一般项目

13.2.4 驱动主机、驱动主机底座与承重梁的安装应符合产品设计要求。驱动主机减速箱内油量应在规定的范围内,并设有观察窗或油尺检查,且无渗漏。

检验数量:全数检查。

检验方法:观察检查。

13.2.5 制动器的动作应符合制造厂家的要求,松闸时两侧闸瓦四周间隙应均匀,并进行制动能力的试验。

检验数量:全数检查。

检验方法:观察检查,塞尺检查。

13.2.6 机房内通向井道的孔洞周围应筑有高 50 mm 以上的台阶,钢丝绳与楼板孔周边的间隙应为 20 mm~40 mm。

检验数量:全数检查。

检验方法:尺量检查。

13.2.7 标志、色标应符合下列规定:

1 曳引机轮、导向轮、盘车轮、限速器轮外侧面应涂成黄色。

2 松闸扳手应涂成红色。

3 电动机或飞轮上应有与轿厢升降方向相对应的标志。

4 曳引机吊装梁应设 1 个或多个金属支架或吊装钩并标有最大允许吊装重量值。

5 多台电梯在同一机房时应分别标识,同一设备编号应相同。

检验数量:全数检查。

检验方法:观察检查。

13.3 导 轨

主控项目

13.3.1 导轨安装位置应符合电梯制造商设备土建布置图的要

求,导轨支架应安装在承重墙或支撑圈梁上。

检验数量:全数检查。

检验方法:观察检查、尺量检查。

13.3.2 两列导轨顶面间的距离偏差应为:轿厢导轨(0～+2)mm,对重导轨(0～+3)mm。

检验数量:抽查3处。

检验方法:尺量检查。

13.3.3 每列导轨工作面的垂直度,每5 m的偏差应符合下列规定:

1 轿厢导轨和设有安全钳的对重(平衡重)导轨应小于0.6 mm。

2 不设安全钳的对重(平衡重)导轨应小于1.0 mm。

检验数量:抽查3处。

检验方法:垂线、尺量检查。

一般项目

13.3.4 导轨的安装还应符合下列规定:

1 导轨支架的固定应可靠,每根导轨的固定支架不少于2个,且间距应小于2.5 m;安装于井道上、下端部的非标准长度导轨的支架数量应满足设计要求;支架水平度偏差应小于1.5%。

2 轿厢导轨和设有安全钳的对重(平衡重)导轨的下端,应支承在坚固的导轨座上。

3 轿厢导轨和设有安全钳的对重(平衡重)导轨工作面的接头处应无连续缝隙。导轨接头处的错位应小于0.05 mm;超过时,应修平,修平长度应大于150 mm。不设安全钳的对重(平衡重)导轨接头处的缝隙应小于1.0 mm,导轨接头处错位应小于0.15 mm;如超差,也应修平。

4 导轨应用压板固定在支架上。

检验数量:抽查3处。

检验方法:塞尺、平直尺、尺量检查。

13.4 层门系统

主控项目

13.4.1 层门地坎至轿厢地坎之间的间隙偏差应为(0～+3)mm,且最大距离严禁超过 35 mm。

检验数量:抽查 3 处。

检验方法:尺量检查。

13.4.2 层门强迫关门装置动作应正常,当采用重锤式强迫关门装置时,应有防坠落保护。

检验数量:抽查 3 处。

检验方法:观察检查。

13.4.3 层门锁钩动作应灵活;电气安全装置动作之前,锁紧元件的最小啮合长度为 7 mm。

检验数量:抽查 3 处。

检验方法:观察、尺量检查。

一般项目

13.4.4 动力驱动的自动门应具有保护装置,当乘客在轿门关闭过程中被门扇撞击或即将被撞击时,自动门能重新开启。动力操纵的水平滑动门在关门开始的 1/3 行程之后,阻止关门的力不应大于 150 N。

检验数量:抽查 3 处。

检验方法:尺量、测力检查。

13.4.5 层门系统的安装应符合下列规定:

1 门刀与层门地坎、门锁滚轮与轿厢地坎间隙应为 5 mm～10 mm。

2 层门地坎应具有足够的强度,水平度偏差不应大于 2/1 000,地坎应高出装修地面 2 mm～5 mm。

3 门扇与门扇、门扇与门套、门扇与门楣、门扇下端与地坎的间隙,乘客电梯应小于 6 mm,载货电梯应小于 8 mm,且各自的间隙在整个长度上保持一致。

检验数量:各抽查 3 处。

检验方法:观察、水平尺、尺量检查。

13.4.6 层门自动关闭装置工作应可靠。

检验数量:抽查 3 处。

检验方法:观察检查。

13.5 轿 厢

主控项目

13.5.1 轿顶检修控制应优先于其他检修控制;轿顶检修运行时,电气安全装置工作应正常。

检验数量:全数检查。

检验方法:观察检查、模拟试验。

一般项目

13.5.2 轿厢前壁和轿门的垂直度偏差应小于 1/1 000;门扇与门楣、门扇下端与地坎、门扇与轿壁的间隙:乘客电梯应小于 6 mm,载货电梯应小于 8 mm,且各自的间隙在整个长度上保持一致。

检验数量:抽查 3 处。

检验方法:垂线、尺量检查。

13.5.3 轿厢顶部的反绳轮应设有防护装置和挡绳装置。

检验数量:全数检查。

检验方法:观察检查。

13.5.4 轿顶外侧边缘至井道壁水平方向的自由距离应大于 0.3 m,轿顶应安装防护栏,护栏上应有关于俯伏或斜靠护栏危险的警示符号或须知,且应符合下列规定:

1 护栏应由扶手、0.10 m 高的护脚板和位于护栏高度一半处的中间栏杆组成。

2 当自由距离不大于 0.85 m 时,护手高度不应小于 0.70 m;当自由距离大于 0.85 m 时,护手高度不应小于 1.10 m。

3 护栏应装设在距轿顶边缘 0.15 m 范围内,且其扶手外缘和井道中的任何部件之间的水平距离不应小于 0.10 m。

检验数量:全数检查。

检验方法:观察、尺量检查。

13.5.5 对重完全压在缓冲器上时,轿顶空间应符合下列规定:

1 井道顶的最低部件与固定在轿厢顶上的设备的最高部件之间的自由垂直距离(不包括本条第 2 款所述及的部件),不应小于 $(0.3+0.035V^2)$ m。

2 与导靴或滚轮、曳引绳附件和垂直滑动门的横梁或部件的最高部分之间的自由垂直距离不应小于 $(0.1+0.035V^2)$ m。

3 轿顶上方应有 1 个大于 0.5 m×0.6 m×0.8 m 的空间(任意面朝下即可)。

检验数量:全数检查。

检验方法:观察、尺量检查。

13.5.6 轿厢内应装有紧急报警装置和应急照明,上述装置应备有应急电源,应急电源应至少供 1 W 灯泡用电 1 h。

检验数量:全数检查。

检验方法:观察检查、模拟试验。

13.5.7 轿厢地坎应装设护脚板,高度不应小于 0.75 m,宽度应大于层站入口宽度。

检验数量:全数检查。

检验方法:观察、尺量检查。

13.5.8 轿厢完全压在缓冲器上时,轿底空间应符合下列规定:

1 轿底应有 1 个大于 0.5 m×0.6 m×1.0 m 的空间(任意面朝下即可)。

2 底坑底与轿厢最低部分之间净空距离应大于 0.5 m(本条第 3 款所述及部件除外)。

3 底坑底与导靴、安全钳、护脚板等部件之间距离应大于 0.1 m。

4 对重导轨长度应能提供不小于 $(0.1+0.035 V^2)$ m 的进一步的制导行程。

检验数量:全数检查。

检验方法:观察、尺量检查。

13.5.9 带有残疾人功能的电梯轿厢后壁板宜安装镜子,侧壁板宜安装残疾人功能选层按钮。

检验数量:全数检查。

检验方法:观察检查。

13.6 对重(平衡重)

主控项目

13.6.1 对重与轿厢之间的水平距离不应小于 50 mm。

检验数量:全数检查。

检验方法:尺量检查。

一般项目

13.6.2 对重块的固定应可靠。

检验数量:全数检查。

检验方法:观察检查。

13.6.3 对重的反绳轮应设有防护装置和挡绳装置。

检验数量:全数检查。

检验方法:观察检查。

13.7 安全部件

主控项目

13.7.1 限速器动作速度的封记必须完好,且无拆动痕迹;可调节的安全钳,调节后的封记也应完好,不应有拆动痕迹。
检验数量:全数检查。
检验方法:观察检查。

一般项目

13.7.2 限速器张紧装置与限位开关相对位置应正确。
检验数量:全数检查。
检验方法:观察、尺量检查。

13.7.3 安全钳与导轨的间隙应符合产品设计的规定。
检验数量:全数检查。
检验方法:观察、塞尺检查。

13.7.4 轿厢在两端站平层位置时,轿厢、对重的缓冲器撞板与缓冲器顶面间的位置尺寸应符合厂家设计图要求。应在对重缓冲器附近标明当轿厢位于顶层端站平层位置时对重的缓冲器撞板与缓冲器顶面间的最大允许垂直距离,且该垂直距离不超过最大允许值。
检验数量:全数检查。
检验方法:观察、尺量检查。

13.7.5 液压缓冲器柱塞垂直度偏差应小于 0.5%,充液量应正确。
检验数量:全数检查。
检验方法:观察、线垂、尺量检查。

13.8 悬挂装置、随行电缆、补偿装置

主控项目

13.8.1 钢丝绳严禁有死弯,每个绳头组合必须安装防螺母松动和脱落的装置,且安全可靠。

检验数量:全数检查。

检验方法:观察检查。

13.8.2 随行电缆严禁有打结或波浪扭曲现象。

检验数量:全数检查。

检验方法:观察检查。

一般项目

13.8.3 每根钢丝绳张力与平均值的偏差不应大于5%。

检验数量:全数检查。

检验方法:测力、尺量检查。

13.8.4 随行电缆的端部固定应可靠,在运行中不应与其他部件有钩、挂;轿厢完全压在缓冲器上时,随行电缆不得与底坑地面和轿厢底边框接触。

检验数量:全数检查。

检验方法:观察检查。

13.8.5 补偿绳、链、缆等补偿装置的端部固定应可靠。

检验数量:全数检查。

检验方法:观察检查。

13.9 电气装置

主控项目

13.9.1 主电源线应为TN—S制;电气设备、导管和线槽的裸露

可导电部分,均应与保护线(PE)可靠联接;接地线应采用黄绿相间的绝缘导线;接地装置的接地电阻值应小于 4 Ω。

检验数量:抽查 3 处。

检验方法:观察、万用表、接地电阻测试仪测试。

13.9.2 不同回路导线对地的绝缘电阻、导体之间和导体对地之间的绝缘电阻应符合下列规定:

1 动力电路和电气安全装置:应大于 0.5 MΩ。

2 其他电路(控制、照明、信号等):应大于 0.25 MΩ。

检验数量:抽查 3 处。

检验方法:500 V 兆欧表测试。

一 般 项 目

13.9.3 每台电梯均应单独装设主开关,主开关应易于接近和操作,且符合下列规定:

1 应与报警装置、通风设备、电源插座、检修和维护照明等电源开关分开。

2 应具有稳定的断开和闭合位置,且在断开位置时能用挂锁或者其他等效装置锁住,有效防止误操作。

3 不同电梯的部件共用 1 个机房,则每台电梯的主开关应与驱动主机、控制柜、限速器等采用相同的标志。

检验数量:全数检查。

检验方法:观察检查、模拟试验。

13.9.4 动力与控制线路宜分开敷设或屏蔽隔离。

检验数量:全数检查。

检验方法:观察检查。

13.9.5 导线和无护套电缆应采取有效保护措施;护套电缆和橡胶软电缆不得明敷于地面。

检验数量:全数检查。

检验方法:观察检查。

13.9.6 导管、线槽的敷设应整齐、牢固。线槽内导线总面积不应大于线槽净面积的60%;导管内导线总面积不应大于导管净面积的40%;软管固定间距不应大于1 m,端头固定距离不应大于0.1 m。

检验数量:抽查3处。

检验方法:观察、尺量检查。

13.9.7 楼层指示灯盒、召唤按钮盒和消防开关盒的安装位置应正确,面板与墙面应贴实、横竖端正。

检验数量:抽查3处。

检验方法:观察、尺量检查。

13.9.8 轿顶与底坑内应设有照明和电源插座。

检验数量:全数检查。

检验方法:观察检查。

13.9.9 井道内应设置永久性电气照明,井道最高点和最低点0.5 m以内各装1盏灯,再设中间灯,灯距不应超过7 m,并分别在机房和底坑内设置1个控制开关。

检验数量:抽查3处。

检验方法:观察、尺量检查。

13.10 试运转

主控项目

13.10.1 试运行前,安装施工单位应提供自检合格报告,且安全保护验收应符合下列规定:

1 断相、错相保护装置或功能工作应可靠(如果有)。

2 短路保护装置与负载相匹配;动力电路应有过载保护装置。

3 限速器上的下行标志应与实际下行方向相符合;铭牌上的额定速度、动作速度必须与被检电梯相符;限速器运转应平稳。

4 耗能型缓冲器的复位时间应小于 120 s。

5 上、下极限开关在端站位置进行动作试验应正常,轿厢或对重接触缓冲器之前开关应动作,且缓冲器被压缩时,保持动作状态。

6 轿顶、机房(如果有)、滑轮间(如果有)、底坑的停止装置应为非自动复位的红色停止开关,动作应可靠。

7 轿厢意外移动保护装置应动作正确,试验方法与型式试验证书所标注的方法应一致。

检验数量:全数检查。

检验方法:观察、秒表检查、模拟试验。

13.10.2 检验下列安全开关,动作应可靠:

1 限速器绳张紧开关。

2 液压缓冲器复位开关。

3 轿厢安全窗(如果有)开关。

4 安全门、底坑门、检修活板门(如果有)的开关。

5 消防开关。

6 对可拆卸式紧急操作装置所需要的安全开关。

检验数量:全数检查。

检验方法:观察检查、模拟试验。

13.10.3 限速器与安全钳联动试验应符合下列规定:

1 限速器与安全钳电气开关动作可靠。

2 安全钳动作应可靠,限速器无颤抖现象;125% 额定载重量的轿厢向下检修运行,轿厢制动应可靠,轿底倾斜不大于 5%。

检验数量:全数检查。

检验方法:观察、水平尺检查、模拟试验。

13.10.4 层门、轿门的试验应符合下列规定:

1 在地铁深井道两层门间的距离超过 11 m 时,应急安全门应符合设计要求。层门开锁装置应使用统一的三角钥匙,并能够正常开启。

2 轿门或层门(在多扇门中任何一扇门)非正常打开时,驱动主机严禁启动或继续运行。

3 轿门和层门的强度(有摆锤试验的证明)、层门门脚与地坎的啮合深度应符合厂家要求。

检验数量:抽查3处。

检验方法:观察检查、模拟试验。

13.10.5 曳引式电梯曳引能力的试验应符合下列规定:

1 轿厢在行程上部范围空载上行及行程下部范围以125%额定载荷下行,分别停层3次以上,轿厢应制停可靠(空载上行应平层)。

2 轿厢载有125%额定载重量以正常运行速度下行时,切断电动机与制动器供电,电梯应制动可靠。

3 对重完全压在缓冲器上,驱动主机按轿厢上行方向连续运转,空载轿厢不得被向上提升。

检验数量:全数检查。

检验方法:观察检查、模拟试验。

一般项目

13.10.6 楼层、轿厢召唤按钮动作应灵活,信号显示清晰,控制功能应正确、有效。

检验数量:全数检查。

检验方法:观察检查。

13.10.7 轿厢超载装置或称重装置动作应准确、可靠。

检验数量:全数检查。

检验方法:载荷检查。

13.10.8 曳引电梯的平衡系数应为0.4~0.5。

检验数量:全数检查。

检验方法:查阅资料。

13.10.9 曳引电梯的噪声检验应符合下列规定(速度小于等于4 m/s):

1 机房噪声：不大于 80 dB(A)。
2 运行中轿厢内噪声：不大于 55 dB(A)。
3 开关门过程噪声：不大于 65 dB(A)。
检验数量：抽查 3 处。
检验方法：噪声仪检查。

13.10.10 平层准确度应在 ±15 mm 范围内。
检验数量：抽查 3 处。
检验方法：尺量检查。

13.10.11 轿门带动层门开、关运行，门扇与门扇、门扇与门套、门扇与门楣、门扇下端与地坎、轿厢门扇与轿壁应无刮碰现象。
检验数量：抽查 3 处。
检验方法：观察、尺量检查。

13.10.12 电梯轿厢内应设视频监控装置，远程监控、电梯监控接口（EMCS）功能应与设计要求相符，监控装置开关动作应灵活，信号显示应清晰，控制功能应正确、有效。
检验数量：全数检查。
检验方法：观察检查。

14 自动扶梯(人行道)

14.1 一般规定

14.1.1 站台自动扶梯(人行道)工程施工质量管理和验收除应符合本章的规定外,还应符合现行国家标准《自动扶梯和自动人行道的制造与安装安全规范》GB 16899、《电梯工程施工质量验收规范》GB 50310 及产品技术文件的规定。

14.1.2 自动扶梯(人行道)的施工单位及施工人员均应按照国家有关规定取得相应资格后,方可从事相关工作。

14.1.3 自动扶梯(人行道)安装前应对设备进行开箱验收,其随机文件应完整,随机附带的零、部件应与装箱单的说明相符,外观不应存在明显的损坏。主要资料包括下列内容:

 1 应具有梯级或踏板的型式试验报告复印件、胶带的断裂强度证明文件复印件和扶手带的断裂强度证明文件复印件。

 2 产品随机文件须齐全,包括产品出厂合格证、土建布置图、装箱单、安装及使用维护说明书、动力电路和安全电路的电气原理图等。

 3 出厂时已组装好的部件或整体吊装的自动扶梯包装应完整,无被拆装现象。

14.1.4 自动扶梯(人行道)安装前土建交接验收应符合下列规定:

 1 利用建筑结构吊装设备的承载力,达到安装设备的强度。

 2 预埋件应符合土建布置图的要求。

 3 自动扶梯与自动人行道在安装前,井道周围应设有保证安全的无孔围栏或屏障,其高度应大于 1.2 m。

14.2 自动扶梯(人行道)安装

主控项目

14.2.1 自动扶梯和自动人行道的相邻区域(与建筑物的接口安全尺寸)应符合下列规定:

1 自动扶梯和自动人行道的出入口应有充分畅通的区域,以容纳乘客。该畅通区的宽度至少等于扶手带中心线之间的距离,其纵深尺寸从扶手带转向端端部起算,至少为 2.5 m。如果该区宽度增至扶手带中心距的 2 倍以上,则其纵深尺寸允许减至 2 m。

2 自动扶梯和自动人行道在出入口区应具有一块安全立足地面,该地面从梳齿板根部起测量纵深至少为 0.85 m,梳齿板除外。

3 自动扶梯的梯级或自动人行道的踏板或胶带上空,垂直净高度不应小于 2.3 m。

4 如果建筑物的障碍物会引起人员伤害时,则应采取相应的预防措施,特别是在与楼板交叉处以及各交叉设置的自动扶梯或自动人行道之间,应在外盖板上方设置 1 块固定且无锐利边缘的垂直防碰挡板,其高度不应小于 0.3 m。例如:一块无孔的三角板,如扶手带中心线与任何障碍物之间距离不小于 0.5 m 时,则无须遵守这些规则。

检验数量:全数检查。

检验方法:观察、尺量检查。

14.2.2 不同回路导线对地的绝缘电阻,导体之间和导体对地之间的绝缘电阻应符合下列规定:

1 动力电路和电气安全装置:应大于 0.5 MΩ。

2 其他电路(控制、照明、信号等):应大于 0.25 MΩ。

检验数量:全数检查。

检验方法:兆欧表测试。

14.2.3 主电源线应采用 TN—S 制,电气设备、导管和线槽的裸露可导电部分均应与保护线(PE)可靠联接。扶梯桁架接地线的截面积应与相线一致;接地线应采用黄绿相间的绝缘导线。接地装置的接地电阻值应小于 4 Ω。

检验数量:全数检查。

检验方法:接地电阻测试仪测量,检查施工记录。

一般项目

14.2.4 自动扶梯安装还应符合下列规定:

1 梯级、踏板、胶带的楞齿、梳齿及梳齿板应完整、无毛刺及对肢体伤害的缺陷。

2 自动扶梯入口处应设置满足现行国家标准《自动扶梯和自动人行道的制造与安装安全规范》GB 16899 和地铁相关公共标识标准的安全标志;自动扶梯的防攀爬装置、围裙板防夹装置(毛刷等)、室外梯防排水安装应符合设计规范要求。

3 内盖板、外盖板、围裙板、护壁板接缝应平整,接缝处的凸台应小于 0.5 mm。

4 梳齿板梳齿与踏板齿槽的啮合深度应大于等于 6 mm。

5 梳齿板梳齿与踏板齿槽的间隙应大于等于 4 mm。

6 围裙板与梯级、踏板或胶带任何一侧的水平间隙应小于等于 4 mm,两边的间隙之和不应大于 7 mm。当自动人行道的围裙板设置在踏板或胶带之上时,踏板表面与围裙板下端之间的垂直间隙不应大于 4 mm。当踏板或胶带有横向摆动时,踏板或胶带的侧边与围裙板垂直投影之间不得产生间隙。

7 梯级或踏板之间的间隙在工作区段内的任何位置,从踏板测得的两个相邻梯级踏板之间的间隙不应大于 6 mm。在自动人行道过渡曲线区段,踏板的前缘和相邻踏板的后缘啮合,其间隙不应大于 8 mm。

8 护壁板之间的空隙不应大于 4 mm,上下间隙差小于 2 mm。

9 扶手带在扶手转向端入口处的最低点与地板之间的距离不应小于 0.20 m,也不应大于 0.25 m。

10 对于地铁用自动扶梯和自动人行道,根据乘客载荷计算或实测的最大挠度,不应超过支承距离 L_1 的 1/1 000。

检验数量:抽查 20%。

检验方法:观察、尺量检查。

14.2.5 自动扶梯的电气装置应符合下列规定:

1 在驱动主机附近、转向站中或控制装置旁,应设置 1 个能切断电动机、制动器释放装置和控制电路电源的主开关。

2 该开关不应切断电源插座或检查和维修所必需的照明电路的电源。

3 当辅助设备(例如:加热装置、扶手照明和梳齿板照明)分别单独供电时,应能单独切断。各相应开关应位于主开关近旁并采用明显的标志。

4 配线应符合本标准第 14.2.2 和 14.2.3 条的规定。

检验数量:全数检查。

检验方法:观察、模拟试验。

14.3 试运转

14.3.1 在下列情况下,自动扶梯、自动人行道必须自动停止运行,且本条第 4~11 款情况下的开关断开的动作必须通过安全触点或安全电路来完成。

1 无控制电压。

2 电路接地的故障。

3 过载。

4 控制装置在超速和运行方向非操纵逆转下动作。

5 附加制动器动作。

6 直接驱动梯级、踏板或胶带的部件（如链条或齿条）断裂或过分伸长。

7 驱动装置与转向装置之间的距离缩短。

8 梯级、踏板或胶带进入梳齿板处有异物夹住,且产生损坏梯级、踏板或胶带支撑结构。

9 无中间出口的连续安装的多台自动扶梯、自动人行道中的一台停止运行。

10 扶手带入口保护装置动作。

11 梯级或踏板下陷。

检验数量：全数检查。

检验方法：观察、模拟试验。

14.3.2 超速保护和非操纵逆转保护应符合下列规定：

1 自动扶梯和自动人行道应配备速度限制装置,使其在速度超过额定速度 1.2 倍之前自动停车,能切断自动扶梯或自动人行道的电源。

2 自动扶梯和倾斜度大于 6°的自动人行道应设置一个装置,使其在梯级、踏板或胶带改变规定运行方向时,自动停止运行。

3 扶手带的运行速度相对梯级、踏板或胶带速度允许偏差为 $0 \sim +2\%$。

4 对于地铁用自动扶梯和倾斜度大于 6°的自动人行道,必须设置有附加制动器,附加制动器应功能有效。

检验数量：全数检查。

检验方法：秒表、卷尺测量。

14.3.3 自动扶梯制动试验应符合下列规定：

1 自动扶梯应进行空载和有载向下运行制动试验,制停距离应符合表 14.3.3-1 的规定。

表 14.3.3-1　制停距离

额定速度(m/s)	制停距离范围(m)	
	自动扶梯	自动人行道
0.5	0.20～1.00	0.20～1.00
0.65	0.30～1.30	0.30～1.30
0.75	0.35～1.50	0.35～1.50
0.90	—	0.55～1.70

2 自动扶梯应进行有载制动载荷的制停距离试验,制动载荷应符合表 14.3.3-2 的规定,制停距离应符合表 14.3.3-1 的规定。

表 14.3.3-2　制动载荷

梯级、踏板或胶带的名义宽度(m)	自动扶梯每个梯级上的载荷(kg)	自动人行道每 0.4 m 长度上的载荷(kg)
$z \leqslant 0.6$	60	50
$0.6 < z \leqslant 0.8$	90	75
$0.8 < z \leqslant 1.1$	120	100

检验数量:全数检查。

检验方法:砝码,卷尺测量。

14.3.4 上行和下行的自动扶梯梯级、踏板或胶带与围裙板之间应无刮碰现象,扶手带外表面应无刮痕。

检验数量:全数检查。

检验方法:观察检查。

14.3.5 自动扶梯驱动链在工作中应始终保持润滑状态;当润滑装置故障时,应报警。制造厂应提供驱动链检查要求和维护保养要求。

检验数量:全数检查。

检验方法:观察检查。

14.3.6 自动扶梯和自动人行道布置区应有视频监视系统,监视图像应清晰,存储应满足监控要求。自动扶梯监控接口(EMCS)功能应与设计要求相符,监控装置开关动作应灵活,信号显示应清晰,控制功能应正确、有效。

检验数量:全数检查。

检验方法:观察检查。

15 自动售检票系统

15.1 一般规定

15.1.1 自动售检票系统工程质量的验收应包括管槽安装及线缆敷设、车站终端设备、车站计算机系统、多线中央计算机系统、清分系统、接口调试和电源接地与防雷。

15.1.2 工程采用的主要材料、构配件和设备,施工单位应对其外观、规格、型号和质量证明文件等进行验收,并应经监理单位检查认可。

15.1.3 系统开通前应委托具有相应资质的检测单位进行系统检测。

15.1.4 自动售检票系统工程应作为一个独立的单位工程,划分为分部工程、分项工程和检验批,应符合附录 A 的相关要求。

15.1.5 自动售检票系统工程质量验收还应符合现行国家标准《建筑工程施工质量验收统一标准》GB 50300 和《城市轨道交通自动售检票系统工程质量验收标准》GB/T 50381 以及上海地铁云支付应用技术标准的有关规定。

15.1.6 车站终端设备安装之前,建筑条件应符合下列规定:

1 墙面、地面装饰完毕。

2 设备安装位置预留出线口,出线口尺寸、数量、位置符合设计要求。

15.1.7 车站终端设备安装及配线应按现行国家标准《城市轨道交通自动售检票系统工程质量验收标准》GB/T 50381 的要求进行验收。

15.1.8 车站计算机系统设备、多线中央计算机系统设备、清分系统设备安装之前,建筑条件应符合下列规定:

1 墙面粉刷完毕。

2 地面找平层铺砌完成。

3 防静电漆涂刷完毕。

4 防静电地板根据设计要求进行防静电接地连接,接地导线分别与地板支撑和防静电接地铜排可靠连接。

5 机房门、窗、锁和环控等设施完好,温湿度等环境符合设计要求。

15.1.9 车站计算机系统设备安装、配线以及车站局域网的性能检测应按现行国家标准《城市轨道交通自动售检票系统工程质量验收标准》GB/T 50381 的要求进行验收。

15.1.10 多线中央计算机系统以及数据汇聚点设备安装、配线以及局域网的性能检测可按照现行国家标准《城市轨道交通自动售检票系统工程质量验收标准》GB/T 50381 中对线路中央计算机系统的有关要求进行验收。

15.1.11 清分系统设备安装、配线以及局域网的性能检测应按现行国家标准《城市轨道交通自动售检票系统工程质量验收标准》GB/T 50381 的要求进行验收。

15.2 管槽安装及线缆敷设

15.2.1 管槽安装前,建筑条件宜符合下列规定:

1 建筑结构已施工完毕。

2 房间隔墙已砌筑完毕,预留孔无遗留。

3 建筑垃圾已清理干净或残留的建筑垃圾不影响管槽安装施工,现场无积水。

4 预录的 AFC 系统线槽预埋位置符合设计要求。

5 设备的设计安装位置与消火栓、导向牌、围栏等其他设施不冲突,操作和维护距离满足设计要求。

15.2.2 管槽安装、管槽接头、管槽封口、桥架安装应按现行国家标准《城市轨道交通自动售检票系统工程质量验收标准》GB/T 50381的要求进行验收。

15.2.3 线缆敷设前,管槽应已安装到位,并通过验收。

15.2.4 线缆敷设、线缆引入、线缆接续、线缆特性检测应按现行国家标准《城市轨道交通自动售检票系统工程质量验收标准》GB/T 50381的要求进行验收。

15.3 车站终端设备

15.3.1 自动售票机的功能检测应符合下列规定:

主控项目

1 应能接受车站计算机系统下发的系统参数、控制命令,并向车站计算机系统上传原始交易数据和设备状态信息。

检验数量:全数检查。

检验方法:在车站计算系统上下发系统参数和控制命令,在自动售票机上进行购票操作和维护操作。

2 应能动态显示轨道交通线路、票价、投入钱币金额及设备运行状态等信息,根据乘客购票的实际金额及找零箱储币量,实时显示当前允许接收的最大纸币面额。

检验数量:全数检查。

检验方法:在自动售票机上进行购票操作。

3 应支持硬币、纸币付费方式,具有一次性出售同一票价多张车票的功能,并具有硬币和纸币找零功能,且显示找零信息。

检验数量:全数检查。

检验方法:在自动售票机上进行购票操作。

4 应具有日志记录功能,包括操作日志、维护日志等。

检验数量:全数检查。

检验方法:在自动售票机上进行购票操作和维护操作。

5 应能通过车站计算系统更新设备主程序及主要部件软件版本(读卡器、硬币模块、纸币模块、发卡模块等)和主机界面文件下载。

检验数量:全数检查。

检验方法:在车站计算机系统上进行设备及部件的软件版本更新和界面文件下载。

6 部件更换(工控机、读卡器、硬币模块、纸币模块、发卡模块等)后应向车站计算机系统上传更换信息。

检验数量:全数检查。

检验方法:更换设备部件。

7 设备应具有多种操作模式,各模式下设备的表现应符合设计要求,且应能自动切换,包括下列模式:

1) 正常售票模式。

2) 无纸币找零模式。

3) 只收硬币模式。

4) 只收纸币模式。

5) 维修模式。

6) 暂停服务模式。

7) 停止服务模式。

检验数量:全数检查。

检验方法:对照各模式的设计要求逐项检查试验。

8 设备应支持多种购票方式,包括:

1) 先点击线路按钮,进入单条线路界面,选择目的地车站。

2) 通过对路网图的缩放和拖动,乘客触摸标识键可选择目的地车站。

3) 直接点击对应票价的按钮购票。

检验数量:全数检查。

检验方法:对照功能要求逐项检查试验。

9 当与车站计算机系统通信中断时,设备应具有单机工作和数据保存能力,通信恢复后,应能将保存的交易数据及时上传给车站计算机,并具有离线数据导入和导出功能。

检验数量:全数检查。

检验方法:对照功能要求逐项检查试验。

10 乘客显示界面应符合下列规定:

1) 乘客选择完票价后,触摸屏上应能立即自动弹出票价和张数的显示框(默认为单张票价),相应的收费金额应立即显示在显示框上。

2) 在未支付足够付款或乘客未确认前,乘客应可按触摸屏弹出框上的取消按钮中止正在进行的交易。此外,当乘客购票操作步骤间中断时间超过所规定的时间,自动售票机将自动中止交易,中止交易后应返还已投入的硬币及纸币,中断时限应可通过参数设置。

3) 在上一次购票交易完成后,自动售票机应能自动返回主界面。

4) 自动售票机应能根据付费金额、先找纸币后找硬币原则,自动计算合理的硬币纸币找零数量,同时在乘客显示器上弹出框显示相应找零金额。

5) 在乘客显示器上,应对可接受的硬币及纸币面额有明确提示。

6) 对于乘客的有效和无效操作,乘客显示器上应有明确的有效操作提示。

7) 当出票口、退币口及找零口有车票、硬币或纸币时,应有明显的灯光提示。

检验数量:全数检查。

检验方法:对照功能要求逐项检查试验。

11 车票处理应符合下列规定:

1）车票处理模块应能自动完成供票、赋值及出票的处理过程,车票处理速度应符合设计要求。
2）自动售票机应能一次性发售单张或同一票价多张车票,其上限应可通过参数进行设置。
3）自动售票机在对车票赋值前应进行车票的有效性检查,在对车票赋值后应对所写数据进行校验。如果有效性检查及校验失败,车票应被送到废票箱,同时设备应尝试再次发售车票。如果连续出现检查/校验错误的次数达到参数设置次数时,设备应暂停服务并报告车站计算机,已投入的纸币、硬币应返还给乘客。
4）票箱容量应符合设计要求,自动售票机应能对票盒状态进行检测并将状态上传至车站计算机系统。当票盒渐空时提醒车站值班人员添加车票。当票盒空时,暂停售票服务。

检验数量:全数检查。

检验方法:对照功能要求逐项检查试验。

12 纸币处理应符合下列规定:
1）应能接受多种不同纸币参数设置,纸币可以四个方向任意插入而不影响其检验的正确性。
2）纸币识别时间、纸币找零时间、假币识别率、真币接收率等性能指标应符合设计要求。
3）纸币暂存器、纸币回收箱、纸币找零箱(若采用单找零模块)、纸币补充箱和纸币循环装置(若采用循环模块)的配置数量和纸币容量应符合设计要求。
4）钱箱安全管理应符合设计要求。
5）自动售票机暂停接收纸币、暂停服务或关闭时,投币口应关闭不接收纸币。

检验数量:全数检查。

检验方法:对照功能要求逐项检查试验。

13 硬币处理应符合下列规定：

1） 应能接受多种不同硬币参数设置。

2） 硬币识别时间、硬币找零时间、假币识别率、真币接收率等性能指标应符合设计要求。

3） 硬币缓存找零器、硬币回收箱、硬币找零箱的配置数量和硬币容量应符合设计要求。

4） 钱箱安全管理应符合设计要求。

5） 自动售票机暂停接收硬币、暂停服务或关闭时，投币口应关闭不接收硬币。

14 其他功能检测应按现行国家标准《城市轨道交通自动售检票系统工程质量验收标准》GB/T 50381 的要求进行验收。

15.3.2 半自动售票机的功能检测应符合下列规定：

主控项目

1 应能接受车站计算机系统下发的系统参数、控制命令，并向车站计算机系统上传原始交易数据和设备状态信息；支持各类云支付介质线下密钥授权、进出站更新以及各类云支付交易报文上传。

检验数量：全数检查。

检验方法：在车站计算系统上下发系统参数和控制命令，在半自动售票机上进行票务处理操作和维护操作。

2 应具有日志记录功能，包括操作日志、维护日志等。

检验数量：全数检查。

检验方法：在半自动售票机上进行票务处理操作和维护操作。

3 应能通过车站计算系统更新设备主程序及主要部件软件版本（读卡器、发卡模块等）。

检验数量：全数检查。

检验方法：在车站计算机系统上进行设备及部件的软件版本更新。

4 部件更换(工控机、读卡器、发卡模块等)后应向车站计算机系统上传更换信息。

检验数量:全数检查。

检验方法:更换设备部件。

5 设备应具有多种操作模式,各模式下设备的表现应符合设计要求,且应能自动切换,包括下列模式:

1)售票模式。

2)补票模式。

3)暂停服务模式。

4)停止服务模式。

检验数量:全数检查。

检验方法:对照各模式的设计要求逐项检查试验。

6 当与车站计算机系统通信中断时,设备应具有单机工作和数据保存能力,通信恢复后,应能将保存的交易数据及时上传给车站计算机,并具有离线数据导入和导出功能。

检验数量:全数检查。

检验方法:对照功能要求逐项检查试验。

7 设备对车票的分析、发售、补票、加值、续期、更新等功能应符合设计要求。

检验数量:全数检查。

检验方法:对照功能要求逐项检查试验。

8 设备应能向操作员提供实收金额的输入界面,并显示应找零金额的功能。同时,相应内容均需显示在乘客显示屏上,且同时进行相应语音播报,界面显示及语音播报内容应符合设计要求。

检验数量:全数检查。

检验方法:对照功能要求逐项检查试验。

9 其他功能检测应按现行国家标准《城市轨道交通自动售检票系统工程质量验收标准》GB/T 50381 的要求进行验收。

15.3.3 自动检票机的功能检测应符合下列规定：

主控项目

1 应能接受车站计算机系统下发的系统参数、控制命令，并向车站计算机系统上传原始交易数据和设备状态信息；支持各类云支付介质进出站，支持各类云支付交易报文上传。

检验数量：全数检查。

检验方法：在车站计算系统上下发系统参数和控制命令，在自动检票机上进行检票操作和维护操作。

2 应具有日志记录功能，包括操作日志、维护日志等。

检验数量：全数检查。

检验方法：在自动检票机上进行检票操作和维护操作。

3 应能通过车站计算系统更新设备主程序及主要部件软件版本（读卡器、回收模块、通道阻挡装置等）。

检验数量：全数检查。

检验方法：在车站计算机系统上进行设备及部件的软件版本更新。

4 部件更换（工控机、读卡器、回收模块、通道阻挡装置等）后应向车站计算机系统上传更换信息。

检验数量：全数检查。

检验方法：更换设备部件。

5 设备应具有多种操作模式，各模式下设备的表现应符合设计要求，且应能自动切换，包括下列模式：

1） 正常模式。

2） 降级运行模式。

3） 维护模式。

4） 暂停服务模式。

5） 停止服务模式。

检验数量：全数检查。

检验方法:对照各模式的设计要求逐项检查试验。

6 当与车站计算机系统通信中断时,设备应具有单机工作和数据保存能力,通信恢复后,应能将保存的交易数据及时上传给车站计算机,并具有离线数据导入和导出功能。

检验数量:全数检查。

检验方法:对照功能要求逐项检查试验。

7 设备对各类车票的处理应符合设计要求。

检验数量:全数检查。

检验方法:对照功能要求逐项检查试验。

8 若设备采用旋转门或剪式门作为通道阻挡装置,对各类乘客的通行应能按设计要求进行处理。

检验数量:全数检查。

检验方法:对照功能要求逐项检查试验。

9 乘客显示界面、警示灯及蜂鸣器的工作方式应符合设计要求。

检验数量:全数检查。

检验方法:对照功能要求逐项检查试验。

10 其他功能检测应按现行国家标准《城市轨道交通自动售检票系统工程质量验收标准》GB/T 50381 的要求进行验收。

15.3.4 便携式检票机的功能检测应符合下列规定:

主控项目

1 便携式检票机为离线工作设备,应有数据传输接口与车站计算机系统进行数据通信,下载所需的系统参数,并上传交易数据。

检验数量:全数检查。

检验方法:对照功能要求逐项检查试验。

2 便携式检票机应支持人工选择操作的车站及工作模式。

检验数量:全数检查。

检验方法:对照功能要求逐项检查试验。

3 便携式检票机操作时应可显示检票和查询的相关信息,如票种、票值、历史数据、有效期、无效原因和应收票价等。

检验数量:全数检查。

检验方法:对照功能要求逐项检查试验。

4 其他功能检测应按现行国家标准《城市轨道交通自动售检票系统工程质量验收标准》GB/T 50381 的要求进行验收。

15.4 车站计算机系统

15.4.1 车站计算机系统的功能检测应符合下列规定:

主控项目

1 应能接收和储存车站终端设备上传的交易数据、寄存器数据、状态数据等各类数据,并上传至多线中央计算机系统,支持各类云支付交易报文接收与上传。

检验数量:全数检查。

检验方法:在终端设备上进行各类交易与维护操作。

2 应能接收和储存多线中央计算机系统下达的系统运行参数和控制指令,并下传至车站终端设备。

检验数量:全数检查。

检验方法:在多线中央计算机系统上下发系统参数和控制指令。

3 应能实时监控车站自动售检票系统设备和客流,符合下列规定:

1) 实时监视车站设备的运行状态,以图形界面模拟车站终端设备的平面布置,实时显示车站设备的通信状态、运行状态及故障情况。

2) 向车站终端设备下达运行控制命令。

3)对车站客流进行监控,直观地反映各时段客流分布情况。

　检验数量:全数检查。

　检验方法:对照功能要求逐项检查试验。

4 应具有对车站终端设备及部件软件版本的更新功能。

　检验数量:全数检查。

　检验方法:对照功能要求逐项检查试验。

5 应能实现票务收益管理功能,符合下列规定:

　　1)对车站终端设备的车票、现金及班次数据进行统计,生成收益报表。

　　2)提供票务人员车站日常需填记报表的手工输入界面。

　　3)具备人工填报数据与系统数据的对账功能,生成对账报表。

　检验数量:全数检查。

　检验方法:对照功能要求逐项检查试验。

6 应具有系统运行模式的管理功能。

　检验数量:全数检查。

　检验方法:下达运行模式命令。

7 当与多线中央计算机系统通信中断时,车站计算机系统应具有单机工作和数据保存能力,通信恢复后,应能将保存的交易数据及时上传至多线中央计算机系统,并具有离线数据导入和导出功能。

　检验数量:全数检查。

　检验方法:对照功能要求逐项检查试验。

8 其他功能检测应按现行国家标准《城市轨道交通自动售检票系统工程质量验收标准》GB/T 50381的要求进行验收。

15.4.2 紧急按钮的功能检测应符合下列规定:

主控项目

1 紧急按钮按下时,车站计算机系统应能向所有终端设备下发紧急模式命令,当所有检票机通道阻挡装置释放后,紧急模式执行反馈指示灯应点亮。

检验数量:全数检查。

检验方法:按下紧急按钮。

2 紧急按钮恢复后,所有终端设备应能自动恢复正常运行。

检验数量:全数检查。

检验方法:恢复紧急按钮。

15.5 多线中央计算机系统

15.5.1 多线中央计算机系统的功能检测应符合下列规定:

主控项目

1 应具有运营管理功能,符合下列规定:

1) 实现轨道交通网络 AFC 系统线路级的数据管理功能,收集车站计算机系统上传的各类数据;对收集得到的数据进行校验、保存等处理后,将指定类型的数据转发至清分系统;支持各类云支付交易报文接收与上传。

2) 具有参数管理功能,接收清分级参数并转发至车站计算机系统,编辑线路级参数并下发至车站计算机系统,具有参数维护功能。

3) 实现车站计算机系统和终端设备的运行状态管理,监视系统及设备运行状态,显示管辖线路客流信息,根据需要下达控制命令,具有运行模式管理功能。

4) 应对轨道交通网络 AFC 系统进行收益管理。

5) 具有权限管理功能。

6) 能按要求生成 AFC 系统的分析数据,为系统运营、运作、客流、收益及设备管理等方面提供决策支持分析数据。

7）实现不同线路的管理需求,包括线路级参数、设备监控、客流监控、软件管理等功能,系统应具备对每条接入线路分别管理的功能,包括各运营公司按需求进行的远程访问、查询等功能。

检验数量:全数检查。

检验方法:对照功能要求逐项检查试验。

2 应具有维护管理功能,符合下列规定:

1）应具有对系统和设备及部件的管理功能,对设备的运行状态进行监视;根据设备的运行状态数据,生成设备运行状况报表;设备运行日志收集审计;跟踪设备内具有电子编号部件的安装情况、跟踪设备部件的添加及替换等记录、跟踪设备关键部件的使用情况及安装位置,生成部件信息报表。

2）应具有系统和设备及部件的维修维护管理功能。根据设备的维修记录,生成维修统计报告;提供各线路备品备件的库存管理功能;按线路制定设备保养维护计划;进行维修调度,提供维修决策支持。

3）应具有系统、设备及部件的软件管理功能,制定软件更新计划;生成软件更新报告。

4）应具有系统运行状态监控功能。对网络设备运行状态及性能监控,防火墙运行状况监控,入侵防御设备运行监控,系统主机性能监控,数据库性能监控和终端设备性能监控。

5）应具备时钟同步功能,接受统一时钟标准同步信号,并下达给车站计算机系统。

检验数量:全数检查。

检验方法:对照功能要求逐项检查试验。

3 应具有安全管理功能,符合下列规定:

1）应实现对访问线路的安全控制,实现系统用户访问管理,包括线路内权限管理,限定不同工作人员的访问权限、访问时间、访问方式等;访问内容控制及操作权限控制;保护服务器及应用进程。

2) 应隔离不同安全域之间的安全隐患,阻断网络中的攻击,对业务环境下的网络操作行为进行细粒度审计的合规性管理,进行系统网络安全管理。

3) 应实现对系统的病毒防护,自动清除病毒、蠕虫、特洛伊木马及间谍软件,病毒实时防护与查杀,分级分时升级病毒数据库。

4) 应进行网络管理,管理接入的各种网络设备如交换机、路由器、服务器等,对系统内全部网络设备进行配置,监视和控制,设备网络运行状态监视及管理,进行自我诊断。

5) 应进行数据审核、数据备份及恢复、线路内设备入网注册、系统间安全访问控制等。

检验数量:全数检查。

检验方法:对照功能要求逐项检查试验。

4 应具有测试功能,符合下列规定:

1) 应具备与车站计算机系统进行联网模拟测试的能力。
2) 应具备与清分系统进行联网模拟测试的能力。
3) 应能模拟多线中央计算机系统的所有功能。
4) 应具备生成各种模拟数据的功能。
5) 应具备对测试过程的管理功能,包括测试用例管理、测试人员管理、测试计划安排、测试结果汇总、问题分析与跟踪等。

检验数量:全数检查。

检验方法:对照功能要求逐项检查试验。

5 系统性能指标应符合设计要求,包括下列内容:

1) 数据处理能力。

2）接入车站和终端设备最大数量。
3）数据请求响应时间。
4）报表生成时间。
5）数据保存时间。

检验数量：全数检查。

检验方法：进行系统后台处理试验。

15.5.2 容灾备份功能检测应符合下列规定：

主控项目

1 正常情况下，主用系统和备用系统均处于运行状态，主用系统数据库按照预先制定的备份规则进行数据全备份和增量备份，并将主用系统数据库复制到备用系统数据库，备份时间应符合设计要求。

检验数量：全数检查。

检验方法：对数据备份功能进行试验。

2 当主用系统中的一台数据服务器发生故障，产生故障服务器上的应用会自动快速切换到冗余热备的另一台服务器上，切换时间应符合设计要求。

检验数量：全数检查。

检验方法：进行热备切换试验。

3 当整个主用系统瘫痪时，备用系统应及时向管理员发送各类警报，并根据系统自动判断或由人工启动接管主用系统业务运行；当主用系统故障修复后，备用系统将数据复制回主用系统，并将应用切换回主用系统，备用系统重新回到备份状态，备用系统启动及恢复时间应符合设计要求。

检验数量：全数检查。

检验方法：进行主用系统与备用系统切换与恢复试验。

15.5.3 线路汇聚点设备的功能检测应符合下列规定：

主控项目

1 应能接收车站计算机系统上传的交易数据、状态数据和寄存器数据等各类数据,并实时转发至多线中央计算机系统。

检验数量:全数检查。

检验方法:在车站上传各类数据。

2 应能接收由多线中央计算机系统转发的清分级参数,多线中央计算机系统编辑下发的线路级参数、命令,以及各类通过FTP下发的文件等,并实时转发至车站计算机系统。

检验数量:全数检查。

检验方法:在多线中央计算机系统上下发各类参数、命令以及文件。

3 应完成本线路所有终端设备的防病毒软件管理。

检验数量:全数检查。

检验方法:对照功能要求逐项检查试验。

15.6 清分系统

15.6.1 清分系统的功能检测应符合下列规定:

主控项目

1 应具有运营管理功能,符合下列规定:

1) 具备对全路网各类轨道交通专用票卡进行统一的采购、制作、发行和管理功能,具有完善的密钥安全管理体系。
2) 统一清分轨道交通网络中各线路的票务收入,并将公共交通卡或其他机构发行票卡的交易数据发送至外部机构。
3) 对客流、票务收入、车票使用等信息进行统计分析,对各类系统参数及数据进行维护管理,提供有关的统计信息。

4）支持各类云支付交易报文接收、相关参数的编辑与下发,支持各类云支付介质密钥授权,支持与地铁宝相关的各项功能。

检验数量:全数检查。

检验方法:对照功能要求逐项检查试验。

2 应具有维护管理功能,符合下列规定:
1) 应具有对清分系统和设备及部件的维修管理功能,接收多线中央计算机系统生成的维修管理数据并进行展示。
2) 应具有系统软件管理功能告。
3) 应具有系统运行状态监控功能。对网络设备运行状态及性能监控,防火墙运行状况监控,入侵防御设备运行监控,系统主机性能监控,数据库性能监控和终端设备性能监控。

检验数量:全数检查。

检验方法:对照功能要求逐项检查试验。

3 应具有安全管理功能,符合下列规定:
1) 应实现系统用户访问管理,限定不同工作人员的访问权限、访问时间、访问方式等;访问内容控制及操作权限控制;保护服务器及应用进程。
2) 应隔离与外部系统之间的安全隐患,阻断网络中的攻击,对业务环境下的网络操作行为进行细粒度审计的合规性管理,进行系统网络安全管理。
3) 应实现对系统的病毒防护,自动清除病毒、蠕虫、特洛伊木马及间谍软件,病毒实时防护与查杀,分级分时升级病毒数据库。
4) 应进行网络管理,管理接入的各种网络设备如交换机、路由器、服务器等,对系统内全部网络设备进行配置,监视和控制,设备网络运行状态监视及管理,进行自我诊断。
5) 应进行数据审核、数据备份及恢复、线路内设备入网注册、系统间安全访问控制等。

检验数量:全数检查。

检验方法:对照功能要求逐项检查试验。

4 应具有测试功能,符合下列规定:

1) 应具备与多线中央计算机系统进行联网模拟测试的能力。
2) 应能模拟清分系统的主要功能。
3) 应具备生成各种模拟数据的功能。
4) 应具备对测试过程的管理功能,包括测试用例管理、测试人员管理、测试计划安排、测试结果汇总、问题分析与跟踪等。

检验数量:全数检查。

检验方法:对照功能要求逐项检查试验。

5 系统性能指标应符合设计要求,包括下列内容:

1) 数据处理能力。
2) 接入车站和终端设备最大数量。
3) 数据请求响应时间。
4) 报表生成时间。
5) 数据保存时间。

检验数量:全数检查。

检验方法:进行系统后台处理试验。

6 应具备对线网门禁设备的集中管理和集中授权功能,符合下列规定:

1) 具备门禁卡的集中授权管理功能。
2) 实现门禁卡出入记录查询。
3) 具备员工卡数据的同步功能。

检验数量:全数检查。

检验方法:对照功能要求逐项检查试验。

7 其他功能检测应按现行国家标准《城市轨道交通自动售检票系统工程质量验收标准》GB/T 50381 的要求进行验收。

15.6.2 容灾备份功能检测应符合下列规定：

主控项目

1 正常情况下,主用系统和备用系统均处于运行状态,主用系统数据库按照预先制定的备份规则进行数据全备份和增量备份,并将主用系统数据库复制到备用系统数据库,备份时间应符合设计要求。

检验数量:全数检查。

检验方法:对数据备份功能进行试验。

2 当主用系统中的一台数据服务器发生故障,产生故障服务器上的应用会自动快速切换到冗余热备的另一台服务器上,切换时间应符合设计要求。

检验数量:全数检查。

检验方法:进行热备切换试验。

3 当整个主用系统瘫痪时,备用系统应及时向管理员发送各类警报,并根据系统自动判断或由人工启动接管主用系统业务运行；当主用系统故障修复后,备用系统将数据复制回主用系统,并将应用切换回主用系统,备用系统重新回到备份状态,备用系统启动及恢复时间应符合设计要求。

检验数量:全数检查。

检验方法:进行主用系统与备用系统切换与恢复试验。

15.6.3 网络化运营验收功能检测应按现行国家标准《城市轨道交通自动售检票系统工程质量验收标准》GB/T 50381 的要求进行验收。

15.7 接口调试

主控项目

15.7.1 与综合监控系统的接口应符合下列规定：

1 自动售检票系统应向综合监控系统提供系统运行模式、

客流数据和设备状态等数据。

2 综合监控系统应在车站综合后备盘上提供 AFC 紧急按钮及指示灯。

检验数量:全数检查。

检验方法:对照功能要求逐项检查试验。

15.7.2 与火灾自动报警系统的接口应符合下列规定:当车站终端售检票系统接收到火灾自动报警系统的火灾报警信号后,应立即启动 AFC 紧急放行模式;当所有检票机通道阻挡装置释放后,向给 FAS 系统发出反馈信号。

检验数量:全数检查。

检验方法:对照功能要求逐项检查试验。

15.8 电源、接地与防雷

15.8.1 配电柜、不间断电源的安装地面应无凹凸现象,地面均布荷载应符合设计要求。

15.8.2 暗配管道、预留孔、预埋件的技术条件应符合设计要求。

15.8.3 电源系统的供电条件应符合设计要求。

15.8.4 接地系统的共用综合接地体的接地电阻值应符合设计要求。

15.8.5 电源防雷设施设备和功能应符合设计要求。

15.8.6 设备安装的环境应符合电磁环境设计要求。

15.8.7 电源安装、电源布线、防雷与接地应按现行国家标准《城市轨道交通自动售检票系统工程质量验收标准》GB/T 50381 的要求进行验收。

16 火灾自动报警系统

16.1 一般规定

16.1.1 本章适用于火灾自动报警系统施工质量的检验与验收。

16.1.2 火灾自动报警系统的施工质量除应符合本标准的规定外,尚应符合现行国家标准《建筑电气工程施工质量验收规范》GB 50303、《智能建筑工程质量验收规范》GB 50339、《火灾自动报警系统施工及验收标准》GB 50166 的有关规定。

16.1.3 消防联动控制系统应实现消火栓系统、自动灭火系统、防烟排烟系统以及消防电源及应急照明、疏散指示、防火卷帘、电动挡烟垂帘、消防广播、售检票机、站台门、门禁、自动扶梯等系统在火灾情况下的消防控制。系统的联动控制必须符合现行国家标准《地铁设计规范》GB 50157 及《火灾自动报警系统设计规范》GB 50116。

16.2 系统布线

主控项目

16.2.1 明敷设各类管路和槽盒时,应采用单独的卡具吊装或支撑物固定。吊装槽盒或管路的吊杆直径不应小于 6 mm。

检验数量:全数检查。

检验方法:尺量、观察检查。

16.2.2 槽盒敷设时,应在下列部位设置吊点或支点:

1 槽盒始端、终端及接头处。

2 距接线盒 0.2 m 处。

3 槽盒转角或分支处。

4 直线段不大于 3 m 处。

检验数量:全数检查。

检验方法:尺量、观察检查。

16.2.3 槽盒、金属线管应作保护接地。

检验数量:全数检查。

检验方法:观察检查。

16.2.4 从接线盒、槽盒等处引到探测器底座、控制设备、扬声器的线路,当采用金属软管保护时,其长度不应大于 2 m。

检验数量:全数检查。

检验方法:尺量、观察检查。

16.2.5 敷设在多尘或潮湿场所管路的管口和管子连接处,均应做密封处理。

检验数量:全数检查。

检验方法:观察检查。

16.2.6 管路长度和弯曲出现下列情况时,应在便于接线处装设接线盒:

1 管路长度每超过 30 m,无弯曲时。

2 管路长度每超过 20 m,有 1 个弯曲时。

3 管路长度每超过 10 m,有 2 个弯曲时。

4 管路长度每超过 8 m,有 3 个弯曲时。

检验数量:全数检查。

检验方法:尺量、观察检查。

16.2.7 金属管子入盒,盒外侧应套锁母,内侧应装护口;在吊顶内敷设时,盒的内外侧均应套锁母。塑料管入盒应采取相应固定措施。

检验数量:全数检查。

检验方法:观察检查。

16.2.8 导线敷设时,应符合下列规定:

1 导线的种类、电压等级应符合设计要求。

2 线缆应使用防火槽盒和专用线管单独敷设,系统内不同电压等级、不同电流类别的线路,不应布在同一管内或槽盒的同一槽孔内。

3 导线在管内或槽盒内,不应有接头或扭结。导线连接应在端子箱或接线盒内进行,导线连接采用可靠的压接,对于软线电缆宜采用焊接。

4 导线应根据不同用途选不同颜色加以区分,相同用途的导线颜色应一致。电源线正极应为红色,负极应为蓝色或黑色。

检验数量:全数检查。

检验方法:观察检查。

16.2.9 火灾自动报警系统导线敷设后,应用 500 V 兆欧表测量每个回路导线对地的绝缘电阻,且绝缘电阻值不应小于 20 MΩ。

检验数量:全数检查。

检验方法:兆欧表测量。

一般项目

16.2.10 槽盒接口应平直、严密,槽盖应齐全、平整、无翘角。并列安装时,槽盖应便于开启。

检验数量:全数检查。

检验方法:观察检查。

16.2.11 管线经过建筑物的变形缝(包括沉降缝、伸缩缝、抗震缝等)处,应采取补偿措施,导线跨越变形缝的两侧应固定,并留有适当余量。

检验数量:全数检查。

检验方法:观察检查。

16.2.12 在管内或槽盒内的布线,应在建筑抹灰及地面工程结束后进行,管内或槽盒内不应有积水及杂物。

检验数量:全数检查。

检验方法:观察检查。

16.3 控制器类设备安装

主控项目

16.3.1 火灾报警控制器、消防联动控制器安装在墙上时,其主显示屏高度宜为 1.5 m～1.8 m。可燃气体报警控制器、区域显示器等控制器类设备(以下称控制器)在墙上安装时,其底边距地(楼)面高度宜为 1.3 m～1.5 m,其靠近门轴的侧面距墙不应小于 0.5 m,正面操作距离不应小于 1.2 m;落地安装时,其底边宜高出地(楼)面 0.1 m～0.2 m。控制器应安装牢固,不应倾斜;安装在轻质墙上时,应采取加固措施。

检验数量:全数检查。

检验方法:观察、手掰检查。

16.3.2 引入控制器的电缆或导线应符合下列规定:

1 配线应整齐,不宜交叉,并应固定牢靠。

2 电缆芯线和所配导线的端部均应标明编号,且与图纸一致,字迹应清晰且不易褪色。

3 端子板的每个接线端,接线不得超过 2 根。

4 电缆芯和导线应留有不小于 200 mm 的余量。

5 导线分别应绑扎成束,汇集在端子板两侧,左侧应为消防室引出的干线,右侧应为火灾报警器的控制线路。

6 导线穿管、槽盒后,应将管口、槽口封堵。

检验数量:全数检查。

检验方法:尺量、观察检查。

16.3.3 控制器的主电源必须直接从消防双电源自切箱内的空气开关下桩头引入,严禁使用电源插头。主电源应有明显的永久性标志,控制器与其外接备用电源之间应直接连接。主电源和备用电源的容量应符合国家现行有关标准的要求,并应能自动切换。
　　检验数量:全数检查。
　　检验方法:观察检查。

16.3.4 控制器的接地应牢固,且应有明显的永久性标志。
　　检验数量:全数检查。
　　检验方法:观察检查。

16.3.5 消防控制室内设备的布置应符合下列规定:
　　1 设备面盘前的操作距离,单列布置时不应小于1.5 m,双列布置时不应小于2 m,值班人员经常操作的一面不应小于3 m。
　　2 设备面盘后的维修距离不宜小于1 m。设备面盘的排列长度大于4 m时,其两端应设置宽度不小于1 m的通道。
　　检验数量:全数检查。
　　检验方法:观察检查。

一般项目

16.3.6 消防控制器(柜)内不同电压等级、不同电流等级的类别端子应分开,且应有明显标志。
　　检验数量:全数检查。
　　检验方法:观察检查。

16.4 探测器类设备安装

主控项目

16.4.1 探测器的安装应符合下列规定:
　　1 探测器的安装位置、线型感温火灾探测器和管路采样式吸气感烟火灾探测器的采样管的敷设应符合设计要求。
　　2 探测器在有爆炸危险性场所的安装,应符合现行国家标准《电气装置安装工程　爆炸和火灾危险环境电气装置施工及验收规范》GB 50257的相关规定。

检验数量:全数检查。

检验方法:对照设计文件,尺量、观察检查。

16.4.2 点型感烟、感温火灾探测器的安装应符合下列规定:

1 探测器至墙壁、梁边的水平距离不应小于 0.5 m。

2 探测器周围水平距离 0.5 m 内不应有遮挡物。

3 探测器至空调送风口最近边的水平距离不应小于1.5 m,至多孔送风顶棚孔口的水平距离不应小于 0.5 m。

4 在宽度小于 3 m 的内走道顶棚上安装探测器时,宜居中安装。点型感温火灾探测器的安装间距不应超过 10 m;点型感烟火灾探测器的安装间距不应超过 15 m。探测器至端墙的距离不应大于安装间距的一半。

5 探测器宜水平安装,当确需倾斜安装时,倾斜角不应大于 45°。

检验数量:全数检查。

检验方法:尺量、观察检查。

16.4.3 线型红外光束感烟火灾探测器的安装应符合下列规定:

1 发射器和接收器应安装牢固可靠,且不应产生位移。

2 发射器和接收器(反射式探测器的探测器和反射板)之间的光路上应无遮挡物,且应保证接收器(反射式探测器的探测器)避开日光和人工光源直接照射。

检验数量:全数检查。

检验方法:观察检查。

16.4.4 缆式线型定温火灾探测器的安装应符合下列规定:

1 在电缆桥架、变压器等设备上安装时,宜采用接触式布置;在各种皮带输送装置上敷设时,宜敷设在装置的过热点附近。热敏电缆安装在电缆托架或支架上时,应紧贴电力电缆或控制电缆的外护套,呈正弦波方式敷设,并选用难燃、非燃塑卡具固定。热敏电缆安装在动力配电装置上,应呈带状安装,采用安全可靠的线绕扎结,并用非燃卡具固定。

2 接线盒、终端盒可安装在电缆区间隧道或室内,且应将其固定于现场附近的墙壁上。安装于户外时,应加外罩防雨箱。

检验数量:全数检查。

检验方法:观察检查。

16.4.5 线型差温火灾探测器敷设在顶棚下方时,其至顶棚距离宜为 0.1 m,相邻探测器之间水平距离不宜大于 5 m;探测器至墙壁距离宜为 1.0 m~1.5 m。

检验数量:全数检查。

检验方法:尺量、观察检查。

16.4.6 分布式线型光纤感温火灾探测器的安装应符合下列规定:

1 感温光纤应采用专用固定装置固定。

2 感温光纤严禁打结,光纤弯曲时,弯曲半径应大于 0.05 m。

3 感温光纤穿越相邻的报警区域应设置光缆余量段,隔断两侧应各留不小于 8 m 的余量段;每个光通道始端及末端光纤应各留不小于 8 m 的余量段。

检验数量:全数检查。

检验方法:尺量、观察检查。

16.4.7 光栅光纤线型感温火灾探测器的安装应符合下列规定:

1 信号处理器安装位置不应受强光直射。

2 光纤光栅感温段的弯曲半径应大于 0.3 m。

检验数量:全数检查。

检验方法:尺量、观察检查。

16.4.8 管路采样式吸气感烟火灾探测器的安装应符合下列规定:

1 探测器采样孔的设置应符合设计文件和产品使用说明书的要求。

2 采样管应固定牢固,有过梁、空间支架的建筑中,采样管路应固定在过梁、空间支架上。

3 空气采样管内气流应通畅,不应有异物堵塞。

检验数量:全数检查。

检验方法:尺量、观察检查。

16.4.9 点型火焰探测器和图像型火灾探测器的安装应符合下列规定:

1 探测器的视场角应覆盖探测区域。

2 探测器与保护目标之间不应有遮挡物。

3 应避免光源直接照射探测器的探测窗口。

4 探测器在室外或交通隧道安装时,应有防尘、防水措施。

检验数量:全数检查。

检验方法:观察检查。

16.4.10 可燃气体探测器的安装应符合下列规定:

1 在探测器周围应适当留出更换和标定的空间。

2 线型可燃气体探测器的发射器和接收器的窗口应避免日光直射,发射器与接收器之间不应有遮挡物。

检验数量:全数检查。

检验方法:观察检查。

一般项目

16.4.11 探测器底座的安装应符合下列规定:

1 应安装牢固,与导线连接必须可靠压接或焊接。当采用焊接时,不应使用带腐蚀性的助焊剂。

2 底座的连接导线应留有不小于 150 mm 的余量,且在其端部应有明显标志。

3 底座的穿线孔宜封堵,安装完毕的探测器底座应采取保护措施。

检验数量:全数检查。

检验方法:尺量、观察检查。

16.4.12 探测器安装位置在满足与风口、墙壁、梁边距离的要求情况下宜水平安装在被保护空间的中央部位,安装后指示灯应朝向入口(朝向便于人员观察的主要入口方向)。

检验数量:全数检查。

检验方法:观察检查。

16.5 系统其他组件安装

主控项目

16.5.1 手动火灾报警按钮的安装应符合下列规定:

1 应安装在明显和便于操作的部位。当安装在墙上时,其底边距地(楼)面高度宜为 1.3 m～1.5 m。

2 应安装牢固,不应倾斜。

3 每个防火分区应至少设置一个手动报警按钮,从防火分区内的任意位置到最邻近的一个手动报警按钮的步行距离不应大于 30 m。

4 手动火灾报警按钮的连接导线应留有不小于 150 mm 的余量,且在其端部应有明显标志。

检验数量:全数检查。

检验方法:尺量、观察检查。

16.5.2 消防电气控制装置的安装应符合下列规定:

1 消防电气控制装置应安装牢固,不应倾斜;安装在轻质墙上时,应采取加固措施。消防电气控制装置在消防控制室内安装时,还应符合本标准第 16.3.1 条的要求。

2 消防电气控制装置外接导线的端部应有明显的永久性标志。

3 消防电气控制装置箱体内不同电压等级、不同电流类别的端子应分开布置,且应有明显的永久性标志。

4 端子箱和模块箱宜设置在弱电间内,应根据设计高度固定在墙壁上,安装时应端正牢固。

检验数量:全数检查。

检验方法:观察检查。

16.5.3 火灾应急广播扬声器和火灾警报装置的安装应符合下列规定:

1 安装应牢固可靠,表面不应有破损。

2 火灾光警报装置应安装在安全出口附近明显处,距地面1.8 m以上。光警报器与消防应急疏散指示标志不宜在同一面墙上,安装在同一面墙上时,距离应大于1 m。

检验数量:全数检查。

检验方法:尺量、观察检查。

16.5.4 消防专用电话的安装应符合下列规定:

1 消防电话、电话插孔、带电话插孔的手动报警按钮宜安装在明显、便于操作的位置;当在墙面上安装时,其底边距地(楼)面高度宜为1.3 m~1.5 m。

2 消防电话和电话插孔应有明显的永久性标志。

3 带箱消防电话安装应牢固,且不得倾斜,其外接导线应留有不小于150 mm的余量,端部应有明显标志。

检验数量:全数检查。

检验方法:尺量、观察检查。

16.5.5 消防设备应急电源的安装应符合下列规定:

1 消防设备应急电源的电池应安装在通风良好地方,当安装在密封环境中时应有通风装置。酸性电池不得安装在带有碱性介质的场所,碱性电池不得安装在带酸性介质的场所。

2 消防设备应急电源不应安装在靠近带有可燃气体的管道、仓库、操作间等场所。

检验数量:全数检查。

检验方法:观察检查。

一般项目

16.5.6 模块的安装应符合下列规定:

1 同一报警区域内的模块宜集中安装在金属箱内,分散安装时必须用模块盒作为保护。明装时应将模块底盒安装在预埋盒上,暗装时应将模块底盒预埋在墙内或安装在专用装饰盒上。

2 模块(或金属箱)应独立支撑或固定,安装牢固,且应采取防潮、防腐蚀等措施。

3 模块的连接导线应留有不小于150 mm的余量,其端部应有明显标志。

4 隐蔽安装时,在安装处应有明显的部位显示和检修孔。

检验数量:全数检查。

检验方法:尺量、观察检查。

16.6 系统接地

主控项目

16.6.1 交流供电和36 V以上直流供电的消防用电设备的金属外壳应有接地保护,接地线应与电气保护接地干线(PE)相连接。

检验数量:全数检查。

检验方法:观察检查。

16.6.2 工作接地线应采用铜芯绝缘导线或电缆,不得利用镀锌扁铁或金属软管。

检验数量:全数检查。

检验方法:观察检查。

16.6.3 消防控制室设备的外壳及基础应可靠接地,接地线应引入接地端子箱。

检验数量:全数检查。

检验方法:观察检查。

16.6.4 消防控制室应根据设计要求设置专用接地箱作为工作接地。

检验数量:全数检查。

检验方法:观察检查。

16.6.5 保护接地线与工作接地线应分开,不得利用金属软管作为保护接地导体。

检验数量:全数检查。

检验方法:观察检查。

16.6.6 接地装置施工完毕后,应测量接地电阻,并作记录。

检验数量:全数检查。

检验方法:仪表测量。

16.7 系统调试

主控项目

16.7.1 火灾报警控制器及消防联动控制器的调试应按照现行国家标准《火灾自动报警系统施工及验收标准》GB 50166 的有关规定进行检查并记录。

检验数量:全数检查。

检验方法:观察检查,检查调试记录。

16.7.2 点型感烟、感温火灾探测器的调试应符合下列规定:

1 采用专用的检测仪器或模拟火灾的方法,逐个检查每个火灾探测器的离线故障报警功能、火灾报警功能和复位功能,探测器应能发出火灾报警信号;检查火灾报警控制器接收及显示火灾报警信息情况,手动操作控制盘的复位键后,控制器应处于正常监控状态,探测器火警确认灯应熄灭。

2 对于不可恢复的火灾探测器,应采取模拟报警方法逐个检查其报警功能,探测器应能发出火灾报警信号。当有备品时,可抽样检查其报警功能。

检验数量:全数检查。

检验方法:观察检查,检查调试记录。

16.7.3 线型感温火灾探测器的调试应符合下列规定:

1 在不可恢复的探测器上模拟火警和故障时,探测器应能分别发出火灾报警和故障信号。

2 可恢复的探测器可采用专用检测仪器或模拟火灾的办法使其发出火灾报警信号,并在终端盒上模拟故障,探测器应能分别发出火灾报警和故障信号。

检验数量:全数检查。

检验方法:观察检查,检查调试记录。

16.7.4 红外光束感烟火灾探测器的调试应符合下列规定:

1 用减光率为 0.9 dB 的减光片遮挡光路时,探测器不应发出火灾报警信号。

2 用产品生产企业设定减光率 1.0 dB～10.0 dB 的减光片遮挡光路时,探测器应发出火灾报警信号。

3 用减光率为 11.5 dB 的减光片遮挡光路时,探测器应发出故障信号或火灾报警信号。

检验数量:全数检查。

检验方法:观察检查,检查调试记录。

16.7.5 通过管路采样的吸气式火灾探测器的调试应符合下列规定:

1 在采样管最末端(最不利处)采样孔加入试验烟时,探测器或其控制装置应在 120 s 内发出火灾报警信号。

2 根据产品说明书,改变探测器的采样管路气流,使探测器处于故障状态时,探测器或其控制装置应在 100 s 内发出故障信号。

检验数量:全数检查。

检验方法:观察检查,检查调试记录。

16.7.6 点型火焰探测器和图像型火灾探测器的调试,在模拟火灾环境下采用专用检测仪器在探测器监视区域内最不利处检查探测器的报警功能,探测器应能正确响应。

检验数量:全数检查。

检验方法:观察检查,检查调试记录。

16.7.7 手动火灾报警按钮的调试应符合下列规定:

1 对可恢复的手动火灾报警按钮,施加适当的推力使报警按钮动作时,报警按钮应发出火灾报警信号。

2 对不可恢复的手动火灾报警按钮应采用模拟动作的方法使报警按钮发出火灾报警信号(当有备用启动零件时,可抽样进行动作试验),报警按钮应发出火灾报警信号。

检验数量:全数检查。

检验方法:观察检查,检查调试记录。

16.7.8 区域显示器(火灾显示盘)调试时,应按现行国家标准《火灾显示盘》GB 17429 的有关要求检查其下列功能并记录,控制器应满足标准规定:

1 区域显示器(火灾显示盘)应在 3 s 内正确接收和显示火灾报警控制器发出的火灾报警信号。

2 消音、复位功能。

3 操作级别。

4 对于非火灾报警控制器供电的区域显示器(火灾显示盘),应检查主、备电源的自动转换功能和故障报警功能。

检验数量:全数检查。

检验方法:仪表测量,检查调试记录。

16.7.9 模块的调试应符合下列规定:

1 模块的地址应与设计文件一致。

2 给输入模块提供模拟的输入信号,应检查并记录输入模块动作、点亮动作指示灯情况,以及消防联动控制器接收及显示模块动作信息情况。

3 操作消防联动控制器控制输出模块动作,应检查输出模块的动作情况。

4 使模块处于离线状态,应检查消防联动控制器故障信息显示情况。

5 使模块与连接部件之间的连接线断路,应检查消防联动控制器接收及显示模块故障信息情况。

检验数量:全数检查。

检验方法:观察检查,检查调试记录。

16.7.10 消防电话的调试应符合下列规定:

1 在消防控制室与所有消防电话、电话插孔之间互相呼叫与通话,总机应能显示每部分机或电话插孔的位置,呼叫铃声和通话语音应清晰。

2 消防控制室的外线电话与另外一部外线电话模拟报警电话通话,语音应清晰。

3 检查群呼、录音等功能,各项功能均应符合设计要求。

检验数量:全数检查。

检验方法:观察检查,检查调试记录。

16.7.11 消防应急广播的调试应符合下列规定:

1 应对所有共用扬声器进行强行切换;应急广播应以最大功率输出。

2 对扩音机和备用扩音机进行全负荷试验时,应急广播的语音应清晰。

3 对接入联动系统的消防应急广播设备系统,使其处于自动工作状态,然后按设计的逻辑关系,检查应急广播的工作情况时,系统应按设计的逻辑广播。

4 使任意一个扬声器断路,其他扬声器的工作状态不应受影响。

检验数量:全数检查。

检验方法:观察检查。

16.7.12 火灾警报装置的调试应符合下列规定:

1 操作火灾报警控制器或消防联动控制器使火灾声警报器启动时,距地面 1.5 m~1.6 m 处,声警报 A 计权声压级应大于 60 dB。环境噪声大于 60 dB 时,声警报的 A 计权声压级应高于背景噪声 15 dB。

2 在正常环境光线下,操作火灾报警控制器或消防联动控制器使火灾光警报器启动时,火灾光警报器的光信号应清晰可见。

3 使消防联动控制器处于手动状态,依据消防设备联动控制逻辑设计文件的要求,手动控制火灾声光警报器的启动,应检查并记录火灾声光警报器的动作情况、带有语音提示功能的声警报语音的清晰情况、声警报时间。

4 使消防联动控制器处于自动状态,依据消防设备联动控制逻辑设计文件的要求,发出联动触发信号,进行下列功能检查并记录:

1) 火灾报警控制器接收联动触发信号情况。
2) 消防联动控制器发出联动控制信号及模块动作情况。
3) 检查火灾声光警报器的动作情况、带有语音提示功能的声警报语音的清晰情况、声警报时间。
4) 火灾声警报与消防应急广播语音信息播放的交替工作情况。
5) 手动控制插入优先功能。

检验数量:全数检查。

检验方法:仪表测量,观察检查,检查调试记录。

16.7.13 传输设备(火灾报警传输设备或用户信息传输装置)的调试应按现行国家标准《消防联动控制系统》GB 16806 对传输设备进行下列功能检查并记录:

1 自检功能。

2 切断传输设备与消防远程监控中心间的通信线路(或信道),传输设备应在 100 s 内发出故障信号。

3 消音和复位功能。

4 火灾报警信息的接收与传输功能。

5 监管报警信息的接收与传输功能。

 6 故障报警信息的接收与传输功能。
 7 屏蔽信息的接收与传输功能。
 8 手动报警功能。
 9 主、备电源的自动转换功能。
 检验数量：全数检查。
 检验方法：仪表测量，观察检查。

16.7.14 车控室图形显示装置的调试应符合下列规定：

 1 操作显示装置使其显示完整系统区域覆盖模拟图和各层平面图，图中应明确指示出报警区域、主要部位和各消防设备的名称和物理位置，显示界面应为中文界面。

 2 使火灾报警控制器和消防联动控制器分别发出火灾报警信号和联动控制信号，显示装置应在 3 s 内接收，准确显示相应信号的物理位置，并能优先显示火灾报警信号相对应的界面。

 3 使具有多个报警平面图的显示装置处于多报警平面显示状态，各报警平面应能自动和手动查询，并应有总数显示，且能手动插入使其立即显示首火警的报警平面图。

 4 使显示装置显示故障或联动平面，输入火灾报警信号时，显示装置应能立即转入火灾报警平面的显示。

 检验数量：全数检查。
 检验方法：仪表测量，观察检查。

16.7.15 系统备用电源的调试应符合下列规定：

 1 检查系统中各种控制装置使用的备用电源容量，电源容量应与设计容量相符。

 2 使各备用电源放电终止，再充电 48 h 后断开设备主电源，备用电源至少应保证设备工作 8 h，且应满足相应的标准及设计要求。

 3 关闭主机电源，使用备用电源（电池）进行联动调试及手动启动消防水泵、防排烟风机设备的启动、停止。测试在主电丢失的情况下备用电源是否可以正常工作，应满足相应的标准及设计要求。

检验数量:全数检查。

检验方法:观察检查,检查调试记录。

16.7.16 消防设备应急电源的调试应按照现行国家标准《火灾自动报警系统施工及验收标准》GB 50166 的有关规定进行检查并记录。

检验数量:全数检查。

检验方法:观察检查,仪表测量。

16.7.17 可燃气体探测报警子系统的调试应按照现行国家标准《火灾自动报警系统施工及验收规范》GB 50166 的有关规定进行检查并记录。

检验数量:全数检查。

检验方法:观察检查,检查调试记录。

一般项目

16.7.18 其他受控部件的调试应按相应的产品标准进行,在无相应国家标准或行业标准时,宜按产品生产企业提供的调试方法进行。

检验数量:全数检查。

检验方法:观察检查。

16.8 系统整体性能调试

主控项目

16.8.1 系统整体性能的调试,应按设计的联动逻辑关系,检查下列各系统和设备中相关的火灾报警信号、联动信号、模块动作情况、受控设备的动作情况、受控现场设备动作情况、接收反馈信号及各种显示情况:

1 防火门(设计有联动控制要求时)、防火卷帘、电动排烟窗、电动挡烟垂壁。

  2 设计有联动要求的安防设施：疏散通道上由门禁系统控制的门、相关区域安全技术防范系统的摄像机监视火灾。

  3 消防给水系统中信号阀、电动阀、电磁阀、水流指示器、消火栓按钮，消防水泵的启、停状态和故障状态，消防水箱（池）水位、有压气体管道气压状态信号和快速排气阀入口前电动阀的动作信号等。

  4 火灾自动报警系统报警及警报装置、消防应急广播、模块、消防电话、区域显示器（火灾显示盘）、传输设备、消防控制中心图形显示装置等。

  5 防排烟系统的风机、加压送风机、风阀（口）以及设计有联动要求的空调风机、风阀（口）。

  6 切断非消防电源（设计有联动控制要求时），启动消防应急照明和疏散指示系统等。

  7 电梯、自动扶梯。

  8 站内自动售检票系统的检票机全部落杆（或扇门全部打开）。

  9 气体灭火系统、细水雾灭火系统。

  10 应根据火灾运行模式或工况自动或手动控制车站站台门开启或关闭，并应显示工作状态。

  11 其他自动消防系统或联动控制装置。

  检验数量：全数检查。

  检验方法：将所有经调试合格的各项设备、系统按设计连接组成完整的火灾自动报警系统，按设计的联动逻辑关系，报警联动启动及手动启动、停止，进行操作检查、测试（对于启动后不能恢复的受控现场设备，可模拟现场设备启动反馈信号）。

16.8.2 消防水泵、防烟和排烟风机的控制设备，除应采用联动控制方式外，还应在消防控制室设置手动直接控制装置。测试手动直接控制，应符合设计要求。

检验数量:全数检查。

检验方法:观察检查。

16.8.3 火灾自动报警系统联动设备动作响应时间不应超过120 s;系统应在连续运行120 h以上无故障。

检验数量:全数检查。

检验方法:仪表测量,操作检查。

16.8.4 消防控制室内报城市"119"的通信设备及城市消防远程监控系统的设置应符合设计要求并调试开通。

检验数量:全数检查。

检验方法:观察测试。

一般项目

16.8.5 系统调试完成后,应在火灾报警控制器、消防联动控制器面板上制作铭牌和标识,标明主机或按钮所控制区域或设备的名称和编号。

检验数量:全数检查。

检验方法:观察测试。

16.8.6 与综合监控(ISCS)系统的接口应符合下列规定:

1 中央级图形显示装置由控制中心中央ISCS系统设置,火灾报警控制器(中央级)通过串行通信接口与ISCS建立通信,实现将全线的火灾自动报警系统数据信息传送至ISCS,并满足系统之间各种信息输入、输出的需要。各车站级发生火灾时,ISCS系统监控工作站上应显示所有火灾相关监控设备的应动作情况与实际动作情况的对照表。

2 车站图形显示装置由车站ISCS系统设置,火灾报警控制器通过与车站ISCS系统的集成接口单元(IIU)建立通信接口,传送相关数据信息,并满足系统之间各种信息输入、输出的需要。车站级发生火灾时,车站ISCS系统监控工作站上应显示所有火灾相关监控设备的应动作情况与实际动作情况的对照表。

3 火灾自动报警系统通过独立的串行通信接口实现与车站 ISCS 系统的接口通信与数据交互,接口分界点在车站控制室火灾报警控制器通信接口端子外侧。

4 车站级火灾自动报警系统与车站级 ISCS 控制系统通过通信接口,实现站内控制联动和运行协调。应满足系统之间各种信息输入输出的需要。

5 当发生火灾时,火灾自动报警系统通过通信接口向 ISCS 系统传送火灾的位置和预定的模式控制指令,ISCS 系统根据该模式控制指令对相关的通风、空调设备实施控制,进行对应防火分区的防排烟控制。同时,ISCS 系统应通过该接口向火灾自动报警系统反馈火灾模式执行结果的信息。

6 火灾自动报警系统应设置末端配电箱为综合监控(ISCS)系统设备提供工作电源,接口位置应在配电箱下桩。

16.8.7 与通信专业的接口应符合下列规定:

通信专业为火灾自动报警系统提供站间及控制中心之间专用的 6 芯单模光纤,接口界面应在控制中心、车站、车辆基地信号楼的通信机械室光纤配线架上。

16.8.8 与变电所的接口应符合下列规定:

火灾时,火灾自动报警系统通过模块向 SCADA、降压变电所提供火灾信号,用于火灾时切断非消防负荷,并接收反馈信号,接口形式为无源触点,接口位置应在降压变电所 400 V 控制柜上。

16.8.9 与自动售检票系统(AFC)的接口应符合下列规定:

火灾自动报警系统向 AFC 系统输出火警信号,用于火灾时释放自动检票机,且应接收 AFC 系统提供的自动检票机全落杆的反馈信息,接口位置应在 AFC 紧急按钮控制盒的接线端子上。

16.8.10 与上层网网络中心时间同步系统的接口应符合下列规定:

火灾报警控制器(中央级)应具有单独的网络通信端口,以独立的 IP 地址连接到控制中心的上层网交换机。该端口用于接收控制中心二级时间服务器接口输出的时间信号，通过以太网实现时间同步。

检验数量：全数检查。

检验方法：观察测试。

17 综合监控系统

17.1 一般规定

17.1.1 综合监控系统工程质量验收应包含光(电)缆线路敷设、主体系统(含电力监控集成子系统)、机电设备监控集成子系统、门禁监控集成子系统、电源与接地、系统调试及功能验收。

17.1.2 综合监控系统宜作为一个单位工程进行验收,其分部工程、分项工程、检验批划分应符合附录 A 的相关规定。

17.1.3 综合监控系统功能验收应在综合监控系统调试完成且对应集成互联系统接口功能调整完成后进行,功能验收应采用查看调试报告和现场验证的方式进行。

17.1.4 综合监控系统完成综合联调,通过功能测试验收后,还应进行 3 个月的试运行。

17.1.5 综合监控系统的验收应按照现行国家标准《城市轨道交通综合监控系统工程技术标准》GB/T 50636 的规定执行。

17.1.6 综合监控系统应实现对电力监控系统、机电设备监控系统、门禁系统、火灾报警系统、自动售检票系统、乘客信息系统、广播、视频监控系统等集成或互联;其中,火灾报警系统还应符合本标准第 16 章的规定,自动售检票系统还应符合本标准第 15 章的规定,乘客信息系统还应符合本标准第 6 章的规定,广播系统还应符合本标准第 6 章的规定,视频监控系统还应符合本标准第 6 章的规定。

17.2 光缆、电缆线路敷设

主控项目

17.2.1 电缆桥架、电缆沟、电缆竖井、电线导管的施工及线缆敷设,应符合国家标准《建筑电气工程施工质量验收规范》GB 50303—2019第12章"电缆桥架安装和桥架内电缆敷设"、第13章"电缆沟内和电缆竖井内电缆敷设"、第14章"电线导管、电缆导管和线槽敷设"、第15章"电线、电缆穿管和线槽敷设"的规定。

17.2.2 光缆、电缆线路敷设,导线的种类、电压等级应符合设计要求。

检验数量:全数检查。

检验方法:检查材质证明书及检测报告。

17.2.3 线槽、线缆、钢管、金属软管、阻燃塑料管、防火涂料以及安装附件等应符合设计防火要求。

检验数量:全数检查。

检验方法:检查材质证明书及检测报告。

17.2.4 暗埋在结构内的电线导管,保护层厚度不宜小于30 mm。

检验数量:全数检查。

检验方法:观察检查,钢尺量测。

17.2.5 不同电流类型、不同电压等级的线路不应穿入同一根管内或敷设于线槽的同一槽孔内,导线在管和线槽内不应有接头。

检验数量:全数检查。

检验方法:观察检查。

17.2.6 敷设在竖井内和穿越不同防火分区的桥架及线管的孔洞,应有防火封堵。

检验数量:全数检查。

检验方法:观察检查。

17.2.7 光缆敷设完成后,应对光缆的性能指标进行测试,测试结果应符合本标准第 7 章的要求。

  检验数量:全数检查。

  检验方法:仪表测量。

17.2.8 导线敷设完成后,每回路的导线其对地绝缘电阻值不应小于 20 MΩ。

  检验数量:全数检查。

  检验方法:仪表测量。

一般项目

17.2.9 线槽和线管的规格、安装位置应符合设计要求。

  检验数量:全数检查。

  检验方法:观察检查。

17.2.10 线槽和线管在变形缝处应设补偿装置。

  检验数量:全数检查。

  检验方法:观察检查。

17.2.11 光缆、电缆管路与其他管线之间的最小净距应符合设计要求。

  检验数量:全数检查。

  检验方法:观察检查。

17.2.12 敷设在多尘或潮湿场所管路的管口和线管连接处密封处理应符合设计要求。

  检验数量:全数检查。

  检验方法:观察检查。

17.2.13 柔性导管的长度不应超过 2 m。

  检验数量:全数检查。

  检验方法:尺量检查。

17.3 主体系统(含电力监控集成子系统)

主控项目

17.3.1 进场材料和软件的型号、规格、质量应符合设计要求及国家标准《智能建筑工程质量验收规范》GB 50339—2013 中第 3.1 节和 3.2 节的规定,光缆、电缆的低(无)烟、低(无)卤、阻燃等特性,应具有正规检测报告。

检验数量:全数检查。

检验方法:检查材质证明书及检测报告。

17.3.2 骨干网交换机、前端处理器(FEP)和接口转换模块等设备应选用符合设计要求的工业级控制设备;服务器、工作站的规格、型号和数量应符合设计要求;中央历史数据服务器、中央实时数据服务器、车站数据服务器、骨干网交换机、FEP 等关键设备应采取双机热备的冗余措施;各调度员工作站应具有相同的软硬件配置并可以根据登录权限具备不同的专业调度功能。

检验数量:全数检查。

检验方法:检查材质证明书及检测报告。

一般项目

17.3.3 控制箱、柜、盘的安装应符合下列规定:

1 应符合现行国家标准《建筑电气工程施工质量验收规范》GB 50303 及《自动化仪表工程施工及验收规范》GB 50093 的有关规定。

2 施工人员应根据施工图纸及产品设计图对控制箱、柜、盘进行全面检查,应数量准确,漆饰良好,内部部件齐全,安装稳固,配线正确。

3 控制箱、柜、盘的安装位置与方式应符合设计要求,满足维修和维护要求。

4 控制箱、柜、盘在安装完成后,应进行有效防护。

17.3.4 控制箱、柜、盘的安装应避开通风口、管道阀门等下方位置。无法避开时,应采取防水保护措施。

检验数量:全数检查。

检验方法:观察检查。

17.3.5 安装在防静电地板上的控制柜、盘应设置专用设备安装底座,底座上表面应保持水平。

检验数量:全数检查。

检验方法:水平尺检查。

17.3.6 控制箱、柜、盘安装应垂直、平直、牢固。成排安装的控制箱、柜的正面宜平齐,高度宜一致,相邻箱、柜之间的接缝间隙不大于2 mm。

检验数量:全数检查。

检验方法:尺量检查。

17.3.7 挂墙安装的控制箱应悬挂在承重墙上或采取其他措施加固安装,高度应符合设计要求。

检验数量:全数检查。

检验方法:观察检查。

17.3.8 控制箱、柜、盘的线缆孔应设置为敲落孔,线缆敷设接续完成后对线缆孔进行密封处理。

检验数量:全数检查。

检验方法:观察检查。

17.3.9 大屏幕系统安装应采用支架方式固定安装,安装牢固可靠,大屏幕安装的水平、垂直度在偏差允许值为±2 mm。

检验数量:全数检查。

检验方法:尺量检查。

17.3.10 大屏幕系统安装物理拼缝应均匀、平整,拼缝宽度应满足设计要求,十字拼缝处应无明显错位、凸凹。

检验数量:全数检查。

检验方法：观察、尺量检查。

17.3.11 电力复视系统功能验收应符合下列规定：

1 复视系统与电力监控系统的站控层、控制中心显示的设备图元、结构和状态一致，报文内容描述一致。

2 事件告警与处置：

　　1）事件时具备自动调图、报警功能，与正常变位信息有所区别，并保存事件触发状态。

　　2）提供事件顺序记录，将时标事件按顺序进行记录。

3 系统设置操作登录权限功能，并对每个重要操作形成操作时间顺序记录。

检验范围：抽检不少于20%。

检验方法：模拟试验。

17.4 机电设备监控集成子系统

主控项目

17.4.1 控制箱、柜、盘内的 PLC 模块和其他可插拔的模块在设备开箱验收完成后，宜拔出放置在环境适宜的仓库中保管。

检验数量：全数检查。

检验方法：观察检查。

17.4.2 可编程逻辑控制器（PLC）作为控制设备，应符合下列规定：

1 PLC 应支持多任务，应至少包括循环扫描型基本任务、事件触发任务和周期型中断任务。

2 PLC 应支持故障自诊断及自恢复功能，以及提供用于模块运行监视的状态数据，并应具有远程编程功能。

3 PLC 应采用可扩展、易维修的模块化结构，通信、输入输出(I/O)等主要模块组件应具有带电插拔功能及必要的隔离措施。

4 地下车站 EMCS 应采用两台相同配置的 PLC,分别设在车站两端的环控电控室,并以同步光缆相互连接,互为冗余,主备 PLC 应能实现自动切换;地面及高架车站 EMCS 宜采用单台 PLC。

17.4.3 综合后备盘(IBP)应支持在设备故障或火灾等情况下车站的关键手动控制功能,IBP 应满足人体工程学的设计要求,方便操作和维修,具有安全性、可靠性、防护能力、散热能力、防火能力和屏蔽干扰的功能。

检验数量:全数检查。

检验方法:检查材质证明书及检测报告。

17.4.4 传感器、执行器、电动二通阀的安装除应符合现行国家标准《自动化仪表工程施工及验收规范》GB 50093 的有关规定外,还应符合下列规定:

1 传感器、执行器、电动二通阀的外观应完整,附件应齐全,型号、规格及材质应符合设计要求。

2 传感器、执行器、电动二通阀的安装位置和方式应符合设计要求,安装应牢固、平整,安装时严禁敲击及晃动。

一般项目

17.4.5 风管式温、湿度传感器宜在风管内杂质清除干净、空气清洁时安装,安装完毕后应对传感器进行有效保护。

检验数量:全数检查。

检验方法:观察检查。

17.4.6 机电设备监控集成子系统除应符合本标准规定外,还应符合国家标准《智能建筑工程质量验收规范》GB 50339—2013 第 17 章的规定。

检验数量:全数检查。

检验方法:检查材质证明书及检测报告。

17.5 门禁监控集成子系统

主控项目

17.5.1 门禁集成子系统设备的就地控制器、读卡器、出门按钮、紧急出门按钮的安装应符合设计及产品技术说明书的要求,且有明显标识,控制器与读卡器间的距离不宜大于 50 m。

检验数量:全数检查。

检验方法:观察检查,钢尺量测。

一般项目

17.5.2 电子锁的受力应符合设计要求,并应安装牢固、启闭灵活。

检验数量:全数检查。

检验方法:现场检查。

17.5.3 门禁集成子系统的验收除符合本标准规定外,还应符合现行国家标准《安全防范工程技术标准》GB 50348、《智能建筑工程质量验收规范》GB 50339 的规定。

17.6 电源与接地

主控项目

17.6.1 电源配线应符合下列规定:

1 直流电源线应以线色区别正、负极性,正极应为红色,负极应为蓝色或黑色。

2 直流电源正负极严禁错接与短路,接触应牢固。

3 交直流电源线应分开布放,应单独绑扎。

4 配线编号齐全,标识正确。

17.6.2 设备接地应符合下列规定：

1 接地方式、设备接地端子排列、地线接入及连接应符合施工图纸要求。

2 屏蔽接地要求数据电缆屏蔽层应单端接地。

一般项目

17.6.3 综合监控系统中的下列部位均应接地，接地电阻应小于设计文件的规定：

1 电源设备的基础型钢、金属框架、柜体。

2 采用交流供电和 36 V 以上直流供电的设备金属外壳。

3 电缆线路的金属护套和屏蔽层，防护用金属管路、金属桥架。

17.7 系统调试及功能验收

17.7.1 系统总体监视功能显示应画面完整，应无遗漏站点和遗漏专业，各车站及各专业设备显示状态应与现场实际设备状态一致。

检验数量：全数检查。

检验方法：现场检查。

17.7.2 功能验收前应完成相关调试，并出具完整点对点、端到端及功能调试报告。

检验数量：全数检查。

检验方法：检查检测报告。

17.7.3 综合监控系统与接口系统间双向通信应正常，冗余链路应符合设计要求。

检验数量：全数检查。

检验方法：检查检测报告。

主控项目

17.7.4 系统接口功能验收应按不低于5%比例进行抽测,并符合下列规定:

1 电力监控功能验收应符合设计功能规格书要求。查阅测试报告,抽测遥控点,完整测试全部程控卡片。功能检验内容应符合本标准附录K中表K.0.1的规定。

2 机电设备监控功能验收应符合设计功能规格书要求。查阅测试报告,每站抽测控制点、完整测试防灾模式控制。功能检验内容应符合本标准附录K中表K.0.2的规定。

3 火灾报警功能验收应符合设计功能规格书要求。查阅测试报告,每站抽测。功能检验内容应符合本标准附录K中表K.0.3的规定。

4 站台门监控功能验收应符合设计功能规格书要求。抽测比例不应少于1站/10个车站,且不宜少于2个车站,查阅测试报告。功能检验内容应符合本标准附录K中表K.0.4的规定。

5 门禁监控功能验收应符合设计功能规格书要求。查阅测试报告,每车站检验。功能检验内容应符合本标准附录K中表K.0.5的规定。

6 视频监控功能验收应符合设计功能规格书要求。抽测比例不应少于1站/10个车站,且不宜少于2个车站,查阅测试报告。功能检验内容应符合本标准附录K中表K.0.6的规定。

7 广播功能验收应符合设计功能规格书要求。抽测比例不应少于1站/10个车站,且不宜少于2个车站,查阅测试报告。功能检验内容应符合本标准附录K中表K.0.7的规定。

8 乘客信息功能验收应符合设计功能规格书要求。查阅测试报告,抽测。功能检验内容应符合本标准附录K中表K.0.8的规定。

9 列车自动监控功能验收应符合设计功能规格书要求。查阅测试报告,抽测。功能检验内容应符合本标准附录 K 中表 K.0.9 的规定。

  10 自动售检票功能验收应符合设计功能规格书要求。查阅测试报告,抽测。功能检验内容应符合本标准附录 K 中表 K.0.10 的规定。

  11 防淹门监视功能验收应符合设计功能规格书要求。查阅测试报告,抽测。功能检验内容应符合本标准附录 K 中表 K.0.11 的规定。

  12 时钟同步功能验收应符合设计功能规格书要求。查阅测试报告,抽测。功能检验内容应符合本标准附录 K 中表 K.0.12 的规定。

  13 其他接口系统功能应符合设计功能规格书要求。

17.7.5 系统联调包括联动功能检验、系统性能检验应符合设计要求。

  检验数量:全数检查。

  检验方法:查阅试验报告、抽测。

一般项目

17.7.6 网络管理功能应符合设计要求。查阅试验报告、抽测。功能检验内容应符合附录 K 中表 K.0.13 的规定。

17.7.7 维修支持功能应符合设计要求,工作站应监视全线主要系统设备的运行情况及事故信息。查阅试验报告。功能检验内容应符合附录 K 中表 K.0.14 的规定。

17.7.8 仿真测试功能符合设计要求,应能正确实现现场数据模拟仿真测试及程序下载。查阅试验报告。功能检验内容应符合附录 K 中表 K.0.15 的规定。

17.7.9 培训功能应符合设计要求,应能模拟车站或中央综合监控系统,实行现场操作场景的编辑和模拟。查阅试验报告、抽测。功能检验内容应符合附录 K 中表 K.0.16 的规定。

18 车辆基地主要工艺设备

18.1 一般规定

18.1.1 设备验收应符合国际标准 ISO 及 IEC、欧洲标准 EN、国家标准 GB 及铁道部标准 TB，主要验收标准以 GB、TB 为准，同时还应符合上海城市轨道交通工程相关的限界要求。

18.1.2 部分设备如需国家相关部门强制检验，应先按国家相关标准接受检验并通过，再按本标准相关条款进行测试验收。

18.1.3 设备应先进、优质、安全、可靠、耐用，并符合国家环保要求，各测量系统和电气系统在大气温度为 $-10\ ℃\sim50\ ℃$、相对湿度小于等于 95% 条件下，应能保持正常工作。

18.1.4 设备移交时，应按合同完成操作培训、维护保养培训等各类培训。

18.1.5 设备移交时，应交付图纸、技术规格书、操作手册、维护维修手册、配件列表、外购件说明、出厂合格证等各类资料。

18.1.6 各项设备的技术参数应符合相关的技术规格书要求。

18.1.7 设备基础的位置、几何尺寸及施工质量应符合设计要求，并应有验收资料或记录，设备安装前应对设备基础的位置、几何尺寸及允许偏差进行复检。

18.1.8 通用设备为车辆基地使用安装的液压、气动、电动中小型设备，包括空压机设备、高压喷水设备、工业吸尘设备、液压抬升设备、移动搬运设备、维修测试设备等。除本标准已明确的设备采用专用工程质量验收方式，其余通用设备应按通用验收条款验收。

18.1.9 本章涉及的工艺设备安装和验收，应首先符合现行国家标准《机械设备安装工程施工及验收通用规范》GB 50231，再按本章相关规定执行。

18.2 数控不落轮车床

主控项目

18.2.1 数控不落轮车床验收时应进行检验，外表应平整光滑，油漆颜色深浅一致，色泽光亮，规格、型号、外形应符合设计要求。

检验数量：全数检查。

检验方法：观察检查。

18.2.2 数控不落轮车床起始状态各部件尺寸检验，起始状态各部件应无入侵车辆限界现象，应符合车辆限界对设备的要求。

检验数量：全数检查。

检验方法：测量仪器检验。

18.2.3 数控不落轮车床液压部件应检查液压连接件、液压组件工作正常，无渗漏油现象，压力表等应显示准确，参照用户说明书中液压的要求，液压标识数值应准确且清晰。

检验数量：全数检查。

检验方法：观察、操作检查。

18.2.4 数控不落轮车床电气件应检查电气连接件、电气组件工作正常且连接牢固，各指示灯数显装置显示应准确正常，参照用户说明书中的要求，电气标识数值应准确清晰。

检验数量：全数检查。

检验方法：观察、操作检查。

18.2.5 数控不落轮车床电气保护检验，保护等级应不低于IP54，设备电机绝缘等级应不低于F级，独立接地。

检验数量：全数检查。

检验方法：测量仪器检验。

18.2.6 数控不落轮车床各基准检验,检查机床整体框架水平度,允许公差范围应在每米±0.05 mm内。

检验数量:全数检查。

检验方法:水平仪检验。

18.2.7 数控不落轮车床各基准检验,不落轮车切削刀架与主轴控制臂保持平行检查,允许公差范围应在每米±0.01 mm内。

检验数量:全数检查。

检验方法:标准楔形块检验。

18.2.8 数控不落轮车床各基准检验,检查驱动轮相互水平度,允许公差范围应在每米±0.5 mm内。

检验数量:全数检查。

检验方法:水平仪检验。

18.2.9 数控不落轮车床连续空转试验应运动平稳灵活,变位机构应准确可靠定位,在相互全行程运动过程中,各功能部件间应无相干涉现象

检验数量:全数检查。

检验方法:操作检查。

18.2.10 数控不落轮车床室温下连续运转的温升测试应连续运转8 h,齿轮箱油温、轴承端盖最高温度应不大于70 ℃,温升值应不大于35 ℃。

检验数量:全数检查。

检验方法:测温仪检验。

18.2.11 数控不落轮车床噪声检测,驱动轮转速在100 r/min情况下,在离设备1 m高位置处噪声应不大于80 dB。

检验数量:全数检查。

检验方法:分贝仪检验。

18.2.12 数控不落轮车床重载检验,驱动轮抬升下降动作时各液压电气部件应工作正常,动作连贯且相互动作无异声。

检验数量:全数检查。

检验方法:轮对(带轴箱)操作检查。

18.2.13 数控不落轮车床重载检验,导轨伸出收入时各液压电气部件应工作正常,动作连贯且相互动作无异声。

检验数量:全数检查。

检验方法:轮对(带轴箱)操作检查。

18.2.14 数控不落轮车床各手动动作检验,轴箱支撑抬升下降,各液压电气部件应工作正常,动作连贯且相互动作无异声。

检验数量:全数检查。

检验方法:轮对(带轴箱)操作检查。

18.2.15 数控不落轮车床各手动动作检验,驱动轮旋转,各电气部件应工作正常,旋转速度可调。

检验数量:全数检查。

检验方法:轮对(带轴箱)操作检查。

18.2.16 数控不落轮车床整体压紧检验,工件压紧后检验静态压紧状态,旋转驱动轮检验动态压紧状态,车床与工件应相互配合紧密,驱动时相互无跳动。

检验数量:全数检查。

检验方法:观察、测量工具检验,操作检查。

18.2.17 数控不落轮车床测量装置手动功能检验,左右侧分别操作,测量循环动作、测量旋转动作及传感器数据均应显示正常。

检验数量:全数检查。

检验方法:操作检查。

18.2.18 数控不落轮车床联锁保护功能检验,根据设计要求,相互手动动作应互为连锁。

检验数量:全数检查。

检验方法:操作检查。

18.2.19 数控不落轮车床最大扭矩检验,空载驱动轮提升至最大扭矩时,应运转正常,无异声。

检验数量:全数检查。

检验方法:操作检查。

18.2.20 数控不落轮车床轮对测量检验,对标准轮对及普通轮对分别重复 10 次测量,第 5 次后,标准轮对转动 180°再压装测量余下 5 次;每次测量的内侧距、左右轮直径测量值与标准轮对示值偏差应小于 0.20 mm。

检验数量:全数检查。

检验方法:标准轮对、普通轮对(带轴箱)、轮径尺、专用轮形卡尺、轮缘尺测量检验。

18.2.21 数控不落轮车床轮对切削检验,按照 DIN 5573E、UICS 1002 踏面轮形标准切削,轮缘厚度应为 32 mm、30 mm、28 mm。切削后轮形与标准轮形对比:2.5 mm 切深加工偏差应小于 0.2 mm;4 mm 切深加工偏差应小于 0.2 mm;左右轮对直径差应小于 0.2 mm。

检验数量:全数检查。

检验方法:专用轮形卡尺,轮缘尺检验。

18.2.22 数控不落轮车床列车轮对测量检验,对列车轮对分别重复 10 次测量,第 5 次后,标准轮对转动 180°再压装测量余下 5 次;每次测量的内侧距、左右轮直径测量值与标准轮对示值应偏差小于 0.20 mm。

检验数量:全数检查。

检验方法:标准轮对、普通轮对(带轴箱)、轮径尺、专用轮形卡尺、轮缘尺测量检验。

18.2.23 数控不落轮车床列车轮对切削检验,按照 DIN 5573E、UICS 1002 踏面轮形标准切削,轮缘厚度应为 32 mm、30 mm、28 mm。切削后轮形与标准轮形对比:2.5 mm 切深加工偏差应小于 0.2 mm;4 mm 切深加工偏差应小于 0.2 mm;左右轮对直径差应小于 0.2 mm。

检验数量:全数检查。

检验方法:专用轮形卡尺,轮缘尺检验。

18.2.24 数控不落轮车床最大切削量检验,应按技术要求对最大机床切削量进行列车切削检验,设定最大切削值完成检验,设备无报警闷车现象。

检验数量:全数检查。

检验方法:操作检查。

18.2.25 数控不落轮车床紧停装置检验,设备运行时控制面板紧停装置及电气柜紧停装置均应能使设备紧急停止。

检验数量:全数检查。

检验方法:操作检查。

一般项目

18.2.26 数控不落轮车床工作指示灯检验,应工作正常。

检验数量:全数检查。

检验方法:操作检查。

18.2.27 数控不落轮车床故障报警功能检验,人为设置故障点,检验故障描述情况与实际应相符。

检验数量:检验方抽检10%故障描述点。

检验方法:操作检查。

18.2.28 数控不落轮车床数据备份及恢复功能检验,使用外部软件对不落轮车床数据进行备份及恢复,恢复结果与备份结果应相符。

检验数量:全数检查。

检验方法:操作检查。

18.2.29 数控不落轮车床断排屑装置检验,断排屑应工作流畅,断排屑应无异声。

检验数量:全数检查。

检验方法:操作检查。

18.2.30 数控不落轮车床打印设备检验,打印工作报告,数据与显示应相符,字迹清晰,打印格式应符合要求。

检验数量：全数检查。

检验方法：观察、表单记录。

18.2.31 应完成操作培训、维修培训等各类培训。

检验数量：全数检查。

检验方法：表单记录。

18.2.32 应交付图纸、技术规格书、操作手册、维护维修手册、配件列表、外购件说明等各类资料。

检验数量：全数检查。

检验方法：表单记录。

18.2.33 数控不落轮车床接口工程检查，土建设施应符合数控不落轮车床安装运行条件，工作电源的电源质量、容量应符合运用要求。

检验数量：全数检查。

检验方法：测量仪器检验。

18.3 地下式架车机

主控项目

18.3.1 地下式架车机验收时进行检验，外表应平整光滑，油漆颜色应深浅一致、色泽光亮，规格、型号、外形应符合设计要求。

检验数量：全数检查。

检验方法：观察检查。

18.3.2 地下式架车机起始状态各部件尺寸检验，起始状态各部件应无入侵车辆限界现象，应符合车辆限界对设备的要求。

检验数量：全数检查。

检验方法：测量仪器检验。

18.3.3 地下式架车机电气件检查，电气连接件、电气组件应工作正常且连接牢固，各指示灯数显装置应显示准确正常，参照用户说明书中电气标识的要求，标识数值应准确清晰。

检验数量：检验方抽检 20%。

检验方法：观察、操作检查。

18.3.4 地下式架车机电气保护检验，保护等级应不低于 IP54，设备电机绝缘等级应不低于 F 级。

检验数量：检验方抽查 50%。

检验方法：测量仪器检验。

18.3.5 地下式架车机各转向架举升机、车体支撑装置载重面原始位检验，原始位时载重面尺寸、相对位置应符合加载列车要求，相互高差应在每米±2 mm 内。

检验数量：全数检查。

检验方法：测距仪、水平仪检验。

18.3.6 地下式架车机静载试验，应能承受 1.25 倍的静载试验，各部件应无裂纹、永久变形、连接处松动等异常现象；或提供相关检验报告。

检验数量：全数检查。

检验方法：操作检查。

18.3.7 地下式架车机动载试验，应能承受 1.1 倍的动载试验，各部件应无裂纹、永久变形、连接处松动等异常现象；或提供相关检验报告。

检验数量：全数检查。

检验方法：操作检查。

18.3.8 地下式架车机联动抬升功能检验，地下式架车机分别进行各种编组的架升作业，各连续抬升 5 次，检验转向架举升机、车体支撑装置顶升速度，抬升到位时各装置相对偏差均应符合技术要求，运行后同一车位中任意两点高度差应在±4 mm 范围内，相邻两车位中任意两点高度差应在±8 mm 范围内。

检验数量：全数检查。

检验方法：测距仪、操作检验。

18.3.9 地下式架车机各车体支撑装置载重面抬升位检验，抬升到位时载重面尺寸、相对位置应符合加载列车要求,水平度应在每米±0.5 mm范围内。

  检验数量:全数检查。
  检验方法:测距仪、水平仪检验。

18.3.10 地下式架车机联动重载抬升时,减速器及传动螺母最高温度应不大于80 ℃,轴承温升应不大于40 ℃。

  检验数量:全数检查。
  检验方法:点温枪检验。

18.3.11 地下式架车机联动重载抬升时,在离设备1 m高位置处噪声应不大于70 dB。

  检验数量:全数检查。
  检验方法:分贝仪检验。

18.3.12 地下式架车机抬升极限位置保护功能检验,每单个转向架举升机、车体支撑装置应进行极限抬升,检验保护功能有效。

  检验数量:全数检查。
  检验方法:操作检查。

18.3.13 地下式架车机联锁保护功能检验,根据设计要求检验连锁功能,转向架举升机没有抬升到位时,车体支撑装置应不能抬升。

  检验数量:全数检查。
  检验方法:操作检查。

18.3.14 地下式架车机紧停装置检验,地下式架车机运行时所有紧停装置均应能使设备紧急停止。

  检验数量:全数检查。
  检验方法:操作检查。

一般项目

18.3.15 地下式架车机报警功能检验,人为设置故障点,检验故障描述情况与实际应相符。

  检验数量:检验方抽检10%故障描述点。

检验方法:操作检查。

18.3.16 应完成操作培训、维修培训等各类培训。

检验数量:全数检查。

检验方法:表单记录。

18.3.17 应交付图纸、技术规格书、操作手册、维护维修手册、配件列表、外购件说明等各类资料。

检验数量:全数检查。

检验方法:表单记录。

18.3.18 地下式架车机接口工程检验,土建设施应符合地下式架车机安装运行条件,工作电源质量、容量应符合运用要求。

检验数量:全数检查。

检验方法:测量仪器检验。

18.4 列车自动清洗机

主控项目

18.4.1 列车自动清洗机验收时进行检验,外表应平整光滑,油漆颜色应深浅一致,色泽光亮,规格、型号、外形应符合设计要求。

检验数量:全数检查。

检验方法:观察检查。

18.4.2 列车自动清洗机起始状态各部件尺寸,起始状态各部件应无入侵车辆限界现象,应符合车辆限界对设备的要求。

检验数量:全数检查。

检验方法:测量仪器检验。

18.4.3 列车自动清洗机气动水力部件检验,气动水力连接件、气动水力组件应工作正常,无渗漏油现象,压力表等应显示准确,参照用户说明书中气动水力标识的要求,标识数值应准确清晰。

检验数量:检验方抽检40%。

检验方法:观察、操作检查。

18.4.4 列车自动清洗机电气件检验,电气连接件、电气组件应工作正常且连接牢固,各指示灯数显装置应显示准确正常,参照用户说明书中电气标识的要求,标识数值应准确清晰。

检验数量:检验方抽检30%。

检验方法:观察、操作检查。

18.4.5 列车自动清洗机电气保护检验,保护等级应不低于IP65,设备电机绝缘等级应不低于F级。

检验数量:检验方抽查50%。

检验方法:测量仪器检验。

18.4.6 列车自动清洗机龙门架手动操作检验,分别手动控制左右龙门架行走及面部摇臂旋转动作应流畅无异声,相互部件应无碰擦。

检验数量:全数检查。

检验方法:观察、操作检查。

18.4.7 列车自动清洗机手动侧部喷淋及摇臂检验,手动控制侧部喷淋及摇臂动作,喷淋应无堵塞,摇臂伸出旋转动作应流畅无异声。

检验数量:全数检查。

检验方法:观察、操作检查。

18.4.8 列车自动清洗机外部信号指示灯检验,手动控制外部信号指示灯切换,应工作正常。

检验数量:全数检查。

检验方法:观察、操作检查。

18.4.9 列车自动清洗机清洗功能检验,列车按正常清洗流程进行检验,连续检验3次以上,各个设备各部件均应工作正常,无异声,列车外观清洁度明显上升,列车外件无损伤,作业效率每小时应不低于3列次。

检验数量:全数检查。

检验方法:操作检查。

18.4.10 列车自动清洗机无人驾驶自动清洗功能检验,按无人驾驶自动清洗列车进行清洗检验,连续检验3次以上,各个设备各部件均应工作正常,无异声,列车外观清洁度明显上升,列车外件无损伤,作业效率每小时应不低于3列次。

　　检验数量:全数检查。
　　检验方法:操作检查。

18.4.11 列车自动清洗机无人驾驶自动清洗功能故障自停检验,人工设计列车停靠过位不到位等故障,设备应能正常停机或报警。

　　检验数量:检验方抽查50%。
　　检验方法:操作检查。

18.4.12 列车自动清洗机紧停装置检验,运行时各个紧停装置位均应能使设备紧急停止。

　　检验数量:全数检查。
　　检验方法:操作检查。

一般项目

18.4.13 列车自动清洗机设备监控功能检验,检查操作面板设备工作状态与实际应相符。

　　检验数量:全数检查。
　　检验方法:操作检查。

18.4.14 列车自动清洗机报警功能检验,人为设置故障点,检验故障描述情况与实际应相符。

　　检验数量:检验方抽检10%故障描述点。
　　检验方法:操作检查。

18.4.15 应完成操作培训、维修培训等各类培训。

　　检验数量:全数检查。
　　检验方法:表单记录。

18.4.16 应交付图纸、技术规格书、操作手册、维护维修手册、配件列表、外购件说明等各类资料。

检验数量:全数检查。

检验方法:表单记录。

18.4.17 接口工程检验,土建设施应符合列车自动洗车机安装运行条件,工作电源的电源质量、容量应符合运用要求。

检验数量:全数检查。

检验方法:测量仪器检验。

18.5 自动化立体仓库

主控项目

18.5.1 货架验收应按现行行业标准《立体仓库焊接式钢结构货架 技术条件》JB/T 5323 和《立体仓库组合式钢结构货架 技术条件》JB/T 11270 的相关规定进行。

检验数量:全数检查。

检验方法:对照设计文件观察、检查和抽查测量(框架对角线)。

18.5.2 轨道验收应按设计图并依照基标对轨道位置进行调整,轨道平面与轨面高程等应符合设计要求。

检验数量:全数检查。

检验方法:对照设计文件量测、检查空满载分别运转试验。

18.5.3 堆垛机验收应按现行行业标准《巷道堆垛起重机》JB/T 7016 及《巷道堆垛起重机 安全规范》JB/T 11269 的相关规定进行。

检验数量:全数检查。

检验方法:对照设计文件观察、检查。

18.5.4 堆垛机限速器应完好,限速防坠装置应动作可靠。

检验数量:全数检查。

检验方法:观察、满载试验。

18.5.5 输送设备安装精度或偏差应符合相关技术要求,各零部件的装配过程应符合相关技术要求,主要包括连接螺栓、键、轴、轴承、转动皮带、链条和齿轮、密封件、气动件、液压件的装配要求等,输送设备应按现行国家标准《连续输送设备安装工程施工及验收规范》GB 50270 验收。

检验数量:全数检查。

检验方法:观察、操作检查。

18.5.6 输送设备滚动轴承装配,滚动轴承的内外圈严禁有裂缝,滚珠或滚柱严禁有缺陷,应满足现行国家标准《机械设备施工工程施工及验收通用规范》GB 50231 的规定,润滑应符合相关规定。

检验数量:全数检查。

检验方法:对照设计文件,观察检查。

18.5.7 电气设备及电器元件的铭牌应完好,型号、规格应符合设计要求,绝缘保护完好,不应有裂纹和破损。安全滑触线接触面应平整、无锈蚀,导电良好。

检验数量:全数检查。

检验方法:观察、测量仪器检验。

18.5.8 低压电器应符合现行国家标准《电气装置安装工程 低压电器施工及验收规范》GB 50254 的相关规定,电器的金属外壳、框架的接零或接地应符合现行国家标准《电气装置安装工程 接地装置施工及验收规范》GB 50169 的相关规定,配电屏、柜的安装应符合现行国家标准《电气装置安装工程 盘、柜及二次回路接线及验收规范》GB 50171 的相关规定,电缆施工应符合现行国家标准《电气装置安装工程 电缆线路施工及验收规范》GB 50168 的相关规定,电缆布线必须横平竖直,信号电缆和动力电缆分开布线,有隔绝措施。

检验数量:全数检查。

检验方法:对照设计文件,观察检查。

18.5.9 信息系统功能、效率、设备抗电磁干扰及光干扰性、噪声、各类人机命令及接口、数据处理系统上位计算机的通信功能、模拟故障、自诊断测试应与设计文件要求一致。

  检验数量:全数检查。

  检验方法:实际操作、观察检查。

18.5.10 自动化立体仓储设备进行 24 h 连续运转试运行检验应与设计要求一致,并根据排故手册设置故障点,设备能正确报出故障点位置。

  检验数量:全数检查。

  检验方法:实际操作、观察检查。

18.5.11 现场焊接区域的涂装,应在表面除锈后,先涂装一层防锈底,机械装配后裸露的未经处理的金属表面,应在表面清洁除锈后,涂一层防锈底漆,面漆 2 遍～3 遍。

  检验数量:全数检查。

  检验方法:对照设计文件,观察检查。

18.5.12 设计要求现场涂装的警示线,应在表面清洁后,按设计规定的涂料颜色和图案在规定区域进行涂装,施工过程中被损坏的涂装表面,须对损坏部位打磨清理后,先补涂一层防锈底漆,再按原面漆进行补涂。

  检验数量:全数检查。

  检验方法:对照设计文件,观察检查。

18.5.13 涂装前零件表面应符合现行国家标准《涂覆涂料前钢材表面处理 表面清洁度的目视评定 第 1 部分:未涂覆过的钢材表面和全面清除原有涂层后的钢材表面的锈蚀等级和处理等级》GB/T 8923.1 中的 Sa2 级或 St2 级要求。

  检验数量:全数检查。

  检验方法:对照设计文件,观察检查。

18.5.14 涂装时的环境温度和相对湿度应符合涂料产品说明书的要求;当产品说明书无要求时,环境温度宜在 5 ℃～38 ℃之间,相对湿度不应大于85%。构件表面有结露时不应涂装,涂装后4h内不应淋雨。

  检验数量:全数检查。
  检验方法:对照设计文件,观察检查。

18.5.15 图纸中注明不涂装的部位不应涂装,涂装应均匀,无明显起皱、流挂,附着应良好。当涂装防火涂料时,应符合现行国家标准《钢结构防火涂料》GB 14907 的规定。

  检验数量:全数检查。
  检验方法:对照设计文件,观察检查。

一般项目

18.5.16 设备出厂应提供合格证、测试记录、安装使用说明书与维护保养手册。

  检验数量:全数检查。
  检验方法:操作检查。

18.5.17 应提供竣工资料(包括电子版竣工资料)、有关设计修改的文件。

  检验数量:全数检查。
  检验方法:操作检查。

18.5.18 安装过程中应有各种重要记录。

  检验数量:全数检查。
  检验方法:操作检查。

18.5.19 应提供备品备件清单及其他有关资料。

  检验数量:全数检查。
  检验方法:操作检查。

18.5.20 自动化立体仓库整体应符合现行国家标准《建筑设计防火规范》GB 50016 要求,且通过消防管理部门的验收。

  检验数量:全数检查。
  检验方法:操作检查。

18.5.21 自动化立体仓库在试运行前,宜由监理方组织工程预验收;预验收后应形成书面报告,清晰罗列出未能达到标准的项目,让施工方逐项予以消除。

检验数量:全数检查。

检验方法:操作检查。

18.5.22 电气部分应满足设计要求,功能齐全、操作方便、动作灵活、定位准确、安全可靠,不应有漏电、过热等现象。

检验数量:全数检查。

检验方法:操作检查。

18.5.23 预验收标准应按工程合同内技术条款规定、现行国家强制标准及本标准对自动化立体仓库所应达到的功能检验要求进行。

检验数量:全数检查。

检验方法:操作检查。

18.5.24 自动化立体仓库、设备及其配套设施的安装施工单位必须具有相应的施工资质和能力,特殊工种作业人员必须持证上岗。负责设备安装的施工单位的施工资质必须符合《机电类特种设备安装改造维修许可规则(试行)》(国质检锅〔2003〕251号)等的规定。

检验数量:全数检查。

检验方法:操作检查。

18.5.25 设备施工采用的各种计量和检测器具、仪器、仪表和设备应符合国家计量法规的规定,其精度等级不应低于国家行业规定的精度等级,应按规定周期检定合格。

检验数量:全数检查。

检验方法:操作检查。

18.5.26 自动化立体仓库及其配套设施的施工应符合环境保护、劳动保护和安全文明等有关现行国家法律法规和技术标准的规定。

检验数量:全数检查。

检验方法:操作检查。

18.5.27 安装的机械设备、零部件和主要材料必须符合工程设计及其产品标准的规定,并应有合格证明。合格证明文件应归档后提交。

检验数量:全数检查。

检验方法:操作检查。

18.6 室内移车台

主控项目

18.6.1 室内移车台验收时进行检验,外表应平整光滑,油漆颜色应深浅一致,色泽光亮,规格、型号、外形应符合设计要求。

检验数量:全数检查。

检验方法:观察检查。

18.6.2 室内移车台起始状态各部件尺寸检验,起始状态各部件应无入侵车辆限界现象,应符合车辆限界对设备的要求。

检验数量:全数检查。

检验方法:测量仪器检验。

18.6.3 室内移车台保护检验,保护等级应不低于IP54,设备电机绝缘等级应不低于F级。

检验数量:检验方抽查50%。

检验方法:测量仪器检验。

18.6.4 室内移车台车架由经过抛丸和防腐处理的型钢、钢板等材料组焊而成,焊后应消除内应力,车架应具有足够强度和刚度,台面为花纹钢板,标准轨距的轨道要求平直。防锈漆及底漆至少涂3层,面漆至少1层,每层漆膜厚度不应小于40 μm。

检验数量:全数检查。

检验方法:观察、漆膜厚度仪检验。

18.6.5 室内移车台车体水平度检验,车体整体载重面水平度每米误差应不大于 0.5 mm。

检验数量:全数检查。

检验方法:水平仪检验。

18.6.6 室内移车台液压部件检验,液压连接件、液压组件应工作正常,无渗漏油现象,压力表等显示应准确,参照用户说明书中液压标识的要求,标识数值应准确清晰。

检验数量:检验方抽检 40%。

检验方法:观察、操作检查。

18.6.7 室内移车台电气件检验,电气连接件、电气组件应工作正常且连接牢固,各指示灯数显装置显示应准确正常,参照用户说明书中电气标识的要求,标识数值应准确清晰。

检验数量:检验方抽检 30%。

检验方法:观察、操作检查。

18.6.8 室内移车台联锁保护功能检验,应根据设计要求检验连锁功能,渡桥没有收起,移车台不能启动。

检验数量:全数检查。

检验方法:操作检查。

18.6.9 室内移车台极限位置保护功能检验,应根据设计要求检查极限位置保护功能。

检验数量:全数检查。

检验方法:操作检查。

18.6.10 室内移车台空载检验,应根据设计要求对每根轨道进行 3 次以上作业检验,启动停车平稳,轨道对位要求公差应在不大于 4 mm 的范围内。

检验数量:全数检查。

检验方法:操作检查。

18.6.11 室内移车台空载运行时,应具有快进慢进及电动功能,启动停车平稳,渡桥收放平稳,不应有撞击声,运行速度不应小于

35 m/min。

检验数量：全数检查。

检验方法：操作检查。

18.6.12 室内移车台重载检验，根据设计要求对单节列车进行检验，由公铁路两用车牵引，对每根轨道进行3次以上作业检验，启动停车应平稳，无异声，轨道对位要求公差应在不大于4 mm的范围内，单道作业效率应不低于15 min/辆。

检验数量：全数检查。

检验方法：操作检查。

18.6.13 室内移车台重载运行时，应能载高于设计重量1.2倍载体，或提供相关试验报告，各部件应运行良好、无变形，且各个动作机构无异声。

检验数量：全数检查。

检验方法：操作检查。

18.6.14 室内移车台紧停装置检验，移车台运行时所有紧停装置均应能使设备紧急停止。

检验数量：全数检查。

检验方法：操作检查。

一般项目

18.6.15 室内移车台各外部指示灯、蜂鸣器检验，应工作正常。

检验数量：全数检查。

检验方法：操作检查。

18.6.16 室内移车台报警功能检验，人为设置故障点，检验故障描述情况与实际应相符。

检验数量：检验方抽检10%故障描述点。

检验方法：操作检查。

18.6.17 应完成操作培训、维修培训等各类培训。

检验数量：全数检查。

检验方法：表单记录。

18.6.18 应交付图纸、技术规格书、操作手册、维护维修手册、配件列表、外购件说明等各类资料。

检验数量：全数检查。

检验方法：表单记录。

18.6.19 室内移车台接口工程检查，土建设施应符合安装运行条件，工作电源的电源质量、容量应符合运用要求。

检验数量：全数检查。

检验方法：测量仪器检验。

18.7 移动式架车机

主控项目

18.7.1 移动式架车机验收时进行检验，外表应平整光滑，油漆颜色应深浅一致，色泽光亮，规格、型号、外形应符合设计要求。

检验数量：全数检查。

检验方法：观察检查。

18.7.2 移动式架车机起始状态各部件尺寸检验，起始状态各部件应无入侵车辆限界现象，应符合车辆限界对设备的要求。

检验数量：全数检查。

检验方法：测量仪器检验。

18.7.3 移动式架车机外观整洁美观，各部件非接触面应做防锈处理并涂漆保护，托架颜色为安全防护色，漆膜应均匀一致，富有光泽，附着力强，不允许有露底、破裂、气泡、流痕、皱皮等影响美观的缺陷。

检验数量：全数检查。

检验方法：观察检查。

18.7.4 移动式架车机载重螺杆和承载螺母应具有相关探伤报告，磨损应不大于 2 mm。

检验数量:全数检查。

检验方法:查检资料、卡尺测量。

18.7.5 移动式架车机应设有保护传动螺母磨损装置,极限行程限位开关动作应灵敏、安全可靠。

检验数量:全数检查。

检验方法:观察、操作检查。

18.7.6 移动式架车机载重螺杆与齿轮箱组装后转动应灵活,托架靠轮组装后应与机架表面接触良好,在载重运行时托架上下动作灵活,靠轮无卡滞。

检验数量:全数检查。

检验方法:观察检查。

18.7.7 移动式架车机机架移动灵活,滚轮无卡滞;手动液压泵功能应正常,液压泵与管路应无漏油,减速器应运转平稳,无冲击、异常振动或杂音,机构运作时无漏油现象。

检验数量:全数检查。

检验方法:观察检查。

18.7.8 移动式架车机在提升车辆两侧所装的电器控制器上的急停按钮应可靠性能良好,机架上的配线、开关、限位的安装应牢固、可靠、整齐。

检验数量:全数检查。

检验方法:观察检查。

18.7.9 移动式架车机上下限位开关应能分别切断电动机上升及下降控制电源,控制系统应设有电源错、断相保护功能,测试有效。

检验数量:检验方抽检10%。

检验方法:观察、操作检查。

18.7.10 移动式架车机控制系统设专用接地端子,且有明显的接地标志,整套控制系统接地电阻应符合设计要求。

检验数量:全数检查。

检验方法:观察、仪器测量。

18.7.11 移动式架车机电器的带电部件与机体之间的绝缘电阻不应小于 0.5 MΩ。

检验数量:全数检查。

检验方法:测量仪器检验。

18.7.12 移动式架车机空载试验,空载情况下各部件应无裂纹、永久变形、连接处松动异响等异常现象。

检验数量:全数检查。

检验方法:观察检查。

18.7.13 移动式架车机重载情况下连续上下动作 5 min 以上,各部件应无裂纹、永久变形、连接处松动异响等异常现象,减速器及传动螺母最高温度应不大于 80 ℃,轴承温升小于等于 40 ℃。

检验数量:全数检查。

检验方法:点温枪检验。

18.7.14 移动式架车机正常运行时,在离设备 1 m 高位置处噪声应不大于 70 dB。

检验数量:全数检查。

检验方法:分贝仪检验。

18.7.15 移动式架车机控制成组架车机同步运行,运行后同一车位中任意两点高度差应在±4 mm 之内,两车位中任意两点高度差应在±8 mm 之内。

检验数量:全数检查。

检验方法:卡尺检验。

18.7.16 移动式架车机车体支撑装置支撑有效高度距轨顶不应小于 1 500 mm。

检验数量:全数检查。

检验方法:操作检查。

18.7.17 移动式架车机电缆应安装牢固,线号标记清晰,降声光报警有效,按钮、旋钮、指示灯安装牢固,功能有效,指示清晰,PLC、触摸屏安装牢固,运行稳定,程序完成备份。

检验数量:全数检查。
检验方法:观察、操作检查。

一般项目

18.7.18 应完成操作培训、维修培训等各类培训。
检验数量:全数检查。
检验方法:表单记录。

18.7.19 应交付图纸、技术规格书、操作手册、维护维修手册、配件列表、外购件说明等各类资料。
检验数量:全数检查。
检验方法:表单记录。

18.7.20 移动式架车机接口工程检查,土建设施应符合移动式架车机安装运行条件,工作电源的电源质量、容量应符合运用要求。
检验数量:全数检查。
检验方法:测量仪器检验。

18.8 起重类设备

主控项目

18.8.1 起重设备应按现行国家标准《起重设备安装工程施工及验收规范》GB 50278 设计安装验收,并获得国家核准的检测部门检验合格的检验报告后,方可投入使用。
检验数量:全数检查。
检验方法:查验资料。

18.8.2 起重设备验收时进行检验,外表应平整光滑,油漆颜色应深浅一致,色泽光亮,规格、型号、外形应符合设计要求。
检验数量:全数检查。
检验方法:观察检查。

18.8.3 起重设备吊钩应设置防止吊物意外脱钩的闭锁装置,吊钩存在缺陷不应补焊。

　　检验数量:全数检查。

　　检验方法:观察检查。

18.8.4　起重设备钢丝绳绳端固定应牢固、可靠,压板固定时数量应不少于 2 个(电动葫芦不少于 3 个),除固定钢丝绳的圈数外,卷筒上至少应保留 3 圈钢丝绳作为安全圈。

　　检验数量:全数检查。

　　检验方法:观察检查。

18.8.5　起重设备卷筒上的绳端固定装置应有防松或者自紧的性能,用金属压制接头固定时,接头不应有裂纹;用楔块固定时,楔套不应有裂纹或松动。

　　检验数量:全数检查。

　　检验方法:观察检查。

18.8.6　起重设备配备有导绳装置的卷筒应在整个工作范围内有效排绳,无卡阻现象。

　　检验数量:全数检查。

　　检验方法:观察检查。

18.8.7　起重设备接地绝缘性能应符合设计规范,总电源回路的短路保护完好。

　　检验数量:全数检查。

　　检验方法:观察、测量仪器检验。

18.8.8　起重设备便携式(含地操、遥控)按钮盘的控制电源应采用安全电压,按钮功能应有效,便携式地操按钮盘的控制电缆支承绳应可靠有效。

　　检验数量:全数检查。

　　检验方法:操作检查。

18.8.9　起重设备制动器的零部件不应有裂纹、过度磨损、塑性变形、缺件等缺陷,液压制动器无漏油。

　　检验数量:全数检查。

检验方法:观察检查。

18.8.10 起重设备制动器应调整适宜,制动平稳可靠,推动器无漏油现象。

检验数量:全数检查。

检验方法:观察检查。

18.8.11 起重设备大、小车运行机构行程限位器应可靠有效,应能够停止向运行方向的运行,起升高度限位器有效。

检验数量:全数检查。

检验方法:观察、操作检验。

18.8.12 起重设备限制器检验,起升额定载荷,应以额定速度起升、下降,全过程中正常制动 3 次,起重量限制器不动作;保持载荷离地面 100 mm～200 mm,逐渐无冲击继续加载至 1.05 倍的额定起重量,检查是否先发出超载报警信号,然后切断上升方向动作,但机构允许下降方向的运动。

检验数量:全数检查。

检验方法:操作检查。

18.8.13 起重设备大、小车运行机构的轨道端部缓冲器、端部止挡装置应完好且固定牢固,两边能够同时接触缓冲器。

检验数量:全数检查。

检验方法:观察检查。

18.8.14 起重设备应急断电开关应能切断起重机械动力电源,且为非自动复位式。

检验数量:全数检查。

检验方法:操作检查。

18.8.15 起重设备空载试验,应按照起升(升降)、小车(横向移动)、大车(纵向移动)顺序对各类起重机进行空载运行试验,各机构运转应正常,制动应可靠,操纵系统、电气控制系统工作正常,起重机械沿轨道全长运行无啃轨现象,各种安全装置工作应可靠有效。

检验数量:全数检查。

检验方法:观察、操作检查。

18.8.16 起重设备额定载荷试验,各运行机构应运转正常,起重机小车应在额定载荷下运行正常,主要受力结构件应无明显裂纹、连接松动、构件损坏等影响起重机性能和安全的缺陷。

检验数量:全数检查。

检验方法:观察、操作检查。

一般项目

18.8.17 应完成操作培训、维修培训等各类培训。

检验数量:全数检查。

检验方法:表单记录。

18.8.18 应交付图纸、技术规格书、操作手册、维护维修手册、配件列表、外购件说明等各类资料。

检验数量:全数检查。

检验方法:表单记录。

18.8.19 起重设备接口工程检查,土建设施应符合安装运行条件,工作电源的电源质量、容量应符合运用要求。

检验数量:全数检查。

检验方法:测量仪器检验。

18.9 压力容器、压力管道设备

主控项目

18.9.1 压力容器应按现行国家标准《压力容器》GB 150.1～150.4设计安装,压力管道应按现行国家标准《压缩空气站设计规范》GB 50029设计安装。

检验数量:全数检查。

检验方法:查验资料。

18.9.2 压力容器管道设备应按现行行业标准《固定式压力容器安全技术监察规程》TSG 21，获得国家核准的检测部门检验合格的检验报告后，方可投入使用。

检验数量：全数检查。

检验方法：查验资料。

18.9.3 压力容器管道设备验收时进行检验，外表应平整光滑，油漆颜色应深浅一致，色泽光亮，规格、型号、外形应符合设计要求。

检验数量：全数检查。

检验方法：观察检查。

18.9.4 压力容器管道设备表面应无明显损伤和凹凸不平，接管、法兰及其他焊接件无明显歪斜，法兰密封面无损伤，工夹具的焊疤应清除干净。

检验数量：全数检查。

检验方法：观察检查。

18.9.5 压力容器管道设备焊缝应无十字焊缝，拼接缝应按规定布置和错口，管口应避开焊缝，焊缝表面不应有裂纹、未焊透、未熔合、表面气孔、弧坑、未填满和肉眼可见的夹渣等缺陷。

检验数量：全数检查。

检验方法：观察检查。

18.9.6 压力容器管道设备垫铁的安装应不松动、接触好，找正后定位焊固定，每组垫铁不超过 4 块，外露均匀且尺寸控制在 10 mm～30 mm 范围内，搭接长度不应小于全长的 3/4。

检验数量：全数检查。

检验方法：观察检查。

18.9.7 压力容器管道设备地脚螺栓的安装：地脚螺栓的螺母和垫圈应齐全，均匀紧固，螺栓螺纹无损伤并露出螺母 2 扣～3 扣，外漏螺纹应涂防锈脂。

检验数量：全数检查。

检验方法：观察检查。

18.9.8 压力容器管道设备外部附属设施的安装检查:液位计、压力表、温度计安装方向应便于观察;各法兰螺栓应齐全、紧固,应满扣,垫片应对正,法兰面应平行。

检验数量:全数检查。
检验方法:观察检查。

18.9.9 压力容器管道设备控制系统应设专用接地端子,并有明显的接地标志,整套控制系统接地电阻应符合设计要求。

检验数量:全数检查。
检验方法:测量仪器检验。

18.9.10 压力容器设备试运行试验:连续工作 8 h,风机滑动轴的轴承温度应小于 65 ℃,滚动轴的轴承温度应小于 70 ℃,电机轴承温度应小于 80 ℃,外壳温度应小于 70 ℃。

检验数量:全数检查。
检验方法:点温枪检验。

18.9.11 压力容器管道设备运转应平稳、无杂音,封油、冷却水和润滑油系统工作正常,机器及附属管路无泄漏。

检验数量:全数检查。
检验方法:观察检查。

18.9.12 压力容器管道设备管路终端出风口应装有油水分离装置,出风口气压应符合设计要求。

检验数量:全数检查。
检验方法:观察、压力表检验。

一般项目

18.9.13 应完成操作培训、维修培训等各类培训。
检验数量:全数检查。
检验方法:表单记录。

18.9.14 应交付图纸、技术规格书、操作手册、维护维修手册、配件列表、外购件说明等各类资料。

检验数量：全数检查。

检验方法：表单记录。

18.9.15 压力容器管道设备接口工程检查，土建设施应符合安装运行条件，工作电源的电源质量、容量应符合运用要求。

检验数量：全数检查。

检验方法：测量仪器检验。

18.10 通用设备

主控项目

18.10.1 通用设备外表应平整光滑，漆面无掉漆，各规格、型号、外形均应符合设计要求。

检验数量：全数检查。

检验方法：观察检查。

18.10.2 通用设备机械部件应安装可靠，无损坏或裂纹。

检验数量：全数检查。

检验方法：观察检查。

18.10.3 通用设备液压油管应无泄漏，螺栓无松动，接线可靠，无裸露线头。

检验数量：全数检查。

检验方法：观察检查。

18.10.4 通用设备制动系统应工作正常且安全可靠。

检验数量：全数检查。

检验方法：操作检查。

18.10.5 通用设备电气系统应工作正常。

检验数量：全数检查。

检验方法：操作检查。

18.10.6 通用设备转向系统应转向灵活、无卡滞。

检验数量：全数检查。

检验方法:操作检查。

18.10.7 通用设备各安全限位应到位,应具有安全自锁功能。

检验数量:全数检查。

检验方法:操作检查。

18.10.8 通用设备动态使用应正常,各部件灵活、无异响,使用功能应满足实际需要。

检验数量:全数检查。

检验方法:操作检查。

一般项目

18.10.9 应完成操作培训、维修培训等各类培训。

检验数量:全数检查。

检验方法:表单记录。

18.10.10 应交付图纸、技术规格书、操作手册、维护维修手册、配件列表、外购件说明等各类资料。

检验数量:全数检查。

检验方法:表单记录。

18.10.11 通用设备接口工程检查,土建设施应符合安装运行条件,工作电源的电源质量、容量应符合运用要求。

检验数量:全数检查。

检验方法:测量仪器检验。

附录 A 工程施工质量验收的划分

表 A 单位、分部和分项工程划分

章节序号	单位工程	分部工程	分项工程
4	轨道	施工测量	平面及高程水准点复测、轨道基础精测网测量、铺设基标及放样、竣工复测及精调
		碎石道床	铺底砟、预铺道砟、轨排组装、铺砟整道
		现浇整体道床	钢筋、模板、混凝土、轨道架设及轨道位置调整
		预制板整体道床	混凝土底座及限位凹槽;轨道板预制;轨道板铺设;伸缩缝嵌缝;隔离层铺设及隔振器套筒;弹簧浮置板道床顶升
		道岔及伸缩调节器	道岔、钢轨伸缩调节器组装架设
		有缝线路	轨道整理
		无缝线路	基地钢轨焊接、长钢轨铺设、工地钢轨焊接、线路锁定、轨道整理
		线路附属	车挡安装、防脱护轨安装、标志标识安装等
5	应急疏散平台	应急疏散平台	平台材料要求
			平台安装
			平台扶手安装
			平台步梯安装
6	通信	专用通信管线	支架、吊架安装
			桥架安装
			保护管安装

续表A

章节序号	单位工程	分部工程	分项工程
6	通信	专用通信管线	通信管道安装
			缆线布放
		专用通信线路	区间电缆支架
			光缆敷设
			电缆敷设
			光缆接续及引入
			电缆接续及引入
			光缆线路检测
			电缆线路检测
			漏缆敷设
			漏缆连接及引入
			漏缆线路检测
		专用通信电源及接地系统	电源设备安装
			电源设备配线
			接地安装
			电源系统性能检测
			电源系统功能检验
			电源集中监控系统检验
		专用通信传输系统	传输设备安装
			传输设备配线
			传输系统性能检测
			传输系统功能检验
			传输系统网管检验
		专用通信公务电话系统	公务电话设备安装
			公务电话设备配线
			公务电话系统性能检测

— 399 —

续表A

章节序号	单位工程	分部工程	分项工程
6	通信	专用通信公务电话系统	公务电话系统功能检验
			公务电话系统网管检验
		专用通信专用电话系统	专用电话设备安装
			专用电话设备配线
			专用电话系统性能检测
			专用电话系统功能检验
			专用电话系统网管检验
		专用通信无线通信系统	天线杆(塔)安装
			天馈安装
			无线通信设备安装
			无线通信设备配线
			无线通信区间设备安装
			无线通信区间设备配线
			无线通信车载设备安装
			无线通信系统性能检测
			无线通信系统功能检验
			无线通信系统网管检验
		专用通信技术防范系统	技术防范设备安装
			技术防范设备配线
			技术防范车载设备安装
			技术防范系统性能检测
			技术防范系统功能检验
			技术防范系统网管检验
		专用通信广播系统	广播设备安装
			广播设备配线
			广播系统性能检测

续表A

章节序号	单位工程	分部工程	分项工程
6	通信	专用通信广播系统	广播系统功能检验
			广播系统网管检验
		专用通信时间系统	时间系统设备安装
			时间系统设备配线
			时间系统性能检测
			时间系统功能检验
			时间系统网管检验
		专用通信办公自动化系统	数据网络设备安装
			数据网络设备配线
			综合布线
			数据网络性能检测
			数据网络功能检验
			数据网网管检验
		专用通信集中告警系统	集中告警设备安装
			集中告警设备配线
			集中告警系统性能检测
			集中告警系统功能检验
			集中告警系统网管检验
		专用通信乘客信息系统	系统设备安装
			系统设备配线
			系统性能检验
			系统功能检验
			系统网管检验
		民用通信线路	线路安装
		民用通信数据网络系统	数据网络设备安装
			数据网络设备配线

— 401 —

续表A

章节序号	单位工程	分部工程	分项工程
6	通信	民用通信数据网络系统	数据网络性能检测
			数据网络功能检验
			数据网网管检验
		民用通信电源系统	电源设备安装
			电源设备配线
			接地安装
			电源系统性能检测
			电源系统功能检验
			电源集中监控系统检验
		公安通信线路	光缆敷设
			电缆敷设
			光缆接续及引入
			电缆接续及引入
			光缆线路检测
			电缆线路检测
			漏缆敷设
			漏缆连接及引入
			漏缆线路检测
		公安通信电源系统	电源设备安装
			电源设备配线
			接地安装
			电源系统性能检测
			电源系统功能检验
			电源集中监控系统检验
		公安通信数据网络系统	数据网络设备安装
			数据网络设备配线

续表A

章节序号	单位工程	分部工程	分项工程
6	通信	公安通信数据网络系统	数据网络综合布线
			数据网络系统检验
			数据网络网管检验
		公安无线通信引入系统	天馈安装
			无线通信引入设备安装
			无线通信引入设备配线
			无线通信引入区间设备安装
			无线通信引入区间设备配线
			无线通信引入系统性能检测
			无线通信引入系统功能检验
		公安通信技术防范系统	技术防范设备安装
			技术防范设备配线
			技术防范系统性能检测
			技术防范系统功能检验
			技术防范系统网管检验
7	信号	光(电)缆线路	支架、线槽安装
			光(电)缆敷设
			光(电)缆防护
			光(电)缆接续
			箱、盒安装
		固定信号机、发车指示器及按钮装置	高柱信号机安装
			矮型信号机安装
			半高柱信号机安装
			发车指示器安装
			按钮装置安装

续表A

章节序号	单位工程	分部工程	分项工程
7	信号	转辙设备	安装装置安装
			外锁闭装置安装
			转辙机安装
		列车检测与车地通信设备	有绝缘轨道电路安装
			无绝缘轨道电路安装
			阻抗连接器安装
			环线安装
			波导管安装
			漏泄同轴电缆敷设
			应答器安装
			定位天线安装
			终端接收器安装
			无线接入单元安装
			计轴装置安装
		车载设备	车载设备安装
			电线管路安装
		室内设备	机柜(架)安装
			走线架(槽)安装
			光(电)缆引入及分线盘安装
			操作显示设备安装
			大屏设备安装
			电源设备安装
			配线
		防雷及接地	防雷设施安装
			接地装置安装

续表A

章节序号	单位工程	分部工程	分项工程
7	信号	室外设备标识及周边硬面化	设备标识
			硬面化
		联锁试验	室内单项试验
			室外单项试验
			综合试验
		ATP	ATP系统功能检验
		ATS	ATS系统功能检验
		ATO	ATO系统功能检验
		ATC	ATC系统功能检验
		信号维护支持系统	信号维护支持系统功能检验
8	接触网/轨	柔性接触网	基础
			预埋件
			钢筋混凝土支柱
			钢柱
			门形架
			吊柱
			拉线
			接地
			器材
			横梁
			腕臂
			隧道内定位装置
			地面及高架区段定位装置
			承力索
			馈电线、架空地线
			中心锚结

续表A

章节序号	单位工程	分部工程	分项工程
8	接触网/轨	柔性接触网	整体吊弦
			吊索
			接触线
			补偿装置
			锚段关节
			电连接
			线岔
			隔离开关
			分段绝缘器
			金属氧化锌避雷器及放电间隙
			接触网设备安全距离
			标志、号码
			支柱防护
			冷滑试验
			送电试运行
		刚性接触网	埋入杆件及底座填充
			支持装置
			汇流排
			接触线
			架空地线
			中心锚结
			锚段关节
			刚柔过渡
			线岔
			电连接
			隔离开关

续表A

章节序号	单位工程	分部工程	分项工程
8	接触网/轨	刚性接触网	分段绝缘器
			接地
			标志、号码
			冷滑试验
			送电试运行
		接触轨	底座
			支架
			接触轨及其附件
			防护罩
			电连接
			接地
			中心锚结
			隔离开关
			避雷器
			标志、号码
			冷滑试验
			送电试运行
9	供配电及照明系统	供配电系统	干式变压器安装
			配电盘(柜)及二次回路接线安装
			蓄电池装置安装
			母线安装
			线路电缆及配线安装
		照明系统	照明安装
		防雷与接地系统	防雷及接地装置安装
		杂散电流防护	杂散电流防护

续表A

章节序号	单位工程	分部工程	分项工程
10	通风与空气调节	送风系统	风管及部件制作
			风管系统安装
			通风与空调设备安装
			防腐与绝热
			系统调试
		排风系统	风管及部件制作
			风管系统安装
			通风与空调设备安装
			防腐与绝热
			系统调试
		防排烟系统	风管及部件制作
			风管系统安装
			通风与空调设备安装
			排烟风阀（口）
			防腐与绝热
			系统调试
		冷凝水系统	管道系统及部件安装
			水泵及附属设备安装
			管道试压和冲洗
			防腐与绝热
			系统调试
		空调水系统	管道系统及部件安装
			水泵及附属设备安装
			管道试压和冲洗
			防腐与绝热
			热泵机组安装
			系统调试

续表A

章节序号	单位工程	分部工程	分项工程
10	通风与空气调节	冷却水系统	管道系统及部件安装
			水泵及附属设备安装
			冷却塔与水处理设备安装
			管道试压和冲洗
			防腐与绝热
			系统调试
		压缩式制冷(热)设备系统	制冷机组及附属设备安装
			制冷剂管道及部件安装
			制冷剂灌注
			防腐与绝热
			系统调试
		多联机(热泵)空调系统	室外机组安装
			室内机组安装
			制冷剂管路连接及控制开关安装
			风管安装
			冷凝水管道安装
			制冷剂灌注
			系统调试
11	给排水及消防水系统	给水系统	给水管道及配件安装
			给水设备安装
			消火栓系统安装
			管道防腐与绝热
			管道冲洗
			系统调试
		排水系统	排水管道及配件安装
			雨水管道及配件安装
			管道防腐与绝热

续表A

章节序号	单位工程	分部工程	分项工程
11	给排水及消防水系统	自动喷水灭火系统	消防泵和稳压泵安装
			消防水箱和水池安装
			消防气压给水设备安装
			消防水泵接合器安装
			消防水管网安装
			喷头安装
			报警阀组安装
			其他组件安装
			系统试压和冲洗
			系统调试
		细水雾灭火系统	储水、储气瓶组安装
			泵组及控制柜安装
			阀组安装
			管道管件安装
			喷头安装
			系统管道冲洗、水压试验、吹扫
			系统调试
		气体灭火系统	灭火剂存储装置安装
			选择阀及信号反馈装置安装
			阀驱动装置安装
			灭火剂输送管道安装
			喷嘴安装
			预制灭火系统安装
			控制组件安装
			系统调试

续表A

章节序号	单位工程	分部工程	分项工程
12	站台门	门体结构	上部结构安装
			底部结构安装
			门体安装
		电源系统及接地	电源设备安装
			电源设备配线
			接地安装
			电源系统指标检测及功能检验
		监控系统	监控系统设备安装
			监控系统设备配线
			监控系统功能检验
		系统调试	系统调试
13	电梯	垂直电梯	导轨
			驱动主机
			层门系统
			轿厢
			对重(平衡重)
			安全部件
			悬挂装置、随行电缆、补偿装置
			电气装置
			试运转
14	自动扶梯(人行道)	自动扶梯(人行道)	自动扶梯(人行道)安装
			试运转
15	自动售检票系统	管槽安装及线缆敷设	管槽安装
			管槽接头
			管槽封口
			桥架安装

续表A

章节序号	单位工程	分部工程	分项工程
15	自动售检票系统	管槽安装及线缆敷设	线缆敷设
			线缆引入
			线缆接续
			线缆特性检测
		车站终端设备	设备安装
			设备配线
			自动售票机检测
			自动检票机检测
			半自动售票机检测
			便携式检票机检测
		车站计算机系统	机房设备安装
			设备配线
			车站局域网检测
			车站计算机系统功能检测
			紧急按钮功能检测
		多线中央计算机系统	机房设备安装
			设备配线
			多线中央系统局域网检测
			多线中央系统功能检测
			容灾备份功能检测
			数据汇聚点局域网检测
			数据汇聚点功能检测
		清分系统	机房设备安装
			设备配线
			清分系统局域网检测

续表A

章节序号	单位工程	分部工程	分项工程
15	自动售检票系统	清分系统	容灾备份功能检测
			网络化运营验收
		接口调试	与综合监控系统接口调试
			与火灾报警系统接口调试
		电源、接地与防雷	电源设备安装
			电源布线
			防雷与接地
16	火灾自动报警系统	火灾自动报警系统	系统布线
			控制器类设备安装
			探测器类设备安装
			其他组件安装
			系统接地
			系统调试
			整体性能调试
17	综合监控系统	控制中心设备安装	底座支架安装
			管、槽、盒安装
			光(电)缆敷设、连接及终端
			服务器设备安装
			通信及接口设备安装
			计算机设备、打印机安装
			电源设备安装
			大屏幕安装
			系统调试
		车站设备安装	底座支架安装
			管、槽、盒安装

续表A

章节序号	单位工程	分部工程	分项工程
17	综合监控系统	车站设备安装	光(电)缆敷设、连接及终端
			服务器设备安装
			通信及接口设备安装
			计算机设备、打印机安装
			电源设备安装
			综合后备盘安装
			系统调试
		车辆基地设备安装	底座支架安装
			管、槽、盒安装
			光(电)缆敷设、连接及终端
			服务器设备安装
			通信及接口设备安装
			计算机设备、打印机安装
			电源设备安装
			系统调试
		现场设备安装	底座支架安装
			管、槽、盒安装
			环控主机安装
			现场环控箱安装
			传感器安装
			探测器安装
			控制箱配线
			模块箱配线
			就地控制器安装
			读卡器、开门按钮、紧急出门按钮、电子锁安装
			设备配线测试
			系统调试

续表A

章节序号	单位工程	分部工程	分项工程
18	车辆基地主要工艺设备	数控不落轮车床	数控不落轮车床安装
		地下式架车机	地下式架车机安装
		列车自动清洗机	列车自动清洗机安装
		自动化立体仓库	自动化立体仓库安装
		室内移车台	室内移车台安装
		移动式架车机	移动式架车机安装
		起重设备	起重设备安装
		压力容器、压力管道设备	压力容器、压力管道设备安装
		通用设备	通用设备安装

附录 B 施工质量验收记录

B.0.1 城市轨道交通机电设备安装检验批施工质量验收记录表的格式应符合表 B.0.1 的规定。

表 B.0.1 检验批施工质量验收记录表的格式

单位(子单位) 工程名称			
分部(子分部) 工程名称		验收部位	
施工单位		项目经理	
分包单位		分包项目经理	
施工执行标准 名称及编号			
施工质量验收规范的规定		施工单位检查 评定记录	监理单位 验收记录
主控项目			
主控项目			
主控项目			
一般项目			
一般项目			
一般项目			
一般项目			

续表B.0.1

	专业工长(施工员)		施工班组长	
施工单位 检查评定结果	 项目专业质量(技术)负责人： 年　月　日			
监理单位 验收结论	 监理工程师： 年　月　日			

B.0.2 城市轨道交通机电设备安装分项工程施工质量验收记录表的格式应符合表 B.0.2 的规定。

表 B.0.2 分项工程施工质量验收记录表的格式

单位(子单位)工程名称				
分部(子分部)工程名称			检验批数	
施工单位			项目经理	
序号	检验批部位、区段	施工单位检查评定记录		监理单位验收记录
	说明:			
检查结论	项目专业质量(技术)负责人: 　年　月　日	验收结论	监理工程师: 　年　月　日	

B.0.3 城市轨道交通机电设备安装分部工程施工质量验收记录表的格式应符合表 B.0.3 的规定。

表 B.0.3 分部(子分部)工程施工质量验收记录表的格式

单位(子单位)工程名称					
分部(子分部)工程名称				分项工程数量	
施工单位		技术负责人		质量负责人	
分包单位		单位负责人		技术负责人	
序号	分项工程名称		检验批数	施工单位检查评定	验收意见
分项工程					
	质量控制资料符合要求				
	安全和功能性检查				
	观感质量验收				
验收单位	分包单位			项目经理	
	施工单位			项目经理	
	勘察和设计单位			项目专业技术负责人	
	监理单位			总监理工程师	
	建设单位			项目负责人	

B.0.4 城市轨道交通机电设备安装单位(子单位)工程施工质量验收记录表的格式应符合表 B.0.4 的规定。

表 B.0.4 单位(子单位)工程施工质量验收记录表的格式

单位(子单位)工程名称					
施工单位		技术负责人		开工日期	
项目经理		项目技术负责人		竣工日期	
序号	项目	验收记录			验收结论
1	分部工程				
2	质量控制资料符合要求				
3	安全和功能性检查				
4	观感质量验收				
5					
参加验收单位		建设单位 (公章) 单位(项目)负责人 年 月 日	设计单位 (公章) 单位(项目)负责人 年 月 日	监理单位 (公章) 单位(项目)负责人 年 月 日	施工单位 (公章) 单位(项目)负责人 年 月 日

附录 C 材料设备系统检验检测项目

表 C 材料设备系统检验检测项目

系统	材料设备名称	检验检测项目	抽检比例
站台门	硅酮胶	拉伸粘结强度、相容性试验	同一进场批次、型号、规格为1批
电气	接地系统	接地电阻	每个独立接地系统为1批
综合支吊架	锚栓、吊杆、膨胀螺栓、植筋	拉拔试验	同一分部工程、同一直径、同一等级为1批
空调系统	空调机组、空调水系统、	空调制冷量、电机转速、电机功率、噪声、室内温度、冷冻水流量、冷却水流量	15%～25%
通风系统	风管、风口	风道漏风量、风道风量、风道风压	10%～15%
室内环境系统	空气质量	室内环境空气(苯、氡、TVOC、甲醛)	现场抽检按房间总数的5%,不少于3间,根据各房间的面积进行布点
照明系统	灯具	照明照度、照明密度	同一功能区不少于2处
电线电缆	电线电缆	直流电阻	同厂家各种规格总数的10%,不得少于2种规格
保温材料	橡塑平板保温材料、橡塑管状保温材料、挤塑夹芯板/金属面夹芯板、铝箔玻璃棉板	导热系数、密度、吸水率	同一厂家同材质的绝热材料不得少于2次

附录 D 工程质量控制资料

表 D 工程质量控制资料核查表

单位(子单位)工程名称		施工单位			
序号	资料名称		份数	核查意见	核查人
1	施工组织设计及批复、技术交底、施工日志、调试大纲及批复				
2	图纸会审、设计变更、工程洽商、消防图纸审查				
3	设备明细表				
4	设备、材料质量合格证、质量保证书				
5	设备装箱单、商检证明(进口设备)和说明书、出厂检测及试验报告、开箱验收报告				
6	设备基础定位测试复核记录				
7	设备安装测量记录				
8	设备性能测试、调试及试运行记录				
9	隐蔽工程验收记录				
10	质量事故处理记录				
11	检验批验收记录、分项工程验收记录、分部工程验收记录、单位工程验收记录				
12	特种设备安全使用许可证、型式检验报告				
13	系统调试、功能检测、试运行记录				
检查结论	项目经理： 年　月　日		验收结论	总监理工程师： 年　月　日	

附录 E 工程安全和功能检验项目

表 E 工程安全和功能性检验项目核查表(范例)

工程名称			施工单位			
项目	序号	资料名称		份数	核查意见	核查人
通信	1	区间干线光(电)缆防护层低烟、无卤、阻燃的性能测试				
	2	区间内的设备及托架不得侵入限界的检验				
	3	接地系统接地电阻的测试				
	4	通信电源系统交流配电柜(箱)自动切换装置的延时测试				
	5	不间断电源UPS的手动与自动转换功能以及旁路功能的测试				
	6	传输系统保护倒换功能测试				
	7	传输系统关键模块的冗余及自动切换功能测试				
	8	专用电话系统调度系统冗余测试				
	9	专用电话系统调度台功能测试				
	10	专用电话系统会议电话功能测试				
	11	公务电话出入中继功能测试				
	12	公务电话系统备用调度电话功能测试				
	13	专用无线通信系统空间波覆盖的时间、地点概率测试				

续表 E

项目	序号	资料名称	份数	核查意见	核查人
通信	14	专用无线通信系统调度台与车载台的通话功能测试			
	15	专用无线通信系统冗余测试			
	16	广播控制盒的播音、监听功能测试			
	17	防灾广播与应急广播功能测试			
	18	视频监控系统与其他系统间的联动功能测试			
	19	网络中心时间同步系统对各机电系统的授时精度测试			
	20	信息资源接入系统网络安全措施的设置与功能测试			
	21	集中告警系统的告警响应及操作响应时间的测试			
	22	线路级乘客信息系统在火灾工况下接受触发并全屏显示紧急信息的功能测试			
	23	线路级乘客信息系统接收并发布信息			
	24	公安无线通信系统呼叫功能与互联互通功能测试			
	25	民用通信引入系统的杂散指标测试			
信号	1	光(电)缆检测			
	2	轨旁设备及安装支架不侵限检查			
	3	接地系统接地电阻测试			
	4	ATP子系统功能检验			
	5	ATO子系统功能检验			
	6	ATS子系统功能检验			
接触网/轨	1	接触网设备试验测试记录			
	2	接触网主要参数测试报告			

续表 E

项目	序号	资料名称	份数	核查意见	核查人
接触网/轨系统	3	接地装置测试			
	4	接触网冷滑试验及送电开通记录			
供电及照明系统	1	接地网接地电阻测试、变电所接地电阻测试			
	2	开关柜绝缘电阻测试、工频耐压试验			
	3	动力电缆绝缘电阻测试、工频耐压试验			
	4	变压器、高压开关柜、低压开关柜现场交接试验			
	5	供电系统继电保护动作试验			
	6	照明系统通电全负荷试运行、隧道内照度控制可靠性检验			
	7	不间断电源(UPS、EPS)工作及与主电源切换可靠性检验			
	8	变压器交接试验			
	9	变压器试运行检查			
通风与空气调节	1	通风、空调系统试运行记录			
	2	风量、温度测试记录			
	3	制冷机组试运行调试记录			
给排水及消防水系统	1	给水管道通水试验记录			
	2	卫生器具满水试验记录			
	3	消防管道、燃气管道压力试验记录			
	4	排水干管通球试验记录			
站台门	1	轨道控制基准点的交接检验			
	2	化学锚栓强度测试			
	3	备用电源工作及与主电源切换可靠性检验			
	4	绝缘电阻测试			
	5	等电位、接地电阻测试			

续表 E

项目	序号	资料名称	份数	核查意见	核查人
站台门	6	障碍物探测			
	7	噪声值测试			
	8	控制系统运行模式切换可靠性检验			
	9	调试、试运转记录			
电梯	1	试运转记录			
	2	安全装置检测报告			
自动扶梯（人行道）	1	试运转记录			
	2	安全装置检测报告			
自动售检票系统	1	自动售票机车票发售功能检验			
	2	自动检票机车票检票功能检验			
	3	半自动售票机票务处理功能检验			
	4	车站计算机系统数据处理、参数管理、票务收益、设备监控功能检验			
	5	多线中央计算机系统运营管理、安全管理功能检验			
	6	清分系统运营管理、安全管理功能检验			
	7	电源与接地检测			
火灾自动报警系统	1	接地、绝缘电阻测试			
	2	火灾报警功能检验			
	3	消防联动功能检验			
综合监控系统	1	接地、绝缘电阻测试			
	2	控制箱、柜、盘安装牢固性检验			
	3	电力监控功能检验			
	4	车站机电监控功能检验			
	5	火灾报警功能检验			
	6	站台门监控功能检验			
	7	门禁监控功能检验			
	8	视频监控功能检验			

续表E

项目	序号	资料名称	份数	核查意见	核查人
综合监控系统	9	广播功能检验			
	10	乘客信息功能检验			
	11	列车自动监控功能检验			
	12	自动售检票功能检验			
	13	防淹门监控功能检验			
	14	时间同步功能检验			
	15	大屏幕功能检验			
车辆基地主要工艺设备	1	数控不落轮车床功能测试			
	2	地下式架车机功能测试			
	3	列车自动清洗机功能测试			
	4	自动化立体仓库功能测试			
	5	室内移车台功能测试			
	6	移动式架车机功能测试			
	7	起重类设备国家质检报告			
	8	起重类设备功能测试			
	9	压力容器、压力管道设备国家质检报告			
	10	压力容器、压力管道设备功能测试			
	11	通用设备功能测试			

检查结论		验收结论	
	项目经理： 年　月　日		总监理工程师： 年　月　日

附录 F 工程观感性质量检查项目

表 F 工程观感性质量检查项目核查表(范例)

工程名称			施工单位			
项目	序号	项目	观感性质量抽查内容	质量评价		
				好	一般	差
轨道	1	钢轨	任何部位无折断、裂纹、变形、锈蚀、擦伤等缺陷			
	2	扣件	整齐美观,表面完好、无污物,无肉眼可见的损伤及缺陷			
	3	道岔、调节器	基本轨、尖轨、辙叉等钢轨件外观无损伤缺陷			
	4	道床及轨枕	道床饱满、均匀和整齐,无轨枕空吊、道床翻浆的现象			
	5	道床水沟	中心水沟及横向水沟设置水沟盖板			
	6	轨道附属	标志设置端正,涂料均匀、色泽鲜明,图像字迹清晰完整			
应急疏散平台	1	平台材料	表面无起泡、翘曲、裂纹、裂缝、斑点、凹凸粗糙、颜色不均匀、无光泽等缺陷			
	2	平台安装	平台踏板靠线路侧边沿不悬空			
	3	平台扶手安装	扶手杆不滑动、不转动			
	4	平台步梯安装	外观颜色均匀一致,无翘曲、裂纹等缺陷			

续表 F

项目	序号	项目	观感性质量抽查内容	质量评价		
				好	一般	差
通信	1	吊架、支架、桥架、线槽	支架底座应平正,位置正确,安装牢固			
	2	线缆布放	牢固、无损伤、变形及锈蚀,线材无断股、交叉、散股、锈蚀现象			
	3	光(电)缆引入、接续	电缆内、外护套接续的热缩套管热缩均匀、无气鼓,端口溢胶,密封良好			
	4	设备安装,含壁挂设备、机柜(架)、底座、子架(机盘)、配线	箱盒的基础螺栓竖立垂直,距离正确,外露部分有防锈措施,基础表面平整光洁且无明显丢边掉角现象			
	5	机房接地装置	接地体与引接线连接部分焊接牢固			
	6	摄像机设备的布置、安装	固定牢固、端正			
	7	入侵报警设备和实时巡视设备的布置、安装	固定牢固、端正			
	8	乘客信息显示屏的布置、安装,以及信息显示的清晰度	固定牢固、端正;画面清晰			
	9	无线通信系统的天线布置、安装	固定牢固、端正			
	10	广播扬声器的布置、安装	固定牢固、端正			
信号	1	吊架、支架、桥架、线槽	固定牢固、端正;整体效果美观;与墙壁接触紧密、牢固			
	2	缆线敷设	电缆内、外护套接续的热缩套管热缩均匀、无气鼓,端口溢胶,密封良好			

续表 F

项目	序号	项目	观感性质量抽查内容	质量评价		
				好	一般	差
信号	3	机柜（架）、底座、子架（机盘）等安装及配线	箱盒的基础螺栓竖立垂直，距离正确，外露部分有防锈措施，基础表面平整光洁且无明显丢边掉角现象			
	4	机房接地装置	接地体与引接线连接部分焊接牢固			
	5	车载设备的安装	安装牢固、横平竖直，外壳、漆层无损伤			
	6	轨旁设备的安装	设备安装牢固，不碰卡，各紧固件拧紧。涂漆颜色应一致，厚薄均匀、完整，无脱皮、反锈、鼓泡现象			
	7	室内设备的安装	安装牢固、横平竖直，外壳、漆层无损伤			
接触网/轨	1	基础	基础外露部分表面平整，无蜂窝、麻面和露筋等现象，棱角完整，螺栓、螺纹完好			
	2	支柱	钢筋混凝土支柱表面应光洁、平整，不应有混凝土剥落、露筋等缺陷			
	3	底座	钢柱表面应光洁，无弯曲、扭转现象，无裂缝，防腐镀层均匀，无脱落、锈蚀			
	4	支架	支架底座应平正，位置正确，安装牢固			
	5	设备、材料	绝缘支架外观检查应完好，无损伤，安装端正			
	6	电缆敷设	设备安装牢固，无损伤、变形及锈蚀，各种线材无断股、交叉、散股、锈蚀现象			
	7	标识标志	电缆敷设美观、弯曲自然，固定牢固、可靠			

续表 F

项目	序号	项目	观感性质量抽查内容	质量评价		
				好	一般	差
供电及照明系统	1	干式变压器	变压器位置正确,附件齐全,外表清洁,仪表指示正确			
	2	开关柜(盘)、控制箱	箱(盘)排列整齐,涂层完整,接线端子编号清晰工整、不易褪色			
	3	电缆桥架护管电缆敷设	桥架无扭曲变形,接地可靠;护管整齐,配件齐全,电缆敷设美观、弯曲自然,固定牢固,标识清晰			
	4	隧道照明	灯具固定牢固,配件完整,无涂层脱落,成排灯具排列整齐			
	5	防雷接地、接地	接闪带位置正确;接闪带、接地线平整顺直,焊缝饱满,支架间距均匀;接地线黄绿相间色标美观			
通风与空气调节	1	风管、支架	风管及配件制作规整、清洁,安装平整顺直,支架设置合理、固定牢靠			
	2	风口、风阀	风口、风阀安装位置正确、牢固、表面平整、接缝严密、外形美观			
	3	风机、空调设备	设备安装布局合理、使用方便、外观整洁,管道与设备连接符合规范规定,接头严密、无渗漏现象,支、吊架设置合理、固定牢靠,设备运行噪声符合设计及规范要求			
	4	管道、阀门、支架	管道坡度正确、排列有序、连接规范、接头严密、无渗漏现象,阀门安装位置正确、牢固,支架设置合理、固定牢靠,管道根部处理细腻、标识标志清晰			

续表 F

项目	序号	项目	观感性质量抽查内容	质量评价		
				好	一般	差
通风与空气调节	5	水泵、冷却塔	设备安装布局合理、使用方便、外观整洁,管道与设备连接符合规范规定、接头严密、无渗漏现象,支吊架设置合理、固定牢靠,设备运行噪声符合设计及规范要求			
	6	绝热	保温应密实,无裂缝、空隙等缺陷,表面应平整,防潮层应完整,且封闭良好,搭接应顺水,纵横接缝应错开			
给排水及消防水系统	1	管道接口、坡度、支架	管道安装横平竖直、坡度正确,支管与用水设备连接符合规范规定,三通、四通选用符合规范规定,支架设置合理、固定牢靠,接头严密、无渗漏现象			
	2	卫生器具、支架、阀门	卫生器具安装位置正确,高度符合规范规定,表面平整,阀门及支架安装位置正确、牢固			
	3	检查口、扫除口、地漏	检查口、扫除口、地漏安装符合规范规定			
站台门	1	脚踏板	脚踏板安装牢固、无松动,间隙均匀,接缝处平整			
	2	门体结构	门体结构安装牢固可靠,符合限界要求			
	3	滑动门、应急门、端门	滑动门导靴、应急门上铰链定位销、端门闭门器、固定门调节支架、电气安全开关、各密封胶条安装正确。开关平顺、无窜动。外观整洁、美观,平面处平整,接缝规则,表面无碰伤痕迹			

续表 F

项目	序号	项目	观感性质量抽查内容	质量评价		
				好	一般	差
站台门	4	开关柜(盘)、控制箱	框架接地可靠,设备的外壳及电缆屏蔽层和金属管线PE线接地可靠,电线、电缆穿管,管口有护圈保护,回路标记清晰、编号准确			
	5	紧固件	紧固螺栓有防松措施			
	6	顶箱	顶箱后封板安装牢固,前盖板安装平整,开启角度大于70°,并能在最大开启角度定位			
	7	监控系统声光报警	站台门系统状态和故障信息在控制室和现场能同时报警和灯光提示			
	8	标志标识	有明显的安全标志和使用标志			
	9	等电位、接地	金属框架接地可靠,设备的外壳及电缆屏蔽层和金属管线PE线接地可靠,站台门门体与钢轨等电位连接可靠			
垂直电梯	1	运行、平层、开关门	电梯运行应平稳,无异常声响;平层动作准确,平层精度满足要求;开关门动作灵活正确,无刮碰现象			
	2	层门、信号系统	门扇与门扇、门扇与门套、门扇与门楣、门扇与门口处轿壁、门扇下端与地坎的间隙应均匀,间隙尺寸符合要求;信号装置安装平整,信号系统显示正确、清晰			
自动扶梯(人行道)	1	扶梯梯级、踏板或胶带与围裙板间	应无刮碰现象(梯级、踏板或胶带上的导向部分围裙板接触除外)			
	2	扶手带外表面	表面应无刮痕及破损			

续表 F

项目	序号	项目	观感性质量抽查内容	质量评价		
				好	一般	差
自动售检票系统	1	管槽安装	安装位置与消火栓、导向牌、围栏等其他设施部不冲突			
	2	线缆敷设	牢固、无损伤变形及锈蚀,线材无断股、交叉、散股、锈蚀现象			
	3	机房设备安装	安装牢固、横平竖直,外壳、漆层无损伤			
	4	终端设备安装	安装牢固、横平竖直,外壳、漆层无损伤			
	5	电源设备安装	配电柜、不间断电源的安装地面无凹凸现象			
火灾自动报警系统	1	控制箱、柜、盘	垂直、平直、牢固			
	2	线缆敷设	敷设在竖井内的穿越防火分区的槽盒及管线的孔洞,有防火封堵			
	3	探测器、其他组件安装	安装牢固、横平竖直,外壳、漆层无损伤			
综合监控系统	1	控制箱、柜、盘	垂直、平直、牢固			
	2	光(电)缆敷设	敷设在竖井内和穿越不同防火分区的桥架及线管的孔洞,有防火封堵			
	3	服务器、通信及接口设备、计算机设备、电源设备	数量准确,漆饰良好,内部部件齐全,安装稳固,配线正确			
	4	大屏幕	物理拼缝均匀、平整,十字拼缝处无明显错位、凸凹			
	5	传感器、探测器、就地控制器	外观完整,安装牢固、平整			
	6	读卡器、开门按钮、紧急出门按钮、电子锁	安装牢固、启闭灵活			
车辆基地主要工艺设备	1	数控不落轮车床	外表平整光滑,油漆颜色深浅一致,各部件无入侵车辆限界现象			
	2	地下式架车机	外表平整光滑,油漆颜色深浅一致,各部件无入侵车辆限界现象			

续表 F

项目	序号	项目	观感性质量抽查内容	质量评价		
				好	一般	差
车辆基地主要工艺设备	3	列车自动清洗机	外表平整光滑,油漆颜色深浅一致,各部件无入侵车辆限界现象			
	4	自动化立体仓库	滚动轴承的内外圈无裂缝,滚珠或滚柱无缺陷,电气设备及电器元件的绝缘保护完好,无裂纹和破损,安全滑触线接触面平整、无锈蚀			
	5	室内移车台	外表平整光滑,油漆颜色深浅一致,各部件无入侵车辆限界现象			
	6	移动式架车机	外表平整光滑,油漆颜色深浅一致,各部件无入侵车辆限界现象			
	7	起重类设备	外表平整光滑,油漆颜色深浅一致,零部件无裂纹、过度磨损、塑性变形、缺件等缺陷,液压制动器无漏油			
	8	压力容器、压力管道设备	外表平整光滑,油漆颜色深浅一致,表面无明显损伤和凹凸不平,接管、法兰及其他焊接件无明显歪斜,法兰密封面无损伤,液位计、压力表、温度计安装方向便于观察			
	9	通用设备	外表平整光滑,漆面无掉漆,机械部件安装可靠,无损坏或裂纹,液压油管无泄漏,螺栓无松动,接线可靠,无裸露线头			

检查结论	验收结论	
	项目经理: 年 月 日	总监理工程师: 年 月 日

附录 G 风管耐压强度及漏风量测试方法

G.1 适用范围

G.1.1 本测试方法适用于定型生产的金属矩形、圆形风管、非金属矩形、圆形风管和柔性风管。主要测试风管法兰连接强度、风管接缝和风管加固是否符合本标准中有关规定,对风管的耐压强度(管壁变形量、挠度)及其漏风量进行检验。

G.2 测试内容

G.2.1 测试内容可分为下列四类:
1 试验风管组漏风量测试。
2 金属风管加载 80 kg 负荷(W_1)和保温负荷(W_2),测试金属风管加载负荷的安全强度及抗震方面的性能;非金属风管不进行加载测试。
3 在规定工作压力下,风管管壁变形量检验。
4 在规定工作压力下,风管挠度变形量检验。

G.3 测试用风管

G.3.1 每组测试用风管宜由 4 段长度为 1.2 m 的风管连接组成(图 G.3.1)。
G.3.2 风管组两端的风管端头应封堵并留有孔径 3 mm~4 mm 的测量管,用于安装进气管连接口及管内静压力测量孔。

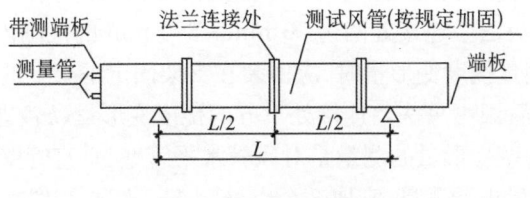

图 G.3.1 试验用风管

G.3.3 测试风管组两端封堵板的接缝处应用密封材料封堵,以防止封堵板连接处的空气泄漏影响漏风量的测试结果。

G.3.4 测试风管支架间距(L)应按本标准表 10.3.4 最大间距设置支撑架距离,或按指定的支架间距进行试验。

G.3.5 将测试用风管组置于测试支架上(相当于支吊架),使风管处于安装状态,并安装测试仪表和送风装置。

G.4 测试装置

G.4.1 测试装置由送风装置、流量测定装置、压力和温度测定装置及风管组支撑架组成(图 G.4.1)。管壁变形量和挠度变形量采用百分表测量、加载负荷用砝码计量。漏风量测试装置应符合现行国家标准《通风与空调工程施工质量验收规范》GB 50243 的规定。

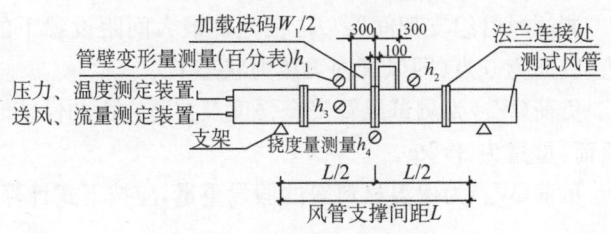

图 G.4.1 风管测试装置图(mm)

G.4.2 应将加载砝码(W_1+W_2)分为两等份,分别放在距离被测试风管中央法兰连接处两边 50 mm~300 mm 的范围内。

G.4.3 测量挠度变形量时,应由装在支架固定框架上的大量程百分表对风管组中央法兰连接处下方的挠度变形量(h_4)进行测量。

G.4.4 管壁变形量的测量是对风管水平管壁、垂直管壁最不利点处的变形量进行测量,宜取 3 个点(h_1、h_2、h_3),布置在被测风管各段(含加固处)的几何中心处。

G.5 漏风量及耐压强度(管壁变形量、挠度)测试

G.5.1 风管漏风量测试应在试验风管内的试验压力与规定的工作压力保持一致时进行测量。同时,测量测试环境温度及压力,换算出标准状态(20 ℃,标准大气压)下的漏风量。挠度变形量及漏风量测试步骤(图 G.5.1)应符合下列规定:

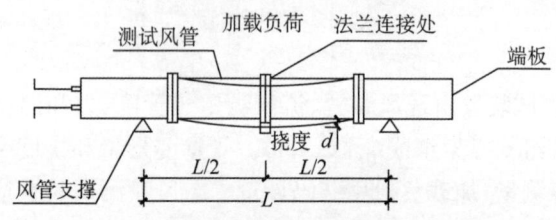

图 G.5.1 挠度变形量及漏风量测试步骤

1 测试风管组支架间距(L)在允许最大间距设置下的自由挠度值,以此为 0 点(即风管内无压力状态下)。

2 负荷(W_1)为测试风管安全强度及抗震方面的性能时所设定的负荷,重量为 80 kg。

3 负荷(W_2)为保温材料等的假设重量,应按下式计算:

$$W_2=2(B+H)LZ_1 \tag{G.5.1}$$

式中：B，H ——风管的长边及短边(m)；

　　　　L ——风管的支撑间距(m)；

　　　　Z_1 ——保温材料等的单位重量(kg/m³)。

4 将风管内测试压力保持在所指定的最大(正负)工作压力下试验的同时，测量空气泄漏量及风管壁挠度量(d)，由此求得该组风管在相应工作压力下的空气泄漏量(Q)及挠度角$[\beta=d/(L/2)]$。

5 加载负荷(W_1+W_2)时，将风管内测试压力保持在所指定的最大工作压力的情况下，测量测试风管组的空气泄漏量(Q_1)，同时测量测试风管组中央连接法兰部位的挠度量(d)，以此求得挠度角$[\beta=d/(L/2)]$。

6 非金属风管不要求进行风管壁的挠度量试验。

G.5.2 风管管壁变形量及漏风量测试(图 G.5.2)应符合下列规定：

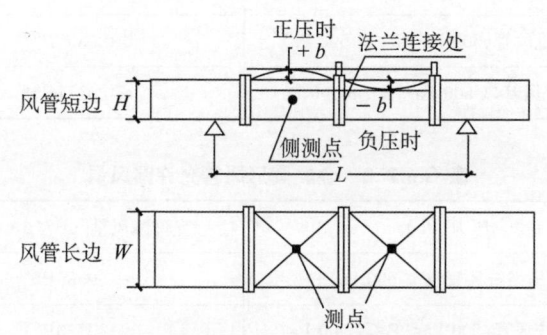

图 G.5.2 风管管壁变形量及漏风量测试

1 在风管边长部位的加固点或法兰连接处的图示位置对角线，以该对角线上交叉点作为管壁变形量(b)测定点。

2 在无负荷情况下，将风管内压力保持在指定的最大工作压力(正、负)下，与此同时，在正压时测定管壁变形量($+b$)和漏风量(Q_0),在负压时测定管壁变形量($-b$)和漏风量(Q_0)。在加载负荷(W_1+W_2)情况下,同样测定管壁变形量($\pm b$)和漏风量(Q_0)。

3 测量风管壁面的最大管壁变形量(b)。

4 非金属风管应进行耐压强度下管壁变形量的试验。

G.6 风管测试结果的评价

G.6.1 金属风管测试结果的评价应符合下列规定:

1 金属矩形风管的漏风量应符合表 G.6.1-1 的规定,金属圆形风管的漏风量应符合表 G.6.1-2 的规定。

表 G.6.1-1 金属矩形风管允许漏风量

压力(PF)	允许漏风量[m³/(h·m²)]
低压系统风管($P \leqslant 500$ Pa)	$\leqslant 0.1056 P^{0.65}$
中压系统风管(500 Pa$<P \leqslant$1 500 Pa)	$\leqslant 0.0352 P^{0.65}$
高压系统风管(1 500 Pa$<P \leqslant$3 000 Pa)	$\leqslant 0.0117 P^{0.65}$

表 G.6.1-2 金属圆形风管允许漏风量

压力(PF)	允许漏风量[m³/(h·m²)]
低压系统风管($P \leqslant 500$ Pa)	$\leqslant 0.0586 P^{0.65}$
中压系统风管(500 Pa$<P \leqslant$1 500 Pa)	$\leqslant 0.0176 P^{0.65}$
高压系统风管(1 500 Pa$<P \leqslant$3 000 Pa)	$\leqslant 0.006 P^{0.65}$

2 金属矩形风管和金属圆形螺旋风管管壁变形量及挠度允许值应符合表 G.6.1-3 和表 G.6.1-4 的规定。非金属矩形风管管壁变形量允许值应符合表 G.6.1-5 的规定。

表 G.6.1-3　金属矩形风管管壁变形量及挠度允许值

类别	风管系统工作压力 P(Pa)		
	低压系统 ($P \leqslant 500$)	中压系统 ($500 < P \leqslant 1\,500$)	高压系统 ($1\,500 < P \leqslant 3\,000$)
管壁变形量(%) (无载,W_1+W_2)	$\leqslant 1.5$	$\leqslant 2.0$	$\leqslant 2.5$
挠度角(β) (无载,W_1+W_2)	1/150	1.5/150	2/150(或 $d \leqslant 12$ mm)

表 G.6.1-4　金属圆形螺旋风管管壁变形量及挠度允许值

类别		风管系统工作压力 P(Pa)		
		低压系统 ($P \leqslant 500$)	中压系统 ($500 < P \leqslant 1\,500$)	高压系统 ($1\,500 < P \leqslant 3\,000$)
管壁变形量(%) (无载,W_1+W_2)		$\leqslant 0.5$	$\leqslant 1.0$	$\leqslant 1.5$
挠度角 (β)	无载	0.05/150	0.10/150	0.15/150
	W_1+W_2	0.8/150	1.0/150	1.2/150(或 $d \leqslant 12$ mm)

表 G.6.1-5　非金属矩形风管管壁变形量允许值

风管系统工作压力 P(Pa)	低压系统 ($P \leqslant 500$)	中压系统 ($500 < P \leqslant 1\,500$)	高压系统 ($1\,500 < P \leqslant 3\,000$)
管壁变形量(%)	$\leqslant 1.0$	$\leqslant 1.5$	$\leqslant 2.0$

3 计算单位面积的空气泄漏量时,使用测试风管的展开面积。

4 加载负荷 W_2 时,设想风管在保温的状态下加载含保温材料的重量,在适用的保温材料规格中选用最大值。

5 以风管长边宽为 W(或短边 H)、管壁变形量为 $\pm b$,计算相对变形量为 $\pm(b/w) \times 100\%$ 或 $\pm(b/H) \times 100\%$。

G.6.2　非金属风管试验结果的评价应符合下列规定:

1 采用法兰连接的非金属矩形风管允许漏风量应符合表 G.6.1-1 的规定。

2 采用非法兰连接的非金属矩形风管允许漏风量应为表 G.6.1-1 的规定值的 50%。

3 金属圆形风管的漏风量应符合表 G.6.1-2 的规定。

附录 H 风管系统漏风量测试方法

H.0.1 对系统风管的检测,宜采用分段检测、汇总分析的方法。在对风管的制作与安装实施了严格的质量管理基础上,系统风管的检测以总管和干管为主。检验样本风管宜为 3 节及以上组成,且总表面积不应小于 15 m^2。

H.0.2 风管系统漏风量测试步骤应符合下列规定:

1 测试前,被测风管系统的所有开口处均应严密封闭,不应漏风。

2 将专用的漏风量测试装置用软管与被测风管系统连接。

3 开启漏风量测试装置的电源,调节变频器的频率,使风管系统内的静压达到设定值后,测出漏风量测试装置上流量节流器的压差值 ΔP。

4 测出流量节流器的压差值 ΔP 后,按公式 $Q = f(\Delta P)$ (m^3/h) 计算出流量值,该流量值 Q (m^3/h) 再除以被测风管系统的展开面积 $F(m^2)$,即为被测风管系统在实验压力下的漏风量 Q_A [$m^3/(h \cdot m^2)$]。

H.0.3 当被测风管系统的漏风量 Q_A [$m^3/(h \cdot m^2)$]超过设计和本标准的规定时,应查出漏风部位(可用听、摸、飘带、水膜或烟气检漏),做好标记;且应在修补后重新测试,直至合格。

附录 J 室内配电装置的最小电气安全净距

表 J 室内配电装置的最小电气安全净距(mm)

尺寸符号	额定电压(kV)	<0.5	10	35
A	裸带电部分至接地部分,不同相的裸带电部分之间,遮拦向上延伸线距地 2.3 m 处与遮拦上方带电部分之间	20	125	300
B_1	棚状遮拦至带电部分之间,交叉的不同时停电检修的无遮拦带电部分之间,裸带电部分至用钥匙或工具才能开启的遮拦	800	875	1 050
B_2	距地(楼)面 2.5 m 以下的裸带电部分网状遮拦的防护等级为 IP2X 时,裸带电部分与遮拦物($h \geqslant 1.7$ m)间水平净距	100	225	400
B_3	裸带电部分至五孔固定遮拦(图中未示出)	50	155	330
C	无遮拦裸带电部分至所内人行通道地(楼)面	屏前 2 500 屏后 2 300	2 500	2 600
C_1	设备的套管和绝缘子最低部位距地(楼)面的最小高度,否则应设固定遮拦或栅栏	—	2 300	2 300
C_2	具有 IP2X 防护等级网状遮拦的通道净高	1 900	1 900	1 900
D	不同时停电检修的无遮拦导体之间的水平距离	1 875	1 925	2 100
E	低压母线引出线或高压引出线的套管至屋外人行道通道地面	—	4 000	—

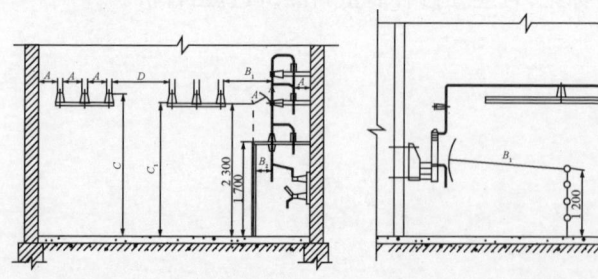

图 J 室内外高压配电装置最小电气安全净距(mm)

附录 K 综合监控系统功能验收表

表 K.0.1 电力监控功能验收

检验时间：		检验地点：			
序号	项目	标准	检验方法	判定	备注
1	单控功能	在工作站人机界面进行遥控操作，按约定好的数据格式，成功下发单控命令至电力监控单元，遥控结果在人机界面上显示	现场操作及查看调试记录	□ 通过 □ 不通过	
2	程控功能	在工作站人机界面进行遥控操作，按约定好的数据格式，成功下发程控命令至电力监控单元，遥控结果在人机界面上显示	现场操作及查看	□ 通过 □ 不通过	
2	遥调功能	在工作站人机界面进行遥调操作，按约定好的数据格式，成功下发命令至电力监控单元，遥调结果在人机界面上显示	现场操作及查看调试记录	□ 通过 □ 不通过	
3	遥测功能	在工作站人机界面正确显示电力监控单元上传的遥测信息	现场操作及查看调试记录	□ 通过 □ 不通过	
4	遥信功能	在工作站人机界面正确显示电力监控单元上传的遥信信息	现场操作及查看调试记录	□ 通过 □ 不通过	
5	越限报警	模拟电力监控设备遥测值达到越限报警值，对应开关遥测量显示的颜色与图标库定义颜色一致，并且报警栏产生越限报警	现场操作	□ 通过 □ 不通过	

续表K.0.1

序号	项目	标准	检验方法	判定	备注
6	挂牌操作	在工作站人机界面对电力监控设备进行挂牌操作,并且操作成功	现场操作	☐ 通过 ☐ 不通过	
7	权限移交	在工作站人机界面进行电力监控权限移交和回收操作,并且操作成功	现场操作	☐ 通过 ☐ 不通过	
8	线路控制中心大屏显示系统(如有)界面图显示	在线路控制中心大屏显示系统上成功显示电力监控大屏幕界面图	现场查看	☐ 通过 ☐ 不通过	

表 K.0.2 机电设备监控功能验收

检验时间:		检验地点:			
序号	项目	标准	检验方法	判定	备注
1	显示机电设备监控设备状态	正确显示机电设备监控设备报警、故障、状态信息	查看调试记录	☐ 通过 ☐ 不通过	
2	机电设备监控设备描述	设备名称、位置、编号、说明	查看调试记录	☐ 通过 ☐ 不通过	
3	单控功能	在工作站人机界面选择机电设备监控的设备进行单控操作,成功下发命令至车站机电监控系统,遥控结果在人机界面上显示	现场操作及查看	☐ 通过 ☐ 不通过	
4	火灾模式控制	在工作站人机界面对指定的机电设备监控模式进行控制,成功下发命令至机电设备监控集成子系统,遥控结果在人机界面上显示	现场操作及查看	☐ 通过 ☐ 不通过	
5	非火灾模式控制	在工作站人机界面对指定的机电设备监控模式进行控制,成功下发命令至机电设备监控集成子系统,遥控结果在人机界面上显示	现场操作及查看	☐ 通过 ☐ 不通过	

续表K.0.2

序号	项目	标准	检验方法	判定	备注
6	机电设备监控时间表编辑、下载	在工作站人机界面对机电设备监控时间表进行编辑、下载操作,对应的时间表信息发送给机电设备监控集成子系统	查看调试记录	□ 通过 □ 不通过	
7	权限移交	在工作站人机界面进行机电设备监控权限移交和回收操作,并且操作成功	现场操作	□ 通过 □ 不通过	
8	线路控制中心大屏显示系统(如有)界面图显示	在线路控制中心大屏显示系统上成功显示机电设备监控大屏幕界面图	现场查看	□ 通过 □ 不通过	
9	综合后备盘(IBP)(如有)	提供IBP盘的机电设备监控模式操作按钮和指示灯	现场操作	□ 通过 □ 不通过	

表 K.0.3 火灾报警功能验收

检验时间:		检验地点:			
序号	项目	标准	检验方法	判定	备注
1	火灾报警设备状态显示	正确显示火灾报警设备报警、故障状态	现场操作	□ 通过 □ 不通过	
2	火灾报警设备描述	正确显示设备名称、位置、编号、说明等	现场操作	□ 通过 □ 不通过	
3	推图功能	模拟火灾报警设备火灾报警状态,在工作站人机界面上推出对应该设备所属的界面图	现场操作及查看	□ 通过 □ 不通过	
4	综合后备盘(IBP)	提供IBP盘的消防专用设备操作按钮和指示灯	现场操作	□ 通过 □ 不通过	

表 K.0.4　站台门监控功能验收

检验时间：		检验地点：			
序号	项目	标准	检验方法	判定	备注
1	显示 PSD 设备状态	正确显示 PSD 设备报警、故障、状态信息	现场操作	□ 通过 □ 不通过	
2	PSD设备描述	设备名称、位置、编号、说明	现场查看	□ 通过 □ 不通过	
3	综合后备盘(IBP)	提供 IBP 盘的 PSD 操作按钮和指示灯	现场操作	□ 通过 □ 不通过	

表 K.0.5　门禁监控功能验收

检验时间：		检验地点：			
序号	项目	标准	检验方法	判定	备注
1	显示门禁监控设备状态	正确显示门禁监控设备报警、故障、状态信息	现场操作	□ 通过 □ 不通过	
2	门禁监控设备描述	设备名称、位置、编号、说明	现场查看	□ 通过 □ 不通过	
3	控制功能	在工作站人机界面选择门禁监控设备进行控制操作，成功下发命令至门禁监控系统，遥控结果在人机界面上显示	现场操作及查看	□ 通过 □ 不通过	
4	综合后备盘(IBP)	提供 IBP 盘的紧急释放操作按钮和指示灯	现场操作	□ 通过 □ 不通过	

表 K.0.6　视频监控功能验收

检验时间：		检验地点：			
序号	项目	标准	检验方法	判定	备注
1	显示视频图像	在工作站人机界面对指定的摄像机进行图像调用，对应摄像机图像在监视器中显示	现场查看	□ 通过 □ 不通过	

续表K.0.6

序号	项目	标准	检验方法	判定	备注
2	编辑/启动视频序列	在工作站人机界面对视频序列进行编辑,并且编辑成功;通过工作站人机界面成功发送执行视频序列命令给CCTV,在监视器中显示对应的视频序列	现场操作及查看	□ 通过 □ 不通过	
3	云台摄像机控制(仅车站具有该功能)	在工作站人机界面对球机摄像头进行PTZ控制操作,并且操作成功	现场操作	□ 通过 □ 不通过	
4	设备状态监视和故障报警的功能	在工作站人机界面拥有设备状态监视和故障报警的功能	现场查看	□ 通过 □ 不通过	

表 K.0.7 广播功能验收

检验时间: 检验地点:

序号	项目	标准	检验方法	判定	备注
1	显示广播设备状态	车站工作站人机界面中能按照图标库的定义实时显示车站广播广播设备状态、广播区状态、后备控制台手动/自动状态	现场操作及查看	□ 通过 □ 不通过	
2	音频输出	通过车站工作站将广播控制命令发给广播系统,广播系统按照控制命令的要求将相关音频播放到指定的区域	现场操作	□ 通过 □ 不通过	
3	广播监听	可选择车站任意一个广播区域,发送广播监听命令成功发送给广播,操作员可通过广播监听设备对该区域现场播放的广播进行监听	现场操作及查看	□ 通过 □ 不通过	

续表K.0.7

序号	项目	标准	检验方法	判定	备注
4	广播编组设置	车站工作站人机界面可对本车站广播区域进行广播编组设置,在编组列表中正确显示设置的广播编组	查看调试记录	□通过 □不通过	
5	人工广播的功能	工作站人机界面拥有人工广播的功能	现场操作及查看	□通过 □不通过	

表K.0.8 乘客信息功能验收

检验时间： 检验地点：

序号	项目	标准	检验方法	判定	备注
1	编辑和发送文本信息	在工作站人机界面编辑文本信息,并且编辑成功;将指定的文本信息发送给选定的区域以及全线列车	查看调试记录	□通过 □不通过	试运营前完成
2	编辑自定义信息	在工作站人机界面进行自定义文本信息编辑操作,并且操作成功	查看调试记录	□通过 □不通过	试运营前完成
3	车载视频显示	在工作站人机界面对指定车载视频进行调用操作,车载视频调用命令成功发送给PIS,对应视频显示在监视器上	查看调试记录	□通过 □不通过	试运营前完成
4	设备状态监视和故障报警的功能要	工作站人机界面拥有乘客信息设备状态监视和故障报警的功能	现场查看	□通过 □不通过	试运营前完成

表K.0.9 列车自动监控功能验收

检验时间： 检验地点：

序号	项目	标准	检验方法	判定	备注
1	列车位置实时信息	工作站人机界面查看列车运行位置状态与列车实际运行情况相同	查看测试报告、现场查看	□通过 □不通过	

续表K.0.9

序号	项目	标准	检验方法	判定	备注
2	站台列车到站信息	工作站人机界面查看站台列车到站信息	查看测试报告、现场查看	□通过 □不通过	
3	获取并显示实时、计划列车时间表	成功获取信号专业提供的列车时刻表,在工作站人机界面正确显示列车时刻表	查看测试报告、现场查看	□通过 □不通过	
4	发送牵引电力状态	成功发送牵引电力状态给信号专业	查看测试报告、现场查看	□通过 □不通过	
5	获取信号系统提供的转辙机位置及故障、信号机状态及故障、计轴器占用/非占用、列车驾驶模式、车辆轴重信息	获取信号系统提供的转辙机位置及故障、信号机状态及故障、计轴器占用/非占用、列车驾驶模式、车辆轴重信息,在工作站人机界面显示,并按照图标库的定义进行相应的显示	查看测试报告、现场查看	□通过 □不通过	

表K.0.10 自动售检票功能验收

检验时间:　　　　　检验地点:

序号	项目	标准	检验方法	判定	备注
1	显示自动售检票设备状态	正确显示自动售检票设备报警、故障、状态信息	查看调试记录	□通过 □不通过	
2	自动售检票设备描述	设备名称、位置、编号、说明	查看调试记录	□通过 □不通过	
3	显示自动售检票客流信息	接收并显示自动售检票客流信息	在工作站人机界面上查看实时客流信息,自动售检票发送的数值与ISCS界面显示的数值一致	□通过 □不通过	
4	综合后备盘(IBP)	提供IBP盘的自动售检票紧急释放按钮和指示灯	查看调试记录或车站现场操作	□通过 □不通过	

表 K.0.11 防淹门监视功能验收

检验时间：		检验地点：				
序号	项目	标准	检验方法	判定	备注
1	显示防淹门设备状态	正确显示防淹门设备报警、故障、状态信息(包括设备名称、位置、编号、说明等)	现场操作	□ 通过 □ 不通过	
2	IBP盘操作权限控制功能	在IBP盘上设有防淹门操作控制权限释放功能	现场查看	□ 通过 □ 不通过	

表 K.0.12 时钟同步功能验收

检验时间：		检验地点：				
序号	项目	标准	检验方法	判定	备注
1	同步对时	每隔一定时间接受一次毫秒(ms)级的标准时间信息	修改FEP时间达到与时间系统时间不一致,等待下一个校时周期后,FEP系统时间与时间系统时间保持一致	□ 通过 □ 不通过	试运营前完成

表 K.0.13 网络管理功能验收

检验时间：		检验地点：				
序号	项目	标准	检验方法	判定	备注
	显示综合监控设备和链接状态	正确显示综合监控设备以及同外部子系统链接的报警、故障、状态信息	现场查看	□ 通过 □ 不通过	

表 K.0.14　维修支持功能验收

检验时间：		检验地点：			
序号	项目	标准	检验方法	判定	备注
1	显示设备状态	正确显示设备报警、故障、状态信息(包括设备名称、位置、编号、说明等)	查看调试记录	□ 通过 □ 不通过	
2	统计报表	能够生成统计报表	现场操作	□ 通过 □ 不通过	

表 K.0.15　仿真测试功能验收

检验时间：		检验地点：			
序号	项目	标准	检验方法	判定	备注
1	仿真测算功能	正确实现现场数据模拟仿真测试及程序下装	察看测试报告	□ 通过 □ 不通过	

表 K.0.16　培训功能验收

检验时间：		检验地点：			
序号	项目	标准	检验方法	判定	备注
1	数据点位监视	使用模拟器模拟某个子系统,在工作站人机界面的对应设备图符按照图标库的定义进行相应的颜色显示	现场模拟	□ 通过 □ 不通过	
2	数据点位控制	使用模拟器模拟某个子系统,在工作站人机界面的选择该系统设备进行控制,控制命令成功发送给该子系统	现场模拟	□ 通过 □ 不通过	
3	培训功能	设置1台工作站为教师机,其他工作站作为学员机,学员机可以查看教师机的操作界面	现场模拟	□ 通过 □ 不通过	

本标准用词说明

1 为便于在执行本标准条文时区别对待,对要求严格程度不同的用词说明如下:
  1) 表示很严格,非这样做不可的用词:
     正面词采用"必须";
     反面词采用"严禁"。
  2) 表示严格,在正常情况下均应这样做的用词:
     正面词采用"应";
     反面词采用"不应"或"不得"。
  3) 表示允许稍有选择,在条件许可时首先应这样做的用词:
     正面词采用"宜";
     反面词采用"不宜"。
  4) 表示有选择,在一定条件下可以这样做的用词:
     正面词采用"可";
     反面词采用"不可"。

2 条文中指定应按其他有关标准执行时,写法为"应按……执行"或"应符合……的要求(或规定)"。

引用标准名录

1 《压力容器》GB 150.1~150.4
2 《钢结构防火涂料》GB 14907
3 《可燃气体探测器》GB 15322
4 《消防联动控制系统》GB 16806
5 《自动扶梯和自动人行道的制造与安装安全规范》GB 16899
6 《火灾显示盘》GB 17429
7 《建筑设计防火规范》GB 50016
8 《压缩空气站设计规范》GB 50029
9 《自动化仪表工程施工及验收规范》GB 50093
10 《火灾自动报警系统设计规范》GB 50116
11 《给水排水构筑物施工及验收规范》GB 50141
12 《电气装置安装工程 电力变压器、油浸电抗器、互感器施工及验收规范》GB 50148
13 《电气装置安装工程 电气设备交接试验标准》GB 50150
14 《地铁设计规范》GB 50157
15 《火灾自动报警系统施工及验收规范》GB 50166
16 《电气装置安装工程 电缆线路施工及验收规范》GB 50168
17 《电气装置安装工程 接地装置施工及验收规范》GB 50169
18 《电气装置安装工程 盘、柜及二次回路接线及验收规范》GB 50171
19 《电气装置安装工程 蓄电池施工及验收规范》GB 50172
20 《混凝土结构工程施工质量验收规范》GB 50204
21 《电力工程电缆设计标准》GB 50217
22 《机械设备安装工程施工及验收通用规范》GB 50231

23	《工业金属管道工程施工规范》GB 50235
24	《现场设备、工业管道焊接工程施工规范》GB 50236
25	《建筑给水排水及采暖工程施工质量验收规范》GB 50242
26	《通风与空调工程施工质量验收规范》GB 50243
27	《电气装置安装工程 低压电器施工及验收规范》GB 50254
28	《电气装置安装工程 爆炸和火灾危险环境电气装置施工及验收规范》GB 50257
29	《自动喷水灭火系统施工及验收规范》GB 50261
30	《气体灭火系统施工及验收规范》GB 50263
31	《制冷设备、空气分离设备安装工程施工及验收规范》GB 50274
32	《起重设备安装工程施工及验收规范》GB 50278
33	《地下铁道工程施工及验收规范》GB 50299
34	《建筑工程施工质量验收统一标准》GB 50300
35	《建筑电气工程施工质量验收规范》GB 50303
36	《电梯工程施工质量验收规范》GB 50310
37	《智能建筑工程质量验收规范》GB 50339
38	《安全防范工程技术标准》GB 50348
39	《城市轨道交通自动售检票系统工程质量验收标准》GB/T 50381
40	《城市轨道交通通信工程质量验收规范》GB 50382
41	《智能建筑工程施工规范》GB 50606
42	《细水雾灭火系统技术规范》GB 50898
43	《消防给水及消火栓系统技术规范》GB 50974
44	《生活饮用水卫生标准》GB 5749
45	《高压绝缘子瓷件 技术条件》GB 772
46	《电梯制造与安装安全规范》GB 7588
47	《采暖通风与空气调节设备噪声声功率级的测定 工程法》GB 9068

48	《电梯安装验收规范》GB/T 10060	
49	《普通螺纹　基本尺寸》GB/T 196	
50	《普通螺纹　公差》GB/T 197	
51	《球墨铸铁件》GB/T 1348	
52	《普通螺纹　管路系列》GB/T 1414	
53	《玻璃纤维无捻粗纱布》GB/T 18370	
54	《连续热镀锌钢板及钢带》GB/T 2518	
55	《低压流体输送用焊接钢管》GB/T 3091	
56	《地铁安全疏散规范》GB/T 33668	
57	《城市轨道交通工程测量规范》GB/T 50308	
58	《城市轨道交通综合监控系统工程技术标准》GB/T 50636	
59	《输送流体用无缝钢管》GB/T 8163	
60	《涂覆涂料前钢材表面处理　表面清洁度的目视评定　第1部分：未涂覆过的钢材表面和全面清除原有涂层后的钢材表面的锈蚀等级和处理等级》GB/T 8923.1	
61	《气焊、焊条电弧焊、气体保护焊和高能束焊的推荐坡口》GB/T 985.1	
62	《城市轨道交通站台屏蔽门系统技术规范》CJJ 183	
63	《沟槽式管接头》CJ/T 156	
64	《多联机空调系统工程技术规程》JGJ 174	
65	《增强用玻璃纤维网布》JC 561	
66	《镁质胶凝材料用原料》JC/T 449	
67	《立体仓库焊接式钢结构货架　技术条件》JB/T 5323	
68	《立体仓库组合式钢结构货架　技术条件》JB/T 11270	
69	《巷道堆垛起重机》JB/T 7016	
70	《巷道堆垛起重机　安全规范》JB/T 11269	
71	《铁路轨道工程施工质量验收标准》TB 10413	
72	《铁路通信工程施工质量验收标准》TB 10418	
72	《铁路信号工程施工质量验收标准》TB 10419	

74 《铁路混凝土工程施工质量验收标准》TB 10424
75 《钢轨焊接》TB/T 1632
76 《电气化铁路接触网零部件技术条件》TB/T 2073
77 《铁路碎石道床底碴》TB/T 2897
78 《标准轨距铁路道岔技术条件》TB/T 412
79 《固定式压力容器安全技术监察规程》TSG 21
80 《城市轨道交通站台屏蔽门技术规程》DG/TJ 08—901
81 《多联式空调(热泵)工程施工技术规程》DG/TJ 08—2091
82 《金属管道系统快速管接头的性能要求和试验方法》ISO 6182—12

上海市工程建设规范

城市轨道交通机电设备安装工程
质量验收标准

DG/TJ 08—2005—2021
J 10913—2021

条文说明

2022 上海

目 次

1 总 则 ·· 467
3 基本规定 ·· 468
  3.1 一般规定 ······································ 468
  3.2 安装通用规定 ·································· 468
  3.3 验收规定 ······································ 469
4 轨 道 ·· 471
  4.1 一般规定 ······································ 471
  4.2 测量和基标设置 ································ 471
  4.3 钢轨及扣件 ···································· 471
  4.4 碎石道床 ······································ 471
  4.6 预制板整体道床 ································ 472
6 通 信 ·· 473
  6.4 传输系统 ······································ 473
  6.9 技术防范系统 ·································· 473
  6.10 时间系统 ····································· 474
  6.12 集中告警系统 ································· 474
  6.13 乘客信息系统 ································· 475
7 信 号 ·· 476
  7.4 轨道电路 ······································ 476
  7.5 光缆、电缆线路 ································ 476
  7.8 轨旁设备 ······································ 477
8 接触网/轨 ··· 478
  8.1 一般规定 ······································ 478
  8.2 柔性接触网 ···································· 478

8.3　刚性接触网 479
　　8.4　接触轨 479
9　供配电及照明系统 481
　　9.1　一般规定 481
　　9.2　干式变压器安装 481
　　9.3　配电盘(柜)及二次回路接线安装 481
　　9.5　母线安装 482
　　9.6　线路电缆及配线安装 482
　　9.8　防雷及接地装置安装 483
　　9.9　杂散电流防护 483
10　通风与空气调节 484
　　10.1　一般规定 484
　　10.2　风管及部件制作 484
　　10.3　风管系统安装 485
　　10.4　通风与空调设备安装 487
　　10.5　空调制冷系统安装 488
　　10.6　空调水系统安装 488
　　10.7　防排烟系统安装 490
　　10.8　多联机空调系统安装 490
　　10.10　防腐与绝热 492
　　10.11　系统调试 493
11　给排水及消防水系统 494
　　11.1　一般规定 494
　　11.2　给水管道及配件安装 495
　　11.3　排水管道及配件安装 496
　　11.4　给排水设备安装 497
　　11.7　细水雾灭火系统安装 498
　　11.8　气体灭火系统安装 500
12　站台门 502

	12.2 门体结构	502
	12.3 电源系统及接地	503
	12.4 监控系统	504
	12.5 系统调试	505
15	自动售检票系统	506
	15.5 多线中央计算机系统	506
	15.7 接口调试	506
16	火灾自动报警系统	507
	16.1 一般规定	507
	16.2 系统布线	507
	16.3 控制器类设备安装	508
	16.4 探测器类设备安装	509
	16.5 系统其他组件安装	510
	16.6 系统接地	510
	16.7 系统调试	510
	16.8 系统整体性能调试	512
17	综合监控系统	514
	17.1 一般规定	514
	17.7 系统调试及功能验收	515

Contents

1 General provisions ·· 467
3 Basic requirements ·· 468
   3.1 General requirements ····································· 468
   3.2 Equipment installation requirements ················· 468
   3.3 Equipment acceptance requirements ················· 469
4 Track ·· 471
   4.1 General requirements ····································· 471
   4.2 Measurement and benchmark ··························· 471
   4.3 Rail and fasteners ·· 471
   4.4 Ballast track bed ·· 471
   4.6 Precast slab track ··· 472
6 Communication ·· 473
   6.4 Transmission system ······································ 473
   6.9 Technical protection system ···························· 473
   6.10 Clock system ·· 474
   6.12 Centralized alarm system ······························· 474
   6.13 Passenger information system ························ 475
7 Signals ·· 476
   7.4 Track circuit ·· 476
   7.5 Optical cable, electrical cable ························· 476
   7.8 Track-side equipment ····································· 477
8 Overhead lines/contact rail ···································· 478
   8.1 General requirements ····································· 478
   8.2 Flexible overhead lines ··································· 478

8.3	Rigid overhead lines	479
8.4	Contact rail	479
9	Power supply and lighting system	481
9.1	General requirements	481
9.2	Dry-type transformer installation	481
9.3	Power distribution cabinet and secondary circuit installation	481
9.5	Power bus installation	482
9.6	Cable and wiring installation	482
9.8	Lightning protection and grounding device installation	483
9.9	Stray current protection	483
10	Ventilation and air conditioning	484
10.1	General requirements	484
10.2	Duct and accessory production	484
10.3	Duct system installation	485
10.4	Equipment installation	487
10.5	Refrigeration system installation	488
10.6	Water system installation	488
10.7	Smoking system installation	490
10.8	VRV system installation	490
10.10	Anticorrosion and thermal insulation	492
10.11	System commissioning	493
11	Water supply/drainage and fire water system	494
11.1	General requirements	494
11.2	Water supply pipe and accessory installation	495
11.3	Water drainage pipe and accessory installation	496
11.4	Equipment installation	497

	11.7	Water mist fire extinguishing system installation ································· 498
	11.8	Gas extinguishing system installation ············ 500
12	Platform screen door ······································· 502	
	12.2	Door frame structure ································ 502
	12.3	Power supply system and grounding ············· 503
	12.4	Monitoring system ·································· 504
	12.5	System commissioning ····························· 505
15	Automatic fare collection system ························· 506	
	15.5	Mutil-line central computer system ·············· 506
	15.7	Interface commissioning ··························· 506
16	Fire alarm system ·· 507	
	16.1	General requirements ······························ 507
	16.2	System wiring ······································· 507
	16.3	Control equipment installation ···················· 508
	16.4	Detection equipment installation ·················· 509
	16.5	Other components installation ····················· 509
	16.6	System grounding ··································· 510
	16.7	System commissioning ····························· 510
	16.8	System overall performance testing ··············· 512
17	Integrated supervisory and control system(ISCS) ······ 514	
	17.1	General requirements ······························ 514
	17.7	System commissioning and functionality acceptance ·· 515

1 总 则

1.0.2 110 kV 输入电由电力公司进行施工,应按国家标准验收,APM 胶轮制式城市轨道交通工程应按国家标准验收。

3 基本规定

3.1 一般规定

3.1.1 工程采用的一般设备和材料应提供相应的出厂测试报告、合格证等随机资料。涉及安全生产的特种设备,在交付使用前应提供安全生产使用许可证;消防产品,应按照有关规定提供型式检验报告;被列入实施强制性产品认证目录的产品,必须提供国家强制性产品认证证书及认证标志;进口设备和材料,供应商应提供设备的原产地证明和商检报告。

3.1.2 施工组织设计文件应包括"单位工程施工组织总体设计""专项工程施工组织设计"等内容。重要部位工程施工应编制专项工程施工组织设计文件,例如大型设备吊装等。施工组织设计应有详细的安全技术措施、临时供电措施等方案。

3.2 安装通用规定

3.2.1 本条第1款中设备材料进场验收应由设备采购方组织施工、监理、建设等有关单位进行。

本条第2款中交接检查验收有两层含义:一是指机电设备安装与土建工程施工对所有机电和土建项目之间有关联的基础、预埋件和预留孔,及设备安装位置、环境进行共同检查验收,检查验收由双方的施工单位、监理单位等有关人员共同参加;二是指机电设备安装工程对各子系统之间有关联的接口、节点进行共同检查验收,该项检查验收应由监理单位组织有关的施工单位参加。

本条第 5 款中系统调试大纲应包括设备单体调试、测试和试运行以及各系统功能调试、测试。系统调试结束后，施工单位应提交调试报告。设备单机性能检查测试、调试、试运行，应在各子系统调试前完成，由施工单位负责实施，监理工程师旁站监督；各系统调试结束后，由建设单位项目技术负责人组织施工单位技术和质量负责人、设计单位有关专业技术负责人、总监理工程师对系统功能项目进行检查验收。

3.2.6 为确保通电运行中人身和电气设备的安全，在安装施工中必须保证各接地点连接可靠，正常情况下不松动，且标识明显。柜、屏、箱、箱、盘相互间或与基础型钢间宜用螺栓连接固定，不仅方便安装调整和拆卸方便，而且可避免因焊接固定而产生柜（屏）体变形和防腐涂层的损坏。

3.3 验收规定

3.3.3 检验批是工程质量验收的最小单位，检验批的确定按照下列原则进行：

主要设备及大型设备按照设备的数量，每台设备即为 1 个检验批；数量较多的小型设备根据规范中抽查的数量或比例确定检验批，每台作为 1 个检验批；材料例如电缆、光缆、管道等按照不同规格、不同材质、不同类型确定检验批，每特定的长度作为 1 个检验批。

检验批质量合格的 3 个条件：①主控项目的质量合格率，经抽查必须为 100%；②一般项目的质量基本合格，即允许有不影响设备安全和系统使用功能的轻微缺陷，一些量化的实测项目合格率应在 90% 以上；③具有完整的施工测量、测试和安装记录。施工过程中的安装测量记录、现场测试调试记录、设备性能测试记录是检验批从原材料、设备本身质量性能到最终验收的各施工工序的操作依据。对这些记录、资料的完整性检查，实际上是过程控制的内容,是检验批中主控项目和一般项目检验合格的前提。

3.3.4 分项工程的验收在其所含各检验批验收的基础上进行。分项工程质量合格的条件就是只要构成分项工程的各检验批的验收资料文件完整,并均已经验收合格,则分项工程验收合格。

3.3.5 分部工程的验收在其所含各分项工程验收的基础上进行。涉及设备安全及使用功能的检测项目应在现场进行检查测试,测试应按照国家有关标准的规定进行。观感性质量验收只能通过检查人员的主观判断来完成,检查结果只给出质量评价,并不给出"合格"和"不合格"的结论,对于观感性"差"的检查点应通过返修处理补救。

3.3.6 单位工程质量验收合格的条件有 5 个,除构成单位工程的各分部工程应验收合格、质量控制资料应完整以外,必须检查下列 3 个方面的内容:

1 对涉及设备安全及使用功能的分部工程的检查测试资料进行复查,检查其完整性,不应有漏检和缺项。

2 对各子系统主要功能项目进行抽查,对系统集成联动功能项目进行检查,各系统主要功能及系统联动功能应符合设计文件要求。

3 对工程的观感性质量进行检查,工程的观感性质量由参加验收人员共同确认。

4 轨 道

4.1 一般规定

4.1.4 轨道施工前应保证基础的沉降变形已达到设计要求,以避免轨道铺设后沉降和变形病害的发生。

4.1.5 轨道施工前根据线路工程情况、轨道施工工艺、施工场地及材料运输等要求对铺轨基地、轨排孔及下料口进行检查和确认,以便于工程的顺利实施。

4.2 测量和基标设置

4.2.5 轨道精测网实施时应统筹考虑点对的铺设方案,确保后续机电设备安装后测量点对仍可继续使用。

4.3 钢轨及扣件

4.3.5 本条中"现行铁路行业相关管理文件"指的是《钢轨探伤管理规则》(铁运〔2006〕200号)。

4.4 碎石道床

4.4.2 目前,轨道交通轨枕主要分为混凝土枕及木枕两类。为便于线路质量及养护维修,除既有线路延伸或改造工程外,一般均采用混凝土轨枕。

4.4.3 尼龙套管本身的抗拔力不小于 10 kN,此处主要是检查套管与混凝土连接面的抗拔力。采用硫黄水泥砂浆锚固的螺旋道钉,锚固时温度宜保持在 0 ℃以上。

4.6 预制板整体道床

4.6.4 预制轨道板由于采用自密实混凝土这一高流动性的混凝土,材料性能变化波动较大。为保证工程大规模实施的质量,应在工艺稳定后方可开展大规模施工。

4.6.5 对预应力结构,原则上不允许进行打孔。在特殊条件下需要继续打孔作业时,应注意避让预应力钢绞线、锚段等重点位置和区段。

6 通 信

6.4 传输系统

6.4.1 本条中"网络级系统"指轨道交通线网中架构于各线路传输系统之上的,用于各线路、各网络级系统平台、各相关管理部门之间的信息交互的共用信息传输系统。

6.4.5 本条中"关键部件"指传输系统的主控、交叉、时钟、电源等功能模块。

6.9 技术防范系统

6.9.1 网络级技术防范系统为轨道交通网络化运营下对全网络技术防范系统进行统一调用和管理的技术防范平台。技术防范系统可按照车站—线路—网络三层架构,也可按照车站—线路/网络两层架构,用管理权限区分线路级系统和网络级系统。

6.9.2 技术防范系统主要包括下列设备:

1 视频监控系统包含摄像机、解码器、存储设备、服务器、监视器等设备。

2 入侵报警系统包含入侵探测器、高压脉冲电子围栏、紧急报警按钮等前端设备,防区输入输出模块、报警主机、IP通信模块、报警控制服务器及报警控制终端等报警控制设备以及声光报警器等报警输出设备。

3 电子巡查包含电子巡查识读装置、电子巡查主机和电子巡查采集装置。

4 安全检查及探测系统宜包括炸药探测系统、液态危险品探测系统、有毒有害气体探测系统、放射性物质探测系统、常规武器和金属探测系统、X射线检查系统。安全检查及探测系统可分为便携式系统和固定式系统。

5 出入口控制系统应由识读单元、信息传输、信息管理和执行单元组成。

6 安防集成平台应根据公共安全防范监控管理的要求,由站点级和线路中心级构成,并宜根据城市轨道交通的规模设置区域级和路网级。各级安防集成平台可由服务器、工作站、数据存储设备、打印输出设备、平台软件、通信接口设备、计算机网络和其他附属设备组成。

6.9.7 技术防范系统的网管功能涵盖视频监视系统、入侵报警系统和电子巡查系统。

6.10 时间系统

6.10.1 网络中心时间同步系统为面向上海轨道交通网络化运营而建立的全路网统一的中心时间源平台,为各机电系统提供统一的标准时间信息,达到全网时间信息一致的目标。

6.12 集中告警系统

6.12.1 线路级集中告警系统指用于单条线路的集中告警系统,网络级集中告警系统指架构于各线路级乘客信息之上的路网级系统。二者之间以网络级传输系统进行数据交互。

6.12.4 线路级集中告警系统与综合监控系统接口应为集中告警系统向综合监控系统上报综合监控系统需要的设备故障信息和告警信息。

6.13 乘客信息系统

6.13.1 线路级乘客信息系统指用于单条线路的乘客信息系统，网络级乘客信息系统指架构于各线路级乘客信息之上的路网级系统。二者之间以网络级传输系统进行数据交互。

6.13.3 本条中"三色运营状态信息"指由网络级乘客信息系统通过对所收集的基础数据进行分析处理后得出的全路网的实时运营状态信息，并以高认知度的红、黄、绿三色进行表征。"绿色"表示运营畅通状态，车站和列车持续提供正常服务；"黄色"表示运营拥挤状态，乘客出行效率或运营服务能力下降，包括轨道交通系统设备部分功能障碍处于维持运行状态、列车延误、车站限流措施等；"红色"表示运营中断状态，乘客出行路径阻断或运营服务设施设备关闭，包括列车严重延误或停止、站点运营服务故障或关闭状态。

6.13.9 在非紧急情况下，乘客信息系统通过与地铁电视系统的接口，获得地铁电视信息并加以合成，发送至车站进行发布。但在紧急情况下，乘客信息系统将不再播放地铁电视信息而全屏播放运营信息。

7 信 号

7.4 轨道电路

7.4.2 钢轨绝缘的安装,如设计位置安装困难,可在下列范围内进行调整:

　　1 进站、调车、防护色灯信号机处的钢轨绝缘,可装在信号机前方1 000 mm或后方1 000 mm的范围内。

　　2 出站(包括出站兼调车)或发车进路信号机单置通过色灯信号机的钢轨绝缘,可装在信号机前方1 000 mm或后方6 500 mm范围内。

7.5 光缆、电缆线路

7.5.1 敷设的信号电缆型号规格当需变更时,应经设计单位同意,并应符合下列规定:

　　1 用同型号不同芯数的信号电缆替代时,其替代后的备用芯线数应满足设计要求。

　　2 低电容扭绞信号电缆可替代普通(非扭绞)信号电缆。

　　3 铝护套信号电缆可替代综合护套信号电缆及普通铠装信号电缆,综合护套信号电缆可替代普通铠装信号电缆。

　　4 终端接续器材及有关工艺应满足有关规定。

7.8 轨旁设备

7.8.1 轨旁设备包括塞钉式棒、焊接式棒、信标、阻抗棒、道岔区长环线、车地通信环线、阻抗连接器、定位天线、无源标志线圈、有源标志线圈、四英尺环线、终端接收器、调谐单元、应答器等。

8 接触网/轨

8.1 一般规定

8.1.1 本标准限定列车最高运行速度 120 km/h 是考虑到适应目前城市轨道交通最大行车速度的需要,对于超过最高运行速度的,验收标准要相应提高。

8.2 柔性接触网

8.2.1 本条第 4 款主要适用于停车场、车辆段等有地形条件的拉线基础,对于高架桥上和受地形限制的拉线基础应由设计单位进行基础容量核算后确定。

　　本条第 8 款中特殊困难地区不大于 60°,但应增加锚板的埋设深度。

8.2.7 本条第 2 款中 1、2 号线隧道内每百米架空地线与电缆桥架接地扁钢相连,目前对此有争议,新线未采用,故本条在隧道内后面增加(如有)。

8.2.11 本条第 6 款中为确保支持器处导线工作面与轨面连线平行(导线不产生偏磨),定位管的倾斜度应根据支持器的偏转角确定,如:支持器偏转角为 1∶10,则定位管的倾斜度也是 1∶10(约 6°),相应的弹性元件应处于允许的扭矩范围内。

8.2.13 本条第 3 款中重要线路与非重要线路是相对的,本款非重要线路是指除正线、停车场出入场线、试车线以外的其他线路。

8.2.18 本条第 2 款主要考虑了接触线接头对受电弓取流的

影响。

8.2.19 本条第 2 款是参照了上海地铁运营经验,即大小轮钢丝绳圈数比例为 1.5∶2.5 为宜。

本条第 3 款参照了上海地铁运营经验,主要是考虑了国产补偿绳的直径和有效制动时间来确定的,原 DIN 标准为 25±5 mm。

8.2.21 本条第 1 款中"不宜采用铠装电缆",但要求对跨越绝缘的电连接线不应采用铠装电缆。

本条第 6 款中"绑扎带应选用不易老化的材质"主要是参照了上海地铁某停车场隧道绑扎电连接用的塑料绑带老化,造成影响行车事故而制定的。

本条第 8 款是考虑电连接线沿隧道敷设的固定及防止隧道渗水现象。

8.2.24 本条第 4 款中允许偏差±50 mm 为 DIN 标准。

8.2.25 本条第 2 款是参照现行国家标准《电气装置安装工程高压电器施工及验收规范》GB 50147 的相应规定。

8.2.29 本条第 1 款适用于低速、中速、高速下的冷滑过程。

8.3　刚性接触网

8.3.4 本条第 4 款第 1 项针对悬挂点处接触线对轨面连线高度的允许误差,第 2 项针对线路坡度的允许误差,在施工中应综合考虑以上两项。

8.4　接触轨

8.4.3 本条第 1 款、第 6 款中连续敷设的接触轨在电分段处、道岔区、地下车站人防门及防淹门等地点需断开,形成了向受电靴供电的断电区域,断轨处设有端部弯头,用于引导受电靴平滑地导入或脱离接触轨。为保证电动列车正常、安全行驶,接触轨断电区必须按照设计图纸布置并复核,端部弯头要装设在设计文件允许的范围内。

8.4.3 第 3、4 款,8.4.7 第 1、3 款 接触轨安装时,按照设计提供的温度补偿曲线准确预留膨胀接头间隙,以保障接触轨因温度变化热胀冷缩得到正确补偿。在膨胀接头两端的接触轨未及时锚固锁定的情况下,接触轨会产生纵向窜动,导致膨胀接头的补偿间隙值不正确,会危及接触轨供电系统安全和稳定运行。因此,规定锚结的安装与膨胀接头的间隙设置保持一致,同步完成。

9 供配电及照明系统

9.1 一般规定

9.1.1 将适用范围的交流供电的额定电压由 110 kV 及以下调整为 35 kV 及以下,与现行国家标准《地铁设计规范》GB 50157 的额定电压保持一致。

9.1.2 本条规定的目的是为了保证火灾时减少有害烟气对人身的伤害,并保证重要负荷在地下环境及火灾时的正常供电。

9.1.4 目前,车站采用智能照明系统,需要动力照明施工单位配合完成 I/O 控制模块、通信网关等设备安装和数字调光驱动器的地址设置,配合完成系统调试。

9.2 干式变压器安装

9.2.2 本条是对变压器安装的基本要求。当设计采取抗震设计时,变压器的安装应满足国家标准《建筑机电工程抗震设计规范》GB 50981—2014 第 7.4.2 条的规定。

9.2.3 本条规定的目的是为了保证人身、设备安全和系统正常工作。

9.3 配电盘(柜)及二次回路接线安装

9.3.2 供配电系统的接地型式由设计确定,施工单位应按图施工。直流牵引供电系统应为不接地系统,牵引变中的牵引供电设备应采用绝缘安装的方式。取消了原规范中本体及基础型钢与保护中性导体(PEN)连接的规定,并对装有电器件的可开启门和框架的连接线由裸铜编织线调整为黄绿双色绝缘铜芯软导线,与现行国家标准《建筑电气施工质量验收规范》GB 50303 的规定保持一致。

9.3.9 补充了带有剩余电流保护的回路应对剩余电流动作保护器(RCD)进行检测的规定;照明配电箱插座回路的漏电保护装置的动作电流应小于 30 mA,动作时间小于 0.1 s。

9.3.10 本条是对地下铁道隧道中动力箱柜安装做出的规定。行车线路两侧设备的门要求配置锁闭装置,是为了保证行车的安全。

9.5 母线安装

9.5.3 母线槽外露可导电部分应与保护导体可靠连接,是为了防止母线槽发生漏电时可能出现的人身和设备伤害。连接导体施工时,应按设计确定的材质和截面积选用。

9.6 线路电缆及配线安装

9.6.7 本条是对地下铁道隧道中电缆敷设做出的规定,是为了保证行车和供电安全。

9.6.8 矿物绝缘电缆的敷设及终端、中间连接器的制作与其他绝缘电缆不同,详细要求可参照现行国家标准图集《矿物绝缘电缆敷设》09D101—6 的规定执行。

9.6.16 本条是对高架桥梁上电缆敷设做出的规定,是为了保证供电安全。

9.6.18 桥架内设置电缆接头,不仅占据了桥架的有限空间,影响电缆敷设的整体美观,且对施工、维修带来不便。

9.8 防雷及接地装置安装

9.8.3 接地干线引入隧道，不论何种方式，均应做防腐蚀、防水和绝缘处理，以保证隧道结构钢筋不腐蚀、不受杂散电流的腐蚀和不渗漏水。

9.9 杂散电流防护

轨道交通的杂散电流对城市建筑和轨道交通本身具有较大的腐蚀。杂散电流的有效限制，涉及设计、施工、维护等诸多环节，专业范围也包括土建结构、盾构、轨道、供电、给排水、消防等。本节规定了设备安装工程、电缆及金属管线工程等的杂散电流防护的施工验收，明挖/矿山区间隧道工程、盾构隧道工程、整体道床工程、钢轨安装工程、回流系统工程、地下车站工程、高架区间及高架车站工程、车辆段、停车场工程专业性强，杂散电流防护施工与这些工程的主体施工密不可分，应按设计要求做好杂散电流防护的施工。

9.9.1 供电系统中电气装置与设施的外露可导电部分接地由设计确定，施工单位应按图施工。

9.9.7 参比电极检查，可在参比电极安装前，将待安装的参比电极放入配置好的溶液中，2 h 时间段内，任意两个时间测得的电极电位波动不应大于 20 mV。

9.9.9 杂散电流监控系统的测量线、传感器的通信、电源线应由设计确定，施工单位应按图施工。

10 通风与空气调节

10.1 一般规定

10.1.2 本条是考虑城市轨道交通线路和站台设备大都位于地下潮湿环境的特点而做出的规定,目的是为了保护工程设备。

10.1.3 机电设备监控(EMCS)和火灾报警系统(FAS)与通风与空调工程密切相关,二者之间相互依存,只有通过协调施工,才能保证接口的正确衔接和系统的正常工作。

10.1.7 本条根据国家卫生部发布的《公共场所集中空调通风系统卫生管理办法》对站台等场所的集中空调通风系统卫生学评价作出规定;卫生学评价应符合现行行业标准《公共场所集中空调通风系统卫生学评价规范》WS/T 395 的规定。

10.2 风管及部件制作

10.2.2 本条强调风管的加工质量是通过工艺性的检测或验证来证明的,其标准为设计要求和现行国家标准《通风与空调工程施工质量验收规范》GB 50243 的规定。

外购的成品风管应提供产品的合格证明文件或进行强度和严密性的验证。现场加工的,施工单位应有工艺标准和验证合格的资料。

10.2.3 本条规定薄钢板法兰风管的法兰高度应大于或等于金属法兰风管的法兰高度,主要是强调它的适用范围,以保证工程质量。

10.2.4 本条主要是指整体无机玻璃钢风管,不适用于复合型的无机玻璃钢风管。

10.2.5 复合材料风管的板材,一般由2种或2种以上不同性能的材料所组成。它具有重量轻、导热系数小、施工操作方便等特点,具有较大推广应用的前景。复合材料风管中的绝热材料可以为多种性能的材料,为了保障在工程中的使用安全,规范规定其内部的绝热材料应为不燃或难燃级,且是对人体无害的材料。

10.2.6 防火风管的耐火极限应符合设计要求,其支吊架亦应采取相应的防护措施。

10.2.7 本条对消声器的主要性能做出要求。当消声弯管的平面边长大于800 mm时,相对消声效果下降,而阻力反呈上升,故条文做出规定,应加设吸声导流片,以改善气流组织,提高消声性能。阻性消声弯管和消声器内表面的覆面材料大多为玻璃纤维织布,在管内气流长时间的冲击下,易使织物覆面松动、纤维断裂而造成布面破损、吸声材料飞散。因此,本条规定消声器内的布质覆面层应有保护措施。保护层本身应是不易锈蚀的材料或具有良好的防腐措施。

10.2.8 本条是在风管一般要求的基础上,强调金属风管制作的质量要求。

10.2.12 砖、混凝土风道的内表面的平整、无裂缝是一项最基本的要求,否则容易造成系统漏风和阻力的失控。如果风道内有渗水,将影响送风的质量和风道的环境卫生。

10.3 风管系统安装

10.3.2 地铁轨道区上部的风管系统是属于应严格控制的铁道限界区域,故应严格遵守。防迷流施工是针对地铁列车直流供电的特殊环境而采取的专项预防措施,应引起重视,方法有很多,绝缘隔绝不形成电的回路是根本。

10.3.3 对于城市轨道交通中大截面的土建结构风道（活塞风道/机械通风），其密封性能的检测存在一定的困难。受限于现场的条件及产生的费用，无法采用封堵后风机加压测试漏风量的方法。因此，我们认为采用目测检查风道内的结构的渗漏点，然后对每个渗漏的漏风量进行检测，其总的漏风量不应大于系统总风量的5%为合格。如果设计在图纸上有具体的规定，应按设计的要求执行。

10.3.4 本条对风管系统支、吊架安装质量的验收要求做了规定。风管安装后，应立即对其进行调整，以避免出现支、吊架受力不匀或风管局部变形。

10.3.5 金属无法兰连接风管在城市轨道工程中使用，可以满足工程的一般规定要求。本条对承插连接、薄钢板法兰连接、矩形插条连接与立咬口连接风管的要点做了说明。

10.3.6 无机玻璃钢风管使用于城市轨道，一般不推荐。尤其是安装于列车和运行空间的上部的风管。一是要保证风管本体的质量，二是强调风管的安装质量。本条将应用于列车运行空间上部的风管，其支、吊架的距离规定为本标准第10.3.4条第2款规定的1/2，是一种预防的保护措施，应予以遵守。

10.3.9 现场安装的组合式风量调节阀应对其使用功能和外观质量引起足够的重视，应保证风阀的固定牢靠、启闭灵活，外观平整，水平及垂直的允许偏差为2‰，目测无明显的歪斜。

10.3.12 现场安装的组合式、声流式消声室，消声组件的固定应牢固；安装方向、排列位置和间距应符合设计要求，允许误差为5‰。

10.3.13 检查门一般安装在风管或空调设备上，用于对系统设的检查和维修，其严密性能直接影响系统的运行。因此，本条主要强调了对检查门开启的灵活性和关闭时密封性的验收要求。

10.3.14 本条对风口安装的基本质量要求做了规定。风口安装质量应以连接的严密性和观感的舒适、美观为主。

10.4 通风与空调设备安装

10.4.1 大型风机与空调设备需要安装在混凝土基础上,安装前的验收可以保证设备安装的质量。

10.4.2 本条规定了风机及风机箱安装验收的主控项目内容。工程现场对风机叶轮安装的质量和平衡性的检查,最有效、粗略的方法就是盘动叶轮,观察它的转动情况,如不停留在同一个位置,则说明相对平衡。风机设有减振台座落地安装时,由于运行振动会造成位移,故条文规定应采取防止设备水平位移的措施。悬挂安装的风机,在运行的时候会产生持续的振动,处理不当会由于金属疲劳而断裂,可能造成事故,故规定应采用隔振吊架。为防止风机对人的意外伤害,本条规定对通风机传动装置的外露部分及敞开的孔口应采取保护性措施。

10.4.3 本条规定了单元式与组合式空气处理机组安装验收主控项目的内容。一般大型空气处理机组由于体积大,不便于整体运输,常采用散装或组装功能段运至现场进行整体拼装的施工方法。由于加工质量和组装水平的不同,组装后机组的密封性能存在着较大的差异,严重的漏风将影响系统的使用功能。同时,空气处理机组整机的漏风量测试也是工程设备验收的必要步骤之一。因此,现场组装的机组在安装完毕后,应进行漏风量的测试。条文中的漏风量指标是指该机组在最大工作压力下的允许泄漏量。

10.4.4 本条对风机及风机箱安装的允许偏差项目和减振支架安装的质量验收做了规定。风机的钢支、吊架和减振器,应按其荷载重量、转速和使用场合进行选用,并应符合设计和设备技术文件的规定,以防止二者不匹配而造成减振失效。

10.4.5 本条对组合式空调机组、新风机组安装的验收质量做出了规定。组合式空调机的组装、功能段的排序应符合设计要求,机组应清洁、外观整体平直、连接严密。对于负压运行的空调机组,其凝结水管水封的高度应大于机组运行时的最大负压值,以保证冷凝水顺利排走。

10.4.7 射流风机的安装,固定应牢固、可靠,且不应侵入轨道限界。为了保证其安全性,宜采用轨道限界装置进行全数检查。

10.5 空调制冷系统安装

10.5.1 本条规定了制冷机组及附属设备和采用混凝土基础安装质量的验收应符合的主控项目内容。

10.5.2 本条规定了现场安装的制冷剂管路,包括气管、液管及配件,它们的强度、气密性与真空试验应合格,合格后才能投入使用。试验压力应符合不同制冷剂的压力要求。

10.5.3 多联式制冷空调机组系统制冷剂管路的气密性和真空试验,系统管路长短不一,制冷剂充气量过多或过少,都会影响系统的正常运行,应予以重视。各个厂商的要求不尽相同,故作强调。

10.5.4 本条对制冷机组与制冷附属设备安装的一般项目验收质量做了规定。不论是容积式制冷机组,还是吸收式制冷设备,它们对机体的水平度、垂直度等安装质量都有严格的要求,否则会给机组的运行带来不良影响。另外,条文还对减振器的安装位置、压缩量和防止水平位移做了规定。当采用SD等减振垫片时,与基座的连接处应有钢板衬垫。

10.5.5 本条对空气源热泵机组安装质量的一般项目内容做了规定。根据以往的工程施工经验,条文对机组安装应留有检修的空间,满足设备冷却风正常运行空气通道的间距做了明确的规定。

10.6 空调水系统安装

10.6.2 本条主要规定了空调水系统管道、管道部件和阀门的施工应执行的主控项目内容和质量要求。在工程施工中,空调水系统的管道存在有局部埋地或隐蔽铺设时,在为其实施覆土、浇捣混凝土或其他隐蔽施工之前,应对被隐蔽的管段进行水压试验,并合格;如有防腐与绝热施工的,则应该完成该全部的施工,并经现场监理责任人的认可和签字;办妥手续后,方可进行下道工程的施工。隐蔽工程施工的验收是强制性的规定,应遵守。对于并联连接水泵的出口,进入总管不应采用 T 形的连接方法,是在工程实践中总结出来的经验,应予以执行。管道与空调设备的连接,应在设备定位和管道冲洗合格后进行,一是可以保证接管的质量,二是可以防止管路内的垃圾堵塞空调设备。

10.6.4 本条规定了管道补偿器安装质量验收的主控项目内容。安装后,管道补偿器的补偿(预拉伸或预压缩)量、方向和固定支架的设置应满足设计要求。这个规定执行与否,涉及管道系统的安全运行。

10.6.10 本条对空调水系统金属管道支、吊架安装的基本质量要求做了规定。这个规定已经通过了多年的工程应用,证明可行有效。本条规定的金属管道的支、吊架的最大跨距,是以工作压力不大于 2.0 MPa,现在工程常用的绝热材料和管道的口径为条件的。表 10.6.10 中规定的最大口径为 DN300 mm,保温管道的间距为 9.5 m。对于大于 DN300 mm 的管道口径,也按这个间距执行。这是因为空调水系统的管道,绝大多数为室内管道,更长的支、吊架距离不符合施工现场的条件。热水系统的聚丙烯(PP-R)管道,其强度与温度成反比,故要求增加其支、吊架支承面的面积,一般宜加倍。

10.6.12 本条主要对空调系统应用的冷却塔安装的基本质量要求做了规定。冷却塔安装的位置大都在建筑物的顶部,一般需要设置专用的基础或支座。冷却塔属于大型的轻型结构设备,运行时既有水的循环,又有风的循环。因此,在设备安装验收时,应强调安装的固定质量和连接质量。多台冷却塔安装的高度应一致,其允许误差为 30 mm。对于在冬季使用,有冻结可能的,应增加相应的保暖和防冻措施。

10.6.14 管路中补偿器的安装,保持与管道的同心尤为重要,允许偏差应为 5‰。

10.7 防排烟系统安装

10.7.1 为了保证工程的质量和防火功能的正常发挥,本标准规定了防排烟系统风管的本体、框架与固定材料、密封垫料、柔性短管等应采用不燃材料,而且防火风管的耐火极限时间还应满足系统防火设计的规定。

10.8 多联机空调系统安装

10.8.1 多联机空调系统室外机安装基础不稳定,会产生附加的噪声和振动,因此要在足够强度的基础上安装。钢基础周围应采取防水措施,避免因积水造成基础锈蚀。钢基础下相关部位应开排水槽,应保证钢结构基座中间不积水。

10.8.2 本条针对采用不同种类制冷剂的多联分体空调系统的气密性试验压力做了具体规定,规定了系统气密性检验的要求和标准。

10.8.3 多联机空调系统的制冷剂管道中的水分会导致制冷系统的冰堵,不凝性气体会导致系统运行不正常等。应对多联分体空调系统进行抽真空试验,本条规定了抽真空试验的要求和标准。

10.8.4 在工厂出厂时的制冷剂充注量中,不包含配管延长后的追加量,故应以液管直径、长度来计算所需制冷剂。追加的制冷剂量因为环境温度、配管长度的不同,对系统电流、压力及排气温度会有比较大的影响,故应按制造厂商提供的相关技术资料进行计算后充填。R410A 和 R407C 制冷剂属于混合型制冷剂,如采用气态充注的方式,充注到系统中的制冷剂成分容易发生变化,不能保证制冷剂的热力性质,影响系统的效能。因此,本条对充注状态做了规定。

10.8.6 该条说明了多联机空调系统工程保温的范围。

10.8.7 冷凝水管满水试验方法:把冷凝水排水管道的末端用塞子或其他物品堵住;从管道的排气孔或专用的注水口向管道内注入足够量的水,直至管道内注满为止;检查整个管道特别是有连接的部分是否有漏水或渗水现象,完成后去除末端的闷头,排空管道内的水;如果无漏水发生,对未进行保温处理的地方进行保温的修补处理,防止在使用过程中排水管产生结露现象。

冷凝水管排水通水试验方法:准备定量的水(可以进行计量的)和一个可以用来盛装相同水量的空容器;在排水管的末端把空的容器安放好;把准备好的水从水管的最高点慢慢注入排水管道内,直至全部注入为止;确认空容器内盛装的水的量,一般情况占入水量的70%以上为合格;注意应保证盛水容器内的水完全注入管道内;确认空容器内排除水量的量是否太少,如果过少表示主管道有积水现象,这不利于今后的排水。

10.8.8 机组送风口前的空间内不能受障碍物阻挡,设备配管和电气盒侧应留有维修空间,以保证正常的送风效果和检修空间。由于施工现场环境较差,设备直接暴露于现场容易污染室内机翅片及过滤网造成不必要的损失。因此,室内机安装完成后要及时进行防尘保护,防止其他工序污染设备。室内机安装确保水平度,是为了防止积水盘倾斜使凝结水流出。室内机在运转中会产生振动,如固定不牢会使室内机倾斜,发生漏水或产生振动噪声。因此,要采用双螺母进行固定,防止螺母由于振动造成松脱。采用软连接可以保证风管的荷载不传到室内机上,同时有利于风管的伸缩和防止因振动产生的固体噪声。

10.8.10 多联机空调系统制冷剂管道安装过程会残留焊渣、金属屑、氧化皮等污物,如不从系统中排除,会影响系统正常运行,故在气密性试验前应对系统进行排污。

10.8.12 为防止凝结水集水盘倾斜使凝结水溢出,全新风处理机设备安装应保证必要的水平度。

10.8.13 进风口、排风口与全热交换机组之间的风管向室外方向朝下倾斜,是为了防止风口雨水渗入而从风管流入设备。

10.10 防腐与绝热

10.10.4 城市轨道交通的管道和设备,有不少位于地下空间,空气湿度相对较大。当采用透孔性绝热材料时,如隔汽层(防潮层)存在破损,很容易对绝热层的绝热性能带来不良影响,甚至失效,故进行强调。

10.10.5 本条除规定防腐涂料的品种与涂层层数应符合设计要求外,还规定涂料的底漆和面漆应能相互兼容,涂料底漆和面漆尽量采用同一厂家的产品,以保证防腐工程的质量。

10.10.6 空调工程施工中,一些空调设备或风管与管道的部件,需要进行油漆修补或重新涂刷。在此类操作中应注意对设备标志的保护与对风口等的转动轴、叶片活动面的防护,以免造成标志无法辨认或叶片粘连影响正常使用等问题。

10.10.7 本条对风管部件绝热施工的基本质量要求做了规定。绝热层应满铺无遗漏,其厚度应保证在允许公差范围之内。采用保温钉固定绝热层的施工方法,其钉的固定极为关键,将直接影响施工质量。在工程中,保温钉脱落的现象时有发生,究其主要原因有粘接剂选择不当、粘接处不清洁(有油污、灰尘或水汽等)、粘接剂过期失效或粘接后未完全固化就敷设绝热层等。同时,条文还对首行保温钉的位置和数量做了合理规定。

10.10.9 本条对绝热层金属保护壳安装的基本质量要求做了规定。金属保护壳一是起到保护绝热层的作用,二是起到提高绝热管道观感和清洁的作用。前者强调接口的连接严密、顺水不渗漏,后者强调的是外表应平整、美观。

10.10.10 对于空调各管路系统,应根据设计要求,进行色标的标识,以方便工程的运行和维修管理。

10.11 系统调试

10.11.2 本条规定了通风与空调工程系统非设计满负荷条件下的联动试运转及调试,应达到的主要控制项目及要求。本条第1款强调系统总风量调试结果与设计风量的偏差范围控制在-5%～-10%。调试前应与设计沟通,明确各个风系统的设计风量值。对于空调系统来说,都有一个空气过滤器在使用后由于积尘会增加系统的阻力的特性,因此系统调试的初始风量应大于或等于设计风量,为正偏差。

10.11.4 本条对空调工程系统非设计满负荷条件下的联动试运转及调试的基本质量要求做了规定。对于制冷机和冷却塔系统运行在非设计满负荷的条件下,系统对设备要求的供冷量和释热量多低于设计的最大需求量,因此制冷机的供、回水的温度和冷却塔的出水温度应完全能满足设计要求,并应有富裕。

11 给排水及消防水系统

11.1 一般规定

11.1.5 目前市场上可供选择的给水系统管材种类繁多,每种管材均有自己的专用管道配件及连接方法,故强调给水管道应采用与管材相适应的管件,以确保工程质量。为防止生活饮用水在输送中受到二次污染,强调了生活给水系统所涉及的材料应达到饮用水标准。

11.1.6 本条规定了给水管道的连接方式,包括沟槽连接、螺纹连接和法兰、卡压连接等。这 4 种连接方式都不用明火,不会产生施工火灾;焊接连接施工要求空间大,不便于维修,且存在产生施工火灾的隐患,为减少施工时火灾,在给水管道的连接中不宜使用。

11.1.7 铜管安装连接时,普遍做法是参照制冷系统管道的连接方法。限制承插连接管径为 22 mm,以防管壁过厚易裂。

11.1.8 给水立管和装有 3 个或 3 个以上配水点的支管始端,要求安装可拆的连接件,主要是为了便于维修、拆装方便。

11.1.9 室外架空或在室外地沟内铺设给水管道与在室内铺设给水管道安装条件和办法相似,故其检验和验收的要求按室内给水管道相关规定执行。但室外架空管道是在露天环境中,温度变化波动大,塑料管道在阳光的紫外线作用下会老化,故要求室外架空铺设的塑料管道应有保温和防晒等措施。

11.1.12 排水系统的管沟及井池的土方工程,沟底的处理、管道穿井壁处的处理、管沟及井池周围的回填要求等与给水系统的对应要求相同,故确定执行同样规则。

11.1.13 要求各种排水井和化粪池应用混凝土打底板是由其使用环境所决定。调查时,发现一些井池坍塌多数是由于混凝土底板没打或打的质量不好,在粪水的长期浸泡下出的问题。故要求应先打混凝土底板后,再在其上砌井室。

11.2 给水管道及配件安装

11.2.1 强调室内给水管道试压应按设计要求且符合规范规定,列为主控项目。检验方法分两档:金属及复合管给水管道系统试压参照钢制给水管道试压的有关规定;塑料给水管道系统试压则参照 CECS18:90 及各塑料给水管生产厂家的有关规定。制定本条以统一检验方法。

11.2.2 为保证使用功能,强调室内给水系统在竣工后或交付使用前应通水试验,并做好记录,以备查验。

11.2.3 为保证水质、使用安全,强调生活饮用水管道在竣工后或交付使用前应进行吹洗,除去杂物,使管道清洁,并经有关部门取样化验,达到现行国家标准《生活饮用水卫生标准》GB 5749 的要求才能交付使用。

11.2.4 要求将室外给水管道埋设在当地冰冻线以下,是为防止给水管道受冻损坏。

11.2.5 法兰、卡扣、卡箍等是管道可拆卸的连接件,埋在土壤中,这些管件必然要锈蚀,挖出后再拆卸已不可能。即或不挖出不做拆卸,这些管件的所在部位也必然成为管道的易损部位,从而影响管道的寿命。

11.2.6 对管网进行水压试验,是确保系统能正常使用的关键。

11.2.7 给水管道埋地铺设时为提高使用年限,外壁应采取防腐蚀措施。目前常用的管外壁防腐蚀涂料有沥青漆、环氧树脂漆、酚醛树脂漆等,涂覆方法可采用刷涂、喷涂、浸涂等。条文的

表 11.2.7 中给定的是多年沿用的老方法,但因其价格廉、易操作、适用性好等特点仍应采用,表中防腐层厚度可供涂覆其他防腐涂料时参考(对球墨铸铁给水管要求外壁应刷沥青漆防腐)。

11.2.8 给水管与排水管上、下交叉铺设,规定给水管应铺设在排水管上面,主要是为防止给水水质不受污染。如因条件限制,给水管应铺设在排水管下面时,给水管应加套管,为安全起见,规定套管长度不应小于排水管管径的 3 倍。

11.2.10 给水水平管道设置坡度坡向泄水装置是为了在试压冲洗及维修时能及时排空管道内的积水。

11.2.12 管道支、吊架应外观平整、结构牢固,间距应符合规范规定,属一般控制项目。

11.2.15 本条从便于检修操作和防止渗漏污染考虑,规定了预留的距离。

11.2.16 限定铸铁管承插口的对口最大间隙,主要为保证接口质量。

11.2.17 给水铸铁管采用承插捻口连接时,捻麻是接口内一项重要工作,麻捻压的虚和实将直接影响管接口的严密性。提出深度应占整个环型间隙深度的 1/3,是为进行施工过程控制时参考。

11.2.18 铸铁管的承插接口填料多年来一直采用石棉水泥或膨胀水泥,但石棉水泥因其中含有石棉绒,这种材料不符合饮用水卫生标准要求,故将其删除,推荐采用硅酸盐水泥捻口,捻口水泥的强度等级不应低于 32.5 级。

11.2.19 本条规定的目的是防止有侵蚀性水质对接口填料造成腐蚀。

11.2.20 本条规定主要是为了保护橡胶圈接口处不受腐蚀性的土壤或地下水的侵蚀性损坏。条文还综合有关行标对橡胶圈接口最大偏转角度进行了限定。

11.3 排水管道及配件安装

11.3.1 隐蔽或埋地的排水管道在隐蔽前做灌水试验,主要是防止管道本身及管道接口渗漏。灌水高度不低于底层卫生器具的上边缘或底层地面高度,主要是按施工程序确定的,安装室内排水管道一般均采取先地下后地上的施工方法。从工艺要求看,铺完管道后,经试验检查无质量问题,为保护管道不被砸碰和不影响土建及其他工序,应进行回填。如果先隐蔽,待一层主管做完再补做灌水试验,一旦有问题,就不好查找是哪段管道或接口漏水。

11.3.4 为保证工程质量,要求排水立管及水平干管均应做通球试验;通球要必保100%;球径以不小于排水管径的2/3为宜。

11.3.6 本条规定的目的主要为了便于检查清扫。井底表面设坡度,是为了使井底内不积存脏物。

11.3.7 金属排水管道较重,要求吊钩或卡箍固定在承重结构上是为了安全。要求立管底部的弯管处设支墩,主要防止立管下沉,造成管道接口断裂。

11.3.10 本条规定的目的主要为了便于清扫,防止管道堵塞。

11.3.11 本条规定的目的主要为了保证室内排水畅通,防止外管网污水倒流。

11.3.14 本条规定是本着既满足实际,又适当放宽情况下给出的。

11.3.15 承插接口的排水管道安装时,要求管道和管件的承口应与水流方向相反,是为了减少水流的阻力,减少水流对接口材料的压力(或冲刷力),从而保持抗渗漏能力,提高管网使用寿命。

11.3.16 本条规定是为确保抹带接口的质量,使管道接口处不渗漏。

11.4 给排水设备安装

11.4.1 为保证水泵基础质量,对水泵就位前的混凝土强度、坐标、标高、尺寸和螺栓孔位置按设计要求进行控制。

11.4.3 为保证水泵运行安全,其试运转的轴承温升值应符合设备说明书的限定值。

11.4.4 敞口水箱是无压的,做满水试验检验其是否渗漏即可。而密闭水箱(罐)是与系统连在一起的,其水压试验应与系统相一致,即以其工作压力的1.5倍做水压试验。

11.4.5 为使用安全,水箱的支架或底座应构造正确,埋设平整牢固,其尺寸及位置应符合设计要求。

11.4.6 水箱的溢流管和泄放管设置应引至排水地点附近,是为了满足排水方便;不应与排水管直接连接,一定要断开,是防止排水系统污物或细菌污染水箱水质。

11.4.7 因弹簧减振器不利于立式水泵运行时保持稳定,故规定立式水泵的减振装置不应采用弹簧减振器。

11.7 细水雾灭火系统安装

11.7.1 本条规定了储水瓶组、储气瓶组的安装要求。由于瓶组系统启动灭火时,其储存的驱动气体压力较高,释放时间很短,因而瓶组在释放驱动气体时会受到冲击而发生振动、摇晃等,故在安装时需要将储存容器用耐久的支架固定牢靠。瓶组系统中的储存容器及其他设备一经验收合格投入使用,就需长期经历所处环境条件影响,需要对固定支架进行防腐处理。瓶组容器上安装的压力表,要求朝向操作面,便于读取数据。

11.7.2 本条规定了水泵的安装要求。水泵吸水管安装若有倒坡现象,会产生气囊。采用大小头与水泵吸水口连接时,采用偏心异径管且要求吸水管的上部保持平接,使异径管的大小头上部不会存留从水中析出的气体,可以避免倒坡现象,防止产生气囊影响水泵正常工作。

11.7.5 本条规定了系统管道安装的要求。由于细水雾灭火系统喷头孔径小、易堵塞,对系统管道的清洁程度要求较高,因此,规定管道安装前应进行分段清洗,同时保证在管道安装过程中内部清洁。NFPA750中也有类似规定。

　　为防止在使用中系统管道因建筑物结构的变化而遭到破坏,方便检修,本标准要求管道穿过墙体、楼板处使用套管。管道与套管间的空隙要进行防火封堵,以防止火灾时火势沿管道空隙处蔓延,封堵材料为柔性不燃材料或耐火材料,如砂浆、硅酸铝纤维、岩棉、防火泥等。

11.7.6　本条规定了细水雾喷头安装的要求。安装中,管道冲洗不净等情况会造成异物堵塞细水雾喷头,影响喷头喷雾灭火效果。为此,要求在管网试压、冲洗合格后安装喷头。喷头是细水雾灭火系统的重要组件,它的形式多种多样。安装时,需对其生产厂标志、型号规格、喷孔方向等逐个核对,以防弄错,影响喷雾效果;避免随意拆装、改动;保证其安装高度、间距、与障碍物距离等符合设计要求,以确保喷头实现其设计要求的保护功能;带有过滤网的喷头安装在出口三通时,要避免将喷头的过滤网伸入支干管内,以保证水流在管接件部位正确分流。安装喷头需要使用厂家提供的专用扳手等工具,以免在安装过程中对喷头造成损伤。

11.7.7　本条规定了系统管道冲洗的要求。为了避免喷头堵塞,细水雾灭火系统对管道内的洁净度要求较高。不仅管道安装前管道内部要冲洗干净,在管道安装完毕之后还要进行冲洗并填写管道冲洗记录。冲洗水的水质要满足系统对其用水的水质要求。进行管道冲洗时,由于冲洗水流速度较高,对管路改变方向、引出分支管部位或管道末端等处,将会产生较大的推力,若支、吊架固定不牢,会使管道产生较大的位移、变形,甚至断裂。因此,系统管道冲洗前应检查支、吊架的牢固性。

11.7.8　本条规定了细水雾灭火系统水压试验的要求。细水雾灭火系统管道安装完毕并冲洗合格后,需要进行水压试验,以检查管道系统及其各连接部位的工程质量。水压试验用水的水质要满足系统正常工作的要求。测试点选在系统管网的低点,可客观地验证其承压能力;若设在系统管网的高点,则无形中提高了试验压力值,这样往往会使系统管网局部受损,造成试压失败。规范规定水压试验的检查判定方法采用目测,该方法简单易行,也是国家其他现行规范常用的方法。水压试验合格后,需要填写试验记录。

11.7.9 本条规定了细水雾灭火系统吹扫的要求。系统管道水压强度试验合格后,对管道进行吹扫,主要为清除管道内的铁锈、灰尘、水渍等脏物,保证管道内部的清洁,避免管道内因为残存水渍而导致生锈。

11.7.10 本条根据稳压泵的基本功能,规定了稳压泵调试的要求。稳压泵的功能是使系统能保持准工作状态时的正常水压,这一功能要求稳压泵能够随着系统压力变化而自动开启或停止运行。

11.7.11 本条分别规定了开式系统、闭式系统分区控制阀调试的要求,以验证是否能实现其功能。对于开式系统,分区控制阀的功能包括了启动细水雾灭火系统和选择防护区,能够接收由火灾报警控制器发出的控制信号启动阀组,并能够将阀门的启闭状态及故障情况以信号方式反馈给消防控制室。对于闭式系统,要求系统按楼层或防火分区设置分区控制阀,具有启闭信号反馈功能,阀门平时处于常开位置。

11.8 气体灭火系统安装

11.8.1 气体灭火系统由于储存高压气体,特别是 IG541 混合气体灭火系统等,为人员安全,泄压方向不应朝向操作面。为了方便灭火系统的日常检查和维护保养,仪表安装位置应便于人员观察和操作。储存容器和集流管在灭火剂释放时会受到高速流体冲击而发生振动、摇晃等,因此,在安装时应将储存容器和集流管固定牢靠。储存容器和管道的表面涂层习惯为红色,为检查、复位、维护记录提供方便。保持内腔清洁是为防止异物进入管网堵塞喷嘴。

11.8.2 气体灭火系统的选择阀都带有机械应急操作手柄。将操作手柄安装在操作面一侧,且安装高度不超过1.7 m,是为了保证在系统采用机械应急操作启时,方便快捷。每个选择阀对应一个防护区或保护对象,灭火操作时,将打开发生火灾的防护区或保护对象对应的选择阀实施灭火。

11.8.3 驱动气瓶在释放时会受到高速气流的冲击而发生振动、摇晃等,因此,在安装时应将驱动气瓶固定牢靠。通常每个驱动气瓶对应启动一个防护区的选择阀及容器阀,正确、清晰的标志可避免操作人员误操作。通常气动驱动装置的出口与灭火剂储存容器的容器阀及防护区或保护对象的选择阀直接相连,若有泄漏,驱动气体的压力有可能低于打开选择阀和容器阀所需的压力,导致打不开选择阀和容器阀。故需要在安装后做气压严密性试验。

11.8.5 气体灭火系统的管道直接与墙壁或楼板接触,容易发生腐蚀,影响气体灭火系统的安全,同时也不便于维修。故本条要求管道穿过墙壁、楼板处应安装套管。

11.8.6 喷嘴是气体灭火系统中控制灭火剂流速并保证灭火剂均匀分布的重要部件,由于喷头的结构形式相似,规格较多,安装时应核对清楚。

11.8.8 气体灭火系统管道水压强度密封性试验压力按现行国家标准图集《气体消防系统选用、安装与建筑灭火器配置》GJBT—1009执行。

11.8.9 在实际工程中,经常需要在现场进行焊接,特别是带法兰的弯头,如不对其进行防腐处理,则以后焊接处将最先被腐蚀,故本条要求安装前应对焊接部位进行防腐处理。

11.8.10 由于气体灭火系统在喷放时有冲击、振动和摇晃,加上自身的重量较大,故管道应采用支吊架进行固定。

11.8.11 气体灭火系统管道的表面涂层习惯为红色,以区别于其他管道。

12 站台门

12.2 门体结构

12.2.1 站台门安装必须以轨道控制基准点和站台中心线作为放线、安装和验收的基准,而提供 3 个控制基准点是为了在施工过程中可以互相验证基准点的准确性。

12.2.2 检查土建的施工记录和安装施工单位的复测记录,一般是测量、校验站台门安装施工单位报送的站台门预埋件、站台边土建预留的顶梁的复测数据,确保相应土建尺寸符合站台门安装需求。应重点检查所有预埋件的数量及安装位置尺寸准确性。

12.2.6 门体的负载试验应在生产厂家进行。

人群载荷:应能承受 1 500 N/m(距站台面 1 100 mm)的挤压载荷。

撞击载荷:应能承受 2 800 N(在 0.2 s 时间内,作用在 100 mm×100 mm 的范围内)的冲击载荷。

风载荷:应能承受地下车站±900 Pa、地面车站±600 Pa(列车过站速度小于 60 km/h)的风载荷。

12.2.7 传统站台门门体材质采用普通安全玻璃和钢材,门扇采用隐框结构,门框和玻璃之间采用密封胶粘结,并设置有橡胶和毛刷,因此不具备作为防火隔离设施的条件。地下车站站台门系统的绝缘材料、密封材料和电线电缆等应采用无卤、低烟的阻燃材料,以避免在火灾情况下产生有害气体,对乘客造成更大的伤害。

12.2.8 脚踏板的底部绝缘是指其下部支撑结构的绝缘,通过上绝缘套、下绝缘套、绝缘盖等隔离,将下部支撑组件分为相互绝缘的两部分,从而使隔离板以上的所有金属部件与土建结构绝缘。在脚踏板与站台地面装饰层之间、端门与土建端墙之间至少预留 10 mm 间隙,通过填充绝缘封胶以确保站台门与土建结构之间的电气绝缘。

12.2.9 在站台门立柱的顶部,套入绝缘套,让转接件与立柱绝缘,从而使站台门设备与站台厅顶层结构、站台土建结构绝缘。顶部结构与装饰灯带之间至少预留 15 mm 间隙,确保其达到绝缘要求。在站台门顶盒上部,用绝缘橡胶密封站台门与吊顶之间的衔接缝,以保证站台门的气密性以及与吊顶之间的绝缘性能。

12.2.10 站台门在站台边缘的设置和外形尺寸不得侵入列车行驶动态包络线,站台门系统的任何构件在轨道侧应满足现行国家标准《地铁设计规范》GB 50157 关于建筑限界的规定。车站设置站台门时,安装尺寸应考虑在门体弹性变形状态下,站台门最外突出点至车辆限界间有不小于 25 mm 的安全间隙。

12.2.16 列车车厢为贯通型时,应急门可设置于每节车厢对应的站台门单元区域,也可设置于整列站台门一端或两端,数量应根据列车编组确定,一般情况不少于编组的 1/10。列车车厢为非贯通型时,每节车厢对应的站台门单元区域至少设置 1 档(2 扇)应急门。

12.3 电源系统及接地

12.3.2 设备室内的控制系统设备箱单独敷设接地线,接至车站综合接地体。站台门系统控制设备的外壳、电缆屏蔽层和金属管线采用电源系统 PE 线安全接地(安装在站台门门体上的设备金属外壳及金属保护管除外,安装在站台门门体上的设备外壳及金属保护管与门体同电位)。

12.3.7 地铁牵引配电系统采用直流供电,并把钢轨作为汇流通道,钢轨与大地间存在电位差会对人员造成影响。因此,为确保人员的安全,要求在人员易接触到的金属部件与列车的金属部件之间采用等电位连接。在站台两端各用一根电缆与钢轨回流线相连,同时站台门采用绝缘安装,以保持轨道与站台的电气隔离。

12.4 监控系统

12.4.1 根据站台门系统内部通信的需要,以每侧站台单元控制器、PSL 和 DCU 为单位组成一个相对独立的子系统,通信方式采用现场总线和硬线连接。采用通用、开放和标准的通信协议,方便与其他专业进行接口。现场总线采用 TCP/IP 通信协议,每个 DCU 作为一个网络结点挂接在网络现场总线上,PSC 作为网络服务器,DCU 作为网络工作站。采用冗余设计,当总线上其中一个节点发生故障时,其他网络结点不会受影响。现场总线采用部分点对点的通信线路进行命令及响应的传输。对于一些关键信号,PSC 与 PSL 间以及 PSC 与 DCU 之间、单元控制器与 DCU 之间、PSL 与 DCU 之间采用点对点的硬线连接。

12.4.2 障碍物探测试验:5 mm 宽度放置在门行程直线上,40 mm 长度放置在于门行程垂直位置。障碍物探测次数:1 次~5 次可调。障碍物探测间隔时间:0~2 s 可调。重关门延迟停顿时间:0~10 s 可调。障碍物探测后滑动门的开度应在零到最大开度可调。

12.4.4 站台门系统重要状态和故障信息应通过站台门与综合监控(或环境与设备监控)系统的接口上传至本站控制室,由本站上传至控制中心的功能则由综合监控(或环境与设备监控)系统实现。

12.5 系统调试

12.5.8 在列车正常运行状况下,站台门不宜产生因风压差引起的风哨声。当站台门顶箱或固定侧盒关闭时,在站台侧距离站台门1 m,离地1.5 m处测量站台门的运行时噪声A计权声压级不应大于70 dB。

15 自动售检票系统

15.5 多线中央计算机系统

15.5 为了更好地满足网络化运营管理需要,提高资源利用率,发挥系统运行效能,降低建设和运维成本,上海轨道交通设置多线中央系统(MCC),实现所管辖线路 AFC 系统的运营管理、票务管理及设备管理,以及与 ACC 的清算对账和收益管理。设置 MCC 后,新建线路不再设置 CC,所有车站 SC 通过线路数据汇聚点统一接入 MCC。

15.7 接口调试

15.7.2 为反映所有检票机实际状态,规定接收到火灾报警系统的控制信号后,AFC 系统应将所有检票机紧急模式执行结果汇总后反馈给火灾报警系统。

16 火灾自动报警系统

16.1 一般规定

16.1.1 本条规定了本章节的适用范围。

16.1.2 本条规定了本标准与其他有关规范的关系。除执行本标准外,还应符合国家现行的有关规范的规定,以保证标准、规范的协调一致性。

16.1.3 本条规定了本标准与地铁设计规范的关系。

16.2 系统布线

16.2.1 本条规定是为了确保穿线顺利。若不做固定,在施工过程中将发生跑管现象。最好用单独的卡具,防止其他设备检修的影响。

16.2.2 本条规定是为了增加机械强度,防止弧垂很大,确保工程质量。设置吊点和支点时,槽盒重量大的间距 1.0 m,重量轻的间距 1.5 m。

16.2.3 本条规定是为了确保系统正常运行的稳定可靠。

16.2.4 本条规定是为了确保系统正常运行的可靠性。

16.2.5 在多尘和潮湿的场所,为防止灰尘和水汽进入管内引起导电,影响工程质量,故规定管路的管口和管子连接处均应做密封处理。

16.2.6 因管路太长和弯头太多,会使穿线时发生困难,故做本条规定。

16.2.7 本条规定是为保证管子与盒子不脱落,导线不至于穿在管路和盒子外面,确保工程质量。

16.2.8 本条规定是为了确保系统正常运行,并让施工规范化使用导线。

16.2.9 本条系根据现行国家标准《建筑电气工程施工质量验收规范》GB 50303 的相应要求而提出。但在敷设环境不理想的条件下,往往绝缘电阻值达不到 20 MΩ,由于每个厂家的主机对地短路设计标准值都不相同,在实际施工中带负载的绝缘测试可按 1 MΩ 为标准。

16.2.10 本条规定是为了确保系统的可靠运行及便于维护。

16.2.11 本条规定是为了使线路不致断裂,从而提高系统运行的可靠性。

16.2.12 积水影响线路的绝缘,在穿线前必须将管槽内积水及杂物清除干净。本条规定是为了确保穿线顺利进行,提高系统运行的可靠性。

16.3 控制器类设备安装

16.3.1 本条按现行国家标准《火灾自动报警系统设计规范》GB 50116 的规定编写。落地安装时,为了防潮,规定距地面应有一定距离。控制器要求安装牢固,不得倾斜,其目的在于美观,并避免运行时因墙不坚固而脱落,影响使用。

16.3.2 本条规定是为了规范施工,便于日后维修。

16.3.3 按消防设备通常要求,控制器的主电源应与消防电源连接,严禁用插头连接,这有利于消防设备安全运行。同时,也为了防止用户经常拔掉插头做其他用。

16.3.4 控制器的接地是系统正常与安全可靠运行的保证,由于接地不牢固往往造成系统误报或其他不正常现象发生,故控制器的接地必须牢固。

16.3.5 本条规定是为了控制器机柜预留维修空间,便于日后维护。

16.3.6 本条规定是为了规范施工,防止乱接、错接损坏设备的现象,并能避免信号干扰。

16.4 探测器类设备安装

16.4.1~16.4.2 按现行国家标准《火灾自动报警系统设计规范》GB 50116 的规定编写。

16.4.3 本条规定是为了规范线型红外光束感烟探测器的安装。线型红外光束感烟火灾探测器发射器和接收器不宜安装在金属等易受环境温度变化产生物理变形的物体上,确保系统的可靠运行。

16.4.4 本条规定是为了规范缆式线型定温火灾探测器在某些场所的安装,确保其能可靠探测初期火灾。

16.4.5 本条规定是为了规范线型温差火灾探测器的安装,确保系统的可靠运行。

16.4.6 本条规定是为了规范分布式线型光纤感温火灾探测器的安装,确保系统的可靠运行。

16.4.7 本条规定是为了规范光栅光纤线型感温火灾探测器的安装,确保系统的可靠运行。

16.4.8 本条规定是为了规范通过管路采样的吸气式火灾探测器的安装,确保系统的可靠运行。

16.4.9 本条规定是为了规范点型火焰探测器和图像型火灾探测器的安装,确保系统的可靠运行。

16.4.10 可燃气体探测器的安装位置很重要,为确保其能有效探测,故做此条规定。

16.4.11 本条归纳了探测器底座安装的要求。

16.4.12 探测器报警确认灯面向便于人员观察的主要入口,是为了让值班人员能迅速找到哪只探测器报警,便于及时处理事故。

16.5 系统其他组件安装

16.5.1 本条系按现行国家标准《火灾自动报警系统设计规范》GB 50116 的规定而编写,其目的是为了便于调试、维修,确保正常工作。

16.5.2 为保证系统运行可靠,故做此规定。

16.5.3 本条规定的目的是为了发生火灾时扬声器和火灾声光报警装置能发挥更好作用,便于疏散人员。

16.5.4 本条规定的目的是为了使用方便,便于安装。

16.5.5 本条规定的目的是为了确保电池工作特性、安全性,为系统提供应急供电系统的冗余性。

16.5.6 本条规定的目的是为了确保系统运行的可靠,以及为了便于调试和维修。

16.6 系统接地

16.6.1 本条规定主要是为了保证使用人员及设备的安全。

16.6.2～16.6.5 按现行国家标准《智能建筑工程施工规范》GB 50606 的规定编写。

16.6.6 按隐蔽工程要求,应及时测量,并做好记录,目的是为了确保隐蔽工程的质量,保证系统的正常运行。

16.7 系统调试

16.7.2 本条规定系统正常后,应使用专用的检测仪器或模拟火灾的方法对每个探测器进行试验。特别要注意的是:采用模拟火灾的方法进行试验时,不应使探测器受污染或塑料外壳变色而影响使用效果,对不可恢复的火灾探测器应采用模拟联动报警方法检查其报警功能。

16.7.3 本条规定系统正常后,对不可恢复的线型感温火灾探测器及可恢复的线型感温火灾探测器应分别进行模拟火警或模拟火灾的办法使其发出警报,并均应在其各自的终端盒上模拟故障。

16.7.4 本条规定系统正常后,应首先对红外光束感烟探测器的光路调节装置进行调整,使探测器处于正常监视状态,然后再用产品企业设定的各种减光片遮挡光路对探测器进行各项功能试验。

16.7.5 本条强调两点:第一,对空气采样式火灾探测器进行调试时,应在采样管的末端(最不利处)采样孔加入试验烟对其进行试验;第二,依据产品说明书,使探测器的采样管气路发生变化,探测器或其控制器应在 100 s 内发出故障信号。

16.7.6 本条强调在探测器监视区域最不利处采用专用检测仪器或模拟火灾的方法检查探测器的报警功能。

16.7.7 本条规定在系统正常后,对每个可恢复或不可恢复的手动火灾报警按钮均应进行火灾报警试验。

16.7.8 本条是按现行国家标准《火灾显示盘》GB 17429 的要求列出了基本功能,这些功能是必备的,在调试开通过程中必须逐项检查,应全部满足要求并对各功能检查进行记录。

16.7.9 本条规定了消防模块的调试内容和要求。

16.7.10 本条规定了消防电话的调试内容。消防电话线的可靠性关系火灾时消防通信指挥系统是否灵活畅通,故调试过程中应检查其线路是否独立布线,且应使消防电话分机和电话插孔的功能正常,语音清晰。同时应对消防控制室的外线电话和另一部外线电话模拟"119"台通话进行检查。

16.7.11 本条规定了火灾应急广播的调试内容和要求。火灾应急广播属于火灾报警装置类,对人员疏散起到至关重要的作用。因此,本条中规定的调试内容应逐一检查并全部满足要求。

16.7.12 本条规定了火灾警报装置的调试内容和要求。

16.7.13 本条规定了传输设备的调试内容和要求。

16.7.14 本条要求图形显示装置的调试步骤,应严格按其要求进行调试,以满足规范要求。

16.7.15 本条强调了对系统备用电源的调试。检查系统中各种控制装置使用的备用电源容量,并进行放电、充电试验,且均应满足要求。

16.7.17 一般是按生产企业提供的调试方法进行检查。调试时应逐项检查,并全部满足要求。如采用加入标准气体法进行调试,可参照现行国家标准《可燃气体探测器》GB 15322 的规定进行。

16.7.18 本条是指火灾自动报警系统内的其他受控部件,也应按产品生产企业提供的调试方法分别对其进行调试。

16.8 系统整体性能调试

16.8.1 本条是对火灾自动报警系统的联调。也就是说,在系统联调之前,各项设备、系统均经过调试并已合格后,将这些设备及系统连接组成完整的火灾自动报警系统对其进行联调,进行联调的目的是检查整个系统的关系功能是否符合现行国家标准和设计的联动逻辑关系要求,全面调试系统的各项功能。

16.8.2 本条对消防水泵、防烟和排烟风机的控制设备应具备的两种控制方式做了明确的要求。

16.8.3 本条对系统报警响应时间、联动响应时间及连续工作时间做了相关规定。

16.8.4 本条是对消防控制室与城市"119"中心正常通信做了相关要求。

16.8.5 本条是对消防控制器上应标明的铭牌和标识做了相关规定。

16.8.6 本条是火灾自动报警系统与综合监控(ISCS)系统的接口界面的划分。

16.8.7 本条是火灾自动报警系统与通信专业的接口界面的划分。

16.8.8 本条是火灾自动报警系统与SCADA、降压变电所接口界面的划分。

16.8.9 本条是火灾自动报警系统与自动售检票系统(AFC)接口界面的划分。

16.8.10 本条是火灾自动报警系统与上层网网络中心时间同步系统的接口界面的划分。

17 综合监控系统

17.1 一般规定

17.1.1 在实践中,根据线路特点,地铁综合监控系统的集成范围存在较大差异性,传统的分立自动化系统,如视频监控系统、广播系统、乘客信息系统、自动售检票系统、火灾自动报警系统等在本标准中均有相应章节,因此本章内容不包括上述相关系统,集成系统的质量验收遵循本标准相关章节的有关规定。

综合监控系统在实际实施中,安装工程量相对较小,调试工程量则相对复杂繁重,且调试通常由设备厂商主导完成。考虑综合监控系统实施特点,为便于实施,综合监控系统的工程质量验收分为施工安装验收和系统功能验收两个阶段进行。

综合监控系统主要设备包括通信处理机、服务器、工作站、网络设备、大屏幕、UPS、综合后备盘等。

17.1.2 本条阐明综合监控系统工程分部工程、分项工程、检验批划分规定。验收方应根据系统设备的安装场所和所处的系统层级,分别对照本标准的相关条款进行质量验收。附录 A 与本章的对应关系具体如下:

1 附录 A 的"控制中心设备安装""车站设备安装"及"车辆基地设备安装"应参照本章第 17.3 节。

2 附录 A 的"现场设备安装"应参照本章第 17.4、17.5 节。

3 附录 A 的"光(电)缆敷设、连接及终端""电源设备安装""系统调试"应参照本章第 17.2、17.6、17.7 节。

4 附录 A 的"底座支架安装""管、槽、盒安装"应参照本标准

第3章一般规定的相关条款。

17.1.4 综合监控系统作为大型的计算机控制系统,系统调试完成后,进行完整的功能验收和3个月的试运行,通过功能验收和3个月系统稳定性考核后,签署系统预验收证书并移交运营正式使用。

进入系统测试时,软件版本号需做标记,软件系统需封闭;3个月试运行期间,针对封闭版本的修改,需做详细记录与情况说明。

17.7　系统调试及功能验收

17.7.4 接口功能验收前,需要完成综合监控全部接口调试工作,功能验收对已完成的调试记录进行检查,并对重要功能的现场抽测。考虑综合监控系统海量的监控对象和繁杂的功能项,根据工程实际,以适宜的比例进行抽测,既有利于保证系统的调试质量,也有利于功能验收的实际实施。根据工程经验,5%的抽测比例能够达到对调试结果的符合性测试,并保证单站的功能验收在2天内测试完成,有利于功能测试的可实施性。

1　电力监控最重要的功能为程控卡片的执行,涉及所有的开关动作,PSCADA功能验收中的单点遥控一般不进行单独测试,但需要对全部程控卡片进行测试,以确保供电设备的动作安全,测试建议结合热滑试验前送电测试进行。

4　站台门与综合监控系统接口具有全线通行性,以完整车站为单位进行抽测更有利于对接口功能的完成全面检查。

6　视频监控与综合监控系统接口具有全线通行性,以完整车站为单位进行抽测更有利于对接口功能的完成全面检查。

7　广播与综合监控系统接口具有全线通行性,以完整车站为单位进行抽测更有利于对接口功能的完成全面检查。